Gesellschaftsrecht

2024

Der Autor

Rechtsanwalt und Fachanwalt für Bau- und Architektenrecht

Oliver Strauch

ist seit 2004 für Alpmann Schmidt als Autor und Repetitor tätig.

Er unterrichtet im E1-Examenskurs von Alpmann Schmidt im Schulungszentrum Münster u.a. das Gesellschaftsrecht. Seine zugehörigen Kursunterlagen werden bundesweit in den Kursen von Alpmann Schmidt verwendet. So hat er bereits Generationen von Studierenden den Weg durch die sog. Nebengebiete des Zivilrechts geebnet.

Als Rechtsanwalt und Fachanwalt für Bau- und Architektenrecht vertritt er gewerbliche und private Bauherren, Handwerksbetriebe, Architekten und Bauträger.

Zitiervorschlag: Strauch, Gesellschaftsrecht, Rn.

Strauch, Oliver
Gesellschaftsrecht
20. überarbeitete Auflage 2024
ISBN: 978-3-86752-916-7

Verlag: Alpmann und Schmidt Juristische Lehrgänge
Verlagsgesellschaft mbH & Co. KG, Münster

Unterstützen Sie uns bei der Weiterentwicklung unserer Produkte.
Wir freuen uns über Anregungen, Wünsche, Lob oder Kritik an:
feedback@alpmann-schmidt.de

INHALTSVERZEICHNIS

LITERATURVERZEICHNIS

Baumbach/Hueck	GmbHG, 22. Aufl. 2019 (zitiert: Baumbach/Hueck/Bearbeiter)
BeckOK BGB	Beck’scher Online-Kommentar BGB, Stand 01.08.2023 (67. Edition), hrsg. v. Hau, Poseck (zitiert: BeckOK BGB/Bearbeiter)
BeckOK HGB	Beck’scher Online-Kommentar HGB, Stand 01.07.2023 (40. Edition), hrsg. v. Häublein, Hoffmann-Theinert (zitiert: BeckOK HGB/Bearbeiter)
Binz/Sorg	Die GmbH & Co. KG, 12. Aufl. 2018
Bitter/Heim	Gesellschaftsrecht, 6. Aufl. 2022
Breithaupt/Ottersbach	Kompendium Gesellschaftsrecht, 1. Aufl. 2010 (zitiert: Breithaupt/Ottersbach/Bearbeiter)
Ebenroth/Boujong/Joost/Strohn	Handelsgesetzbuch, 4. Aufl. 2020 Band 1 (§§ 1–342e HGB) Band 2 (§§ 343–475h HGB) (zitiert: EBJS/Bearbeiter)
Ensthaler	Gemeinschaftskommentar zum HGB, 8. Aufl. 2015 (zitiert: Ensthaler/Bearbeiter)

Erman	Handkommentar zum Bürgerlichen Gesetzbuch, Band I und II 17. Aufl. 2023 (zitiert: Erman/Bearbeiter)
Gehrlein/Ekkenga/Simon	GmbHG, 4. Aufl. 2019 (zitiert: G/E/S/Bearbeiter)
Gehrlein/Witt	GmbH-Recht in der Praxis, 4. Aufl. 2019
Grunewald/Müller	Gesellschaftsrecht, 12. Aufl. 2023
Grüneberg	BGB, 83. Aufl. 2024 (zitiert: Grüneberg/Bearbeiter)
Henssler/Strohn	Gesellschaftsrecht, 6. Aufl. 2024 (zitiert: Henssler/Strohn/Bearbeiter Gesetz)
Hopt	HGB, 42. Aufl. 2023 (zitiert: Hopt/Bearbeiter)
Hk-BGB	Nomos-Handkommentar zum BGB, hrsg. v. Schulze, 10. Aufl. 2019 (zitiert: Hk-BGB/Bearbeiter)
Hk-InsO	Heidelberger Kommentar zur InsO, hrsg. von Kayser/Thole, 10. Aufl. 2020 (zitiert: Hk-InsO/Bearbeiter)
Hüffer/Koch	Aktiengesetz, 18. Aufl. 2024
Jacoby/v. Hinden	Studienkommentar BGB, begründet von Kropholler, 17. Aufl. 2020
Kallmeyer	UmwG, 7. Aufl. 2020 (zitiert: Kallmeyer/Bearbeiter)
Kindl	Gesellschaftsrecht, 2. Aufl. 2019

Kindler	Grundkurs Handels- und Gesellschaftsrecht, 10. Aufl. 2024
Koch	Gesellschaftsrecht, 13. Aufl. 2024
Lutter/Hommelhoff	GmbHG, 21. Aufl. 2021 (zitiert: Lutter/Hommelhoff/Bearbeiter)
Michalski/Heidinger/Leible/ J. Schmidt	Kommentar zum Gesetz betreffend die Gesellschaften mit beschränkter Haftung (GmbH-Gesetz) 4. Aufl. 2023 (zitiert: MHLS/Bearbeiter, GmbH)
Mock	Gesellschaftsrecht, 2. Aufl. 2019
MünchKomm-AktG	Münchener Kommentar zum Aktiengesetz Band 2: §§ 76–117, 5. Aufl. 2019 Band 4: §§ 179–277, 5. Aufl. 2021 (zitiert: MünchKomm-AktG/Bearbeiter)
MünchKomm-BGB	Münchener Kommentar zum BGB Band 1: §§ 1–240, 9. Aufl. 2021 Band 7: §§ 705–853, 8. Aufl. 2020 Band 7: §§ 705–853, 9. Aufl. 2024 Band 8: §§ 854–1296, 9. Aufl. 2023 (zitiert: MünchKomm-BGB/Bearbeiter)
MünchKomm-GmbHG	Münchener Kommentar zum GmbHG Band 1: §§ 1–34, 4. Aufl. 2022 Band 2: §§ 35–52, 4. Aufl. 2023 Band 3: §§ 53–88, 4. Aufl. 2022 (zitiert: MünchKomm-GmbHG/Bearbeiter)
MünchKomm-HGB	Münchener Kommentar zum HGB Band 2: §§ 105–160, 5. Aufl. 2022 Band 3: §§ 161–237, 4. Aufl. 2019 (zitiert: MünchKomm-HGB/Bearbeiter)

MHdB GesR I	Münchener Handbuch des Gesellschaftsrechts Band 1, 5. Aufl. 2019 (zitiert: MHdB GesR I/Bearbeiter)
Oetker	HGB, 8. Aufl. 2024 (zitiert: Oetker/Bearbeiter)
Prütting/Weller	Handels- und Gesellschaftsrecht, 10. Aufl. 2020
Saenger	Gesellschaftsrecht, 6. Aufl. 2023
Schäfer	Gesellschaftsrecht, 6. Aufl. 2023
Servatius	Gesellschaft bürgerlichen Rechts, Handkommentar zu §§ 705–740c BGB, 1. Aufl. 2023 (zitiert: Servatius, § Rn.)
Schmidt	Gesellschaftsrecht, 4. Aufl. 2002 (zitiert: K. Schmidt, GesR)
Scholz	GmbHG Band 1: §§ 1–34, 13. Aufl. 2022 Band 2: §§ 35–52, 11. Aufl. 2014 Band 3: §§ 53–85, 11. Aufl. 2015 (zitiert: Scholz/Bearbeiter)
Staub	Handelsgesetzbuch Großkommentar 6. Aufl. 2021–2024 (zitiert: Staub/Bearbeiter HGB)
Staudinger	Kommentar zum Bürgerlichen Gesetzbuch Buch 1: Allgemeiner Teil, §§ 21–79 (2019) Buch 2: Recht der Schuldverhältnisse, §§ 705–740 (Gesellschaftsrecht), 2003 (zitiert: Staudinger/Bearbeiter)
Thomas/Putzo	ZPO, 45. Aufl. 2024 (zitiert: Thomas/Putzo/Bearbeiter)

Uhlenbruck	InsO Band 1: 15. Aufl. 2019 (zitiert: Uhlenbruck/Bearbeiter)
Windbichler/Bachmann	Gesellschaftsrecht, 25. Aufl. 2024
Zöller	ZPO, 35. Aufl. 2024 (zitiert: Zöller/Bearbeiter)

Einführung

A. Der Begriff des Gesellschaftsrechts

Das **Gesellschaftsrecht** ist das Recht der privatrechtlichen Personenvereinigungen, die zur Erreichung eines bestimmten gemeinsamen Zwecks durch Rechtsgeschäft begründet werden (vgl. § 705 Abs. 1 BGB).[1] 1

Gesellschaften werden gemeinhin als privatrechtliche Vereinigungen auf vertraglicher Grundlage umschrieben, in der sich grundsätzlich mehrere Gesellschafter (anders z.B. die AG gemäß § 2 AktG oder die GmbH nach § 1 GmbHG, diese können auch als „Einpersonengesellschaft" existieren) verpflichten, die Erreichung eines gemeinsamen Zweckes in der vertraglich bestimmten Weise zu fördern.[2] Drei zentrale Kriterien dienen damit zur **Abgrenzung der Gesellschaft von anderen Formen gemeinschaftlichen Handelns** (z.B. Bruchteilsgemeinschaft, Erbengemeinschaft): 2

- Der vertragliche Zusammenschluss,
- der gemeinsame Zweck sowie
- die Förderpflicht der Gesellschafter.

Diese Merkmale sind in § 705 Abs. 1 BGB in den Regeln zur Gesellschaft bürgerlichen Rechtes (BGB-Gesellschaft, kurz GbR) enthalten. Andere **Gesellschaftsformen** unterscheiden sich gegenüber dieser Grunddefinition nur durch zusätzliche darüber hinausgehende Merkmale. Die §§ 705 ff. BGB haben ohnehin eine Doppelfunktion: Zum einen regeln sie die GbR als Rechtsform, zum anderen dienen sie, insbesondere für die spezielleren Personengesellschaften der offenen Handelsgesellschaft (OHG), der Kommanditgesellschaft (KG) sowie der Partnerschaftsgesellschaften (PartG) als Reservenormen. Sie finden über die jeweiligen Verweise der § 105 Abs. 3 HGB für die OHG und § 161 Abs. 2 HGB (welcher wiederum auf § 105 Abs. 3 HGB verweist) für die KG sowie § 1 Abs. 4 PartGG für die Partnerschaft Anwendung, wenn die jeweiligen speziellen Regelungen zu den Gesellschaften nichts anderes bestimmen.

I. Der vertragliche Zusammenschluss

Jede Gesellschaft beruht nach § 705 Abs. 1 BGB auf einem **Gesellschaftsvertrag.**[3] Das Erfordernis eines vertraglichen Zusammenschlusses **grenzt** dabei die Gesellschaft **von den kraft Gesetzes begründeten Gemeinschaftsverhältnissen sowie von Gefälligkeitsverhältnissen ab:** 3

Die **Erbengemeinschaft** dagegen entsteht kraft Gesetzes, sofern im Zeitpunkt des Erbfalls mehrere Erben vorhanden sind; auf ihren Willen kommt es dabei nicht an (§§ 2032 ff. BGB). Aufgrund des Fehlens einer vertraglichen Grundlage ist die Erbengemeinschaft keine Gesellschaft. Ferner ist die Erbengemeinschaft lediglich auf Auseinandersetzung gerichtet und deshalb nicht rechtsfähig.[4]

1 Kindler § 9 Rn. 1.

2 Hier und zum Folgenden: Koch § 1 Rn. 2.

3 Dazu ausführlich Rn. 35 f.

4 BGH NJW 2002, 3389, 3390; BGH NJW 2006, 3715.

Schließlich muss es sich bei dem Vertrag auch um einen **privatrechtlichen Zusammenschluss** handeln. Die namentlich in § 89 BGB genannten Körperschaften (z.B. Bund, Länder, Kommunen), Stiftungen (z.B. Stiftung Preußischer Kulturbesitz) und Anstalten des öffentlichen Rechts (z.B. Bundesbank, Sparkassen, Rundfunkanstalten) unterfallen deshalb nicht der Definition des § 705 Abs. 1 BGB.[5] Etwas anderes gilt indes dann, wenn Staat und Gemeinden sich gegen die öffentlich-rechtlichen Organisationsformen entscheiden und ein öffentliches **Unternehmen auf privatrechtlicher Grundlage** führen (z.B. die Deutsche Bahn AG, Stadtwerke Münster GmbH). In diesem Fall ist das Gesellschaftsrecht anwendbar.[6]

II. Der gemeinsame Zweck

4 Der gemeinsame Zweck ist die **Grundvoraussetzung der Gesellschaft** und grenzt den Gesellschaftsvertrag als Schuld- und Organisationsvertrag von Austauschverträgen mit gegenseitigen Parteiinteressen (z.B. Kaufvertrag, Mietvertrag, Werkvertrag usw.) ab. Bei der Gesellschaft steht nicht der Leistungsaustausch, sondern die Kooperation zur Verwirklichung eines gemeinsamen Zwecks im Vordergrund.[7]

In den §§ 705 ff. BGB ist nicht gesetzlich festgelegt, worauf der gemeinsame Zweck gerichtet sein muss. Deshalb kann **jeder erlaubte Zweck** Gegenstand des Gesellschaftsvertrages sein. Gemeinsamer Zweck i.S.d. § 705 Abs. 1 BGB kann ein dauernder oder vorübergehender sein; er kann vermögensrechtlicher oder ideeller Natur sein; er braucht nicht notwendig ein eigennütziger der Gesellschafter zu sein, vielmehr ist auch die gemeinsame Förderung der Interessen anderer möglich.[8]

Der Zweck muss von allen Gesellschaftern **gemeinsam verfolgt** werden. Die Gemeinsamkeit des Zwecks ist gegeben, wenn jeder Vertragspartner vom anderen seine Förderung verlangen kann und die fördernde Tätigkeit des einen dem anderen zugutekommen soll. Ein bloß gleichgerichtetes Interesse der Beteiligten genügt nicht.

Wenn die Parteien **ausdrücklich** und eindeutig einen gemeinsamen Zweck verfolgen wollen, ist die Vereinbarung ohne Weiteres als Gesellschaftsvertrag anzusehen. Bei nicht eindeutigen Abreden – insbesondere bei **konkludenten** Vereinbarungen – ist im Einzelfall durch Auslegung nach den §§ 133, 157 BGB zu ermitteln, ob eine gemeinsame Zweckverfolgung vorliegt und damit ein Gesellschaftsvertrag besteht. Über das Merkmal des gemeinsamen Zweckes erfolgt im Folgenden auch die Abgrenzung zu anderen Gemeinschaften des BGB, welche keine Gesellschaften darstellen:

1. Die Bruchteilsgemeinschaft

5 Halten und verwalten die Parteien gemeinsam eine Sache, kann entweder eine Gesellschaft oder eine Bruchteilsgemeinschaft (§§ 741 ff. BGB) gegeben sein. Dies ist anhand der Vereinbarung oder im Zweifel durch Auslegung zu ermitteln.

---

5 Koch § 1 Rn. 6.

6 Koch § 1 Rn. 6; K. Schmidt, GesR, § 1 II 1a.

7 Grunewald § 1 Rn. 5; K. Schmidt, GesR, § 4 I 2.

8 BeckOK BGB/Schöne § 705 Rn. 36; Grüneberg/Retzlaff Vor § 705 Rn. 1; MünchKomm-BGB/Schäfer § 705 Rn. 6.

Fall 1: Ein Trecker für zwei

Die Holzhändler A und B benötigen zur Holzabfuhr aus versumpften Gebieten hin und wieder einen besonders schweren Trecker. Sie erwerben zusammen ein ihnen zusagendes Fahrzeug; jeder zahlt die Hälfte des Kaufpreises. Die Unterhaltungskosten sollen geteilt werden; außerdem wird bestimmt, zu welchen Zeiten jeder den Trecker in seinem Betrieb benutzen darf. Später kommt es zu Unstimmigkeiten. A möchte seinen Anteil an dem Trecker auf den Landwirt L übertragen.

A kann seinen Anteil an dem Trecker gemäß § 747 i.V.m. § 929 BGB auf L übertragen, **6**
wenn der Trecker i.S.d. §§ 741 ff. BGB **im gemeinschaftlichen Eigentum (Miteigentum) von A und B** steht.

Das **Miteigentum ist ein Sonderfall der Bruchteilsgemeinschaft**. Für das Miteigentum gelten die §§ 1008-1011 BGB neben den §§ 741 ff. BGB.[9]

I. Da A und B den Trecker gemeinsam erworben haben, könnten sie dessen **Bruchteilseigentüme**r geworden sein. Bruchteilseigentum **kann nach Maßgabe der §§ 747, 929 ff. BGB übertragen werden**.

Das Recht der Bruchteilsgemeinschaft (§§ 741 ff. BGB) und folglich auch § 747 findet nach § 741 BGB indes nur Anwendung, „sofern sich nicht aus dem Gesetz ein anderes ergibt"; die §§ 741 ff. BGB sind also subsidiär gegenüber den Einzelregelungen anderer Gemeinschaften, insbesondere gegenüber denen der Gesamthandsberechtigungen (eheliche Gütergemeinschaft, §§ 1415 ff. BGB; Erbengemeinschaft, §§ 2032 ff. BGB).

Das bedeutet, das § 747 BGB keine Anwendung findet, wenn zwischen A und B im Rahmen der Anschaffung des Treckers eine (rechtsfähige) **Gesellschaft i.S.d. §§ 705 ff. BGB begründet** worden ist. In diesem Fall könnte A seinen **Anteil** an dem Trecker **nicht** auf L übertragen, denn dieser wäre als Beitrag des A i.S.v.§ 709 Abs. 1 BGB in das Gesellschaftsvermögen nach § 713 BGB übergegangen. Über das Vermögen der Gesellschaft kann der Gesellschafter schon denklogisch nicht verfügen, sondern nur die Gesellschaft selber. Dies ist wiederum von einer wirksamen Vertretung der Gesellschaft gemäß § 720 BGB – gegebenenfalls durch den Gesellschafter – abhängig. A wäre gemäß § 711 Abs. 1 BGB nicht einmal berechtigt, ohne Zustimmung des B über seinen Anteil an der Gesellschaft zu verfügen, sondern könnte lediglich die Gesellschaft gemäß § 731 BGB kündigen und versuchen, den Trecker bei der Auseinandersetzung gemäß §§ 735 ff. BGB zu erwerben.

Mit der Einigung über den gemeinsamen Erwerb, die Benutzung und die Unterhaltung des Treckers ist ein Gesellschaftsvertrag i.S.d. §§ 705 ff. BGB zustande gekommen, wenn A und B damit **einen gemeinsamen Zweck verfolgten**.

1. Die Parteien können durch **ausdrückliche Abrede** auch das Anschaffen, Halten und Verwalten einer Sache als gemeinsamen Zweck vereinbaren.[10] Hier fehlt eine solche ausdrückliche Vereinbarung, die eindeutig als Gesellschaftsvertrag anzusehen wäre.

9 Grüneberg/Retzlaff § 741 Rn. 1.

10 K. Schmidt, GesR, § 59 I 3a.

2. Es ist deshalb durch **Auslegung nach §§ 133, 157 BGB** zu ermitteln, ob A und B einen gemeinsamen Zweck i.S.d. § 705 BGB verfolgen wollten. Da die Zielsetzungen der Parteien – das Anschaffen, Halten und Verwalten – gemäß §§ 744, 748 BGB für die Gemeinschaft charakteristisch sind, ist **zwischen Gesellschaft (§§ 705 ff. BGB) und Bruchteilsgemeinschaft (§§ 741 ff. BGB) eine Abgrenzung** erforderlich. Erschöpft sich die „Gemeinsamkeit" im Anschaffen, Halten und Verwalten, und will jede Partei die Sache ansonsten lediglich für eigene Zwecke verwenden, sodass sie nur Mittel zur Verwirklichung dieser eigenen Zwecke ist, so liegt ohne ausdrückliche Vereinbarung keine Gesellschaft i.S.d. §§ 705 ff. BGB vor, sondern vielmehr eine bloße Bruchteilsgemeinschaft i.S.d. §§ 741 ff. BGB. Für die Annahme einer Gesellschaft i.S.d. §§ 705 ff. bedarf es also – sofern keine ausdrückliche Vereinbarung vorliegt – eines weitergehenden Zwecks.[11]

Im vorliegenden Fall verhält es sich so, dass jede Partei den Trecker im eigenen Betrieb verwenden wollte. Sein zweckentsprechender Einsatz sollte nur dem jeweiligen Betriebsinhaber zugutekommen. Die Vertragspartner wollten also mit der ihnen gemeinsam gehörenden Sache **keinen weitergehenden gemeinsamen Zweck** fördern; vielmehr wollte **jeder für sich** die Vorteile des Treckers nutzen. Es besteht daher zwischen A und B keine Gesellschaft i.S.d. §§ 705 ff. BGB, sondern (nur) eine Bruchteilsgemeinschaft gemäß §§ 741 ff. BGB. Somit finden nicht §§ 711, 713 BGB, sondern § 747 BGB findet Anwendung. A kann deshalb seinen Anteil an dem Trecker auf L übertragen.

II. Die Übertragung vollzieht sich nach den Bestimmungen, die für die Übertragung des Vollrechts gelten, hier also nach §§ 929 ff. BGB. A kann sich beispielsweise mit L darüber einigen, dass sein Miteigentumsanteil am Trecker auf L übergehen soll und in Vollziehung dieser Einigung dem L den Mitbesitz daran verschaffen.

§ 929 BGB erfordert zwar grundsätzlich Alleinbesitzverschaffung, doch **genügt** im Rahmen von § 747 BGB die **Verschaffung von Mitbesitz**.[12]

Sollte B nicht damit einverstanden sein, dass anstelle von A nunmehr der L Miteigentümer des Treckers wird, so kann er gemäß § 749 Abs. 1 BGB jederzeit **Aufhebung der Gemeinschaft** verlangen.

---

2. Partiarische Rechtsverhältnisse

7 Partiarische Rechtsverhältnisse sind **Austauschverträge**, die dadurch gekennzeichnet sind, dass das **Entgelt einer Partei ganz oder zum Teil in einer Gewinnbeteiligung liegt**.

Beispiele: Darlehen mit Gewinnbeteiligung, Dienstvertrag mit Umsatzbeteiligung, in neuerer Zeit zunehmend: Crowdfunding[13] (z.B. Plattformen wie Kickstarter oder Indiegogo).

Liegt das gemeinsame Interesse der Beteiligten in einer Gewinnbeteiligung, ist **abzugrenzen**, ob eine Gesellschaft oder (nur) ein partiarisches Rechtsverhältnis vorliegt:

---

11 K. Schmidt, GesR, § 59 I 3a.

12 Erman/Aderhold § 747 Rn. 1.

13 Koch § 2 Rn. 14.

- Der Zweck einer **Gesellschaft** i.S.d. § 705 Abs. 1 BGB muss **von allen Gesellschaftern gemeinsam** verfolgt werden. Ein **lediglich gleichgerichtetes Interesse der Beteiligten genügt nicht**. Bei Vereinbarungen über Gewinnbeteiligungen in der Form einer Gesellschaft wird es sich in aller Regel um Innengesellschaften (bei der Beteiligung an einem Handelsgewerbe um stille Gesellschaften)[14] handeln. Derjenige, der sich beteiligt, hat häufig kein Interesse daran, nach außen in Erscheinung zu treten.

- Bei **partiarischen Rechtsverhältnissen** hat der am Gewinn Beteiligte zwar ein eigenes Interesse am Gewinn des anderen. Die Erzielung dieses Gewinns durch den anderen wird aber **nicht als gemeinsamer Zweck** des Vertrages gemeinsam verfolgt. Vielmehr **wird jeder in eigener Verantwortung und auf eigene Rechnung** tätig. Der Gewinn stellt vertraglich nur eine Berechnungsgröße dar.[15]

Die Abgrenzung hat durch **Auslegung** unter Berücksichtigung des Vertragszwecks und der wirtschaftlichen Interessenlage zu erfolgen. Dabei können folgende **Indizien** zu berücksichtigen sein:

- Ist eine Verlustbeteiligung vereinbart, liegt regelmäßig eine Gesellschaft vor.[16]

  Das Fehlen einer Verlustbeteiligung spricht allerdings nicht notwendig für ein partiarisches Rechtsverhältnis, da auch bei einer stillen Gesellschaft der Ausschluss der Verlustbeteiligung vereinbart werden kann (§ 231 Abs. 2 HGB).

- Auch die Vereinbarung von Kontroll- und Mitwirkungsrechten spricht für ein Gesellschaftsverhältnis.[17]

3. Die Ehegatteninnengesellschaft

Die Vermögensverhältnisse zwischen Ehegatten sind im **ehelichen Güterrecht** geregelt. Es kann im Einzelfall zweifelhaft sein, ob die Eheleute es bei dieser Regelung belassen oder **(darüber hinausgehend) einen Gesellschaftsvertrag** abschließen wollen. 8

Ehegatten können miteinander eine Gesellschaft gründen. Dies wird weder durch die Natur der Ehegemeinschaft noch durch die Vorschriften über den ehelichen Güterstand ausgeschlossen. Solche Gesellschaften treten in der Regel nach außen hin nicht in Erscheinung (sog. **Ehegatteninnengesellschaft**). Voraussetzung für eine Gesellschaft unter Ehegatten ist eine **Zweckvereinbarung** i.S.d. § 705 BGB.

- Ehegatten können **ausdrücklich** einen Gesellschaftsvertrag schließen. Es spielt keine Rolle, „ob dadurch gleichzeitig Verpflichtungen berührt werden, die sich im Prinzip bereits aus den Vorschriften des Familienrechts (§§ 1353, 1360 BGB) ergeben".[18]

  Beispiel: Ehegatten können durch ausdrückliche Vereinbarung eine Gesellschaft bilden, die den Zweck hat, ein Familienheim zu schaffen und zu erhalten.[19]

---

14 Näher zur stillen Gesellschaft unter Rn. 496 ff.

15 K. Schmidt, GesR, § 62 II 1c bb.

16 OLG Hamm NJW-RR 1994, 1382; OLG Schleswig NZG 2000, 1176, Ls. 1.

17 BGH NJW 1992, 2696; BGH NJW 1995, 192.

18 BGH NJW 1982, 170, 171.

19 BGH NJW 1982, 170.

- Fehlt eine ausdrückliche Vereinbarung, so kann der Abschluss eines Gesellschaftsvertrages durch **schlüssiges Verhalten** in Betracht kommen. Leben die Ehegatten im gesetzlichen Güterstand der Zugewinngemeinschaft, ist dies ein Indiz gegen das Zustandekommen einer Innengesellschaft, da der im Fall einer Scheidung gebotene Vermögensausgleich regelmäßig bereits durch die Vorschriften über den Zugewinnausgleich gesichert ist.[20]

- Für einen **konkludent** abgeschlossenen Gesellschaftsvertrag muss sich feststellen lassen, dass die Eheleute einen über den typischen Rahmen der ehelichen Lebensgemeinschaft hinausgehenden Zweck verfolgen. Dieser weitergehende Zweck kann vor allem darin bestehen, dass die Ehegatten gemeinsam ein Unternehmen aufbauen oder gemeinsam gleichberechtigt eine berufliche oder gewerbliche Tätigkeit ausüben.[21]

  Beispiele: Ohne ausdrückliche Vereinbarung kommt durch den Erwerb und Ausbau eines Familienheims keine Gesellschaft zustande.[22] Ein weitergehender Zweck wurde aber bejaht beim gemeinsamen Bau und der Vermietung von Apartmentwohnungen.[23] Ein konkludent abgeschlossener Gesellschaftsvertrag wurde auch angenommen in einem Fall, in dem die Eheleute gemeinsam eine Gaststätte betrieben, als Mitpächter den Pachtvertrag schlossen, als Gesamtschuldner Darlehen aufnahmen und beide ihre Arbeitskraft im Betrieb einsetzten.[24]

  Die Ehegatten müssen zudem den – über die Verwirklichung der Lebensgemeinschaft hinausgehenden – Zweck gemeinsam verfolgen. Die Tätigkeit des mitarbeitenden Ehegatten muss von ihrer Funktion her als gleichberechtigte Mitarbeit anzusehen sein.[25]

  Eine Gesellschaft ist daher z.B. zu verneinen, wenn ein Ehegatte als Arzt, der andere als Sprechstundenhilfe tätig wird[26] oder wenn ein Ehegatte einen Großmarkt betreibt, in dem der andere nur gelegentlich Aushilfstätigkeiten verrichtet.[27]

  Die Annahme eines konkludent zustande gekommenen Gesellschaftsvertrages kommt bereits nach allgemeinen Grundsätzen hingegen nicht in Betracht, wenn dies zu ausdrücklich getroffenen Vereinbarungen im Widerspruch steht. **Ausdrückliche Erklärungen gehen** einem lediglich konkludent zum Ausdruck gekommenen Parteiwillen **vor**.[28]

20 BGH NJW 2006, 1268 Rn. 12.
21 BGHZ 142, 137, 144; BGH NJW 2006, 1268 Rn. 14.
22 BGH NJW 1982, 2236.
23 BGH NJW 1974, 2278.
24 BGH NJW-RR 1990, 736.
25 BGHZ 142, 137, 144; BGH NJW 2006, 1268 Rn.14.
26 BGH NJW 1974, 2045.
27 BGH NJW-RR 1988, 260.
28 BGH NJW 2006, 1268 Rn. 15.

4. Gesellschaftsvertrag zwischen Partnern einer nichtehelichen Lebensgemeinschaft

In einer nichtehelichen Lebensgemeinschaft wollen die Partner **grundsätzlich keine rechtlich verbindlichen Regelungen** treffen, weder in persönlicher noch in wirtschaftlicher Hinsicht. Sie können aber ausdrücklich oder stillschweigend einen Gesellschaftsvertrag schließen. 9

Anders als in einer Ehe ist bei einer nichtehelichen Lebensgemeinschaft für die Annahme einer Gesellschaft **nicht zwingend erforderlich, dass ein über die Verwirklichung der Lebensgemeinschaft hinausgehender Zweck verfolgt wird**. Im Unterschied zu Ehegatten sind die Partner einer nichtehelichen Lebensgemeinschaft nämlich nicht gesetzlich zur Lebensgemeinschaft und zum Unterhalt der Familie verpflichtet. Allerdings wird ohne einen über die Verwirklichung der Lebensgemeinschaft hinausgehenden Zweck regelmäßig aus einem anderen Grund kein Gesellschaftsvertrag anzunehmen sein:[29] Die Partner haben dann **im Regelfall keine über die Ausgestaltung ihrer Gemeinschaft hinausgehenden rechtlichen Vorstellungen**, sodass es an dem für einen Vertragsschluss erforderlichen Rechtsbindungswillen fehlt.

Der Abschluss eines Gesellschaftsvertrages durch schlüssiges Verhalten „kann in Betracht kommen",[30] wenn die Parteien mit dem Erwerb eines Vermögensgegenstandes die **Absicht gemeinschaftlicher Wertschöpfung** gehabt haben. Diese liegt vor, wenn die Partner die Absicht verfolgt haben, mit dem Erwerb bestimmter Vermögensgegenstände einen – wenn auch nur wirtschaftlich – gemeinschaftlichen Wert zu schaffen, der von ihnen für die Dauer der Partnerschaft **nicht nur gemeinsam benutzt werden, sondern ihnen nach ihrer Vorstellung auch gemeinsam gehören** sollte. Indizien dafür können sich aus Planung, Umfang und Dauer des Zusammenwirkens ergeben. Das formale Alleineigentum eines Partners schließt die Absicht gemeinschaftlicher Wertschöpfung nicht notwendigerweise aus.[31]

Hinweis: *Nach der Rechtsprechung des BGH kommen nach der Beendigung einer nichtehelichen Lebensgemeinschaft nicht nur gesellschaftsrechtliche Ausgleichsansprüche, sondern auch Ansprüche aus ungerechtfertigter Bereicherung (§ 812 Abs. 1 S. 2 Var. 2 BGB) sowie nach den Grundsätzen über die Störung der Geschäftsgrundlage (§ 313 BGB) in Betracht.*[32]

III. Die Förderpflicht der Gesellschafter

Gemäß § 705 Abs. 1 BGB trifft die Gesellschafter ferner eine Förderpflicht, die insbesondere darin besteht, die **vereinbarten Beiträge zu leisten**. Der Inhalt der Förderpflicht darf jedoch nicht zu eng ausgelegt werden. Der Gesellschaftszweck kann auch in anderer Weise gefördert werden als durch die Leistung von Geld oder anderen Vermögensgegenständen (z.B. Arbeitskraft).[33] 10

29 BGH RÜ 2008, 630 Rn. 20; BGH RÜ 2011, 621 Rn. 16.

30 BGH RÜ 2008, 630 Rn. 18.

31 BGH NZG 2003, 1015, Ls. 1.

32 BGH RÜ 2011, 621 Rn. 18 ff.; BGH NJW 2012, 3374 Rn. 23.

33 Koch § 1 Rn. 17; MünchKomm-BGB /Schäfer § 705 Rn. 10.

B. Die Gesellschaftsarten

11 Das Recht, Gesellschaften zu gründen, ist mit Verfassungsrang in Art. 9 Abs. 1 GG gewährleistet **(Gründungsfreiheit)**. Der sog. **numerus clausus** der Gesellschaftsformen beschränkt diese Gründungsfreiheit jedoch aus Gründen des Verkehrsschutzes auf die im Gesetz abschließend bestimmten Gesellschaftsformen.[34] Zulässig ist aufgrund der Vertragsfreiheit jedoch eine sog. **Grundtypenvermischung** (z.B. GmbH & Co. KG).[35]

Die Gesellschaften lassen sich in Personengesellschaften auf der einen Seite und Körperschaften auf der anderen Seite einteilen. Das Wesen der **Personengesellschaft** liegt darin, dass die Gesellschaft **von der Individualität ihrer Gesellschafter abhängig ist; die Gruppe „lebt" in ihren Mitgliedern**. Die **Körperschaft** ist hingegen eine Vereinigung, deren Zielverwirklichung **unabhängig von den einzelnen Mitgliedern** gedacht ist, sie ist für Vereinigungen mit einer großen Anzahl von Mitgliedern vorgesehen.[36]

Grundform der **Personengesellschaften** ist die **GbR** (§§ 705 ff. BGB).[37] Daneben existieren die OHG (§§ 105 ff. HGB) und die KG (§§ 161 ff. HGB), letztere auch in der Sonderform der GmbH & Co. KG (KG, deren persönlich haftende Gesellschafterin – Komplementärin – eine GmbH ist), sowie die stille Gesellschaft (§§ 230 ff. HGB) und für die freien Berufe die Partnerschaftsgesellschaft (§§ 1 ff. PartGG).

Grundform der **Körperschaften** ist der **Verein** (§§ 21 ff. BGB). Daneben gibt es die Aktiengesellschaft (AG, §§ 1 ff. AktG) einschließlich der Kommanditgesellschaft auf Aktien (KGaA, §§ 278 ff. AktG), die Gesellschaft mit beschränkter Haftung (GmbH, §§ 1 ff. GmbHG) einschließlich der Unternehmergesellschaft (UG, § 5a GmbHG) und die Genossenschaft (eG, §§ 1 ff. GenG) – sowie als besondere Rechtsform für Versicherer den Versicherungsverein auf Gegenseitigkeit (VVaG) (§§ 7, 15 ff. VAG).[38]

Die Gesellschaftsformen des Deutschen Rechts lassen sich in folgender Übersicht zusammenfassen:

Gesellschaften

Personengesellschaften	Körperschaften
■ GbR (§§ 705 ff. BGB)	■ Verein (§§ 21 ff. BGB)
■ OHG (§§ 105 ff. HGB)	■ GmbH und UG (GmbHG)
■ KG (§§ 161 ff. HGB)	■ AG (§§ 1 ff. AktG)
■ stille Gesellschaft (§§ 230 ff. HGB)	■ KGaA (§§ 278 ff. AktG)
■ Partnerschaft (PartGG)	■ Genossenschaft (§§ 1 ff. GenG)
	■ VVaG (§§ 7, 15 ff. VAG)

Neben die nationalen Gesellschaftstypen treten **supranationale Rechtsformen**. Zu nennen sind die Europäische Wirtschaftliche Interessenvereinigung (EWIV) als Personengesellschaft und die Europäi-

34 Kindl § 3 Rn. 1.

35 MHLS/J. Schmidt, GmbHG, Systematische Darstellung 1 Rn. 33.

36 Koch § 2 Rn. 2; differenzierend Brinkmann NJW 2024, 177 ff. (Rn. 10 f.).

37 Zum Folgenden: Saenger § 2 Rn. 11, 16.

38 Der VVaG ist ein durch Gesetz besonders ausgestalteter Fall eines Wirtschaftsvereins, der durch Verleihung (Konzession) die Rechtsfähigkeit erlangt (vgl. § 22 BGB; Erman/Westermann § 22 Rn. 1).

sche Aktiengesellschaft (SE = Societas Europaea) sowie die Europäische Genossenschaft (SCE = Societas Cooperative Europaea) als Körperschaften.

Zwischen den Gesellschaftstypen können die Gründer grundsätzlich frei wählen **(Freiheit der Rechtsformwahl)**.[39] Ausnahmsweise zwingt das Gesetz die Gesellschafter jedoch in eine andere als die von ihnen gewünschte Rechtsform **(Rechtsformzwang)**. Diesen Rechtsformzwang gibt es grundsätzlich nur bei Personengesellschaften.

Beispiel: Wollen die Gesellschafter eine GbR gründen, zielen dabei aber auf den Betrieb eines Handelsgewerbes (§ 1 Abs. 2 HGB), ist die Gesellschaft trotz entgegenstehenden Willens der Gründer eine OHG (§ 105 Abs. 1 HGB).[40]

Für welche Rechtsform sich die Gründungsgesellschafter entscheiden, hängt jeweils im Einzelfall von verschiedenen **Faktoren** ab.[41] Von Bedeutung sind dabei insbesondere: 12

- Gesellschaftszweck,

  Der Gesellschaftszweck ist aber nicht nur Faktor für die Rechtsformwahl, sondern kann zugleich Zugangsvoraussetzung für bestimmte Gesellschaften sein. So können beispielsweise eine OHG oder KG nur für (handels-)gewerbliche und vermögensverwaltende Zwecke sowie die Ausübung freier Berufe gegründet werden (vgl. § 105 Abs. 1 und § 107 Abs. 1 HGB); eine PartG steht nur zu letzterem Zweck offen (vgl. § 1 PartGG).

- Gründungsaufwand und Größe des Gesellschafterkreises,
- Organisationsstruktur der Gesellschaft, Haftungsrisiken, Publizitätspflichten und steuerliche Behandlung.[42]

C. Grundlegende Unterschiede zwischen Personengesellschaften und Körperschaften

Personengesellschaften und Körperschaften weisen in verschiedener Hinsicht grundlegende Unterschiede auf: 13

I. Voll- und Teilrechtsfähigkeit

Die Unabhängigkeit der **Körperschaft** von der Individualität ihrer Mitglieder macht es erforderlich Gesellschaftsangelegenheiten von den Gesellschaftern abzugrenzen. Diese rechtliche Verselbstständigung erreicht der Gesetzgeber durch den Status der juristischen Person, wodurch der Gesellschaft eigene Rechtsfähigkeit verliehen wird. Damit sind die Körperschaften alleiniges Zuordnungsobjekt des Gesellschaftsvermögens sowie sonstiger Rechte und Pflichten (vgl. § 13 Abs. 1 GmbHG, § 1 Abs. 1 S. 1 AktG).[43] Man spricht insoweit von einer **„Vollrechtsfähigkeit"**. 14

Die **OHG und die KG** werden im Hinblick auf den § 124 HGB a.F. (§ 105 Abs. 2 HGB n.F.) seit jeher als **„teilrechtsfähig"** angesehen.[44] Mit Urteil vom 29.01.2001[45] hatte der BGH

39 Hier und zum Folgenden: Bitter/Heim § 1 Rn. 5.

40 S. hierzu Rn. 38.

41 Hier und zum Folgenden: Bitter/Heim § 1 Rn. 6.

42 Schäfer § 3 Rn. 2.

43 Koch § 2 Rn. 3.

44 Bitter/Heim § 1 Rn. 16.

45 BGH RÜ 2001, 160.

seine Rechtsprechung zur GbR geändert und zumindest auch der **(Außen-)GbR die Rechtsfähigkeit** zuerkannt, soweit sie durch die Teilnahme am Rechtsverkehr eigene Rechte und Pflichten begründet („Teilrechtsfähigkeit").[46] Die umfassende Neuregelung der §§ 705 ff. BGB durch das Gesetz zur Modernisierung des Personengesellschaftsrechts (MoPeG) vom 10.08.2021 hat dafür gesorgt, dass die GbR nun kraft Gesetzes gemäß § 705 Abs. 2 Alt. 1 BGB rechtsfähig ist, wenn sie nach dem gemeinsamen Willen der Gesellschafter am Rechtsverkehr teilnehmen soll.

Klausurhinweis: *Für die erste Pflichtfachprüfung ergeben sich keine Unterschiede hinsichtlich der Begriffe von Voll- oder Teilrechtsfähigkeit. Entscheidend ist ausschließlich, dass die Personengesellschaften OHG, KG und (rechtsfähige) Gesellschaft eben rechtsfähig sind.*

Letztlich ist eine rechtsfähige Personengesellschaft weder eine natürliche noch eine juristische Person, sondern ein **aliud**.[47]

II. Haftung der Gesellschafter für Gesellschaftsverbindlichkeiten

15 Ein wesentlicher Unterschied zwischen Körperschaften und Personengesellschaften besteht in der persönlichen Haftung der Gesellschafter für Gesellschaftsverbindlichkeiten. Bei den **Körperschaften** haftet den Gesellschaftsgläubigern **grundsätzlich nur das Gesellschaftsvermögen** (vgl. § 13 Abs. 2 GmbHG, § 1 Abs. 1 S. 2 AktG). Bei **Personengesellschaften** können die Gesellschaftsgläubiger hingegen nicht nur auf das Gesellschaftsvermögen, sondern **auch auf das Privatvermögen** der gemäß § 721 S. 1 BGB persönlich haftenden Gesellschafter zugreifen.

III. Selbstorganschaft und Fremdorganschaft

16 Ein weiterer Unterschied betrifft die Zuständigkeit für Geschäftsführung und Vertretung. Während diese Aufgaben bei **Personengesellschaften** zwingend (auch) von den Gesellschaftern selbst wahrzunehmen sind **(Selbstorganschaft)**, können sie bei **Körperschaften** auch gänzlich Nichtgesellschaftern anvertraut werden **(Fremdorganschaft)**.[48]

IV. Mehrheitserfordernisse bei der internen Willensbildung

17 Körperschaften und Personengesellschaften lassen sich in ihrer gesetzlichen Grundkonzeption auch anhand der Mehrheitserfordernisse bei Gesellschafterbeschlüssen unterscheiden: Während bei Körperschaften für eine wirksame Beschlussfassung grundsätzlich ein **Mehrheitsbeschluss** erforderlich ist (vgl. § 32 Abs. 1 S. 3 BGB, § 47 Abs. 1 GmbHG, § 133 AktG), gilt bei **Personengesellschaften** das (freilich dispositive) **Einstimmigkeitsprinzip** (vgl. § 714 BGB, § 109 Abs. 3 HGB).[49]

---

46 Vgl. zur (Teil-)Rechtsfähigkeit der GbR ausführlich Rn. 28 ff.; kritisch zum Begriff der „Teil-"Rechtsfähigkeit Brinkmann NJW 2024, 177 ff. (Rn. 17).

47 MünchKomm-BGB/Micklitz § 13 Rn. 20; Fehrenbacher/Herr BB 2002, 1006, 1009.

48 Ausführlich dazu: Mock § 3 Rn. 90.

49 Kindl § 2 Rn. 5.

V. Anzahl der Gesellschafter

Im Grundsatz unterscheiden sich Körperschaften und Personengesellschaften ferner dadurch, dass **Personengesellschaften** meist durch eine personalistische Struktur mit **einigen wenigen Gesellschaftern** geprägt, **Körperschaften** in ihrer Grundstruktur hingegen auf eine **Vielzahl von Gesellschaftern** ausgerichtet sind. Dies gilt aber nur für die gesetzlichen Grundtypen. In der Praxis gibt es auch personalistisch geprägte Körperschaften mit nur wenigen Gesellschaftern (z.B. „Einmann-GmbH") sowie Personengesellschaften, die auf eine Vielzahl von Gesellschaftern ausgelegt sind (sog. Publikumspersonengesellschaften). 18

Während insbesondere die **GmbH und die AG** derart rechtlich verselbstständigt sind, dass sie auch mit nur einem einzigen Gesellschafter bestehen können (**„Einpersonengesellschaft"**), müssen bei **Personengesellschaften** zwingend **immer mindestens zwei Gesellschafter** vorhanden sein. Dies führt dazu, dass Personengesellschaften beim Austritt ihres vorletzten Gesellschafters liquidationslos erlöschen und ihr gesamtes Vermögen auf den letztverbleibenden Gesellschafter übergeht.

VI. Abhängigkeit vom Personenbestand

Zudem unterscheiden sich Körperschaften und Personengesellschaften hinsichtlich der Abhängigkeit vom Personenbestand. **Körperschaften** zeichnen sich durch eine **Unabhängigkeit vom Gesellschafterbestand** aus; **Personengesellschaften** hingegen sind **an ihren Personenstand gebunden**. Daher kann eine Veränderung des Gesellschafterbestandes bei Personengesellschaften nur durch eine Änderung des Gesellschaftsvertrages (bzw. bei Vorliegen einer dies antizipierenden gesellschaftsvertraglichen Regelung)[50] erfolgen, der alle bisherigen Mitglieder zustimmen müssen.[51] 19

VII. Mindestkapital und Registereintragung

Aus der oben genannten **Haftungsbeschränkung der Körperschaften** ergeben sich **Risiken für den Rechtsverkehr**. Es wird Verkehrsteilnehmern gestattet, in Form einer Vereinigung unternehmerisch tätig zu werden, ohne für die Risiken der Tätigkeit haften zu müssen.[52] Als Kompensation für die fehlende Haftung sind die Gesellschafter verpflichtet, ein sog. **Mindestkapital** aufzubringen (vgl. § 5 GmbHG, § 7 AktG). Um sicherzustellen, dass diesem Gläubigerschutz Rechnung getragen wird, wird ein Registergericht eingeschaltet, welches prüft, ob das Mindestkapital aufgebracht wurde. Erst mit **Registereintrag** entsteht die Körperschaft (vgl. § 21 BGB, § 11 Abs. 1 GmbHG, § 41 Abs. 1 S. 1 AktG); der Eintragung kommt demgemäß konstitutive Wirkung zu. 20

Bei den **Personengesellschaften** erübrigt sich der Schutz des Rechtsverkehrs aufgrund der **unbeschränkten persönlichen Haftung mindestens eines Gesellschafters**. Die Existenz der Personengesellschaft wird nicht an den Registereintrag geknüpft. Gleichwohl ist mit Ausnahme der GbR die **Registereintragung** vorgeschrieben, § 106 Abs. 1 HGB (für die KG i.V.m. § 161 Abs. 2 BGB). Ihr kommt damit **(lediglich) deklaratorische Wirkung** zu.

---

50 Koch § 8 Rn. 32.

51 Ausführlich dazu: Koch § 2 Rn. 8 f.; zur Rechtslage nach dem MoPeG Brinkmann NJW 2024, 177 ff. (Rn. 24 ff.).

52 Hier und zum Folgenden: Koch § 2 Rn. 4, 6.

Übersicht der Unterschiede zwischen den beiden Gesellschaftsarten

Personengesellschaften	Körperschaften
■ Keine juristische Person	■ Juristische Person (Ausnahme: nicht rechtsfähiger Verein, § 54 BGB)
■ (teil-)rechtsfähig	■ (voll-)rechtsfähig
■ Unbeschränkte Haftung mindestens eines Gesellschafters	■ Beschränkte Haftung der Gesellschafter
■ Prinzip der Selbstorganschaft	■ Prinzip der Fremdorganschaft
■ Einstimmigkeitsprinzip	■ Mehrheitsprinzip
■ Auf personalisierte Struktur mit wenigen Gesellschaftern ausgerichtet	■ Auf eine Vielzahl von Gesellschaftern ausgerichtet
■ Abhängigkeit vom Personenbestand	■ Unabhängigkeit vom Personenbestand
■ Registereintragung hat i.d.R. nur deklaratorische Wirkung	■ Registereintragung hat konstitutive Wirkung

D. Examensrelevanz

21 Dem Gesellschaftsrecht kommt **nicht in allen Bundesländern gleiche Examensrelevanz** zu.

So setzen einige Bundesländer nur Grundkenntnisse zum Recht der Personengesellschaften (GbR, OHG und KG) und Grundkenntnisse in den Bereichen der Errichtung, Vertretung und Geschäftsführung der GmbH voraus. Andere Bundesländer gehen darüber hinaus und verlangen zudem Grundkenntnisse im gesamten Bereich des Personengesellschaftsrechts und/oder Kapitalgesellschaftsrechts.

Welche Anforderungen im Einzelnen bestehen, ergibt sich aus den jeweiligen Ausbildungsvorschriften der Länder:

Baden-Württemberg (§ 8 Abs. 2 Nr. 3 JAPrO [1. Staatsexamen], § 56 Abs. 1 Nr. 3 JAPrO [2. Staatsexamen]); **Berlin** und **Brandenburg** (§ 3 Abs. 4 Nr. 1c) JAO, § 27 Abs. 2 Nr. 1 JAO i.V.m. § 3 Abs. 4 Nr. 1c) JAO); **Hamburg** (§ 1 Abs. 1 Nr. 5 Prüfungsgegenständeverordnung); **Hessen** (§ 7 Nr. 2g) JAG, 2. Staatsexamen nicht gesondert ausgewiesen); **Mecklenburg-Vorpommern** (§ 11 Abs. 2 Nr. 1d) JAPO, § 45 Abs. 3 i.V.m. § 11 Abs. 2 Nr. 1d) JAPO); **Nordrhein-Westfalen** (§ 11 Abs. 2 Nr. 4 JAG NRW); **Sachsen** (§ 14 Abs. 3 Nr. 2b) JAPO, § 43 Abs. 2 Nr. 1c) JAPO: im 2. Staatsexamen auch Grundzüge im (gesamten) Kapitalgesellschaftsrecht, also Recht der AG); **Bayern** (§ 18 Abs. 2 Nr. 2 JAPO, § 58 Abs. 2 Nr. 1 i.V.m. § 18 Abs. 2 Nr. 2 JAPO); **Rheinland-Pfalz** (Anlage zu § 1 Abs. 2 Nr. 1 JAPO); **Niedersachsen** (§ 16 Abs. 1 Nr. 2b) NJAVO); **Sachsen-Anhalt** (§ 14 Abs. 2 Nr. 2b) JAPrVO); **Schleswig-Holstein** (§ 3 Abs. 3 Nr. 3 JAVO); **Thüringen** (§ 14 Abs. 2 Nr. 2c) JAPO); wohl auch **Bremen** (§ 5 Abs. 1 Nr. 1d) JAPG: „Gesellschaftsrecht im Überblick") und **Saarland** (§ 8 Abs. 2 Nr. 2 JAG: „Grundzüge des Gesellschaftsrechts").

E. Gesetzessystematik

22 Die **Personengesellschaften** sind nicht in voneinander unabhängigen, selbstständigen Abschnitten des BGB oder des HGB geregelt. Dies bedeutet für die Prüfung in Klausuren, dass für die GbR auch Vorschriften aus dem Bereich der OHG einschlägig sein können. Andersherum sind für die OHG über §§ 105 ff. HGB sowie die KG über 161 ff. HGB ergänzend Regelungen aus dem Bereich der GbR heranzuziehen:

- Für die **GbR** gelten die §§ 705 ff. BGB.
- Für die **OHG** gelten die §§ 105 ff. HGB als Sondervorschriften. Da die OHG aber auch eine „Gesellschaft" i.S.d. §§ 705 ff. BGB ist, greifen die BGB-Vorschriften ein, soweit das OHG-Recht keine spezielle Regelung enthält (§ 105 Abs. 3 HGB).
- Für die **KG** gelten vorrangig die §§ 161 ff. HGB. Soweit diese keine spezielle Regelung enthalten, greifen die §§ 105 ff. HGB ein (§ 161 Abs. 2 HGB); ist auch in den §§ 105 ff. HGB nichts geregelt, gelten die §§ 705 ff. BGB (§ 105 Abs. 3 HGB).

Dieser Gesetzesaufbau führt dazu, dass einzelne Rechtsfragen für alle drei Gesellschaften gleich geregelt sind, während in anderen Bereichen unterschiedliche Regelungen bestehen.

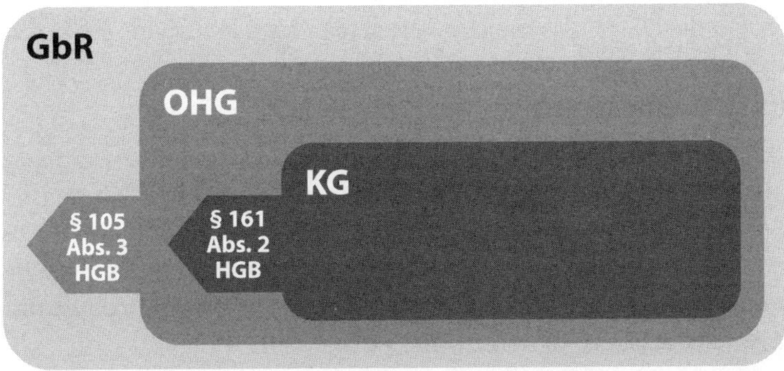

Beispiele:

1. Für den Abschluss des Gesellschaftsvertrages gilt für alle drei Gesellschaften § 705 Abs. 1 BGB. Die Gesellschafter müssen sich zur Verfolgung eines gemeinsamen Zwecks i.S.d. § 705 Abs. 1 BGB zusammenschließen. Unterschiede bestehen nur insoweit, als dass bei der OHG und KG der gemeinsame Zweck auf den Betrieb eines Handelsgewerbes unter einer gemeinsamen Firma gerichtet ist (vgl. § 105 Abs. 1 HGB).

2. Die Vertretung der Gesellschaft bzw. der Gesellschafter ist unterschiedlich geregelt. In der GbR gilt § 720 BGB; für die OHG und KG gilt § 124 HGB; gemäß § 170 HGB ist der Kommanditist einer KG nicht zur organschaftlichen Vertretung berechtigt (er kann aber gemäß § 167 BGB bevollmächtigt werden).

Der Verein (§§ 21 ff. BGB) ist die Grundform der Körperschaften. Auf dessen Struktur bauen sowohl AG und GmbH (einschließlich der UG) auf. Die entsprechenden Regelungen sind jeweils im AktG und im GmbHG normiert. Da Letzteres an manchen Stellen lückenhaft ist, muss dort ergänzend auf das Recht der AG zurückgegriffen werden. **23**

1. Teil: Die Gesellschaft bürgerlichen Rechts (GbR)

24 Das Recht der in den §§ 705 ff. BGB geregelten Gesellschaft bürgerlichen Rechts (GbR) wurde grundlegend reformiert. Die bisher nahezu unverändert gebliebenen, historischen Regelungen des BGB zur GbR entsprachen zuletzt weder den aktuellen praktischen Bedürfnissen, noch der durch die Rechtsprechung gefestigten Rechtsauffassungen und damit der Rechtslage.[53] Das MoPeG hat entsprechend nicht nur den rechtlichen Zugang zur GbR, sondern auch deren praktische Organisationsformen attraktiver ausgestaltet. Schließlich ist die GbR die **Grundform der Personengesellschaften**[54] und durch die Umstellung des gesetzlichen Leitbilds wird nun auch ausdrücklich zwischen der rechtsfähigen Gesellschaft (früher „Außen-GbR" genannt) und der nicht rechtsfähigen Gesellschaft (früher „Innen-GbR" genannt) unterscheiden. Für die OHG verweist § 105 Abs. 3 HGB ergänzend auf die §§ 705 ff. BGB, die entsprechende Anwendung finden. Für die KG gilt das Gleiche über § 161 Abs. 2 HGB i.V.m. § 105 Abs. 3 HGB.

1. Abschnitt: Grundlagen

25 Bei einer GbR verpflichten sich die Gesellschafter im Gesellschaftsvertrag gegenseitig, die **Erreichung eines gemeinsamen Zweckes** in der durch den Vertrag bestimmten Weise zu fördern, insbesondere die vereinbarten Beträge zu leisten (§ 705 Abs. 1 BGB). Von den anderen beiden Personengesellschaften – der OHG und KG unterscheidet sich die GbR dadurch, dass ihr Gesellschaftszweck **nicht auf den Betrieb eines Handelsgewerbes ausgerichtet** ist (§§ 105 Abs. 1, 161 Abs. 2 HGB).

Da die GbR eine Personengesellschaft ist, müssen an ihr **wenigstens zwei Gesellschafter** beteiligt sein. Beteiligen können sich – wie bei der OHG – alle natürlichen und juristischen Personen sowie rechtsfähige Personengesellschaften i.S.v. § 14 BGB. Die auf Auflösung gerichtete und u.a. deshalb weder rechts- noch parteifähige[55] Erbengemeinschaft kann hingegen nicht Gesellschafterin einer GbR sein. Auch bei der GbR gilt – ebenso wie bei der OHG – der **Grundsatz der Einheitlichkeit der Mitgliedschaft**, d.h. jeder Gesellschafter kann nur einen Gesellschaftsanteil an der GbR halten.[56]

26 Vor Inkrafttreten des MoPeG ist die GbR eine Gesamthandsgemeinschaft gewesen. Zu diesen zählen aus dem BGB noch heute die eheliche Gütergemeinschaft (§ 1419 BGB) und die Erbengemeinschaft (§ 2032 BGB). Dies ist nun anders;[57] die für die Annahme einer Gesamthand maßgeblichen Vorschriften der §§ 718 – 720 BGB a.F. sind gestrichen und der Gesetzgeber hat anerkannt, dass die Gesellschaft – jedenfalls die rechtsfähige GbR – selbst **Trägerin des Gesellschaftsvermögens** ist und nicht die Gesellschafter in gesamthänderischer Verbundenheit (§ 713 BGB).[58] Die nicht rechtsfähige GbR hat demgegenüber kein eigenes Vermögen – auch nicht in gesamthänderischer Verbundenheit der Gesellschafter (§ 740 Abs. 1 BGB).

---

53 Weitergehend Hünert RÜ 2023, 701 f.

54 Bachmann NJW 2021, 3073 ff.; Lange Jura 2015, 547.

55 BGH NJW 2006, 3715, Ls. und Rn. 7.

56 Erman/Westermann § 705 Rn. 23.

57 Bachmann NJW 2021, 3073, 3075; a.A. Habersack ZGR 2020, 539, 547 ff.; K. Schmidt ZHR 185 (2021), 26 (28).

58 Servatius § 713 Rn. 1, Bachmann NJW 2021, 3073, 3075; a.A. Habersack ZGR 2020, 539, 547 ff.; K. Schmidt ZHR 185 (2021), 26 (28).

Ebenso wie die Personenhandelsgesellschaften ist die GbR **keine juristische Person,** sondern eine rechtsfähige Personengesellschaft i.S.v. § 14 BGB, die nach § 705 Abs. 2 BGB mit der Fähigkeit ausgestattet ist, Rechte zu erwerben und Verbindlichkeiten einzugehen.

Zu den rechtsfähigen Personengesellschaften i.S.v. § 14 BGB zählen neben der rechtsfähigen GbR die OHG (§ 105 Abs. 2 HGB), die KG (§§ 161 Abs. 2, 105 Abs. 2 HGB), die Partnerschaft (§ 1 Abs. 4 PartGG, § 705 Abs. 2 BGB) und die EWIV.[59]

Die §§ 705 ff. BGB sind in drei Untertitel gegliedert, wobei Untertitel 1 (Allgemeine Be- **27**
stimmungen) nur die Rechtsnatur der GbR durch § 705 BGB regelt. Die GbR nimmt regelmäßig durch ihre Vertreter am Rechtsverkehr teil; dies wird bei der unternehmerischen GbR (widerleglich) gemäß § 705 Abs. 3 BGB vermutet. Ist also der Gegenstand der Gesellschaft der Betrieb eines Unternehmens unter gemeinschaftlichem Namen, so wird gemäß § 705 Abs. 3 BGB vermutet, dass die Gesellschaft nach dem gemeinsamen Willen der Gesellschafter am Rechtsverkehr teilnimmt und damit eine **Außengesellschaft** ist. Die Außengesellschaft ist nach der Legaldefinition des § 705 Abs. 2 Var. 1 BGB eine rechtsfähige Gesellschaft. Für die – dann rechtsfähige – GbR gilt der Untertitel 2 (§§ 706–739 BGB).

Fehlt ein nach außen gerichtetes Auftreten, tritt im Rechtsverkehr lediglich ein Gesellschafter im eigenen Namen auf und dient damit die – dann nicht rechtsfähige – GbR lediglich den Gesellschaftern zur Ausgestaltung ihres Rechtsverhältnisses untereinander, liegt eine **Innengesellschaft** (§ 705 Abs. 2 Var. 2 BGB). Für die Innengesellschaft gelten die Vorschriften des Untertitel 3 (§§ 740–740c BGB).

Mit der Außengesellschaft wird die eingetragene GbR gleichgestellt, und zwar unabhängig davon, ob die Gesellschafter einheitlich in Erscheinung treten oder nicht (§§ 705 Abs. 2, 719 Abs. 1 BGB).

Beispiel:[60] Eine unter eigenem Namen nach außen im Rechtsverkehr auftretende und die Geschäfte mithin aufnehmende Arbeitsgemeinschaft („ARGE") ist eine rechtsfähige (Außen)Gesellschaft, eine nach außen hin nicht in Erscheinung tretende Lotto-Tippgemeinschaft ist hingegen eine nicht rechtsfähige (Innen)Gesellschaft.

Die Herbeiführung der Rechtsfähigkeit der GbR ist von einer (fakultativen) zusätz- 28
lichen Willensübereinstimmung der Gesellschafter, gerichtet auf die Teilnahme am Rechtsverkehr, abhängig, welche spätestens durch die gemeinschaftlich herbeigeführte Eintragung im Gesellschaftsregister verwirklicht wird (vgl. § 719 Abs. 1 BGB: *„Zustimmung sämtlicher Gesellschafter"*).[61]

Während bei der OHG der Gesetzgeber die Rechtsfähigkeit schon immer ausdrücklich in § 124 Abs. 1 HGB a.F., der ab dem 01.01.2024 inhaltsgleich dem § 105 Abs. 2 HGB n.F. entspricht, geregelt hatte, ist die Rechtsfähigkeit der GbR zunächst nicht ausdrücklich gesetzlich normiert. Aus diesem Grunde war die Frage der **Rechtsfähigkeit der GbR lange Zeit umstritten.**

59 Hk-BGB/Dörner § 14 Rn. 4; Grüneberg/Ellenberger § 14 Rn. 3.

60 Bitter/Heim § 5 Rn. 29.

61 Servatius § 705 Rn. 45.

Mittlerweile hängt die Rechtsfähigkeit der GbR von ihrer konkreten Ausgestaltung ab. Die nach dem gemeinsamen Willen der Gesellschafter am Rechtsverkehr teilnehmende Außengesellschaft und die im neu errichteten Gesellschaftsregister eingetragene Gesellschaft sind rechtsfähig; die reine Innengesellschaft hingegen nicht (§ 705 Abs. 2 BGB). Der BGH hatte der GbR vor Inkrafttreten des MoPeG nur dann die Rechtsfähigkeit zuerkannt, „soweit sie durch Teilnahme am Rechtsverkehr eigene Rechte und Pflichten begründet",[62] weshalb die Begriffe „rechtsfähige GbR" und „Außen-GbR" bislang synonym verwendet werden konnten.[63] Denn nach der Rechtsprechung des BGH ist (bis zum 31.12.2023) jede rechtsfähige GbR notwendigerweise eine „Außen-GbR" gewesen. Diese Gleichsetzung ist (ab dem 01.01.2024) unter der Geltung von § 705 Abs. 2 Var. 1. BGB nicht mehr gerechtfertigt; es wird künftig also möglich sein, dass eine GbR Rechtsfähigkeit besitzt, obwohl sie (noch) nicht am Rechtsverkehr teilnimmt.[64] Praktisch bedeutsam ist diese (vorsorgliche) Begründung einer rechtsfähigen GbR z.B. dann, wenn bei Gründung der Beginn der Geschäftsaufnahme noch ungewiss ist und in die Verantwortung der gemäß § 715 BGB geschäftsführenden Gesellschafter gelegt werden soll.[65]

29 Die rechtsfähigen Gesellschaften bürgerlichen Rechts sind nicht nur wechsel- und scheckfähig,[66] sondern auch erbfähig.[67] Die rechtsfähigen GbR können auch Inhaberinnen einer Marke[68] und Arbeitgeberin[69] sein sowie sich als Gesellschafterin an anderen Gesellschaften beteiligen.[70]

30 Die GbR ist „formell" **grundbuchfähig**, wenn sie im Gesellschaftsregister (§§ 707 ff. BGB) eingetragen ist (§ 47 Abs. 2 GBO). Nur dann kann sie Grundstücke erwerben.[71] Die bisherige Gutglaubensvorschrift des § 899a BGB ist damit hinfällig und aufgehoben worden.

31 Die rechtsfähige GbR ist jedenfalls dann **keine Verbraucherin i.S.v. § 13 BGB**, wenn zu den Gesellschaftern neben natürlichen Personen auch zumindest eine juristische Person zählt; dann kann das Handeln der GbR nicht als gemeinschaftliches Handeln natürlicher Personen angesehen werden.[72] Ob eine GbR einem Verbraucher hingegen gleichzustellen ist, wenn Gesellschafter ausschließlich natürliche Personen sind, wird unterschiedlich beurteilt.[73] Letztlich scheitert eine direkte Anwendung des § 13 BGB auf die rechtsfähige GbR am Wortlaut der Norm und zudem ist kaum denkbar, dass der Gesetzgeber den Begriff der natürlichen Person i.S.v. § 13 BGB auch unter Erstreckung auf die rechtsfähige GbR verstanden haben wollte.[74]

32 Das **Gesellschaftsvermögen** der **rechtsfähigen GbR** steht allein der Gesellschaft zu (§ 713 BGB). Liegt jedoch eine nichtrechtsfähige Gesellschaft vor, sind die Gesellschafter selbst Träger des zur Zweckerreichung eingesetzten Vermögens (§ 740 Abs. 1 BGB).

---

62 BGH NJW 2001, 1056.

63 BeckOK BGB/Schöne § 705 Rn. 45.

64 BeckOK BGB/Schöne § 705 Rn. 45; Servatius § 705 Rn. 49; Hünert RÜ 2023, 701, 702.

65 Servatius § 705 Rn. 49.

66 BGH NJW 1997, 2754, Ls.

67 BeckOK BGB/Müller-Christmann § 1923 Rn. 13; Koch § 3 Rn. 18; Ulmer ZIP 2001, 585, 596.

68 BPatG GRUR 2008, 448.

69 LAG Köln NZA-RR 2004, 491.

70 BGH NJW 1992, 499, Ls.: GbR als Mitglied einer Genossenschaft; BGH NJW 1992, 2222, Ls. 4: GbR als Mitglied einer AG; BGH NJW 1998, 376, Ls. 1: GbR als Gesellschafterin einer anderen GbR; BGH NJW 2001, 3121, Ls. 1: GbR als Kommanditistin einer KG.

71 Bachmann NJW 2021, 3073, 3074.

72 BGH RÜ 2017, 485 Rn. 25.

73 Die Verbrauchereigenschaft in einem solchen Fall bejahend BGH NJW RÜ 2002, 74; zum Meinungsstand s. Erman/Saenger § 13 Rn. 6; Brinkmann NJW 2024, 177 ff. (Rn. 21 f.).

74 Vgl. MünchKomm-BGB/Micklitz § 13 Rn. 20; Mülbert WM 2004, 905, 9110.

Bei der GbR existieren – wie grundsätzlich[75] bei allen Personengesellschaften und anders als bei Kapitalgesellschaften[76] – **keine Kapitalerhaltungsvorschriften** (s. Rn. 285 zur KG, Rn. 424 zur GmbH, Rn. 487 zur AG.). Die Gesellschafter sind also nicht verpflichtet, im Wege der Innenhaftung Kapital in die GbR nachzuschießen, wenn ein Gläubiger diese in Anspruch nimmt. Der Gläubigerschutz erfolgt stattdessen über eine betragsmäßig unbegrenzte **Außenhaftung der Gesellschafter** gemäß § 721 BGB.

2. Abschnitt: Die Entstehung der GbR

Auch die GbR kann – wie die OHG – durch **Gründung** oder durch **Umwandlung** entstehen. 33

A. Entstehung durch Gründung

Die GbR ist als Grundform der Personengesellschaften gekennzeichnet durch den **Gesellschaftsvertrag**, der den **gemeinschaftlichen Zweck** bezeichnet und die Vertragspartner zur gemeinschaftlichen **Förderung** dieses Zwecks verpflichtet.[77] 34

I. Der Gesellschaftsvertrag der GbR

Der Gesellschaftsvertrag begründet die Pflicht der Gesellschafter, einen gemeinsamen Zweck in der vereinbarten Weise zu fördern (§ 705 Abs. 1 BGB).[78] Der **Zeitpunkt der Entstehung der GbR im Verhältnis der Gesellschafter untereinander** entspricht dann dem Zeitpunkt, in dem der Gesellschaftsvertrag voll wirksam wird. Dieser Zeitpunkt kann mit dem der Entstehung im Verhältnis zu Dritten zusammenfallen oder aber diesem vorgelagert sein (§ 719 Abs. 1 BGB). Beachte, dass in der einvernehmlichen Teilnahme am Rechtsverkehr i.S.d. § 719 Abs. 1 BGB demnach durchaus ein konkludenter Abschluss eines BGB-Gesellschaftsvertrags liegen kann. 35

Der Gesellschaftsvertrag ist, wie sich aus der Systematik des BGB ergibt, ein **Schuldvertrag**, der zu wechselseitigen Verpflichtungen der Gesellschafter führt.[79] Gleichwohl ist er aber **kein gegenseitiger Vertrag i.S.v. §§ 320 ff. BGB**, sondern ein kooperativer Vertrag.[80] Die dortigen Regeln über das Synallagma bei Vertragsschluss, Erfüllung und Abwicklung des Vertrages können allenfalls partiell zur Anwendung kommen.[81]

Für den Abschluss des Gesellschaftsvertrages sind die **allgemeinen Regeln des Vertragsrechts** maßgeblich.[82] Er kann grundsätzlich formlos und konkludent geschlossen werden. Ausnahmsweise ist seine notarielle Beurkundung erforderlich, wenn sich ein Gesellschafter dazu verpflichtet, der GbR ein Grundstück zu übereignen (§ 311b Abs. 1 BGB) oder ihr einen GmbH-Anteil abzutreten (§ 15 Abs. 4 GmbHG). Für seine Wirksam-

75 Bei der KG trifft diese betragsmäßige unbegrenzte Außenhaftung nur die Komplementäre, während die Haftung der Kommanditisten auf ihre Einlage beschränkt ist (s. hierzu Rn. 231).

76 S. hierzu Rn. 483 ff. für die AG und Rn. 420 ff. für die GmbH.

77 Grüneberg/Retzlaff Einf. vor § 705 Rn. 1; Ermann/Westermann Vor § 705 Rn. 3.

78 Zum Folgenden: Erman/Westermann Vor § 705 Rn. 1.

79 Bitter/Heim § 5 Rn. 7.

80 Jacoby/v. Hinden § 705 Rn. 8.

81 Erman/Westermann § 705 Rn. 43 ff.

82 Erman/Westermann § 705 Rn. 1.

keit gelten im Übrigen insbesondere die Vorschriften des Allgemeinen Teils des BGB über die Geschäftsfähigkeit (§§ 104 ff.), den Irrtum (§§ 119 ff.), die Sittenwidrigkeit (§ 138) und die Stellvertretung (§§ 164 ff.).[83] Leidet der Gesellschaftsvertrag an einem Mangel, liegt eine fehlerhafte Gesellschaft vor.[84]

36 Die **Auslegung** des Gesellschaftsvertrages einer Personengesellschaft richtet sich – anders als bei Satzungen von Kapitalgesellschaften – grundsätzlich nach den allgemeinen Regeln der §§ 133, 157 BGB.[85] Im Grundsatz ist eine subjektive Auslegung im Sinne einer Ermittlung des wirklichen Willens aller Beteiligten geboten.[86] Lediglich bei Personengesellschaften mit einer körperschaftlichen Struktur, insbesondere bei einer sog. Publikumsgesellschaft, richtet sich die Auslegung nach dem objektiven Erklärungstatbestand und ohne Rücksicht auf individuelle Vorstellungen einzelner Beteiligter.[87]

II. Der gemeinsame Zweck

1. Grundlagen

37 Der gemeinsame Zweck ist die **Grundvoraussetzung der Gesellschaft** und grenzt den Gesellschaftsvertrag von sonstigen vertraglichen Schuldverhältnissen, namentlich von den Austauschverträgen ab.[88]

In den §§ 705 ff. BGB ist nicht gesetzlich festgelegt, worauf der gemeinsame Zweck gerichtet sein muss. Deshalb kann **jeder erlaubte Zweck** Gegenstand des Gesellschaftsvertrages sein. Gemeinsamer Zweck i.S.d. § 705 Abs. 1 BGB kann ein dauernder oder vorübergehender sein; er kann vermögensrechtlicher oder ideeller Natur sein; er braucht nicht notwendig ein eigennütziger der Gesellschafter zu sein, vielmehr ist auch die gemeinsame Förderung der Interessen anderer möglich.[89] Daran hat auch die Neuregelung des § 705 BGB durch das Gesetzes zur Modernisierung des Personengesellschaftsrechts (MoPeG) vom 10.08.2021 nichts geändert.[90]

38 Bei der OHG oder der KG ist – im Unterschied zur GbR – der gemeinsame Zweck kraft Gesetzes grundsätzlich auf den Betrieb eines Handelsgewerbes festgelegt, vgl. § 105 Abs. 1 HGB. Demzufolge **kann eine GbR nicht auf den Betrieb eines (vollkaufmännischen) Handelsgewerbes i.S.v. § 1 Abs. 2 HGB gerichtet sein**. Liegt der gemeinsame Zweck im Betrieb eines Handelsgewerbes, ist die Gesellschaft qua Gesetz (also unabhängig vom Willen der Gesellschafter) keine GbR, sondern eine OHG oder KG (§§ 105 Abs. 1, 161 Abs. 1 HGB). Ändert sich der Zweck einer GbR hin zum Betrieb eines Handelsgewerbes, bleibt die Gesellschaft zwar dieselbe **(Grundsatz der Identität der Personengesellschaften)**, weshalb Rechte und Pflichten nicht (einzeln) übertragen werden müssen; die Gesellschaft ändert aber ihr „Rechtskleid", ist von nun an entweder eine OHG oder eine KG.[91]

83 Jacoby/v. Hinden § 705 Rn. 2.
84 Hierzu ausführlich Rn. 40 f.
85 Bitter/Heim § 5 Rn. 7.
86 Erman/Westermann § 705 Rn. 34.
87 BGH NZG 2016, 424 Rn. 12; Erman/Westermann § 705 Rn. 38; Kindler § 10 Rn. 6.
88 K. Schmidt, GesR, § 4 I 2.
89 MünchKomm-BGB/Schäfer § 705 Rn. 147.
90 BeckOK BGB/Schöne § 705 Rn. 36.
91 Bitter/Heim § 5 Rn. 4.

Somit taugt **jeder erlaubte Zweck für eine GbR mit Ausnahme des Betriebes eines Handelsgewerbes**, welcher den Personenhandelsgesellschaften vorbehalten ist.

Der Zweck muss ferner von allen Gesellschaftern **gemeinsam verfolgt** werden. Die Gemeinsamkeit des Zwecks ist, wie schon bei dem Recht der OHG ausgeführt, immer dann gegeben, wenn jeder Vertragspartner vom anderen seine Förderung verlangen kann und die fördernde Tätigkeit des einen dem anderen zugutekommen soll. Ein **bloß gleichgerichtetes Interesse der Beteiligten genügt nicht**.

Anders als die OHG, welche stets eine Außengesellschaft ist, kann die GbR sowohl als Außen- als auch als Innengesellschaft bestehen. In der Regel wird die Gesellschaft zur Erreichung des gemeinsamen Zwecks nach außen hin auftreten **(Außengesellschaft)**. Ein gemeinsamer Zweck kann aber auch in der Weise verfolgt werden, dass die Gesellschafter lediglich im Innenverhältnis, d.h. im Verhältnis untereinander, eine Gesellschaft bilden, die nach außen im Rechtsverkehr nicht in Erscheinung tritt **(Innengesellschaft)**. Innengesellschaften sind die BGB-Innengesellschaft („Innen-GbR", „nichtrechtsfähige GbR", §§ 740 ff. BGB) und die stille Gesellschaft (§§ 230–236 HGB).

Insbesondere die GbR ist **von anderen Formen gemeinschaftlichen Handelns abzugrenzen**.[92]

2. Der Name der GbR

Die GbR muss nicht, sie kann aber unter einem eigenen Namen auftreten. Dieser ist dann jedoch keine Firma im Sinne der §§ 17 ff. HGB. Auch ein Rechtsformzusatz ist grundsätzlich nicht verpflichtend vorgesehen. Anderes gilt, wenn die GbR im Gesellschaftsregister angemeldet werden soll. Dann hat sie dort einen Namen anzugeben (§ 707 Abs. 2 Nr. 1 lit. a) BGB) und den Rechtsformzusatz „eingetragene Gesellschaft bürgerlichen Rechts" bzw. „eGbR" zu führen. § 15 HGB findet auf die eingetragene GbR entsprechende Anwendung (§ 707a Abs. 3 S. 1 BGB). **39**

III. Mängel des Gesellschaftsvertrages (die fehlerhafte Gesellschaft)

1. Grundlagen

Wie jedes Rechtsgeschäft ist auch der Gesellschaftsvertrag in seiner Wirksamkeit von Willensmängeln bedroht: Es kann einem Vertragschließendem an der Geschäftsfähigkeit fehlen, es kann ein Formmangel oder ein Dissens vorliegen; ferner kann der Vertrag anfechtbar sein.[93] **Nach den allgemeinen Regeln** der §§ 104 ff. BGB besteht **grundsätzlich keine Bindung an nichtige Willenserklärungen**. Soweit aufgrund eines nichtigen Vertrages Leistungen erbracht werden, können diese gemäß §§ 812 ff. BGB zurückgefordert werden. **40**

Ist eine **Gesellschaft in Vollzug gesetzt** worden, so ist die uneingeschränkte Anwendung der §§ 104 ff. BGB – und die damit verbundene **Rückabwicklung nach den §§ 812 ff. BGB** – jedoch aus folgenden Gründen **nicht sachgerecht**:

92 S. hierzu Grüneberg/Retzlaff § 705 Rn. 6, 39 ff.

93 Koch § 5 Rn. 2.

- Der Gesellschaftsvertrag ist nicht nur ein Schuld-, sondern auch ein **Organisationsvertrag**. Anders als beim herkömmlichen Schuldvertrag geht es nicht ausschließlich um die Begründung wechselseitiger Pflichten. Vielmehr schaffen die Gesellschafter eine rechtsfähige Organisation, die im Rechtsverkehr ähnlich wie eine natürliche Person „lebt" und dadurch Ansprüche und Verpflichtungen begründet, die über den bilateralen Austausch eines Vertrages hinauswirken.[94] Mit Blick auf die Vielzahl von Verträgen, die im Namen der Gesellschaft im Laufe der Zeit geschlossen werden, kann eine Rückabwicklung über §§ 812 ff. BGB zu schier unüberwindbaren **praktischen Schwierigkeiten** führen. Für die Verteilung des im Vertrauen auf das Bestehen der Gesellschaft gebildeten Gesellschaftsvermögens enthalten die Vorschriften über die Auseinandersetzung (§§ 735 ff. BGB, § 143 ff. HGB) die interessengerechteren Regelungen.

- Die **Gesellschafter**, die über eine längere Zeit ausschließlich für die Gesellschaft tätig geworden sind und über keine andere Einkommensquelle verfügen, dürfen **untereinander darauf vertrauen**, dass sich ihre gegenseitigen Rechte und Pflichten nach dem fehlerhaften Gesellschaftsvertrag richten, der ihre Absichten im Zweifel auch für den Fall ausdrückt, dass sich ihr Vertrag als ungültig erweist **(Bestandsschutz im Innenverhältnis)**.

- **Dritte**, mit denen im Namen der Gesellschaft Rechtsgeschäfte getätigt werden, **müssen auf den Bestand der Gesellschaft** unabhängig davon **vertrauen dürfen**, ob sie von der Unwirksamkeit des Gesellschaftsvertrages Kenntnis hatten oder hätten haben können **(Verkehrsschutz im Außenverhältnis)**.

Diese Interessenlage führt dazu, dass eine Gesellschaft – auch dann, wenn sie auf einem rechtlich fehlerhaften Gesellschaftsvertrag beruht (sog. fehlerhafte Gesellschaft) – nicht rückwirkend als juristisches Nullum betrachtet wird, sondern über die vertragliche Grundlage hinausreichende juristische Bestandskraft erhält.[95]

Nach den **Grundsätzen über die fehlerhafte Gesellschaft** löst die Nichtigkeit gesellschaftsvertraglicher Erklärungen gemäß §§ 104 ff. BGB regelmäßig nur die Rechtsfolge aus, dass ein **Auflösungs- bzw. Kündigungsgrund** besteht. Die allgemeine Nichtigkeitsfolge der §§ 104 ff. BGB wird also mit der Folge beschränkt, dass die fehlerhafte Gesellschaft bis zu ihrer Auflösung bzw. Kündigung grundsätzlich wie eine fehlerfreie Gesellschaft behandelt wird.[96]

Das Institut der fehlerhaften Gesellschaft galt **ursprünglich** nur für Kapitalgesellschaften. **Später** wurden diese Grundsätze auch auf die Personengesellschaften übertragen. Sie gelten nach h.M. auch für typische und atypische stille Gesellschaften.[97] **Heute** sind die Grundsätze für die Kapitalgesellschaften sogar gesetzlich normiert, §§ 275 ff. AktG, §§ 75 ff. GmbHG und §§ 94 ff. GenG.[98]

---

94 Koch § 5 Rn. 1.

95 Koch § 5 Rn. 6 f.

96 BGH NJW-RR 2001, 1450, Ls. 2; K. Schmidt, GesR, § 6 I 1.

97 BGH NZG 2005, 261, 262; BGH NZG 2005, 472, Ls. 1; a.A. Hey NZG 2004, 1097, 1098 f.; MünchKomm-BGB/Schäfer § 705 Rn. 371.

98 Kummer Jura 2006, 331.

2. Voraussetzungen und Rechtsfolgen der fehlerhaften Gesellschaft

Damit die Grundsätze der fehlerhaften Gesellschaft Anwendung finden, müssen die folgenden Voraussetzungen erfüllt sein: 41

- Zunächst muss ein **Vertrag** geschlossen sein, der **anfänglich unwirksam oder anfechtbar** wäre. Ohne Vertragsgrundlage gibt es keine fehlerhafte Gesellschaft. An dieser Stelle muss die fehlerhafte Gesellschaft deshalb von einer Nicht-Gesellschaft oder bloßen Scheingesellschaft[99] unterschieden werden.[100]

  - Dabei muss der **Vertrag insgesamt unwirksam** sein. Liegt der Ursprung des Fehlers nämlich bloß in einer bestimmten Klausel des Vertrags und ist in Anwendung des § 139 BGB ausnahmsweise anzunehmen, dass der Vertrag auch ohne die konkrete Klausel geschlossen worden wäre, so ist nur die betreffende Klausel unwirksam (Teilnichtigkeit) und für den Rückgriff auf die Grundsätze der fehlerhaften Gesellschaft besteht kein Bedarf.[101] 42

    Der in § 139 BGB gesetzlich als Regel normierte Fall der Gesamtnichtigkeit ist mit Blick auf die gesellschaftsvertragliche Praxis eher der Ausnahmefall: Meist kann die entstandene Vertragslücke im Wege der ergänzenden Vertragsauslegung geschlossen werden und es ergibt sich schon unter Berücksichtigung der Interessen, dass lediglich Teilnichtigkeit gewollt ist. Dies wird meist durch eine sog. **salvatorische Klausel** als Schlussbestimmung zum Vertrag zum Ausdruck gebracht.

  - Abzugrenzen ist außerdem ein nichtiger Gesellschaftsvertrag von einer bloßen **Scheingründung**. Schließen die vermeintlichen Gesellschafter überhaupt keinen Gesellschaftsvertrag ab (auch nicht konkludent), sondern erwecken sie nur nach außen den Rechtsschein einer Gesellschaft oder handelt es sich bei dem zwischen ihnen geschlossenen Vertrag um ein Scheingeschäft i.S.d. § 117 BGB, so liegt nach ganz überwiegender Auffassung[102] nicht etwa eine fehlerhafte Gesellschaft, sondern vielmehr gar keine Gesellschaft vor. 43

- Ferner muss die **Gesellschaft zurechenbar in Vollzug**[103] gesetzt werden. Vollzug liegt dann vor, wenn die Gesellschaft mit Zustimmung der Gesellschafter ihre **Tätigkeit nach außen** aufgenommen hat, sei es auch nur im Rahmen von Vorbereitungsgeschäften.[104]

- Schließlich darf keine Ausnahme von den Grundsätzen der fehlerhaften Gesellschaft vorliegen. Ausnahmsweise gelten die Grundsätze der fehlerhaften Gesellschaft nicht, wenn die Wirksamkeit der Gesellschaft mit **vorrangigen Interessen der Allgemeinheit oder schutzwürdiger Personen** unvereinbar wäre.[105] Ob dies der Fall ist, hängt häufig von dem jeweils vorliegenden Fehler ab (s. sogleich).

---

99 S. hierzu Rn. 73.
100 K. Schmidt, GesR, § 6 III 3.
101 MünchKomm-BGB/Schäfer § 705 Rn. 341; Schäfer § 5 Rn. 21.
102 Vgl. MünchKomm-BGB/Schäfer § 705 Rn. 363 f.
103 MünchKomm-HGB/Fleischer § 105 Rn. 492 f.; MünchKomm-BGB/Schäfer § 705 Rn. 315; Grüneberg/Retzlaff § 705 Rn. 27.
104 BGH NJW 1952, 97; MünchKomm-BGB/Schäfer § 705 Rn. 342; Erman/Westermann § 705 Rn. 79.
105 Hier und zum Folgenden: Baumbach/Hopt/Roth § 105 Rn. 83 f.; Jacoby/v. Hinden § 705 Rn. 6.

Liegen diese drei Voraussetzungen vor, wird die Gesellschaft nach der Lehre von der fehlerhaften Gesellschaft **für die Vergangenheit wie eine fehlerfreie, nach innen und außen insgesamt**[106] **wirksam gegründete Gesellschaft** behandelt, die nicht rückwirkend (ex tunc) beseitigt, sondern **nur für die Zukunft (ex nunc) aufgelöst** werden kann.[107]

Die Gesellschafter können das Gesellschaftsverhältnis durch eine wirksame **Kündigung** aus wichtigem Grund (GbR, § 729 Abs. 1 Nr. 3 i.V.m. 731 BGB) bzw. durch eine **Auflösungsklage** (OHG, §§ 130 I Nr. 3 i.V.m. 139 HGB) beenden. Wenn der Nichtigkeitsgrund nur einzelnen Gesellschaftern gegenüber anderen zur Last fällt, kommt bei der GbR ein Ausschluss durch Beschluss gemäß §§ 723 Abs. 1 Nr. 5 i.V.m. § 727 BGB bzw. für die OHG eine Ausschließungs- bzw. Übernahmeklage (§ 130 Abs. 1 Nr. 5 i.V.m. 134 HGB) in Betracht.[108]

Die Grundsätze über die fehlerhafte Gesellschaft schließen allerdings nicht aus, dass ein Schadensersatzanspruch des Gesellschafters besteht, der auf Naturalrestitution und damit auf Rückgewähr der Einlage gerichtet ist.[109]

Grundsätze der fehlerhaften Gesellschaft

1. Es liegt ein – wenn auch unwirksamer – **Gesellschaftsvertrag** vor.
   - Gesamtnichtigkeit erforderlich
   - Abgrenzung zur Scheingesellschaft
2. Die **Gesellschaft** wurde **in Vollzug gesetzt.**
3. Es bestehen **keine vorrangigen Interessen der Allgemeinheit oder schutzwürdiger Personen**, mit denen eine Anwendbarkeit der Grundsätze der fehlerhaften Gesellschaft unvereinbar wäre.
4. Liegen die unter 1. bis 3. genannten Voraussetzungen vor, kann die **nach innen und außen voll wirksame Gesellschaft** nur ex nunc aufgelöst werden.

44 Die Grundsätze der fehlerhaften Gesellschaft gelten auch dann, wenn ein zunächst fehlerfrei geschlossener **Gesellschaftsvertrag nachträglich geändert wird**, erst dann ein Unwirksamkeitsgrund nach §§ 104 ff. BGB auftritt und die fehlerhafte Vertragsänderung in Vollzug gesetzt wurde.[110] Dies gilt insbesondere für den **fehlerhaften Beitritt zu einer Gesellschaft.**[111] Der fehlerhaft Beigetretene ist voll wirksam Gesellschafter mit allen Rechten und Pflichten im Innen- und Außenverhältnis, sofern sein Beitritt in Vollzug gesetzt wurde. Seine Gesellschafterstellung kann nur ex nunc beendet werden. Er selbst kann dies durch Kündigung (§ 725 BGB) bzw. Austritt aus der Gesellschaft bewirken. Auch die übrigen Gesellschafter können das Gesellschaftsverhältnis aus wichtigem Grund kündigen. Alternativ besteht für sie aber auch die Möglichkeit, den fehlerhaft beigetretenen Gesellschafter aus wichtigem Grund gemäß §§ 723 Abs. 1 Nr. 5, 727 BGB auszuschließen. Dieser scheidet von nun an lediglich aus der Gesellschaft aus, die Gesell-

106 Bitter/Heim § 5 Rn. 25.

107 BGH NJW 1971, 375, 376 (zur Anwendung der Grundsätze der fehlerhaften typischen stillen Gesellschaft).

108 Bitter/Heim § 5 Rn. 21.

109 BGH NZG 2005, 472, Ls. 1.

110 Hier und zum Folgenden: Bitter/Heim § 5 Rn. 26.

111 BGH NJW 1958, 668; BGH NJW 1975, 1022.

schaft wird ohne ihn weitergeführt. Eine Fortsetzungsklausel im Gesellschaftsvertrag, wie nach § 737 S. 1 BGB a.F. erforderlich war, ist nicht mehr erforderlich.[112]

Auch das **fehlerhafte Ausscheiden aus der Gesellschaft** ist nicht *ex tunc* unwirksam, sondern wird nur *ex nunc* berichtigt:[113] Der fehlerhaft ausgetretene voll geschäftsfähige Gesellschafter gilt im Verhältnis zu Dritten bis zu seiner wirksamen Wiederaufnahme in die Gesellschaft als ausgeschieden. Im Innenverhältnis ist der Ausgetretene hingegen so zu stellen, als wäre er die ganze Zeit Gesellschafter gewesen. 45

Etwas anderes gilt, wenn der fehlerhaft austretende Gesellschafter nicht voll geschäftsfähig ist. Dann ist und bleibt sein Austritt aus Schutzwürdigkeitsgründen unwirksam.

Der BGH wendet die Grundsätze der fehlerhaften Gesellschaft ferner auf die **fehlerhafte Übertragung eines Gesellschaftsanteils** durch Verfügung über die Mitgliedschaft gemäß §§ 413, 398 BGB an.[114] Der Verkehrsschutz gebiete es, den Erwerber vorläufig als Gesellschafter und den Veräußerer als ausgeschieden zu behandeln. 46

3. Einzelne Unwirksamkeitsgründe

Die Grundsätze der fehlerhaften Gesellschaft sind häufig Gegenstand von Examensklausuren, weil hier eine Verknüpfung von allgemeinen zivilrechtlichen Problemen (BGB AT, Schuldrecht) mit einem speziellen Rechtsgebiet (Gesellschaftsrecht) möglich ist. Deshalb sollen nachstehend einige wichtige Unwirksamkeitsgründe genauer dargestellt werden. 47

a) Offener und versteckter Einigungsmangel (§§ 154, 155 BGB)

Beim **offenen Dissens** ist der **Vertrag „im Zweifel" nicht geschlossen**, solange sich die Parteien nicht über alle Punkte geeinigt haben, über die eine Vereinbarung getroffen werden soll (§ 154 Abs. 1 S. 1 BGB). Die Zweifelsregel gilt auch, wenn eine vereinbarte Beurkundung nicht erfolgt ist (§ 154 Abs. 2 BGB). Wird der **Vertrag** hingegen **vollzogen** – was i.d.R. gleichzeitig Voraussetzung für die Anwendung der Grundsätze der fehlerhaften Gesellschaft ist –, sind die **Zweifel regelmäßig widerlegt**. Der Vertrag ist dann wirksam geschlossen. Es liegt keine fehlerhafte Gesellschaft vor.[115] 48

Bei einem **versteckten Dissens** kann hingegen eine fehlerhafte Gesellschaft vorliegen. Besteht ein versteckter Einigungsmangel und ist anzunehmen, dass die Parteien den Vertrag auch ohne eine Bestimmung über diesen Punkt geschlossen hätten, kommt gemäß § 155 BGB ein (fehlerfreier) Gesellschaftsvertrag zustande.

Ist dies hingegen nicht anzunehmen, so ergibt sich aus einem Umkehrschluss zu § 155 BGB, dass kein Vertrag zustande kommt. „Kein Vertrag" i.d.S. bedeutet indes nicht, dass die Grundsätze der fehlerhaften Gesellschaft nicht anwendbar sein können. Vielmehr genügt es für deren Anwendbarkeit, dass die Parteien ihre Rechtsbeziehungen nach gesellschaftsrechtlichen Gesichtspunkten regeln wollen. Dieser Wille kann auch dann vor-

112 Hünert RÜ 2023, 701, 702.

113 Hier und zum Folgenden: Bitter/Heim § 5 Rn. 27.

114 BGH RÜ 2010, 565, Ls. (nichtige Übertragung von Geschäftsanteilen an einer Fonds-GbR); auf fehlerhafte Geschäftsanteilsübertragungen einer GmbH finden die Grundsätze der Lehre von der fehlerhaften Gesellschaft hingegen wegen § 16 Abs. 1 GmbHG keine Anwendung (BGH ZIP 2013, 118 Rn. 9).

115 OLG Schleswig MedR 2004, 56; OLG Hamburg NZG 2002, 176.

liegen, wenn der eigentliche Gesellschaftsvertrag wegen Dissenses nicht zustande kommt und ist folglich nicht deckungsgleich mit dem Willen zum Vertragsschluss.[116]

b) Formverstoß (§ 125 BGB)

49 Der Gesellschaftsvertrag einer Personengesellschaft bedarf **grundsätzlich**[117] **keiner Form**. Ein Gesellschaftsvertrag ist aber dann formbedürftig, wenn er ein Leistungsversprechen (Beitragsverpflichtung) enthält, das seinerseits formbedürftig ist. Der wichtigste Fall ist das Versprechen eines Gesellschafters, ein Grundstück einzubringen (§ 311b Abs. 1 BGB). In einem solchen Fall muss der gesamte Gesellschaftsvertrag notariell beurkundet werden, weil er eine Einheit bildet.[118]

Hinweis: *Wenn es der Zweck einer Gesellschaft ist, nach ihrer Gründung Grundstücke zu erwerben, ist der Gesellschaftsvertrag nicht formbedürftig nach § 311b Abs. 1 BGB, weil sich die Gesellschafter weder unmittelbar noch mittelbar zum Erwerb oder zur Veräußerung eines bestimmten Grundstücks verpflichten.*[119]

Auch auf einen nach § 125 BGB formnichtigen Gesellschaftsvertrag finden die **Grundsätze der fehlerhaften Gesellschaft** Anwendung. Die Formzwecke stehen dem nicht entgegen.

c) Anfechtung wegen arglistiger Täuschung oder Drohung (§ 123 BGB)

50 Ist die Anfechtung nicht oder nicht fristgerecht erklärt, ist der Gesellschaftsvertrag wirksam. Ist die **Anfechtung (fristgerecht) erklärt**, ist zu unterscheiden:

- Haftet ein **Anfechtungsgrund nur einer einzelnen gesellschaftsvertraglichen Bestimmung** an, bleibt der Vertrag aufrechterhalten, da bei Gesellschaftsverträgen i.d.R. von einem entsprechenden Willen der Beteiligten hinsichtlich § 139 BGB auszugehen ist (vgl. dazu oben). Es tritt deshalb lediglich an die Stelle der mangelhaften Bestimmung eine angemessene Regelung.[120] Mangels Gesamtnichtigkeit liegt also keine fehlerhafte Gesellschaft vor.
- Betrifft der Anfechtungsgrund **den gesamten Vertrag**, würde die Anfechtungserklärung zur Nichtigkeit des Vertrages führen. Es greifen dann aber die Regeln über die fehlerhafte Gesellschaft ein.[121]

Selbst bei einer **Anfechtung wegen arglistiger Täuschung** bleibt eine fehlerhafte Gesellschaft bestehen. Eine Nichtigkeit *ex tunc* würde sowohl die Gläubigerinteressen vernachlässigen als auch diejenigen der übrigen Gesellschafter.[122] Bis zur Auflösung der Gesellschaft ist diese nicht nur im Außenverhältnis, sondern auch im Innenverhältnis als wirksam zu behandeln.

---

116 BGH NJW 1992, 1501, 1502; Leenen AcP 188 (1988), 381, 392.

117 Ausnahme: Der Partnerschaftsvertrag bedarf der Schriftform (§ 3 Abs. 1 PartGG).

118 OLG Köln NZG 2000, 930.

119 BGH NJW 1998, 376; Ulmer/Löbbe DNotZ 1998, 711, 741.

120 BGHZ 47, 293, 301.

121 BGHZ 156, 46, 52 ff.

122 BGH NZG 2008, 460 Rn. 14.

Auch der arglistig Getäuschte bleibt grundsätzlich zur Erfüllung seiner Verpflichtungen aus dem Innenverhältnis, etwa zur Erbringung seiner Einlage, verpflichtet. Wegen der **im Einzelfall** möglichen groben Unbilligkeiten kann **dem arglistig Getäuschten** allerdings ein **Leistungsverweigerungsrecht** zustehen. Dies gilt vor allem dann, wenn angenommen werden muss, dass die Leistung im Wesentlichen oder ausschließlich (zunächst) dem Täuschenden selbst zugutekommt und der Getäuschte bei der Abwicklung keinen entsprechenden Ausgleich mehr erwarten kann.[123]

d) Widerruf bei Haustürgeschäften und verbundenen Verträgen

Die Vorschriften über außerhalb von Geschäftsräumen geschlossene Verträge sind ge- 51
mäß § 312 Abs. 1 BGB nur auf Verbraucherverträge anwendbar, die eine entgeltliche Leistung des Unternehmers zum Gegenstand haben. Eine **entgeltliche Leistung** des Unternehmers ist bei einem Gesellschaftsvertrag **grundsätzlich nicht gegeben**.

Anders ist dies bei einem **Beitritt zu einer Anlagegesellschaft**, bei dem eine Einlage zur Erlangung entgeltlicher Leistungen der Gesellschaft erbracht wird.[124] Da der Zweck des Beitritts vorrangig in der Anlage von Kapital besteht und nicht darin, Mitglied einer Gesellschaft zu werden, ist der Beitrittsvertrag **einem Vertrag über eine entgeltliche Leistung wertungsmäßig gleichzustellen**.[125] Auch für außerhalb von Geschäftsräumen geschlossene Gesellschaftsverträge gelten aber dann die Grundsätze über die fehlerhafte Gesellschaft.[126] Überwiegende Interessen der Allgemeinheit oder einzelner schutzwürdiger Personen stehen dem nicht entgegen. Der Anleger ist bei einem außerhalb von Geschäftsräumen geschlossenen Vertrag nicht schutzwürdiger als derjenige, der durch arglistige Täuschung zu einem Vertragsschluss bestimmt worden ist.[127]

Ein **Verbraucherdarlehensvertrag** kann **mit einem Gesellschaftsvertrag gemäß § 358 Abs. 3 BGB verbunden** sein. In diesen Fällen wird es sich regelmäßig um einen Beitritt zu einer Anlagegesellschaft (insbesondere Immobilienfonds) handeln. Wird der Darlehensvertrag gemäß §§ 495 Abs. 1, 355 BGB widerrufen, ist gemäß § 358 Abs. 2 BGB auch der Gesellschaftsvertrag unwirksam.[128] Bei der Rückabwicklung des Darlehensvertrages hat der Kreditgeber keinen Anspruch auf Rückzahlung der Darlehensvaluta gegen den Kreditnehmer. Die Rückabwicklung erfolgt unmittelbar zwischen dem Kreditgeber und dem Partner des finanzierten Geschäfts.

e) Gesetzesverstoß (§ 134 BGB) und Sittenwidrigkeit (§ 138 Abs. 1 BGB)

Bezieht sich der Gesetzesverstoß oder die Sittenwidrigkeit **nur auf einzelne Klauseln** 52
des Gesellschaftsvertrages, so sind in Anwendung des § 139 BGB (s.o.) nur diese nichtig. Der Gesellschaftsvertrag bleibt im Übrigen wirksam. Die durch die Nichtigkeit entstan-

123 BGHZ 26, 330, 335; BGHZ 63, 338, 347; K. Schmidt, GesR, § 6 III 3c.

124 Armbrüster ZIP 2006, 406, 407 ff.; Erman/Koch § 312 Rn. 12.

125 BGH NZG 2005, 35: Beitritt zu Kapitalanlage-KG in Haustürsituation.

126 BGH NJW 2010, 3096: Vereinbarkeit der Lehre von der fehlerhaften Gesellschaft mit der Haustürgeschäfte-Richtlinie.

127 BGH NZG 2005, 261, 262.

128 BGH NJW 2006, 1788 Rn. 12.

dene Lücke ist durch das **dispositive Recht**, ggf. durch **ergänzende Vertragsauslegung**, zu schließen.[129]

Verstößt der Gesellschaftsvertrag **hingegen insgesamt**, insbesondere der Gesellschaftszweck, gegen ein gesetzliches Verbot oder die guten Sitten, so ist der Vertrag nichtig.

Nach h.M. greifen die Regeln über die fehlerhafte Gesellschaft in diesem Fall jedoch trotzdem nicht ein, da **überwiegende Interessen der Allgemeinheit** entgegenstehen. Vielmehr erfolge eine Rückabwicklung nach den allgemeinen Vorschriften, vor allem nach Bereicherungsrecht (beachte § 817 BGB).[130] In der Literatur werden teilweise auch in diesen Fällen die Grundsätze über die fehlerhafte Gesellschaft für anwendbar gehalten.[131]

f) Beteiligung nicht voll Geschäftsfähiger (§§ 104 ff. BGB)

53 Beteiligen sich nicht voll Geschäftsfähige ohne Mitwirkung ihres gesetzlichen Vertreters an einer Gesellschaft, ist die Beitrittserklärung bei **Geschäftsunfähigkeit** nichtig (§ 105 Abs. 1 BGB), bei **beschränkter Geschäftsfähigkeit** schwebend unwirksam (§ 108 Abs. 1 BGB). Schwebende Unwirksamkeit tritt bei der Beteiligung an einer auf Erwerb gerichteten Gesellschaft auch dann ein, wenn die Beitrittserklärung zwar vom gesetzlichen Vertreter oder mit dessen Einwilligung abgegeben wird, es aber an der **erforderlichen Genehmigung des Familiengerichts** (§§ 1643 Abs. 1, 1799 Abs. 1 i.V.m. § 1852 Nr. 2 BGB) fehlt.

Eine Gesellschaft, an der ein Minderjähriger ohne die erforderlichen Genehmigungen beteiligt ist, ist eine fehlerhafte Gesellschaft. Der **Minderjährige haftet nicht** für Verbindlichkeiten der Gesellschaft.

54 **Umstritten** ist, ob der **Minderjährige Gesellschafter der fehlerhaften Gesellschaft wird** und ob er **an Gewinnen der Gesellschaft beteiligt** ist.

Fall 2: Minderjähriger Motorradfan

Der 17-jährige M schließt mit Einwilligung seiner Eltern, aber ohne Genehmigung des Familiengerichts, mit dem 22-jährigen Automechaniker A und dem 27-jährigen Ingenieur B einen Gesellschaftsvertrag. Danach wollen sie eine Motorradreparaturwerkstatt als GbR betreiben und sich um die Vertretung zum Verkauf japanischer Motorräder bemühen. Die Eltern des M zahlen 20.000 € ein, A und B je 5.000 €. Es werden Maschinen gekauft und eine Halle als Reparaturwerkstatt angemietet. Die GbR wird im Handelsregister eingetragen. Später kommen den Eltern des M Bedenken. Sie wollen wissen, ob M für Schulden des Betriebs haftet und ob er am Gewinn und Verlust beteiligt ist.

55 **A.** Es kommt eine **Haftung des M gemäß § 721 BGB** in Betracht. Danach haftet der Gesellschafter der GbR für Verbindlichkeiten der Gesellschaft.

129 BGH NJW 1982, 877, 879.

130 Rspr. zu § 134 BGB: BGHZ 62, 234, 241; BGHZ 75, 214, 217; BGHZ 97, 243, 250; zu § 138 BGB: BGH NJW-RR 1988, 1379.

131 K. Schmidt AcP 186 (1986), 421, 448 ff.

I. Erste Voraussetzung des § 721 BGB ist, dass eine **Verbindlichkeit der GbR** besteht. Dies setzt wiederum voraus, dass überhaupt eine **Gesellschaft entstanden** ist.

1. Eine **„fehlerfreie" Gesellschaft** zwischen A, B und M bestünde nur dann, wenn M bei Abschluss des Gesellschaftsvertrages A und B gegenüber eine **wirksame Willenserklärung** abgegeben hätte. Da dieser Gesellschaftsvertrag zum Betrieb eines Erwerbsgeschäfts eingegangen wurde, bedurfte er zusätzlich zur Einwilligung der Eltern des M gemäß §§ 1643 Abs. 1, 1799 Abs. 1 i.V.m. § 1852 Nr. 2 BGB noch der **Genehmigung des Familiengerichts**. Diese lag nicht vor, sodass der Gesellschaftsvertrag schwebend unwirksam ist. Eine „fehlerfreie" Gesellschaft besteht zwischen A, B und M damit nicht. **56**

2. Es könnte jedoch eine **fehlerhafte Gesellschaft** entstanden sein. **57**

a) A, B und M haben einen **fehlerhaften Gesellschaftsvertrag geschlossen** und die **Gesellschaft in Vollzug gesetzt**, da bereits Einlagen geleistet, Maschinen gekauft und eine Halle als Reparaturwerkstatt angemietet worden sind.

b) Der Annahme einer fehlerhaften Gesellschaft dürfen **keine überwiegenden Interessen der Allgemeinheit oder einzelner schutzwürdiger Personen entgegenstehen**. Aufgrund des umfassenden Schutzes, welcher Minderjährigen im Zivilrecht zukommt, dürfen die Sonderregeln der fehlerhaften Gesellschaft nicht zu einem Nachteil für M führen.

Wie im Einzelnen der **Minderjährigenschutz** zu gewährleisten ist, ist allerdings umstritten. **Teilweise** wird die Ansicht vertreten, der Minderjährige sei Mitglied einer fehlerhaften Gesellschaft geworden, nur könnten für ihn daraus keine Haftungsfolgen und sonstigen Rechtsnachteile entstehen.[132] Die **herrschende Gegenansicht** nimmt hingegen an, dass eine Gesellschaft, an der ein Minderjähriger (ohne die erforderlichen Genehmigungen) beteiligt ist, als fehlerhafte Gesellschaft entsteht, dass aber der Minderjährige nicht Gesellschafter geworden ist.[133] Im vorliegenden Kontext bedarf dieser Streit keiner Entscheidung, weil **nach beiden Ansichten eine GbR entstanden** ist, die Verbindlichkeiten eingehen kann (§ 705 Abs. 2 Alt. 1 BGB).

II. Eine Haftung des M für diese Verbindlichkeiten gemäß § 721 HGB scheidet **in jedem Fall aus**. Nach der h.M. ist M nicht Gesellschafter geworden; nach der Gegenansicht ist M zwar Gesellschafter geworden, die damit normalerweise verbundenen Haftungsfolgen treten aber nicht zu seinen Lasten ein.

B. Fraglich ist, ob M **am Gewinn und Verlust der GbR zu beteiligen** ist. **58**

I. Eine **Gewinnbeteiligung** setzt voraus, dass M **Gesellschafter geworden** ist.

1. Nach der **h.M.** wird der Minderjährige **nicht Mitglied der fehlerhaften Gesellschaft**. Er kann daher auch nicht am Gewinn beteiligt sein.[134] Im Gesellschaftsrecht sei die Stellung eines „hinkenden", d.h. nur berechtigten, aber nicht verpflichteten Gesellschafters unbekannt und zum Schutz des Minderjährigen nicht erforderlich. Die Interessen des

132 K. Schmidt JuS 1990, 517, 521.

133 BGHZ 17, 160, 16 (zur KG); BGH NJW 1983, 748 (zur GbR).

134 Koch § 5 Rn. 19; MünchKomm-BGB/Schäfer § 705 Rn. 348.

Minderjährigen an einer erfolgreichen Beteiligung könnten jedenfalls bei schwebend unwirksamen Verträgen durch eine Genehmigung der gesetzlichen Vertreter bzw. des Familiengerichts gewahrt werden.

2. Die **Gegenansicht** bejaht die Gesellschafterstellung des Minderjährigen. Aus dieser wird teilweise eine Gewinnbeteiligung des Minderjährigen abgeleitet, weil diese lediglich rechtlich vorteilhaft ist; zum Schutz des Minderjährigen genüge es, die ihn belastenden Rechtsfolgen zu vermeiden.[135] Andere wollen den Minderjährigen trotz angenommener Gesellschafterstellung von der Gewinnbeteiligung ausschließen, weil sich Gewinn- und Verlustbeteiligung nicht trennen ließen.[136] Letzteres ist konsequent. Den Minderjährigen an Gewinnen zu beteiligen und gleichzeitig Verluste nur den (volljährigen) Mitgesellschaftern zuzuweisen, wäre systemwidrig, nicht praktikabel und schlicht ungerecht („Rosinenpickerei").

Damit sprechen die besseren Gründe dafür, den M unabhängig davon, ob man seine Gesellschafterstellung bejaht oder verneint, nicht an den Gewinnen der GbR zu beteiligen.

II. Eine **Verlustbeteiligung des M scheidet in jedem Fall aus**, entweder weil er schon nicht Gesellschafter geworden ist (h.M.) oder weil ihn zumindest keine Nachteile aus der Gesellschafterstellung treffen (Gegenansicht).

IV. Scheingesellschaft

59 Die Grundsätze der fehlerhaften Gesellschaft sind nur anwendbar, wenn die Beteiligten tatsächlich Willenserklärungen abgegeben haben, die auf den Abschluss eines Gesellschaftsvertrages gerichtet waren.

Eine Scheingesellschaft liegt dagegen vor, wenn mehrere Personen durch ihr Auftreten nach außen den **Rechtsschein einer OHG, GbR oder KG hervorrufen**, obwohl sie ein **Gesellschaftsverhältnis nicht gewollt oder nur zum Schein (§ 117 BGB) abgeschlossen** haben.[137] Die Gesellschafter wollten in diesen Fällen ihre Rechtsbeziehungen zueinander gerade nicht dem Gesellschaftsrecht unterstellen. **Mangels Vorliegens eines Rechtsbindungswillens** liegt damit kein Gesellschaftsvertrag, nicht einmal ein fehlerhafter Gesellschaftsvertrag vor.

Dementsprechend sind auch die Grundsätze der Abwicklung der **fehlerhaften Gesellschaft** auf die Scheingesellschaft **nicht anwendbar.**[138]

Vielmehr richtet sich die Abwicklung nach allgemeinen Grundsätzen. Dabei ist im **Innenverhältnis** zu differenzieren: Ist ein Gesellschaftsvertrag gar nicht geschlossen, ist nach Bereicherungsrecht abzuwickeln, soweit nicht Herausgabeansprüche nach § 985

135 Windbichler/Bachmann § 13 Rn. 17.

136 K. Schmidt JuS 1990, 517, 522.

137 BGHZ 11, 190, 191 = NJW 1954, 231; Kindler § 10 Rn. 49.

138 BGH RÜ 2011, 760 Rn. 12.

BGB gegeben sind.[139] Bei einem nur zum Schein geschlossenen Gesellschaftsvertrag gilt im Innenverhältnis das von den Parteien Gewollte (§ 117 Abs. 2 BGB).[140]

Im **Außenverhältnis** werden gutgläubige Dritte nach den allgemeinen Regeln über die Rechtsscheinshaftung geschützt, sofern nicht die schärferen Publizitätsgrundsätze des § 15 HGB eingreifen.[141]

Nach den **allgemeinen Rechtsscheingrundsätzen** müssen sich Scheingesellschafter, denen der Rechtsschein einer Personengesellschaft zurechenbar ist, gegenüber redlichen Dritten, die auf den Rechtsschein vertraut haben, so behandeln lassen, als sei die Gesellschaft wirksam entstanden.[142] So kann der Scheingesellschafter unter diesen Voraussetzungen nach § 721 BGB persönlich in Anspruch genommen werden.[143] Ein Anspruch gegen die Scheingesellschaft selbst kann dagegen nicht bestehen.

B. Entstehung durch Statuswechsel/Umwandlung

Ist eine OHG bzw. KG nicht eingetragen und verringert sich der Umfang des Gewerbes, sodass allein noch ein Kleingewerbe vorliegt, wird die Gesellschaft automatisch zur GbR, ohne dass es einer Umwandlung oder Rechtsübertragung bedarf. Die Anmeldung im Gesellschaftsregister erfolgt dann auf Grundlage des § 707c BGB. 60

Eine GbR kann – ebenso wie die OHG – auch durch Umwandlung entstehen. Die §§ 190 ff., 226, 228-237 UmwG erlauben insbesondere einen **Formwechsel einer AG, KGaA oder GmbH in eine GbR**, sofern der Unternehmensgegenstand nicht handelsgewerblicher Natur ist.[144]

3. Abschnitt: Die Haftungsverfassung der GbR

A. Die Haftung der Gesellschaft

Da die rechtsfähige GbR gemäß § 705 Abs. 2 Var. 1 BGB selbst Trägerin von Rechten und Pflichten ist und dementsprechend auch **selbst Gläubigerin und Schuldnerin** sein kann, schuldet sie selbst die vertragliche Erfüllung, wenn sie wirksam vertreten wird. 61

Die GbR kann als solche indes nicht selbst handeln. Als „Personenmehrheit" ist sie auf das **Handeln natürlicher Personen** angewiesen, dass ihr, soweit es sich bei den Handelnden um organschaftlich tätige Gesellschafter handelt, **als eigenes zugerechnet** wird.

Die Frage der Zurechnung stellt sich derweil nicht nur bezüglich der Verschuldenszurechnung, sondern auch hinsichtlich der **Wissenszurechnung**, denn die GbR als solche kann auch keine Kenntnisse besitzen.

139 Kindler § 10 Rn. 49; MünchKomm-BGB/Schäfer § 705 Rn. 363.
140 BGH NJW 1953, 1220; Windbichler/Bachmann § 12 Rn. 10.
141 Hier und zum Folgenden: Kindler § 10 Rn. 50.
142 MünchKomm-BGB/Schäfer § 705 Rn. 364.
143 Zur Rückforderung einer rechtsgrundlos an eine Scheingesellschaft erbrachten Leistung s. BGH NJW 2011, 66.
144 MünchKomm-BGB/Schäfer, § 705 Rn. 8.

I. Verschuldenszurechnung

62 Es ist hinsichtlich der Verschuldenszurechnung i.d.R. zwischen vertraglichen und gesetzlichen Schadensersatzpflichten zu differenzieren.

1. Vertragliche Schadensersatzpflichten

63 Zum Schadensersatz verpflichtendes Verhalten ihrer „verfassungsmäßig berufenen Vertreter" muss sich die GbR nach h.M. **analog § 31 BGB (sog. Organtheorie)**,[145] nach m.M. **analog § 278 BGB (sog. Vertretertheorie)** zurechnen lassen.[146] Verfassungsmäßig berufene Vertreter der GbR sind neben den **geschäftsführenden Gesellschaftern** auch **eigenverantwortliche Repräsentanten**, also solche Personen, denen z.B. durch allgemeine Betriebsregelung und Handhabung bedeutsame Funktionen zur selbstständigen und eigenverantwortlichen Erfüllung zugewiesen sind.[147]

Regelmäßig ergeben sich bezüglich der Zurechnung über § 31 BGB analog oder über § 278 BGB keine Unterschiede. Relevant sind die unterschiedlichen Auffassungen lediglich, wenn es um die Möglichkeit des Ausschlusses der Haftung für vorsätzliches Handeln geht. Denn **§ 278 S. 2 BGB erlaubt Haftungsausschlüsse für vorsätzliches Verhalten** des Erfüllungsgehilfen, während für § 31 BGB analog eine entsprechende Regelung fehlt.

Beispiel: Der Filialleiter oder vergleichbare Leiter eigener Betriebseinheiten

Das Verhalten von Erfüllungsgehilfen muss sich die GbR – wie jeder andere Rechtsträger auch – nach **§ 278 S. 1 Var. 2 BGB** zurechnen lassen.

Tatbestandlich setzt § 31 BGB analog zweierlei voraus: Zunächst muss ein **„verfassungsmäßig berufener Vertreter"** gehandelt haben. „Verfassungsmäßig berufener Vertreter" der GbR ist zunächst jeder geschäftsführende und vertretungsberechtigte Gesellschafter, weiterhin aber auch jede sonstige Person (auch Nichtgesellschafter), dem für die Gesellschaft wesensmäßige Funktionen zur selbstständigen, eigenverantwortlichen Erfüllung zugewiesen sind. Auch das Handeln eines Sachbearbeiters kann der GbR analog § 31 BGB zugerechnet werden, wenn ihm eine wichtige Angelegenheit zur eigenverantwortlichen Erledigung übertragen worden ist.[148]

Des Weiteren erfordert der Tatbestand des § 31 BGB analog, dass die betreffende Person **„in Ausführung der ihr zustehenden Verrichtungen"** gehandelt hat. Dafür genügt es, wenn zwischen seinem Aufgabenkreis und der schädigenden Handlung ein sachlicher Zusammenhang besteht.[149] Dabei ist nicht entscheidend, ob sie für die konkrete Aufgabe Vertretungsmacht hatte oder ob sie diese überschritten hat.[150]

---

145 BGH NJW 2003, 144, Grüneberg/Ellenberger § 31 Rn. 1, 3.

146 MünchKomm-BGB/Leuschner § 31 Rn. 28 f.; Staudinger/Schwennicke § 31 Rn. 3 ff.

147 Grüneberg/Ellenberger § 31 Rn. 6; Röß NZG 2023, 401, 405.

148 BGH NJW 2007, 2490 Rn. 16.

149 BGH NJW 2013, 3366 Rn. 17; Kindler § 10 Rn. 97.

150 Kindler § 10 Rn. 97.

2. Schadensersatzpflichten aus unerlaubter Handlung

Für das Fehlverhalten der Gesellschafter oder anderer Repräsentanten haftet die Gesellschaft nicht gemäß § 831 BGB, denn mangels Weisungsgebundenheit sind die **Gesellschafter keine Verrichtungsgehilfen i.S.d. § 831 BGB**. **64**

Im Rahmen des § 823 Abs. 1 BGB bedarf es wieder einer Zurechnungsnorm für das Verschulden der Gesellschafter. § 278 BGB kommt von vornherein nicht in Betracht, da es an einem Schuldverhältnis fehlt. Es bleibt einzig der Weg über die **analoge Anwendung des § 31 BGB**.[151] Somit ist im deliktischen Bereich ohne Ausführungen zu § 278 BGB auf § 31 BGB analog abzustellen.

II. Wissenszurechnung

Wenn es daher nach dem Gesetz auf die Kenntnisse eines Beteiligten ankommt und dieser eine GbR ist, stellt sich die Frage, **wessen Kenntnisse der Gesellschaft zuzurechnen** sind.[152] **65**

Die Zurechnung von Kenntnissen hat **Bedeutung insbesondere** für die Feststellung arglistigen Handelns (§ 123 BGB) und für den Erwerb vom Nichtberechtigten (§§ 932, 892 BGB, § 366 HGB). Weitere Vorschriften, nach denen die Kenntnis bestimmter Umstände bedeutend ist, sind die §§ 122 Abs. 2, 142 Abs. 2, 179, 199, 311a Abs. 2, 407 Abs. 1, 442, 626 Abs. 2, 640 Abs. 2, 819 Abs. 1, 990 BGB; § 15 HGB.

Der Gesellschaft werden zunächst die **Kenntnisse der Gesellschafter** zugerechnet, die an dem konkreten Rechtsgeschäft als Vertreter beteiligt sind. Umstritten ist, ob diese Zurechnung analog § 166 Abs. 1 BGB[153] oder analog § 31 BGB[154] erfolgt. Grundsätzlich werden auch die Kenntnisse der vertretungsberechtigten[155] Gesellschafter zugerechnet, die an dem konkreten Rechtsgeschäft nicht beteiligt sind. Umstritten sind aber die Grundlage und der Umfang der Wissenszurechnung.

Fall 3: Ausgeschiedener Gesellschafter

A, B und C sind Gesellschafter einer GbR. Sie verkauften im Januar 2020 dem K ein bebautes Grundstück unter Ausschluss der Gewährleistung. K stellt im Juli 2020 fest, dass das Gebäude mit Hausschwamm befallen ist. K setzt eine angemessene Frist zur Beseitigung des Hausschwamms. A, B und C verweigern die Beseitigung unter Hinweis auf den Gewährleistungsausschluss. Nach Ablauf der Frist erklärt K den Rücktritt vom Kaufvertrag und verlangt Rückabwicklung. Wie ist zu entscheiden, wenn festgestellt wird, dass A, B und C keine Kenntnis vom Schwammbefall hatten, wohl aber der frühere Gesellschafter D, der das Haus 2008 erworben hatte und später aus der Gesellschaft ausschied?

---

151 Koch § 7 Rn. 8.

152 Zur Wissenszurechnung im Unternehmen s. Reuter ZIP 2017, 310 ff.

153 Hk-BGB/Dörner § 166 Rn. 7.

154 K. Schmidt, GesR, § 10 V und § 60 II 5.

155 Zur Kenntniszurechnung, wenn nur einer von mehreren gesamtvertretungsberechtigten Gesellschaftern ein Rechtgeschäft im Namen der GbR abgeschlossen hat, s. BGH RÜ 2010, 140.

66 Dem K könnte gegen die GbR ein **Anspruch aus §§ 346 Abs. 1, 323 Abs. 1, 437 Nr. 2 Alt. 1, 440 BGB** auf Rückzahlung des Kaufpreises Zug um Zug gegen Übereignung des Hausgrundstücks zustehen.

I. K hat mit der GbR einen **wirksamen Kaufvertrag** abgeschlossen. Der Befall mit Hausschwamm stellt einen **Sachmangel** i.S.d. § 434 Abs. 1 BGB am Grundstück dar, der auch bereits **im Zeitpunkt des Gefahrübergangs** gemäß § 446 S. 1 BGB vorlag.

II. Die GbR hat mit K einen **Gewährleistungsausschluss** vereinbart. Diese Abrede könnte **gemäß § 444 BGB unwirksam** sein. Die Gesellschaft müsste dann einen Fehler **arglistig verschwiegen** haben. Arglist liegt vor, wenn der Verkäufer das Vorhandensein eines Fehlers kennt oder wenigstens für möglich hält, außerdem weiß, dass der Mangel dem Käufer nicht bekannt ist und sich bewusst ist, dass der Käufer bei Kenntnis der wahren Sachlage den Vertrag nicht oder nicht mit dem vereinbarten Inhalt abgeschlossen hätte. Die am Vertragsschluss beteiligten **(aktuellen) Gesellschafter hatten keine Kenntnis** von dem Schwammbefall. Stellt man nur auf ihre Kenntnisse ab, scheidet ein arglistiges Verschweigen aus. Möglicherweise muss sich die Gesellschaft die **Kenntnisse des früheren Gesellschafters D zurechnen** lassen.

67 **1. Teilweise** wird angenommen, die Kenntnisse von Gesellschaftern seien den Personengesellschaften (GbR, OHG, KG) **analog § 31 BGB** zuzurechnen. Danach seien der Gesellschaft die Kenntnisse aller organschaftlichen Vertreter zuzurechnen, unabhängig davon, ob der Gesellschafter an dem konkreten Rechtsgeschäft mitgewirkt hat und unabhängig davon, ob das Organ im fraglichen Zeitpunkt Gesellschafter war.[156] Nach dieser Ansicht sind der GbR die Kenntnisse des zwischenzeitlich ausgeschiedenen Gesellschafters D zuzurechnen.

68 **2.** Nach der **Rechtsprechung** beruht die Zurechnung der Kenntnisse von Personen, die nicht an dem konkreten Rechtsgeschäft beteiligt sind, nicht auf einer „Organstellung“ oder einer vergleichbaren Position des Wissensvermittlers, sondern auf dem Gedanken des **Verkehrsschutzes** und der daran geknüpften **Pflicht zur ordnungsgemäßen Organisation der gesellschaftsinternen Kommunikation.**[157] Die Gesellschaft muss sich das Wissen eines anderen als des konkret handelnden Gesellschafters jedenfalls dann zurechnen lassen, wenn die unterlassene Weitergabe dieses Wissens an den handelnden Gesellschafter eine **Verletzung der Organisationspflichten** darstellt.[158]

69 Kenntnisse von nicht am konkreten Rechtsgeschäft beteiligten Personen werden danach unter **folgenden Voraussetzungen** zugerechnet:

- Es muss sich um eine juristische Person oder um eine Organisation handeln, bei der **typischerweise Wissen auf verschiedene Personen oder Abteilungen aufgespalten** ist. Dabei kommt es auf die Organisationsform oder die Rechtsfähigkeit der am Rechtsverkehr teilnehmenden Struktureinheit nicht an.[159]

---

156 K. Schmidt, GesR, § 10 V 2b.

157 BGH, Urt. v. 10.12.2010 – V ZR 203/09, BeckRS 2011, 01685 Rn. 16.

158 BGH NJW 1999, 284: 286: Der BGH lässt dabei offen, ob die Wissenszurechnung auf der Grundlage des § 31 BGB erfolgt oder auf einer ausdehnenden Anwendung des § 166 Abs. 2 BGB.

159 BGH NJW 2001, 359, 360.

- Weiterhin muss die Verpflichtung bestehen, die Information über den Umstand zu speichern und den Informationsfluss (also die Informationsweitergabe) zu organisieren. Es ist das **„typischerweise aktenmäßig festgehaltene" Wissen** zuzurechnen.[160] Zu beurteilen ist dies nach dem Zeitpunkt der Wahrnehmung. Informationen über Hausschwamm sind beim Erwerb eines Grundstücks durch eine Gesellschaft wegen drohender Vermögenseinbußen typischerweise aktenmäßig festzuhalten.

- Für die Wissenszurechnung bestehen zeitliche und persönliche Grenzen. Für die handelnden Personen müssen **die tatsächliche Möglichkeit und ein besonderer Anlass** bestehen, sich des fraglichen Umstands **zu vergewissern**. Für den vorliegenden Fall hat der BGH diese Voraussetzung verneint.[161] Zwischen den beiden Verträgen liegen fast zwölf Jahre. Für die heutigen Gesellschafter gab es keinen Hinweis auf früheren Schwammbefall. Sie hatten daher auch keinen Anlass, sich der Freiheit von Hausschwamm zu vergewissern.

3. In der **Literatur** wird teilweise angenommen, dass eine **Wissenszurechnung keine Arglist begründen könne**. Die vom BGH statuierte Pflicht liefe **allein auf ein Kennenmüssen** hinaus. Dies begründe jedoch lediglich einen Fahrlässigkeitsvorwurf, nicht aber den Vorwurf arglistigen Verschweigens. In jedem Fall fehle das zu dem Wissenselement für die Arglist zusätzlich erforderliche voluntative Merkmal der Manipulation. Mit einer Kenntniszurechnung würde der Vorwurf der Arglist ethisch neutralisiert.[162]

4. Die **letztgenannte Ansicht ist abzulehnen**. Wird der Gesellschaft die Kenntnis des D zugerechnet, ist diese so zu behandeln, als ob sie als Verkäuferin des Grundstücks diese Kenntnis selbst gehabt hätte. Dann ist aber nicht lediglich der Vorwurf fahrlässigen Handelns begründet, sondern der der Arglist. Überdies entspricht es ständiger Rechtsprechung, dass mit der Feststellung der Arglist kein moralisches Unwerturteil verbunden sein muss.[163] Die Zurechnung der Kenntnisse eines vertretungsberechtigten Gesellschafters analog § 31 BGB erscheint konsequent. Wenn auch unerlaubte Handlungen der Gesellschafter nach h.M. gemäß § 31 BGB analog zugerechnet werden, ist es naheliegend, diese Norm auch für die Wissenszurechnung anzuwenden. Mit der Zurechnungsnorm ist aber nicht notwendig auch der Umfang der Zurechnung festgelegt. Insoweit ist es nicht erforderlich, ohne jede Einschränkung alle Kenntnisse auch früherer Gesellschafter zuzurechnen. Kenntniszurechnung sollte nicht allein mit der Organstellung der Gesellschafter begründet werden, sondern mit einer mangelnden Organisation der Informationen. Es ist nicht gerechtfertigt, der Gesellschaft die Kenntnisse des ausgeschiedenen Gesellschafters D zuzurechnen, wenn die verbleibenden Gesellschafter keinen Anhaltspunkt für einen Schwammbefall hatten.

Der Gewährleistungsausschluss ist nicht nach § 444 BGB unwirksam. K hat keinen Anspruch auf Rückzahlung des Kaufpreises.

Die Kenntnisse anderer Personen werden analog § 166 Abs. 1 BGB zugerechnet, soweit **70**
diese Personen Wissensvertreter sind. **Wissensvertreter** ist derjenige, der zwar bei dem

160 BGH NJW 2001, 359, 360.

161 BGH NJW 1996, 1339, 1340.

162 Dauner-Lieb, in: FS Kraft, S. 43, 55; Koller JZ 1998, 75, 81.

163 Vgl. statt vieler: BGH NJW-RR 1997, 270.

konkreten Rechtsgeschäft nicht als Vertreter der Gesellschaft auftritt, aber mit der Erledigung der betreffenden Angelegenheit in eigener Verantwortung betraut ist.[164]

Beispiel: Für die A & B GbR bereitet der W als Verhandlungsgehilfe einen Vertragsschluss vor. Den Vertrag selbst schließt der vertretungsberechtigte Gesellschafter A. Die Gesellschaft muss sich analog § 166 Abs. 1 BGB die Kenntnisse des Wissensvertreters W zurechnen lassen.

Auch das Wissen sonstiger Personen **(Organwalter/Mitarbeiter)**, die nicht Gesellschafter und nicht am konkreten Rechtsgeschäft beteiligt sind, wird der Gesellschaft zugerechnet, sofern dieses Wissen bei ordnungsgemäßer Organisation aktenmäßig festzuhalten, weiterzugeben und vor Vertragsschluss abzufragen war.[165] Es gelten also die gleichen Kriterien wie bei Gesellschaftern.

B. Die Haftung der Gesellschafter

71 Nach nun kodifizierter Rechtslage haften die Gesellschafter gemäß § 721 BGB persönlich, unbeschränkt und akzessorisch für die Verbindlichkeiten der GbR.[166] Dabei ergibt sich folgendes Prüfungsschema für eine Gesellschafterhaftung gegenüber einem Gläubiger der GbR:[167]

Haftung der Gesellschafter für Verbindlichkeiten der GbR

1. Bestehen einer **Gesellschaftsverbindlichkeit**, für die der **Gesellschafter haftet**
   - Gesellschafterstellung im Zeitpunkt der Schuldbegründung (§ 721 BGB), oder
   - Eintritt des Gesellschafters nach Schuldbegründung (§ 721a BGB)
2. Keine **Einwendungen** und **Einreden**
   - Eigene Einwendungen oder Einreden des Gesellschafters
   - Einwendungen und Einreden der Gesellschaft nach der Maßgabe des § 721b BGB
3. Kein ausnahmsweiser **Haftungsausschluss** durch Individualvereinbarung mit dem jeweiligen Gläubiger
4. **Rechtsfolge:** grundsätzlich Erfüllung in Natur

Klausurhinweis: *Im Anschluss an die Feststellung der Gesellschafterhaftung ergeben sich dann häufig Fragen des* ***Regresses*** *und der* ***Freistellung****.*

I. Haftung für Neu- und Altverbindlichkeiten (§§ 721 ff. BGB)

72 Die GbR hat im Gegensatz zur AG und GmbH **kein Grund- bzw. Stammkapital.**[168] Dementsprechend gibt es auch keine dem Recht der Kapitalgesellschaften vergleichba-

164 BGHZ 133, 129, 139.
165 BGH NJW 2001, 359, 360.
166 Zur Haftungsverfassung der GbR s. Kliebisch ZJS 2011, 445 ff.
167 Zum Folgenden: Bitter/Heim § 5 Rn. 44.
168 Hier und zum Folgenden: Bitter/Heim § 5 Rn. 142.

ren Regeln über die Kapitalaufbringung, -erhaltung, -erhöhung und -herabsetzung. Der **Gläubigerschutz erfolgt über eine persönliche Außenhaftung der Gesellschafter für die Verbindlichkeiten der Gesellschaft**. Gläubiger, die einen Anspruch gegen die GbR haben, können nicht nur auf das Vermögen der Gesellschaft zugreifen; ihnen steht vielmehr grundsätzlich auch ein Anspruch gegen die Gesellschafter zu.

Früher wurde die Gesellschafterhaftung dadurch begründet, dass der geschäftsführen- 73
de Gesellschafter neben dem Gesellschaftsvermögen auch alle Gesellschafter persönlich verpflichtete (sog. **Doppelverpflichtungstheorie**).[169] Seit dem Grundsatzurteil[170] des BGH aus entsprechender Kodifizierung ist vorgesehen, dass nur die (Außen-)GbR als eigenständiges Rechtssubjekt durch den geschäftsführenden Gesellschafter vertreten und verpflichtet wird und deren Gesellschafter gemäß § 721 BGB akzessorisch mithaften (sog. **Akzessorietätstheorie**). Nach § 721 S. 1 BGB haften die Gesellschafter den Gläubigern für die Verbindlichkeiten der Gesellschaft als Gesamtschuldner persönlich.

Weiterhin hat der BGH durch Urteil vom 24.02.2003[171] entschieden, dass sich die GbR zu Schadensersatz verpflichtendes (auch deliktisches!) Verhalten ihrer geschäftsführenden Gesellschafter analog § 31 BGB zurechnen lassen muss und ihre Gesellschafter deshalb **auch** für **gesetzlich begründete Verbindlichkeiten der GbR** analog § 128 S. 1 HGB a.F. persönlich und als Gesamtschuldner haften. Dies betrifft etwa deliktische Ansprüche und Leistungskondiktionen.[172] Für die Anwendung von § 128 S. 1 HGB a.F. analog besteht indes nach der Neuregelung des § 721 S. 1 BGB kein Bedürfnis mehr.

Mit Urteil vom 07.04.2003[173] hat der BGH entschieden, dass auch der in eine GbR **eintretende Gesellschafter** neben den Altgesellschaftern grundsätzlich auch für vor seinem Eintritt begründete vertragliche und gesetzliche **(Alt-)Verbindlichkeiten** der GbR haftet. Dies ist nun auch in § 721a BGB so vorgesehen.

Scheidet ein Gesellschafter aus der GbR aus, so trifft ihn eine **fünfjährige Nachhaftung** 74
für vor seinem Ausscheiden begründete Verbindlichkeiten (§ 728b BGB). Begründet ist eine Verbindlichkeit vor dem Ausscheiden, wenn ihr Rechtsgrund noch vorher gelegt wurde.[174] Nach Ablauf von fünf Jahren erlischt die Nachhaftung (§ 728b Abs. 1 S. 1 BGB). Die Frist beginnt, sobald der Gläubiger von dem Ausscheiden des Gesellschafters Kenntnis erlangt oder das Ausscheiden im Gesellschaftsregister eingetragen worden ist (§ 728b Abs. 1 S. 3 BGB)

Im Übrigen kann sich eine mit §§ 721 ff. BGB vergleichbare Haftung nach **allgemeinen** 75
Rechtsscheingesichtspunkten sogar dann ergeben, wenn die betreffende Person in Wahrheit gar nicht Gesellschafter ist.[175]

---

169 BGHZ 74, 240, 242; BGHZ 117, 168, 176; BGHZ 136, 254, 257 f.

170 Grundlegend: BGH, RÜ 2001, 160.

171 BGH NJW 2003, 1445, Ls. 2.

172 BGH ZIP 2008, 1317 Rn. 17.

173 BGH NJW 2003, 1803.

174 BGH NZG 2012, 221 Rn. 14.

175 BGH RÜ 2012, 693; ausführlich zur Rechtsscheinhaftung Rn. 59.

Fall 4: Nachlässiger Gesellschafter

Die Rechtsanwälte A, B, C und D haben sich zu einer Anwaltssozietät zusammengeschlossen, wobei nach dem Gesellschaftsvertrag jeder von ihnen alleine zur Führung von Geschäften befugt sein soll. Da sich A beim Kauf eines Hauses finanziell übernommen hat, geht er dazu über, seinen Mandanten überhöhte, nach dem RVG nicht gerechtfertigte Rechnungen zu stellen. Auch Mandant M, der sich von A in einem Prozess hatte vertreten lassen, erhält eine überhöhte Rechnung. Später stellt er fest, dass er 4.300 € zu viel gezahlt hat. Da A mittlerweile vermögenslos ist, verlangt M Schadensersatz von B. B meint, er habe von den Unregelmäßigkeiten nichts gewusst und brauche dafür auch nicht einzustehen. Zu Recht?

76 **A.** M könnte gegen B einen Anspruch auf Schadensersatz gemäß § 280 Abs. 1 BGB i.V.m. § 721 S. 1 BGB haben.

Bei der Anwaltssozietät handelt es sich um eine **GbR**. Diese wird Partei der Vertragsverhältnisse zu den Mandanten, wobei sie durch die jeweiligen Gesellschafter vertreten wird (im Gesellschaftsvertrag ist – abweichend zu § 720 BGB – eine Alleinvertretungsbefugnis aller geregelt). Indem A, dessen Verhalten und Verschulden der GbR wegen seiner Funktion als geschäftsführender Gesellschafter analog § 31 BGB (a.A. § 278 BGB) zugerechnet wird, Pflichten aus dem Anwaltsvertrag verletzt hat und M in der Folge ein Schaden entstanden ist, haftet die GbR nach § 280 Abs. 1 BGB. Für diese Verbindlichkeit haftet B gemäß § 721 S. 1 BGB.

B. M könnte gegen B ferner einen Anspruch gemäß §§ 823 Abs. 2 BGB, 352 StGB i.V.m. § 721 BGB analog haben.

77 **I.** Voraussetzung ist zunächst, dass eine Verbindlichkeit der Gesellschaft vorliegt. Die GbR haftet gegenüber M nach § 823 Abs. 2 BGB i.V.m. § 352 StGB, da ihr das **schuldhafte Handeln des A analog § 31 BGB** zugerechnet wird.

Klausurhinweis: *Auf die umstrittene Frage, ob sich die Gesellschaft im Rahmen von Schuldverhältnissen Handeln und Verschulden ihrer Organe analog § 31 BGB oder eher nach § 278 zurechnen lassen muss, kommt es im Deliktsrecht gar nicht erst an, da ein für § 278 erforderliches bestehendes Schuldverhältnis erst mit der schädigenden Handlung entsteht, sodass eine Anwendung dieser Zurechnungsnorm ohnehin ausscheidet.*

78 **II.** Umstritten ist, ob ein Gesellschafter **gemäß § 721 S. 1 BGB auch für Verbindlichkeiten** der Gesellschaft haftet, die auf einer **unerlaubten Handlung** eines Mitgesellschafters beruhen und der Gesellschaft analog § 31 BGB zugerechnet werden.

1. Teilweise wird die Haftung der Mitgesellschafter für deliktisches Verhalten eines Gesellschafters **abgelehnt.**[176] Diese Ansicht wird damit begründet, dass der Gesetzgeber, als er § 128 HGB schuf, der Vorbild für § 721 BGB war, an eine Deliktshaftung der GbR-Gesellschafter auf Grundlage der deliktischen Schädigung eines Mitgesellschafters nicht gedacht habe. Die Norm enthalte daher keine Begründung für eine Deliktshaftung. Zwar spreche der Wortlaut des damals analog angewendeten § 128 HGB für eine

176 Altmeppen NJW 2003, 1553, 1557; Schäfer ZIP 2003, 1225, 1227 ff.

persönliche Haftung der Gesellschafter der GbR. Der Rechtsgrundsatz, dass niemand für ein fremdes Delikt hafte, gebiete es aber, dass durch teleologische Reduktion die Haftung für Delikte nach § 128 HGB ausgenommen werde.[177] Nach dieser Ansicht haftet B nicht gemäß § 721 BGB für die Verbindlichkeit der Gesellschaft aus § 823 Abs. 2 BGB i.V.m. § 352 StGB.

2. Nach **h.M.** haften die Gesellschafter einer GbR **auch für Verbindlichkeiten der Gesellschaft, die durch eine unerlaubte Handlung eines Mitgesellschafters entstanden** sind.[178] Es gebe keinen überzeugenden Grund, die Haftung, anders als bei der OHG, auf rechtsgeschäftlich begründete Verbindlichkeiten zu beschränken. Bei der OHG sei die Haftung der Gesellschaft auch für gesetzliche Verbindlichkeiten, insbesondere auch für ein zum Schadensersatz verpflichtendes Verhalten ihrer Gesellschafter und die analoge Anwendbarkeit des § 31 BGB allgemein anerkannt. Für die Ausdehnung der Haftung auf gesetzliche Verbindlichkeiten spreche insbesondere der Gedanke des Gläubigerschutzes. Anders als bei rechtsgeschäftlicher Haftungsbegründung könnten sich Gläubiger einer gesetzlichen Verbindlichkeit ihren Schuldner nicht aussuchen. Dann müsse erst recht das Privatvermögen der Gesellschafter als Haftungsmasse zur Verfügung stehen. Die persönliche Haftung sei den Gesellschaftern auch zuzumuten, weil sie in aller Regel auf die Auswahl und Tätigkeit der Organmitglieder entscheidenden Einfluss haben.[179] Nach dieser Ansicht haftet B gemäß § 721 BGB auch mit seinem Privatvermögen für die Verbindlichkeit der GbR.

3. Für die h.M. sprechen die Klarheit und Stimmigkeit des Haftungssystems bei der GbR im Vergleich mit der OHG. Denn eine GbR wird von Gesetzes wegen ohne jeden Publizitätsakt zu einer personen- und strukturgleichen OHG, sobald das Unternehmen nach Art und Umfang einen in kaufmännischer Weise eingerichteten Gewerbebetrieb erfordert (§ 105 Abs. 1 S. 1 HGB). Da sich dieser Übergang oft gleitend vollzieht und die Erforderlichkeit kaufmännischer Einrichtungen nur durch eine wertende Betrachtung festzustellen ist, lässt sich der Zeitpunkt, ab dem es sich nicht mehr um eine GbR, sondern um eine OHG handelt, selten exakt bestimmen. Da sich zudem die Umwandlung auch in umgekehrter Richtung vollziehen kann, wäre es mit dem Grundsatz der Rechtssicherheit für die Gläubiger unvereinbar, OHG und GbR unterschiedlich zu beurteilen.[180] Nach der ausdrücklichen Anerkennung der akzessorischen Haftung auch im Recht der GbR durch Schaffung von § 721 BGB hat wohl auch der Gesetzgeber deutlich gemacht, dass die Gesellschafter für sämtliche Verbindlichkeiten der Gesellschaft haften sollten und nicht allein für die vertraglichen Verbindlichkeiten.

Somit haftet B gemäß § 721 BGB. M hat folglich einen Anspruch gegen B aus § 823 Abs. 2 BGB, § 352 StGB i.V.m. § 721 S. 1 BGB.

---

177 Altmeppen NJW 2003, 1553, 1557.

178 BGH NJW 2003, 1445; Hadding ZGR 2001, 712, 725; Ulmer ZIP 2003, 1113, 1115.

179 Ulmer ZIP 2003, 1113, 1114.

180 BGH NJW 2003, 1445.

II. Einwendungen und Einreden

79 Der Gesellschafter kann dem Gläubiger neben **eigenen Einwendungen und Einreden** gemäß § 721b BGB auch bestimmte **Einwendungen und Einreden der Gesellschaft** entgegenhalten.

III. Haftungsausschluss

80 Die Angleichung der Haftungsverfassung der GbR an diejenige der OHG aufgrund der Kodifizierung von § 721 BGB führt zu einer im Grundsatz **umfassenden Haftung der Gesellschafter mit ihrem gesamten Privatvermögen** für die Verbindlichkeiten der GbR. Dies ist gut für die Gläubiger der Gesellschaft, aber ebenso misslich für die Gesellschafter und wirft für Letztere die Frage auf, ob und ggf. wie sie sich dieser umfassenden persönlichen Haftung für die Gesellschaftsschulden entziehen können.[181]

Noch auf der Grundlage der seinerzeit von ihm vertretenen Doppelverpflichtungstheorie hat der BGH entschieden, dass die Gesellschafterhaftung **nicht dadurch ausgeschlossen werden kann**, dass die GbR im Rechtsverkehr die Bezeichnung **„GbR mbH"** bzw. „Gesellschaft bürgerlichen Rechts mit beschränkter Haftung" führt.[182] Die Gesellschafter haften für die im Namen der GbR begründeten Verpflichtungen kraft Gesetzes auch persönlich und eine solche Haftung könne nicht durch einen Namenszusatz oder einen anderen den Willen, nur beschränkt für diese Verpflichtungen einzustehen, verdeutlichenden Hinweis beschränkt werden.

Merke: *„Man haftet nicht, wo man will, sondern wo man soll."*

Die Begründung lässt sich zwanglos – sogar im Wege eines Erst-Recht-Schlusses – auf die aktuelle von Gesetzes wegen geltende Akzessorietätstheorie übertragen.

Auch eine die Gesellschafterhaftung beschränkende oder ausschließende **Vereinbarung im Gesellschaftsvertrag** scheidet aus. Nach § 721 S. 2 BGB ist eine entgegenstehende Vereinbarung **Dritten gegenüber unwirksam**.

Einzig möglicher Weg ist daher eine **Individualvereinbarung mit dem betreffenden Gläubiger.**[183] Eine Vereinbarung in **AGB** ist hingegen grundsätzlich **unwirksam**, weil ein Haftungsausschluss mit einem wesentlichen Grundgedanken des Rechtes der GbR unvereinbar ist (§ 307 Abs. 2 Nr. 1 BGB).[184]

Etwas anderes gilt aber, wenn es sich bei der GbR um einen **geschlossenen Immobilienfonds** handelt, dem die Gesellschafter allein zum Zwecke der Kapitalanlage beigetreten sind.[185] Die Übernahme der persönlichen Haftung des Kapitalanlegers für das gesamte Investitionsvolumen ist dem einzelnen Anleger nicht zumutbar und kann vom Rechtsverkehr auch nicht erwartet werden. Daher genügt in diesen Fällen ausnahmsweise eine formularmäßige Vereinbarung mit dem Gesellschaftsgläubiger.[186] Auch ohne eine haftungsbeschränkende Klausel kann die persönliche Haftung der Gesellschafter eines in der

181 Hünert RÜ 2023, 701, 705.
182 BGH NJW 1999, 3483, 3484 f.
183 BGH 1999, 3483, Ls. 1.
184 Bitter/Heim § 5 Rn. 44.
185 Hier und zum Folgenden: Bitter/Heim § 5 Rn. 44.
186 BGH NJW 2002, 1642, Ls. 2.

Rechtsform der GbR geführten geschlossenen Immobilienfonds im Einzelfall gemäß § 242 BGB ausgeschlossen sein.[187]

IV. Inhalt der Haftung

Mit der Qualifizierung der Schuld der Gesellschafter aus § 721 BGB als **selbstständiger akzessorischer Schuld** ist nicht bestimmt, wie die Gesellschafter haften, ob sie in gleicher Weise wie die Gesellschaft zur Erfüllung verpflichtet sind (sog. **Erfüllungstheorie**) oder ob lediglich eine Haftung auf das Wertinteresse (sog. **Haftungstheorie**) besteht. Nach heute einhelliger Auffassung sind die Gesellschafter aus § 721 BGB **grundsätzlich** in gleicher Weise wie die Gesellschaft (GbR, OHG, KG) zur **Erfüllung** verpflichtet. **Ausnahmen** von der grundsätzlichen Erfüllungspflicht bestehen dann, wenn die Erfüllung dem Gesellschafter **unmöglich** oder **unzumutbar** ist. 81

V. Regress und Freistellung

1. Regressanspruch gegen die Gesellschaft

Wird ein Gesellschafter durch einen Gläubiger der GbR aus § 721 BGB persönlich in Anspruch genommen, hat er einen **Rückgriffsanspruch gegen die GbR** aus **§ 716 Abs. 1 BGB**, weil die Zahlung an den Gläubiger im Verhältnis zur GbR eine erstattungsfähige Aufwendung ist (Haftungsregress).[188] Für die erforderlichen Aufwendungen hat der Gesellschafter gegenüber der Gesellschaft einen Anspruch auf Vorschusszahlungen (§ 716 Abs. 2 BGB). 82

Klausurhinweis: *Einer kurzen Feststellung bedarf es häufig hinsichtlich des begrifflichen Vorliegens einer „Aufwendung". Denn darunter fallen nur freiwillige Vermögensopfer. Zwar ist der Gesellschafter aus § 721 S. 1 BGB dem Gläubiger gegenüber zur Leistung verpflichtet. Die erforderliche Freiwilligkeit beurteilt sich aber nach dem Innenverhältnis der Gesellschafter, und in dieser Hinsicht ist der Gesellschafter meist nicht zur Zahlung verpflichtet.*

Voraussetzung des Aufwendungsersatzanspruchs ist, dass die Gesellschaftsverbindlichkeit tatsächlich bestand, der Gesellschafter die Leistung an den Gläubiger für erforderlich halten durfte und er sie auch tatsächlich an diesen erbracht hat.[189]

Ein Regressanspruch des zahlenden Gesellschafters gegen die GbR ergibt sich indes i.d.R. nicht aus § 426 Abs. 1 und 2 BGB (i.V.m. der Forderung des Gläubigers gegen die Gesellschaft). **Im Verhältnis** der Gesellschafter **zur GbR** besteht **kein echtes Gesamtschuldverhältnis**, weil die Gesellschafterhaftung akzessorisch zur Haftung der Gesellschaft ist. Auch findet kein Forderungsübergang analog § 774 Abs. 1 BGB statt. 83

---

187 BGH ZIP 2008, 1317 Rn. 18 ff.

188 Hier und zum Folgenden: Bitter/Heim § 5 Rn. 100.

189 Oetker/Boesche § 128 Rn. 37.

Zur Veranschaulichung dient das nachfolgende Schaubild:

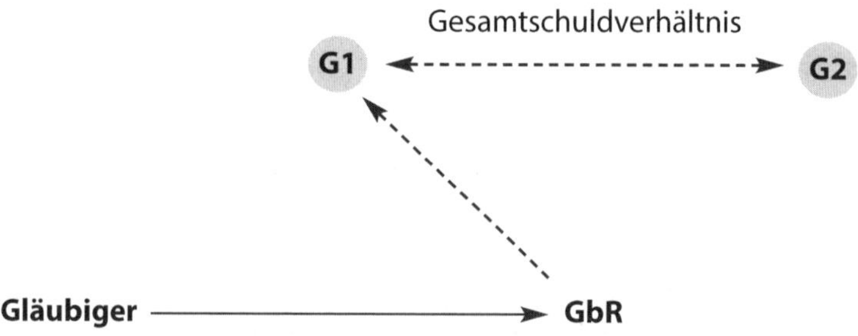

2. Regressansprüche gegen die Mitgesellschafter

84 Die Gesellschafter haften nicht nur anteilig, sondern jeweils auf die ganze Leistung und sind damit **untereinander Gesamtschuldner** i.S.v. §§ 421 ff. BGB.

Ist die Gesellschaft nicht in der Lage, den Aufwendungsersatzanspruch aus § 716 BGB zu erfüllen, kommt ein **(anteiliger) Ausgleichsanspruch gegen die Mitgesellschafter** in Höhe deren jeweiligen Verlustanteils in Betracht.[190]

a) § 721 BGB

85 Eine Gesellschafterhaftung **gemäß § 721 BGB scheidet als Ersatzanspruch des in Anspruch genommenen Gesellschafters aber aus**, weil es sich bei dem Aufwendungsersatzanspruch um eine sog. **Sozialverbindlichkeit** handelt. Dies sind Verbindlichkeiten der Gesellschaft gegenüber einem Gesellschafter, die gerade aus dem Gesellschaftsverhältnis herrühren und für die die Mitgesellschafter nicht persönlich haften.[191] Solange die Gesellschaft besteht, soll für die Befriedigung solcher auf dem Gesellschaftsverhältnis beruhender Ansprüche nur das Gesellschaftsvermögen zur Verfügung stehen. Wenn stattdessen die Mitgesellschafter persönlich (anteilig) in Anspruch genommen werden könnten, wären sie wirtschaftlich im Ergebnis entgegen § 710 BGB dazu verpflichtet, das Gesellschaftsvermögen durch Nachschüsse aufzufüllen.[192]

b) § 426 Abs. 1, 2 BGB

86 Der durch den Gläubiger der GbR persönlich in Anspruch genommene Gesellschafter hat allerdings **Ausgleichsansprüche gegen die weiteren Gesellschafter gemäß § 426 Abs. 1 und 2 BGB**,[193] weil unter den Gesellschaftern ein **(echtes) Gesamtschuldverhältnis** besteht. Danach kann der betroffene Gesellschafter von seinen Mitgesellschaftern entsprechend ihrer Beteiligung am Verlust (vgl. § 709 Abs. 3 BGB) **anteilsmäßig (d.h. nach den vereinbarten Beteiligungsverhältnissen) Ersatz** verlangen.

190 BGH RÜ 2008, 689 Rn. 2; BGH RÜ 2011, 349 Rn. 13.

191 S. hierzu Rn. 198.

192 MünchKomm-BGB/Schäfer § 721 Rn. 15.

193 BGH RÜ 2014, 17 Rn. 35.

Dieser Ersatzanspruch gilt jede doch nur subsidiär: Hintergrund ist die Treuepflicht der Gesellschafter, welche bewirkt, dass der Gesellschafter sich zunächst mit seinem Aufwendungsersatzanspruch nach § 716 Abs. 1 BGB zunächst an die GbR wenden und die Gesellschaft in Regress nehmen muss, bevor er seine Mitgesellschafter in Anspruch nimmt.[194] Er muss die Gesellschaft dabei allerdings nicht gerichtlich in Anspruch nehmen und erst recht nicht (fruchtlos) in das Gesellschaftsvermögen vollstreckt haben.[195] Es reicht aus, dass der Gesellschafter die GbR zur Zahlung auffordert und diese der Aufforderung nicht nachkommt.[196] Es genügt auch, dass die Gesellschaft nicht die nötigen Mittel aufbringen kann.[197] Sind diese Voraussetzungen erfüllt, kann der betroffene Gesellschafter von seinen Mitgesellschaftern Ersatz verlangen. Für diesen Regressanspruch (§ 426 Abs. 1 und 2 BGB, s.o.) haften die Mitgesellschafter nicht als Gesamtschuldner, sondern nur **pro rata**, also als Teilschuldner.

Der Ausgleichsanspruch gemäß **§ 426 Abs. 1 BGB** entsteht nicht erst mit der Befriedigung des Gläubigers, sondern als **Freistellungsanspruch** bereits mit der Entstehung des Gesamtschuldverhältnisses.[198] **87**

Zu unterscheiden sind sofern also folgende Regressmöglichkeiten:

- der originäre und auf **Freistellung** gerichtete Regressanspruch des Gesellschafters gegen seine Mitgesellschafter aus **§ 426 Abs. 1 BGB,** **88**
- der Anspruch des Gläubigers gegen den nicht in Anspruch genommenen Gesellschafter nach § 721 BGB, welcher gemäß **§ 426 Abs. 2 BGB** kraft Gesetzes **(cessio legis)** auf den zahlenden Gesellschafter übergeht. **89**

Gesellschafter, die (ausnahmsweise) nicht im Außenverhältnis zur Zahlung verpflichtet sind, können auch im Innenverhältnis der Gesellschafter nicht in Anspruch genommen werden, weil dann insoweit kein Gesamtschuldverhältnis besteht.[199] **90**

Der Ausgleich gegen die Mitgesellschafter gemäß § 426 BGB entfällt, wenn den zahlenden Gesellschafter im Innenverhältnis die **alleinige Verantwortung für die Gesellschaftsverbindlichkeit** trifft.[200] Dies gilt beispielsweise dann, wenn es der zahlende Gesellschafter selbst schuldhaft verursacht hat, dass die GbR durch einen Dritten auf Schadensersatz in Anspruch genommen worden ist. Dann trifft ihn schließlich die alleinige Verantwortlichkeit und ein im Innenverhältnis (sonst gemäß § 426 BGB) realisierbarer Schadensersatzausgleichsanspruch wird „analog" § 254 BGB „auf Null" reduziert.[201]

---

194 Oetker/Boesche § 128 Rn. 38.

195 BGH NJW 1980, 339, Ls. 1.

196 BGH NJW-RR 2002, 455, Ls. 2; vgl. auch BGH NJW 2015, 3789 Rn. 19.

197 Oetker/Boesche § 128 Rn. 38; vgl. auch OLG Düsseldorf ZIP 2013, 1860, Ls. – zur Kommanditistenhaftung.

198 BGH RÜ 2017, 78, Ls. 1 und Rn. 11; BGH NJW-RR 2008, 256, Ls. 1; Bitter/Heim § 5 Rn. 104.

199 Bitter/Heim § 5 Rn. 105.

200 Bitter/Heim § 5 Rn. 103.

201 Vgl. BGH NJW 1965, 1175; OLG Frankfurt a.M. NZBau 2004, 397, 398; Boldt NZBau 2009, 494, 495.

Zur Veranschaulichung der vorstehend beschriebenen Haftungsverhältnisse dient das nachfolgende Schaubild:

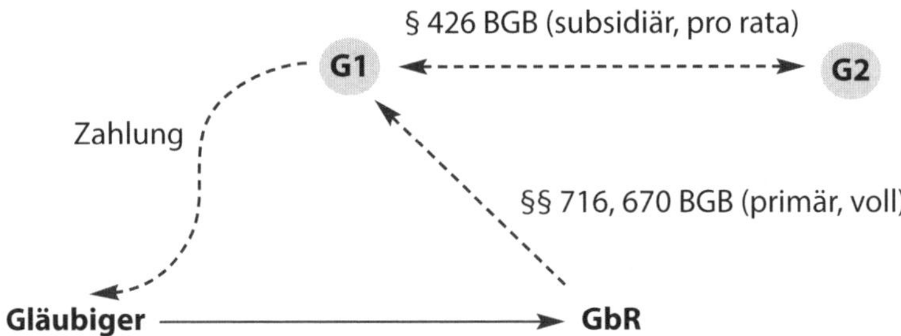

91 Ist ein Gesellschafter selbst Gläubiger der GbR **(Gesellschafter-Gläubiger)**, ist für die Frage der Haftung der Mitgesellschafter zwischen Sozial- und Drittverpflichtungen der Gesellschaft zu differenzieren.[202] Für **Sozialverpflichtungen der GbR** (Verbindlichkeiten der Gesellschaft gegenüber einem Gesellschafter, die gerade aus dem Gesellschaftsverhältnis herrühren) haften die Mitgesellschafter grundsätzlich nicht gemäß § 721 BGB persönlich, weil dies dem Grundgedanken des § 710 BGB widersprechen und faktisch auf eine Nachschusspflicht hinauslaufen würde. Für **Verpflichtungen aus Drittgeschäften** (jedes Geschäft, das seinen Rechtsgrund nicht im Gesellschaftsverhältnis, sondern in einem davon zu unterscheidenden Rechtsverhältnis hat)[203] haften die Mitgesellschafter dem Gesellschafter-Gläubiger hingegen gemäß § 721 BGB persönlich als Gesamtschuldner.[204] Allerdings muss der Gesellschafter-Gläubiger seinen eigenen Verlustanteil abziehen.[205] Denn anderenfalls würde der Gesellschafter-Gläubiger etwas fordern, was er – in Höhe seines eigenen Verlustanteils – den in Regress genommenen Mitgesellschaftern über § 426 BGB wieder erstatten müsste („dolo agit, qui petit, quod statim redditurus est", § 242 BGB).

Fall 5: Rücksichtsloser Mitgesellschafter

Die A & Co. GbR ist in Geldverlegenheit. Daraufhin gewährt A der Gesellschaft ein Darlehen über 120.000 €. Bei Fälligkeit möchte er wissen, inwieweit er die GbR, die ihre damaligen Solvenzschwierigkeiten inzwischen wieder überwunden hat, sowie seine Mitgesellschafter B und C auf Rückzahlung in Anspruch nehmen kann.

92 **A.** Der **Anspruch** auf Rückzahlung **gegen die GbR** ist aus § 488 Abs. 1 S. 2 BGB begründet und kann in voller Höhe durchgesetzt werden. Im Einzelfall kann es allerdings die **Treuepflicht** gebieten, auch bei Ansprüchen aus Drittbeziehungen gegen die Gesellschaft Rücksicht auf deren Interessen zu nehmen, insbesondere dann, wenn die Forderung durch Zuwarten mit der Beitreibung nicht gefährdet ist und andererseits durch rücksichtsloses Vorgehen der Gesellschaft erheblicher Schaden droht.[206]

202 Hier und zum Folgenden: Bitter/Heim § 5 Rn. 98.
203 BGH RÜ 2014, 17 Rn. 18.
204 Vgl. BGH RÜ 2014, 17 Rn. 18 – zur Kommanditistenhaftung.
205 BGH RÜ 2014, 17 Rn. 33.
206 MünchKomm-HGB/Fleischert § 105 Rn. 271.

Vorliegend bestehen keine besonderen Umstände, die den A mit Blick auf seine Treuepflicht an der Geltendmachung seiner Forderung hindern, sodass sein Anspruch durchsetzbar ist.

B. Ein Anspruch **gegen B und C** könnte sich aus § 488 Abs. 1 S. 2 i.V.m. § 721 S. 1 BGB analog ergeben.

I. B und C sind **Gesellschafter der GbR**, die dem A 120.000 € schuldet (s.o.).

II. § 721 BGB ist **unanwendbar bei Sozialverpflichtungen**. Eine solche liegt vor, wenn die konkrete Verbindlichkeit gerade aus dem besonderen Gesellschaftsverhältnis herrührt. Hier ergibt sich die Verpflichtung der Gesellschaft jedoch aus einem anderen Rechtsgrund, nämlich aus dem Darlehensvertrag mit A und stellt daher vielmehr eine **Verpflichtung aus einer Drittbeziehung** dar. Diese werden behandelt wie solche einem Dritten gegenüber. Demzufolge hat der Gläubiger und zugleich Gesellschafter (im Folgenden **Gesellschafter-Gläubiger** genannt) bei einer Drittbeziehung grundsätzlich auch die **gleiche Stellung wie jeder andere Gläubiger** der Gesellschaft. Insbesondere kann er die anderen Gesellschafter nach § 721 BGB in Anspruch nehmen. B und C haften damit grundsätzlich für die Darlehensschuld der GbR gemäß § 721 BGB als Gesamtschuldner. 93

III. Bei der Geltendmachung des Anspruchs gegen seine Mitgesellschafter muss der Gesellschafter-Gläubiger jedoch **gewisse Einschränkungen** hinnehmen. 94

1. Umstritten ist, ob der Gesellschafter-Gläubiger zunächst versuchen muss, eine Befriedigung aus dem Gesellschaftsvermögen zu erlangen, bevor er gegen seine Mitgesellschafter vorgeht. Nach h.M. kann der **Gesellschafter-Gläubiger nicht auf die vorrangige Inanspruchnahme des Gesellschaftsvermögens verwiesen** werden.[207] Eine generell nur subsidiäre Haftung der Gesellschafter für Verbindlichkeiten der Gesellschaft aus Drittgeschäften mit anderen Gesellschaftern lasse sich aus der Treuepflicht, die grundsätzlich auch im Verhältnis der Gesellschafter untereinander besteht,[208] mangels Schutzbedürftigkeit der Mitgesellschafter nicht ableiten.[209] Die Gegenauffassung geht von der Subsidiarität der Gesellschafterhaftung aus; der Gesellschafter-Gläubiger könne nur dann gegen seine Mitgesellschafter vorgehen, wenn eine Befriedigung aus dem Gesellschaftsvermögen nicht zu erwarten ist.[210]

Letztlich gibt es aber insbesondere dann, wenn – wie hier – keine außergewöhnlichen Umstände vorliegen, keinen hinreichenden Grund, den Gesellschafter-Gläubiger, der nach dem o.g. wie ein Dritter zu behandeln ist, hier doch in seinen Gläubigerrechten zu beschränken. Der zweitgenannten Auffassung ist deshalb nicht zu folgen. A muss mithin nicht zunächst versuchen, seinen Anspruch gegen die GbR geltend zu machen.

2. Wenn die Gesellschaft nicht zahlen kann, würden nach dem **Wortlaut des § 721 S. 1 BGB** dem A seine Mitgesellschafter **auf das Ganze als Gesamtschuldner haften**. Auch 95

207 BGH RÜ 2014, 17 Rn. 34; MünchKomm-BGB/Schäfer § 705 Rn. 209; Staudinger/Habermeier § 705 Rn. 43.

208 BGH RÜ 2014, 17 Rn. 37.

209 BGH RÜ 2014, 17 Rn. 34.

210 K. Schmidt, GesR, § 49 I 2b.

insoweit sind aber wegen der Gesellschafterstellung des A Einschränkungen zu machen, die im Einzelnen umstritten sind.

a) Teilweise wird angenommen, die Mitgesellschafter würden dem Gesellschafter-Gläubiger nur **pro rata**, d.h. nur in Höhe des jeweils auf den einzelnen entfallenden Verlustanteils haften.[211] Der Gesellschafter-Gläubiger solle nicht besser stehen als ein Gesellschafter im Regressfall. Überdies solle ein weiterer Regress zwischen den Mitgesellschaftern vermieden werden. Geht man hier von einer gleichen Verlustbeteiligung aus, so würde danach A von B und C jeweils nur deren Verlustanteil (40.000 €) verlangen können.

b) Nach h.M. muss sich der Gesellschafter-Gläubiger jedoch lediglich seinen **eigenen Verlustanteil abziehen** lassen.[212] Andernfalls würde er nämlich etwas fordern, was er seinerseits zurückgewähren müsste (**Dolo-agit**-Einrede aus § 242 BGB).[213] Danach kann A – eine gleiche Verlustbeteiligung unterstellt – von seinen Mitgesellschaftern 80.000 € (120.000 € Darlehensschuld abzüglich 40.000 € eigener Verlustanteil) verlangen, wobei B und C als Gesamtschuldner haften. A könnte also von B oder von C 80.000 € fordern.

c) Gegen die erstgenannte Auffassung spricht auch hier, dass der Gesellschafter-Gläubiger dem Grunde nach so stehen soll, wie jeder andere Gesellschaftsgläubiger. Ein Dritter müsste sich von den einzelnen Gesellschaftern, wenn er sie gemäß § 721 BGB in Anspruch nimmt, auch nicht auf deren jeweilige Beteiligungsquote verweisen lassen. Einen besonderen Grund, den Gesellschafter-Gläubiger insofern schon prinzipiell schlechter zu stellen, gibt es nicht. Für die von der h.M. angenommene Einschränkung nach § 242 BGB hingegen gibt es bei Betrachtung der Tatsache, dass der Gesellschafter-Gläubiger diesen Teil im Innenregress zurückgewähren müsste, einen entsprechenden Grund.

Zu folgen ist demnach der h.M., sodass A sowohl von B als auch von C Zahlung i.H.v. 80.000 € verlangen kann.

VI. Geltendmachung der Gesellschafterhaftung in der Insolvenz der GbR

96 In der Insolvenz der GbR, die nach § 11 Abs. 2 Nr. 1 InsO **insolvenzfähig** ist, wird die persönliche Haftung der Gesellschafter gemäß §§ 721 ff. BGB[214] für **Altverbindlichkeiten**, die bereits im Zeitpunkt der Eröffnung des Insolvenzverfahrens vorhanden waren,[215] während der Dauer des Insolvenzverfahrens über das Vermögen der Gesellschaft durch den Insolvenzverwalter geltend gemacht **(§ 93 InsO)**. Für **Neuverbindlichkeiten** haftet der Gesellschafter einer im Insolvenzverfahren befindlichen Gesellschaft überhaupt nicht.[216]

211 MünchKomm-HGB/K. Schmidt § 128 Rn. 19.
212 BGH NJW 1983, 749; Erman/Westermann § 705 Rn. 61.
213 BGH RÜ 2014, 17.
214 § 93 InsO ist keine Anspruchsgrundlage (Uhlenbruck/Hirte § 93 Rn. 3).
215 Uhlenbruck/Hirte § 93 Rn. 36; K. Schmidt/Bitter ZIP 2000, 1077, 1086.
216 Uhlenbruck/Hirte § 93 Rn. 37.

C. Gesellschafts- und Gesellschafterhaftung im Prozess und in der Zwangsvollstreckung

Die rechtsfähige GbR ist sowohl aktiv als auch passiv parteifähig (§ 50 ZPO). 97

Dies gilt nicht nur im Zivil-, sondern auch im Arbeitsgerichtsprozess.[217]

Die **Parteifähigkeit** der GbR ist die notwendige prozessrechtliche Konsequenz der Anerkennung der Rechtssubjektivität der Gesellschaft im Verhältnis zu Dritten.[218] Die GbR selbst kann also klagen und verklagt werden. Im Zivilprozess ist aktivlegitimiert, also „richtiger" Kläger, wer Inhaber des geltend gemachten Rechts ist; passivlegitimiert, also „richtiger" Beklagter, ist derjenige, der Verpflichteter aus dem geltend gemachten Recht ist.[219]

Dieser Sachbefugnis entspricht – von den Fällen der Prozessstandschaft abgesehen – 98
grundsätzlich auch die **Prozessführungsbefugnis**. Da nicht die einzelnen Gesellschafter, sondern die GbR als solche materiell Rechtsinhaberin oder Verpflichtete ist, ist diese „richtige" Partei eines Rechtsstreits um eine Gesellschaftsforderung oder Gesellschaftsverpflichtung und insoweit parteifähig und prozessführungsbefugt.

Aktivprozesse der GbR werden durch die geschäftsführenden Gesellschafter für die Gesellschaft betrieben.[220] Die Prozessführungsbefugnis gehört zur Geschäftsführung; im Prozess müssen alle geschäftsführungsbefugten Gesellschafter für die Gesellschaft auftreten, falls nicht der Gesellschaftsvertrag – was dann vorgetragen werden muss – etwas anderes bestimmt.[221] Es werden nur solche Prozesshandlungen wirksam, die mit den Vertretungsregeln der konkreten Gesellschaft übereinstimmen.[222] Die GbR tritt im Prozess unter ihrem Namen mit Bezeichnung ihrer Vertreter auf.

Im **Passivprozess** ist zwischen der Klage gegen die Gesellschaft aus der Gesellschaftsschuld und der Geltendmachung der Haftung der Gesellschafter zu unterscheiden.[223] Dem Gläubiger steht es dabei grundsätzlich frei, ob er nur die GbR, nur die persönlich haftenden Gesellschafter oder sowohl die GbR als auch einen, mehrere oder alle persönlich haftenden Gesellschafter verklagt. Auch seit der GbR Rechts- und Parteifähigkeit zuerkannt wird, besteht keine Pflicht, diese und nicht die einzelnen Gesellschafter zu verklagen.[224] In aller Regel ist es ratsam, neben der GbR auch die gemäß § 721 BGB persönlich haftenden Gesellschafter zu verklagen.[225] Die Gesellschafter sind untereinander einfache Streitgenossen nach § 59 ZPO; dasselbe gilt auch für das Verhältnis der GbR und den gemäß § 721 BGB in Anspruch genommenen Gesellschaftern.[226] Da zwischen GbR und Gesellschaftern kein echtes Gesamtschuldverhältnis besteht, sind sie „wie" Ge-

217 BAG NJW 2005, 1004, Ls.
218 BGH RÜ 2011, 160.
219 Hier und zum Folgenden: BGH RÜ 2011, 160.
220 Hier und zum Folgenden: Erman/Westermann § 718 Rn. 12.
221 Erman/Westermann § 714 Rn. 7.
222 Westermann NZG 2001, 289, 292.
223 Erman/Westermann § 718 Rn. 12a.
224 BGH NJW 2007, 2257 Rn. 16.
225 BGH RÜ 2011, 160.
226 Oetker/Boesche § 128 Rn. 83 (zur OHG).

samtschuldner zu verklagen.[227] Ergeht ein rechtskräftiges Urteil (nur) gegen die GbR, kann der anschließend in Anspruch genommene Gesellschafter gemäß § 721b BGB all diejenigen Einwendungen nicht mehr geltend machen, die auch die GbR selbst infolge der Rechtskraft des Urteils verloren hat.[228] Umgekehrt erstreckt sich jedoch die Rechtskraft eines Urteils (nur) gegen die Gesellschafter nicht auf einen Prozess gegen die GbR: Nimmt ein Dritter in einem Rechtsstreit die Gesellschafter einer GbR aus ihrer persönlichen Haftung für eine Gesellschaftsschuld in Anspruch, entfaltet die Rechtskraft eines in diesem Prozess ergangenen Urteils keine Wirkung in einem weiteren Prozess, in dem er nunmehr den Anspruch gegen die Gesellschaft verfolgt; dies gilt auch dann, wenn alle Gesellschafter am Vorprozess beteiligt waren.[229]

99 Die **Zwangsvollstreckung** in das Vermögen eines Schuldners setzt einen Titel voraus.[230] § 722 Abs. 1 BGB stellt nun klar, dass es zur Vollstreckung in das Vermögen einer rechtsfähigen GbR eines Titels gegen ebenjene Gesellschaft bedarf. Früher konnte darüber hinaus auch aus einem „gegen alle Gesellschafter" ergangenem Urteil in das Gesellschaftsvermögen vollstreckt werden (§ 736 ZPO a.F.). § 736 ZPO stellt in seiner neuen Fassung nun klar, dass die Zwangsvollstreckung für oder gegen eine im Gesellschaftsregister eingetragene Gesellschaft bürgerlichen Rechts auch aus einem Vollstreckungstitel für oder gegen eine nicht im Gesellschaftsregister eingetragene Gesellschaft bürgerlichen Rechts stattfindet, wenn beide Gesellschaften denselben Sitz, denselben Namen und dieselben Gesellschafter haben.

Aus einem gegen die Gesellschaft gerichteten Titel kann nicht in das Vermögen der einzelnen Gesellschafter vollstreckt werden (§ 722 Abs. 2 BGB).

Bei einem Vollstreckungstitel nur gegen die GbR steht ausschließlich der GbR und nicht auch den Gesellschaftern die Befugnis zur Erhebung einer Vollstreckungsabwehrklage der Gesellschaft zu.[231]

4. Abschnitt: Die Organisation der GbR

A. Das Gesellschaftsverhältnis

100 Der Abschluss des Gesellschaftsvertrages begründet zwischen den Gesellschaftern untereinander und zwischen den Gesellschaftern und der Gesellschaft ein Gesellschaftsverhältnis.[232] Die Mitgliedschaft des Gesellschafters bündelt alle persönlichen, vermögensrechtlichen und korporativen Rechte und Pflichten. Anders als bei Kapitalgesellschaften, bei denen die Gesellschafter gleichzeitig mehrere Gesellschaftsanteile halten können, kann bei einer Personengesellschaft jeder Gesellschafter grundsätzlich immer nur eine Mitgliedschaft halten **(Grundsatz der Einheitlichkeit des Gesellschaftsanteils)**.

Der Einheitlichkeitsgrundsatz bedarf allenfalls bei bestimmten Sonderkonstellationen der Mitgliedschaft ausnahmsweise aber Einschränkungen, etwa beim Zusammentref-

227 MünchKomm-HGB/K. Schmidt § 128 Rn. 23 (zur OHG).
228 BGH NZG 2006, 459 Rn. 15.
229 BGH RÜ 2011, 501, Ls.
230 Zum Folgenden: Bitter/Heim § 5 Rn. 48.
231 BGH NZG 2016, 221.
232 Hier und zum Folgenden: Bitter/Heim § 5 Rn. 51.

fen von zwei oder mehr Gesellschaftsanteilen in der Hand eines Gesellschafters, sofern an einem dieser Anteile Rechte Dritter bestehen.[233]

B. Rechte und Pflichten der Gesellschafter

Der Abschluss eines (wirksamen) Gesellschaftsvertrages begründet verschiedene Rechte und Pflichten der Gesellschafter.[234] Ebenso wie bei der OHG[235] lassen sich die **Rechte der Gesellschafter** in Verwaltungs- und Vermögensrechte unterteilen:[236] **101**

Verwaltungsrechte	Vermögensrechte
■ Teilnahme an der Gesellschafterversammlung und Stimmrecht ■ Informationsrecht (§ 717 BGB) ■ Recht zur Geschäftsführung und Vertretung (§§ 715, 720 BGB)	■ Gewinnverteilung (§§ 709 Abs. 3, 718 BGB) ■ Aufwendungsersatzanspruch bei für die GbR vorgenommenen Geschäften (§§ 716, 670 BGB) ■ Teilnahme am Liquidationserlös (§ 736d Abs. 5 und 6 BGB)

Der Anspruch auf Beitragsleistung ist ein Sozialanspruch, Anspruchsinhaber ist die Gesellschaft.[237] Sind die Anteile der Gesellschafter am Gewinn und Verlust **nicht durch gesellschaftsvertragliche Regelung anderweitig bestimmt**, richtet sich dessen Höhe vorrangig nach dem vereinbarten Wert der Beiträge (§ 709 Abs. 3 S. 2 BGB). Nachrangig hat jeder Gesellschafter einen gleichen Anteil am Gewinn und Verlust der Gesellschaft (§ 709 Abs. 3 S. 3 BGB). Aus dem Gesellschaftsvertrag wird sich i.d.R. für die Gesellschafter ein Anspruch auf Feststellung und Verteilung des Gewinns ergeben.[238] Dieser Anspruch entsteht regelmäßig zum Schluss eines jeden Kalenderjahres (§ 718 BGB). Verluste müssen erst nach Auflösung der Gesellschaft bzw. bei Ausscheiden eines einzelnen Gesellschafters ausgeglichen werden (§§ 737, 728a BGB); vorher besteht keine Nachschusspflicht der Gesellschafter (arg. ex § 710 BGB). **102**

Der nach Gesellschaftsvertrag geschuldete Beitrag (vgl. §§ 705 Abs. 1, 709 Abs. 2 BGB) kann insbesondere in einer **Einlage** bestehen.[239] Einlagen sind **Beiträge, die in das Gesellschaftsvermögen (§ 713 BGB) zu leisten sind**. Einlagefähig sind nur bewertungsfähige Vermögensgegenstände. Eine Einlage kann durch Einbringung zu Eigentum („*quoad dominium*") erfolgen. **103**

Neben der Einbringung zu Eigentum ist außerdem noch eine Einbringung zur Nutzung („*quoad usum*") oder dem Werte nach („*quoad sortem*") denkbar. Diese Arten der Einbringung stellen zwar einen Beitrag dar, fallen aber nicht unter den Begriff der Einlage. Im Zweifel ist daher anzunehmen, dass Einbringung zu Eigentum geschuldet ist.

Der Unterschied zwischen einer Einbringung zu Eigentum und einer solchen dem Werte nach („*quoad sortem*") liegt darin, dass bei letzterer der Gesellschaft nur das „wirtschaftliche Eigentum" verschafft

233 MünchKomm-BGB/Schäfer § 705 Rn. 242.
234 Bitter/Heim § 5 Rn. 65.
235 S. hierzu Rn. 186.
236 Zum Folgenden: Bitter/Heim § 5 Rn. 66.
237 Hk-BGB/Saenger § 706 Rn. 2.
238 Bitter/Heim § 5 Rn. 147; Grüneberg/Retzlaff § 709 Rn. 8.
239 Zum Folgenden: Bitter/Heim § 5 Rn. 69 ff.

wird, während der Gesellschafter dinglicher Eigentümer bleibt und den Gegenstand treuhänderisch für die Gesellschaft hält.

Hat ein Gesellschafter den von ihm versprochenen Beitrag bzw. seine Einlage geleistet, ist er zu Nachschüssen grundsätzlich nicht verpflichtet (§ 710 BGB). Etwas anderes gilt nur bei einer anderslautenden vertraglichen Regelung oder nach §§ 728a, 737 BGB infolge des Ausscheidens eines Gesellschafters oder der Auflösung der Gesellschaft[240].

Verletzt ein Gesellschafter schuldhaft seine aus dem Gesellschaftsverhältnis folgenden **Pflichten**, ist er **der Gesellschaft und ggf. auch seinen Mitgesellschaftern zum Ersatz des dadurch entstandenen Schadens verpflichtet** (§ 280 Abs. 1 BGB).[241] Der Gesellschafter hat bei der Erfüllung der ihm im Innenverhältnis obliegenden Pflichten den regulären Sorgfaltsmaßstab gemäß § 276 BGB zu beachten. Die ehemals bestehende Haftungsbeschränkung auf die **eigenübliche Sorgfalt** (§ 708 BGB a.F.) gilt seit dem 01.01.2024 nicht mehr.

104 Zu den übrigen wesentlichen **Pflichten der Gesellschafter** zählen:

- Pflicht zur Geschäftsführung (§ 715 BGB),
- Pflicht zur Herausgabe des Erlangten bei für die GbR vorgenommenen Geschäften (§ 716 Abs. 3 BGB),
- Auskunfts- und Rechenschaftspflicht (§ 717 BGB) und
- allgemeine gesellschafterliche Treuepflicht (§ 242 BGB).

C. Die Gesellschafterversammlung

105 Die innere Willensbildung der Gesellschaft erfolgt in der Gesellschafterversammlung. Da bei der GbR immer mindestens zwei Gesellschafter vorhanden sein müssen, handelt es sich bei der Gesellschafterversammlung um ein **Kollektivorgan**, also um ein Organ mit mehr als nur einem Mitglied. Dementsprechend wird durch Beschluss entschieden.

106 Nach der heute h.M. ist der Gesellschafterbeschluss ein **mehrseitiger Akt**, der sich aus den verschiedenen Stimmen zusammensetzt, die ihrerseits **Willenserklärungen** sind und den allgemeinen Regeln über Rechtsgeschäfte unterstehen.[242] Eine Vielzahl von gesetzlichen Vorschriften (etwa §§ 715 Abs. 2 S. 2, 715 Abs. 5 S. 1, 720 Abs. 4, 727 BGB) sieht die Notwendigkeit einer Beschlussfassung durch die Gesellschafter vor. Beschlussgegenstände können Maßnahmen der Geschäftsführung oder Grundlagengeschäfte sein. Änderungen des Gesellschaftsvertrages bilden den Hauptanwendungsfall für gesetzlich nicht geregelte Beschlussgegenstände.[243]

107 Nach der gesetzlichen Grundkonzeption ist bei Personengesellschaften in der Gesellschafterversammlung grundsätzlich das **Einstimmigkeitsprinzip** maßgeblich (OHG: § 105 Abs. 3 HGB i.V.m § 714 BGB, GbR: § 714 BGB, KG: §§ 161 Abs. 2, 105 Abs. 3 HGB i.V.m

240 Bitter/Heim § 5 Rn. 72.

241 Hier und zum Folgenden: Bitter/Heim § 5 Rn. 75.

242 Henssler/Strohn/Finckh, HGB, § 119 Rn. 5.

243 Henssler/Stroh/Finckh, HGB, § 119 Rn. 6 f.

§ 714 BGB). Jeder Gesellschafter soll grundsätzlich nur an die Beschlüsse gebunden sein, denen er selbst zugestimmt hat.[244]

Grundsätzlich sind **alle Gesellschafter zur Abstimmung befugt**. Etwas anderes gilt dann, wenn das Gesetz für **Maßnahmen aus wichtigem Grund gegen den betroffenen Gesellschafter** eine Abstimmung allein der „übrigen" Gesellschafter anordnet (§§ 715 Abs. 5, 720 Abs. 4, 727 BGB). Es handelt sich bei diesen Vorschriften um Ausprägungen des allgemeinen Grundsatzes, dass niemand „Richter in eigener Sache" sein darf.[245] Über diese ausdrücklich geregelten Fällen hinaus kann sich ein **Stimmverbot** auch in sonstigen Fällen ergeben, in denen der Gesellschafter durch seine Teilnahme an der Abstimmung zum „Richter in eigener Sache" würde oder wenn ein **Insichgeschäft** i.S.v. § 181 BGB vorliegt.[246] Ein Insichgeschäft liegt insbesondere vor, wenn über ein Rechtsgeschäft der GbR mit einem ihrer Gesellschafter ein Beschluss gefasst wird. Ob dann ein Stimmverbot des betreffenden Gesellschafters besteht, ist umstritten.[247] 108

Schließlich können die Regelungen über die Beschlussfassung **durch den Gesellschaftsvertrag modifiziert** werden. Dies gilt etwa für die **Zulassung von Mehrheitsbeschlüssen**. Sind solche im Gesellschaftsvertrag vorgesehen, richtet sich die Mehrheit für die GbR nach § 709 Abs. 3 BGB, für die OHG nach § 105 Abs. 3 HGB i.V.m. § 709 Abs. 3 BGB und für die KG §§ 161Abs. 2, 105 Abs. 3 HGB i.V.m. § 709 Abs. 3 BGB.[248] Der Gesellschaftsvertrag der Personengesellschaft kann aber auch eine Kapitalmehrheit anordnen. Um einem Machtmissbrauch der Mehrheit vorzubeugen, sind Mehrheitsbeschlüsse bei der GbR auch und insbesondere wegen der persönlichen Haftung ihrer Gesellschafter für die Verbindlichkeiten der GbR nur in engen Grenzen möglich. Dabei ergeben sich sowohl formelle als auch materielle Anforderungen an einen solchen Mehrheitsbeschluss. Es bedarf also einer zweistufigen Prüfung: 109

Zunächst einmal muss der Gesellschaftsvertrag für den bestimmten Gegenstand eine Mehrheitsentscheidung vorsehen **(formelle Legitimation)**; dabei bedarf es keiner Einzelaufzählung, es genügt vielmehr, wenn sich durch Auslegung ergibt, dass der in Frage stehende Beschlussgegenstand von einer Mehrheitsklausel erfasst ist.[249] Eine allgemeine Mehrheitsklausel, die keine einzelnen Beschlussgegenstände aufzählt, aber auch keinerlei Ausnahmen zulässt, gilt für sämtliche Beschlussgegenstände,[250] insbesondere auch für Grundlagengeschäfte, ungewöhnliche Vertragsänderungen (z.B. zur Gewinnverteilung oder zu Nachschusspflichten) und Zustimmungsbeschlüsse zu Anteilsübertragungen.[251]

Auf einer zweiten Stufe erfolgt eine inhaltliche Überprüfung des konkreten Mehrheitsbeschlusses auf seine Rechtmäßigkeit **(materielle Wirksamkeits- und Rechtmäßig-**

244 Bitter/Heim § 5 Rn. 81.

245 S. Rn. 416 zur GmbH.

246 K. Schmidt, GesR, § 21 II 2.

247 Vgl. BGH RÜ 2012, 352 Rn. 30 m.w.N. – dort allerdings offen gelassen.

248 Saenger § 4 Rn. 282.

249 BGH NJW 2007, 1685 Rn. 10; BGH NJW 2009, 669 Rn. 17, 25; BGH NJW 2012, 1439 Rn. 23.

250 K. Schmidt ZIP 2009, 737, 738: „umfassende Generalklausel".

251 BGH NJW 2009, 669 Rn. 15, 16; BGH NJW 2012, 1439 Rn. 14 f.; BGH ZIP 2013, 65 Rn. 14; BGH RÜ 2014, 764 Rn. 18.

keitsprüfung).[252] Diese kann ergeben, dass der konkrete Mehrheitsbeschluss trotz formeller Legitimation rechtswidrig und damit unwirksam ist, weil er die Grenzen der Mehrheitsmacht überschreitet und daher der Zustimmung[253] aller Gesellschafter oder zumindest derjenigen des betroffenen Gesellschafters oder eines wichtigen Grundes bedurft hätte.[254] Auf dieser zweiten Stufe geht es um den **Schutz des (Minderheits-) Gesellschafters**. In materieller Hinsicht kann es der Wirksamkeit einer Mehrheitsentscheidung insbesondere entgegenstehen, wenn sich diese als treuwidrige Ausübung der Mehrheitsmacht gegenüber der Minderheit darstellt.[255]

Unterschiedlich beurteilt wird die Frage, ob der BGH mit seiner Grundsatzentscheidung vom 15.01. 2007[256] die bis dahin herrschende **Kernbereichslehre** aufgegeben hat.[257] Sie besagt, dass durch einen Mehrheitsbeschluss ohne die Zustimmung des betroffenen Gesellschafters nicht in den Kernbereich individueller Gesellschafterrechte eingegriffen werden kann.[258] Danach gibt es einen unentziehbaren/ mehrheitsfesten Kern von Mitgliedschaftsrechten. Zum Kernbereich zählen etwa das Stimm-, Gewinn- und Informationsrecht, nicht hingegen die Feststellung des Jahresabschlusses[259] oder gesellschaftsvertragliche Regelungen zu Einstimmigkeitserfordernissen oder Sperrminoritäten.[260] Im Rahmen der materiellen Wirksamkeits- und Rechtmäßigkeitsprüfung auf der zweiten Stufe sollte in der Klausur nicht mit der (fehlenden) Zuordnung eines bestimmten Beschlussgegenstandes zum Kernbereich argumentiert werden. Vielmehr sollte eine von diesem (im Gesetz ohnehin nicht auftauchenden!) Begriff unabhängige inhaltliche Überprüfung des Mehrheitsbeschlusses vorgenommen werden. Führt diese zu dem Ergebnis, dass der Mehrheitsbeschluss wirksam ist, wird damit inzident auch eine Zuordnung des Beschlussgegenstandes zum Kernbereich von Mitgliedschaftsrechten verneint.[261] Wird die Wirksamkeit des Mehrheitsbeschlusses hingegen verneint, kann es letztlich dahinstehen, ob der Beschlussgegenstand dem Kernbereich zugeordnet wird oder die Wirksamkeit des Beschlusses auch ohne eine solche (rein begriffliche) Zuordnung zu verneinen ist.

110 Die stimmberechtigten Gesellschafter sind bei ihrer Stimmabgabe grundsätzlich nicht zu einem bestimmten Stimmverhalten verpflichtet; sie können ihre Stimme frei ausüben **(Grundsatz der Freiheit der Stimmausübung).**[262] Die gesellschafterlichen Treuepflichten können jedoch **ausnahmsweise** eine **Zustimmungspflicht** begründen, wenn

- der Beschluss Maßnahmen betrifft, die mit Rücksicht auf das bestehende Gesellschaftsverhältnis, den Gesellschaftszweck, das Interesse der Gesellschaft oder die bestehenden Rechtsbeziehungen der Gesellschafter untereinander dringend geboten sind und
- dem Gesellschafter die Zustimmung unter Berücksichtigung seiner eigenen Belange zumutbar ist, weil ein vertretbarer Grund für die Ablehnung der betreffenden Maßnahme fehlt.[263]

---

252 BGH NJW 2007, 1685 Rn. 9; BGH NJW 2009, 669 Rn. 15; BGH NJW 2012, 1439 Rn. 16.
253 Zur antizipierten Zustimmung im Gesellschaftsvertrag s. Bitter/Heim § 5 Rn. 89 f.
254 Hier und zum Folgenden: Bitter/Heim § 5 Rn. 87 f.
255 BGH, Urt. v. 15.11.2011 – II ZR 266/09, NJW 2012, 1439 Rn. 23.
256 BGH NJW 2007, 1685 ff.
257 Dies bejahend: Goette/Goette DStR 2016, 74, 76 ff.; verneinend hingegen: Schäfer ZIP 2015, 1313 ff.
258 BGH 1995, 194, 195.
259 BGH NJW 2007, 1685, Ls. 2 und Rn. 12 ff.
260 Bitter/Heim § 5 Rn. 88; MünchKomm-BGB/Schäfer § 709 Rn. 95.
261 So BGH RÜ 2014, 764 Rn. 18 für die Übertragung eines Kommanditanteils.
262 Hier und zum Folgenden: Bitter/Heim § 5 Rn. 91.
263 BGH NJW 2010, 65 Rn. 23; BGH RÜ 2012, 352 Rn. 44.

Fehlerhafte Beschlüsse von Personengesellschaften sind nicht – wie bei Kapitalgesellschaften (§§ 241 ff. AktG) – zunächst wirksam und anfechtbar, sondern automatisch – **(ipso iure) unwirksam bzw. nichtig.**[264] 111

Formelle Fehler führen allerdings nur dann zur Unwirksamkeit des Beschlusses, wenn **nicht ausgeschlossen werden kann, dass sein Zustandekommen durch den Fehler beeinflusst war.**[265]

Will ein Gesellschafter die Unwirksamkeit eines Beschlusses geltend machen, muss er eine **Feststellungsklage (§ 256 Abs. 1 ZPO) gegen seine Mitgesellschafter** erheben, sofern der Gesellschaftsvertrag nicht anordnet, dass eine solche Klage gegen die GbR zu richten ist.[266]

D. Sozialansprüche und -verpflichtungen und deren Geltendmachung

In einem Zweipersonenverhältnis ist das Bestehen von Rechten und Pflichten in aller Regel mit einer eindeutigen Anspruchssituation verbunden. Der Berechtigte ist Anspruchsinhaber, der Verpflichtete Anspruchsgegner. Bei einer Gesellschaft entstehen aber nicht nur Rechtsbeziehungen zwischen zwei Personen, auch die **Gesellschaft** (die Gesellschafter in ihrer gesamthänderischen Verbundenheit) ist **Zuordnungssubjekt von Rechten und Pflichten.** 112

Es muss zwischen folgenden Ansprüchen unterschieden werden:

- Ansprüche der Gesellschaft gegen den einzelnen Gesellschafter aus dem Gesellschaftsverhältnis **(Sozialansprüche),** 113

  Beispiele: Anspruch auf Beitragsleistung, Erfüllung der Geschäftsführungspflicht, Einhaltung der Treuepflicht, Schadensersatz bei Verletzung dieser Pflichten.

- Ansprüche des Gesellschafters gegen die Gesellschaft sowie die sich dabei ggf. ergebenden Ausgleichsansprüche gegen die übrigen Gesellschafter **(Sozialverpflichtungen).** 114

  Beispiele: Anspruch auf Gewinnauszahlung, Erstattung der Aufwendungen, Beachtung des Stimmrechts.

  Zu den Sozialverpflichtungen zählen auch die Rechte der Gesellschafter, an der Willensbildung der Gesellschaft mitzuwirken (Mitverwaltungsrechte). Auch sie richten sich gegen die GbR.

- Ansprüche der Gesellschafter untereinander **(Individualansprüche und -verpflichtungen).** 115

  Beispiele: Ausgleichsansprüche sowie Ansprüche wegen Verletzung der gesellschaftlichen Treuepflicht. Die Sozialansprüche sind nicht zugleich auch Individualansprüche.

---

264 Hier und zum Folgenden: Bitter/Heim § 5 Rn. 92 m.w.N.

265 BGH RÜ 2014, 427, Ls.

266 BGH RÜ 2011, 360 Rn. 19 (zur KG); BGH NZG 2013, 57 Rn. 14 (zur KG).

116 ■ Gesellschafter können der Gesellschaft auch wie Dritte, d.h. nicht in ihrer Eigenschaft als Gesellschafter, gegenüberstehen **(Drittbeziehungen)**,

Beispiele: Kauf-, Miet- oder Werkverträge des Gesellschafters mit der Gesellschaft.

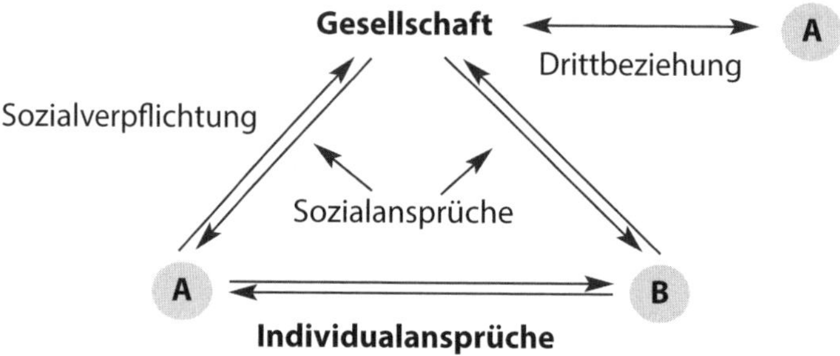

I. Sozialansprüche und actio pro socio

117 Die **Sozialansprüche** bilden einen Teil des Gesellschaftsvermögens.[267] Für sie hat der verpflichtete **Gesellschafter persönlich einzustehen.**

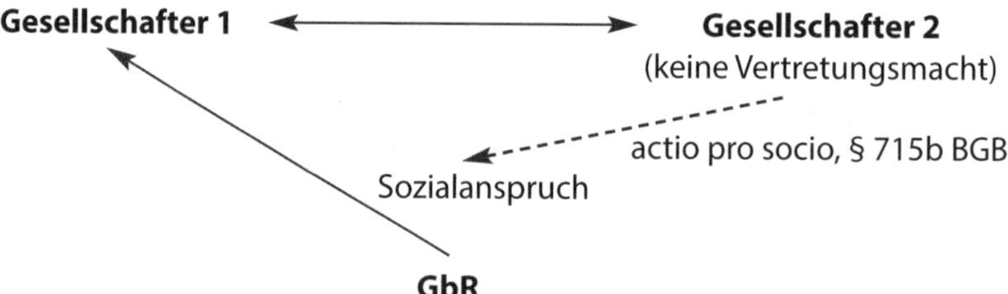

Die Sozialansprüche sind **von den geschäftsführungs- und vertretungsberechtigten Gesellschaftern** (§§ 715 Abs. 1, Abs. 3, 720 BGB) **geltend zu machen**. Wenn die Geschäftsführung, die nach der allgemeinen Zuständigkeitsordnung eigentlich Ansprüche der Gesellschaft geltend macht, nicht handelt, kann die Erfüllung von Sozialansprüchen durch Leistung an die GbR auch **von jedem sonstigen Gesellschafter** im Wege der sog. ***actio pro socio*** begehrt werden.[268] Die *actio pro socio* (= Klage als Gesellschafter; nicht: Klage für die Gesellschaft = *actio pro societate*) ermöglicht es einem Gesellschafter, unabhängig von seiner Geschäftsführungsbefugnis, Sozialansprüche der Gesellschaft gegen seine Mitgesellschafter einzuklagen.[269] Hierdurch kann es also zu einer **Durchbrechung der organisationsrechtlichen Zuständigkeitsordnung** zugunsten eines einzelnen Gesellschafters kommen. Das Institut der *actio pro socio* ist nun in § 715b BGB normiert.

118 Durch die *actio pro socio* soll also **verhindert werden**, dass Sozialansprüche der Gesellschaft gegenüber (Mehrheits-)Gesellschaftern aus zumeist kollegialen Gründen nicht geltend gemacht werden und damit das **Vermögen der Gesellschaft geschädigt** wird.[270]

---

267 BGH NJW 1983, 749; Erman/Westermann § 705 Rn. 53.

268 Erman/Westermann § 705 Rn. 57 ff.

269 Bitter/Heim § 5 Rn. 95.

270 Schäfer § 9 Rn. 19.

Bei **Ansprüchen der Gesellschaft gegen Gesellschafter aus Drittgeschäften** besteht die Möglichkeit der ***actio pro socio* hingegen grundsätzlich nicht**; diese Ansprüche kann nur der vertretungsberechtigte Gesellschafter (vgl. §§ 715 Abs. 1, Abs. 3, 720 BGB) im Namen der Gesellschaft einklagen.[271]

Geltendmachung von Ansprüchen durch einen Gesellschafter[272]

Geltendmachung von Ansprüchen der Gesellschaft		Geltendmachung von eigenen Ansprüchen
Prozessführungsbefugnis kraft organschaftlicher oder rechtsgeschäftlicher Vertretungsmacht	Prozessführungsbefugnis aufgrund der actio pro socio, § 715b BGB	Prozessführungsbefugnis kraft Inhaberschaft des Anspruchs
Handeln im fremden Namen	Handeln im eigenen Namen	Handeln im eigenen Namen
Leistung an die Gesellschaft		Leistung an den Gesellschafter

Es geht bei der actio pro socio um die Einräumung einer **Prozessführungsbefugnis** für den klagenden Gesellschafter, der damit eine **Prozessstandschaft** erhält. Anspruchsinhaberin und damit aktivlegitimiert ist allein die (rechtsfähige) Gesellschaft.

Klausurhinweis: *In der Klausur ist die actio pro socio sowohl im Rahmen der Zulässigkeit (Prozessführungsbefugnis) als auch – dann nach oben verweisend und kurz – bei der Begründetheit (Aktivlegitimation) anzusprechen.*

Die *actio pro socio* hatte einen normativen Niederschlag lediglich im Aktienrecht (§ 148 AktG) erhalten, ist aber **als allgemeines Rechtsinstitut auch für andere Gesellschaftsformen anerkannt und nun in § 715b BGB für die GbR kodifiziert.**[273] Gleichwohl hat sie für die verschiedenen Gesellschaftsformen unterschiedliche Ausprägungen erfahren. Zu differenzieren ist insbesondere zwischen Personen- und Kapitalgesellschaften: 119

Für die reine **Innen-GbR** kann sich die Problematik der *actio pro socio* nicht stellen, weil sie nicht als eigenständiges Rechtssubjekt am Rechtsverkehr teilnimmt und sich die durch einen Gesellschafter geltend zu machenden Ansprüche dementsprechend nur aus dem Innenverhältnis der Gesellschafter ergeben können; bei diesen Ansprüchen handelt es sich um eigene Ansprüche der Gesellschafter, die diese im eigenen Namen geltend machen. 120

271 Bitter/Heim § 5 Rn. 97. Der einzelne Gesellschafter kann analog §§ 432, 2039 BGB ausnahmsweise dann auf Leistung an die GbR klagen, wenn der Gesellschaftsvertrag keine Vertretungsregelung enthält und damit Gesamtvertretungsbefugnis nach §§ 709, 714 BGB besteht (K. Schmidt, GesR, § 21 IV 7).

272 Mock JuS 2015, 590, 591.

273 Vgl. grundlegend BGHZ 10, 91, 103.

121 Bei der **Außen-GbR** und den **Personenhandelsgesellschaften** (OHG, KG) kann es hingegen zu Fällen der actio pro socio immer dann kommen, wenn ein nicht geschäftsführungs- und vertretungsberechtigter Gesellschafter Ansprüche der Gesellschaft geltend machen möchte. Diese Gesellschaftsformen zeichnen sich durch eine gesetzlich oder gesellschaftsvertraglich vorgegebene Organisationsverfassung aus, nach der einzelne Gesellschafter von einer Geltendmachung von Ansprüchen der Gesellschaft oft ausgeschlossen sind. Die Annahme einer *actio pro socio* steht dazu im Widerspruch. Dieser wird dadurch dogmatisch aufgelöst, dass man in der actio pro socio einen **Fall der gesetzlichen Prozessstandschaft** erblickt.[274]

122 Für die actio pro socio ergibt sich folgender **Prüfungsaufbau**:

Voraussetzungen und Rechtsfolge der actio pro socio, § 715b BGB
1. **Gesellschafterstellung** des Klägers
2. Bestehen eines **Sozialanspruchs** der Gesellschaft
3. **Fehlende Vertretungsmacht** des Gesellschafters
4. **Kein Ausschluss** der actio pro socio
5. **Rechtsfolge:** Liegen die Voraussetzungen 1. bis 4. vor, kann der Gesellschafter als gesetzlicher Prozessstandschafter den Sozialanspruch der Gesellschaft im eigenen Namen mit Leistung an die Gesellschaft geltend machen.

Die den Anspruch der Gesellschaft geltend machende Person muss **Gesellschafter** sein. Auf dessen persönliche Haftung für die Verbindlichkeiten der Gesellschaft kommt es nicht an. Auch der Kommanditist einer KG kann die actio pro socio erheben.

Gläubiger und Vertragspartner der Gesellschaft sind zur Erhebung einer *actio pro socio* **nicht befugt**. Gleiches gilt für den stillen Gesellschafter.[275]

Bei der Außen-GbR und den Personenhandelsgesellschaften ist die Geltendmachung von Ansprüchen der Gesellschaft auf **Sozialansprüche** beschränkt, also auf Ansprüche, die sich gegen die Gesellschafter richten und ihren Ursprung im Gesellschaftsverhältnis haben.

Diese Beschränkung ergibt sich nun zum einen aus dem Wortlaut des § 715b Abs. 1 S. 1 BGB und darüber hinaus daraus, dass die *actio pro socio* nur der Überwindung eines Interessenkonflikts der zuständigen Gesellschaftsorgane dient. Zudem soll vermieden werden, dass bei der Geltendmachung von Ansprüchen gegen gesellschaftsfremde Dritte gesellschaftsinterne Streitigkeiten auf diese ausgeweitet werden. In diesen Fällen kann vielmehr im Wege der *actio pro socio* ein Schadensersatzanspruch der Gesellschaft gegen das untätige Gesellschaftsorgan geltend gemacht und der Streit gesellschaftsintern ausgetragen werden.

Der Gesellschafter, der von der actio pro socio Gebrauch macht, darf selbst **keine Vertretungsmacht** haben. Hat der Gesellschafter selbst organschaftliche oder rechtsgeschäftliche Vertretungsmacht zur Geltendmachung des Anspruchs der Gesellschaft, kann er diese selbst im fremden Namen geltend machen und es bedarf der *actio pro socio* nicht. Macht ein vertretungsbefugter Gesellschafter einen (Sozial-)Anspruch der Ge-

274 BGH NJW 2000, 505, 506; Mock JuS 2015, 590, 592.

275 BGH NJW 1995, 1353, 1355; s. zur stillen Gesellschaft Rn. 375 ff.

sellschaft dennoch in seinem eigenen, statt im Namen der Gesellschaft geltend, so wird die Klage mangels Prozessführungsbefugnis als unzulässig abgewiesen.

Die *actio pro socio* darf schließlich **nicht ausgeschlossen** sein. Die actio pro socio hat ihre Grundlage im Gesellschaftsverhältnis und ist Ausfluss des Mitgliedschaftsrechts des Gesellschafters; die Ausübung der Klagebefugnis unterliegt daher der gesellschaftlichen Treuepflicht.[276] Diese gesellschafterliche Treuepflicht verbietet eine actio pro socio immer dann, wenn die **unterbliebene Geltendmachung** des Sozialanspruchs durch den geschäftsführenden Gesellschafter **sachlich gerechtfertigt** ist oder der geschäftsführende Gesellschafter **noch nicht ausdrücklich zur Geltendmachung aufgefordert** worden ist. Auch **die zeitgleiche gemeinsame Klageerhebung** eines Gesellschafters im Wege der actio pro socio mit der Klage der Gesellschaft, die lediglich die Kosten der Rechtsdurchsetzung der Sozialverpflichtung erhöht, verstößt gegen die gesellschaftsrechtliche Treuepflicht und ist damit unzulässig.[277]

Liegen die vorstehenden Voraussetzungen der *actio pro socio* vor, kann der Gesellschafter als gesetzlicher Prozessstandschafter den Sozialanspruch außergerichtlich und gerichtlich **im eigenen Namen mit Leistung an die Gesellschaft** geltend machen. Ihm ist aber nicht gestattet, sich über den Anspruch zu vergleichen.

II. Sozialverpflichtungen

Für die **Erfüllung von Sozialverpflichtungen haftet** grundsätzlich nur die **GbR** und nicht die einzelnen Mitgesellschafter.[278] Denn eine persönliche Haftung der Gesellschafter für diese aus dem Gesellschaftsvertrag folgenden Schulden liefe auf eine durch § 710 BGB ausgeschlossene Nachschusspflicht hinaus.[279] 123

Eine Ausnahme von diesem Grundsatz besteht dann, wenn ein Gesellschafter einen Dritten wegen einer rechtsgeschäftlichen Schuld der GbR aus seinem Privatvermögen befriedigt hat. Der Ersatzanspruch des Gesellschafters (§ 716 Abs. 1 BGB) richtet sich zwar primär gegen die GbR; reicht deren Vermögen jedoch nicht aus, so wird dem Gesellschafter ein subsidiärer Ausgleichsanspruch gegen jeden Mitgesellschafter in Höhe des auf diesen entfallenden Anteils gewährt.[280]

III. Abspaltungsverbot und Anwendbarkeit allgemeiner Vorschriften

1. Abspaltungsverbot gemäß § 711a S. 1 BGB

Nach **§ 711a S. 1 BGB** sind „die Rechte der Gesellschafter aus dem Gesellschaftsverhältnis", **nicht übertragbar**. § 711a S. 1 BGB ist allerdings nicht auf die Sozialansprüche anwendbar, die der GbR gegen ihre Gesellschafter zustehen.[281] Erfasst sind nach dem Wortlaut der Norm nicht nur Ansprüche, sondern auch die **Mitverwaltungsrechte** der Gesellschafter, die nach dem o.g. ebenfalls zu den Sozialverpflichtungen gehören.[282] 124

276 BGH RÜ 2019, 428, Ls. 1; BGH RÜ 2010, 497, Ls.
277 BGH RÜ 2019, 428.
278 OLG Celle WM 2001, 2444.
279 BGH NJW 1962, 1863, 1864; Jacoby/v. Hinden § 714 Rn. 6; Hk-BGB/Saenger § 714 Rn. 9; Erman/Westermann § 705 Rn. 54.
280 So BGH NJW 1962, 1863 zur KG; vgl. auch Jacoby/v. Hinden § 714 Rn. 7 m.w.N.
281 Erman/Westermann § 717 Rn. 2.
282 Erman/Westermann § 717 Rn. 2.

Grundsätzlich unübertragbar sind das Stimmrecht, das Recht auf Teilnahme an der Gesellschafterversammlung und auf Mitwirkung an der Geschäftsführung, ggf. das hieraus resultierende Widerspruchsrecht (§ 715 Abs. 4 BGB), das Recht auf Mitwirkung an Abberufungsbeschlüssen (§§ 715 Abs. 5 u. 6, 720 Abs. 4 BGB), das Informations- und Kontrollrecht (§ 717 Abs. 1 BGB), das Kündigungsrecht (§ 731 BGB) sowie das Recht auf Teilhabe und Mitwirkung an der Auseinandersetzung.[283]

In diesem Grundsatz kommt das sog. **Abspaltungsverbot** zum Ausdruck, wonach in der Personengesellschaft Mitverwaltungsrechte nur Personen zustehen können, die als Gesellschafter an Chancen und Risiken der Geschäfte teilnehmen und Miteigentümer des dem Gesellschaftszweck gewidmeten Vermögens sind. Ein Fremder soll nicht ohne Zustimmung der übrigen Gesellschafter in das Gesellschaftsverhältnis eindringen können.[284]

Nach § 711a S. 1 BGB nicht abtretbare Ansprüche sind grundsätzlich auch **nicht pfändbar** (§ 851 Abs. 1 ZPO). Nur die in § 711a S. 2 BGB genannten Ansprüche kann ein Gläubiger des Gesellschafters aufgrund eines gegen ihn gerichteten Titels pfänden. Pfändbar ist aber stets der gesamte Gesellschaftsanteil (§§ 859 Abs. 1 ZPO, 726 BGB).

2. §§ 241 ff. BGB

125 Die **§§ 241 ff. BGB** – insbesondere die §§ 275 ff. BGB –, die auch für einseitige Verpflichtungen gelten, sind grundsätzlich auch auf gesellschaftsrechtliche Einzelverpflichtungen **anwendbar**.

Beispiel: Der Gesellschafter, der als Beitrag die Übertragung eines Wagens schuldet, muss im Falle fehlender Vereinbarung den Wagen an seinem Wohnsitz (§ 269 BGB) sofort (§ 271 BGB) übereignen. Wird der Wagen vor der Übereignung zerstört, so wird der Gesellschafter gemäß § 275 Abs. 1 BGB von seiner Leistungspflicht befreit. Leistet er verspätet, so muss er ggf. nach §§ 280 Abs. 1 und 2, 286 BGB den Verzögerungsschaden ersetzen.

3. §§ 320 ff. BGB

126 Gegen die Anwendung der **§§ 320 ff. BGB** auf die Verpflichtungen aus dem Gesellschaftsverhältnis **bestehen hingegen Bedenken**: Der Gesellschaftsvertrag ist zwar insofern ein gegenseitig verpflichtender Vertrag, als sich jeder Gesellschafter zur Förderung des Gesellschaftszwecks nur deshalb bereit erklärt, weil auch der andere diese Pflicht übernimmt. Im Gegensatz zum zweiseitigen Austauschvertrag, auf den die §§ 320 ff. BGB zugeschnitten sind, bestehen jedoch Besonderheiten: Zum einen wollen die Gesellschafter **keinen Austausch von zwei Leistungen**, sondern durch die Leistungen den **gemeinsamen Zweck fördern**. Die zur Zweckerreichung erforderlichen Leistungen kann die Gesellschaft (die Gesellschafter in ihrer gesamthänderischen Bindung) als Sozialanspruch von jedem einzelnen Gesellschafter verlangen. Auf dieses **mehrseitige Verhältnis** von Sozialansprüchen, Sozialverpflichtungen und Individualverpflichtungen sind die §§ 320 ff. BGB nicht zugeschnitten.

Nach der h.M. sind die §§ 320–326 BGB **jedenfalls insoweit unanwendbar**, als es um den **Bestand des Gesellschaftsverhältnisses**, also insbesondere um die **Rücktrittsbestimmungen** geht. Für den Fortbestand oder die Abwicklung des Gesellschaftsverhält-

283 Hier und zum Folgenden: Erman/Westermann § 717 Rn. 3.

284 BGH NJW 1952, 178, 179; Bitter/Heim § 5 Rn. 52.

nisses sind die §§ 729 ff. BGB bzw. die §§ 138 ff. HGB jedenfalls Sondervorschriften. Die Anwendung der §§ 323–326 BGB mit der Rechtsfolge des Rücktritts scheidet daher aus.[285]

Besonders umstritten ist die Anwendung des § 320 BGB auf die **Beitragsleistung**. **127**

Teilweise wird eine Anwendbarkeit der §§ 320 ff. BGB insgesamt abgelehnt.[286]

Nach einer **anderen Ansicht** kommt insbesondere ein Zurückbehaltungsrecht aus § 320 BGB prinzipiell in Betracht.[287] Ein Gegenseitigkeitsverhältnis bestehe aber lediglich zwischen den Ansprüchen zwischen der Gesellschaft und den Gesellschaftern, also denen auf Beitragsleistung einerseits und auf Gewinnausschüttung andererseits. Dabei ist zu beachten, dass der Gesellschafter in der Regel vorleistungspflichtig sein wird, da ein Gewinn zumeist erst erzielt werden kann, wenn die Beiträge geleistet sind. Im Verhältnis zwischen den Gesellschaftern ist § 320 BGB auch nach dieser Ansicht unanwendbar. Ein Gesellschafter kann sich nicht darauf berufen, dass ein anderer Gesellschafter die Leistung noch nicht erbracht hat.

Die **h.M.** stellt demgegenüber auf die konkrete Zusammensetzung der Gesellschaft ab. Eine Anwendung des § 320 BGB auf Beitragsleistungen kommt demnach (nur) dann in Betracht, wenn es sich um eine **zweigliedrige Gesellschaft** handelt.[288] Könnte sich bei einer mehrgliedrigen Gesellschaft ein Gesellschafter darauf berufen, dass auch nur einer der anderen Gesellschafter noch nicht erfüllt habe, so hätte es jeder einzelne Gesellschafter in der Hand, die Erfüllung des Vertrages unmöglich zu machen und die schon nach außen in den Rechtsverkehr getretene Gesellschaft lahmzulegen. Bei einer zweigliedrigen Gesellschaft besteht diese die Anwendung des § 320 BGB hindernde Interessenlage nicht.

Unabhängig von § 320 BGB kann ein auf Beitragsleistung in Anspruch genommener Gesellschafter dann, wenn ohne sachlich vertretbaren Grund nur von ihm, aber nicht auch von den übrigen Gesellschaftern der Beitrag verlangt wird, einwenden, dass die Inanspruchnahme gegen den **Grundsatz der Gleichbehandlung der Gesellschafter** verstößt. Dieser Einwand führt aber im Gegensatz zu der Einrede des § 320 BGB im Prozess nicht zu einer Zug-um-Zug-Verurteilung; er entfällt vielmehr schon dann, wenn auch der andere Gesellschafter in Anspruch genommen wird. **128**

Beispiel: A, B, C und D sind Gesellschafter einer GbR. Als B von dem allein geschäftsführungsbefugten A auf Leistung des vereinbarten Beitrags von 5.000 € in Anspruch genommen wird, verweist er darauf, dass auch C und D ihre Beiträge noch nicht erbracht haben.

I. Einrede des § 320 BGB
1. Soweit man eine Anwendung der §§ 320 ff. BGB für die Gesellschaft insgesamt ablehnt, kommt ein Zurückbehaltungsrecht aus § 320 BGB generell nicht in Betracht.
2. Nach der **h.M.** kommt es hingegen auf die Zusammensetzung der Gesellschaft an. Hier handelt es sich um eine mehrgliedrige Gesellschaft – es sind mehr als zwei Gesellschafter beteiligt –, sodass auch nach dieser Ansicht B nicht die Einrede aus § 320 BGB geltend machen kann.

---

285 OLG München ZIP 2000, 2255, 2256.

286 Staudinger/Habermeier § 706 Rn. 24.

287 Erman/Westermann § 705 Rn. 43.

288 Windbichler/Bachmann § 6 Rn. 4; Grüneberg/Retzlaff § 705 Rn. 17m.

3. Nach teilweise vertretener Ansicht kommt auch bei mehrgliedrigen Gesellschaften eine Anwendung des § 320 BGB für die Beitragsleistung in Betracht. Dies gilt jedoch nur im Verhältnis zwischen der Gesellschaft und den Gesellschaftern. Hier beruft sich B allerdings gerade darauf, dass andere Gesellschafter ihre Beiträge noch nicht erbracht haben. Es geht also um das Verhältnis zwischen den Gesellschaftern. Auch nach dieser Ansicht scheidet § 320 BGB deshalb aus.
II. Schließlich steht auch der **Grundsatz der Gleichbehandlung der Gesellschafter** einer Inanspruchnahme des B hier nicht entgegen. Es liegen keine Anhaltspunkte dafür vor, dass ohne sachlich vertretbaren Grund nicht auch die anderen Gesellschafter in Anspruch genommen werden.

E. Geschäftsführung und Vertretung

129 Geschäftsführung und Vertretung regeln unterschiedliche Dinge. Die Vorschriften über die Geschäftsführung regeln die Frage, welche Handlungen ein Gesellschafter im Innenverhältnis vornehmen darf (sog. **rechtliches Dürfen im Innenverhältnis**), während es bei der Vertretung darum geht, ob der Gesellschafter die Gesellschaft im Außenverhältnis berechtigen und verpflichten kann (sog. **rechtliches Können im Außenverhältnis**).[289]

Der **Grundsatz der Selbstorganschaft** verbietet es, alle Gesellschafter von der Vertretung auszuschließen.[290] Einer Übertragung der Geschäftsführung auf gesellschaftsfremde Dritte steht das **Abspaltungsverbot** entgegen.[291]

I. Geschäftsführung

130 Der **Begriff der Geschäftsführung** ist weder im BGB noch im HGB definiert. Man versteht unter ihm **jede auf die Verwirklichung des Gesellschaftszwecks gerichtete Tätigkeit**, die nicht die Grundlagen der Gesellschaft betrifft.[292]

Geschäftsführungsmaßnahmen können **tatsächlicher oder rechtsgeschäftlicher Natur** sein; sie können **Innenwirkung** (z.B. Organisation des Personals, Buchführung, Aufstellung des Jahresabschlusses) und **Außenwirkung** (z.B. Einzug von Forderungen, Abschluss von Verträgen mit Dritten) entfalten.[293]

131 Die Geschäftsführungsbefugnis ist in den **§§ 715 ff. BGB** geregelt. Diese Vorschriften sind dispositiv. Die vertragliche Gestaltungsfreiheit der Gesellschafter ist weit gefasst und lediglich durch den **Grundsatz der Selbstorganschaft**[294] in der Weise begrenzt, dass nicht sämtliche Gesellschafter von der Geschäftsführung (und auch Vertretung) der Gesellschaft ausgeschlossen werden dürfen.[295] Wenn der Gesellschaftsvertrag nichts Abweichendes regelt, steht den Gesellschaftern die Führung der Geschäfte der Gesellschaft gemeinschaftlich zu **(Gesamtgeschäftsführungsbefugnis)**; dann ist für jedes Geschäft die Zustimmung aller Gesellschafter erforderlich (§ 715 Abs. 3 BGB).[296]

Dies **unterscheidet die GbR von der OHG und KG**: bei letzteren gilt der Grundsatz der Einzelgeschäftsführungsbefugnis aller Gesellschafter (§ 116 Abs. 3 S. 1 HGB).

---

289 Hier und zum Folgenden: Kindler § 16 Rn. 1.
290 S. hierzu Rn. 127.
291 S. hierzu Rn. 124 zur GbR.
292 MünchKomm-HGB/Rawert § 114 Rn. 6; Oetker/Lieder § 114 Rn. 4.
293 Baumbach/Hopt/Roth, HGB, § 114 Rn. 2; Oetker/Lieder § 114 Rn. 4.
294 S. hierzu Rn. 16, 129.
295 BGH NJW-RR 1994, 98; Hk-BGB/Saenger Vor § 709 Rn. 3.
296 Zum Folgenden: Hk-BGB/Saenger Vor § 709 Rn. 4.

Die **Gesellschafter können alternativ dazu bestimmen**, dass bei der gemeinschaftlichen Geschäftsführung Mehrheitsbeschlüsse genügen. Sie können die Geschäftsführungsbefugnis auch mehreren Gesellschaftern übertragen und die übrigen von der Geschäftsführung ausschließen. Die Geschäftsführung durch mehrere Gesellschafter kann dabei dem Einstimmigkeits- oder dem Mehrheitsprinzip unterstellt werden. Es können aber auch mehrere oder alle Gesellschafter jeweils einzeln zur Geschäftsführung befugt sein (Einzelgeschäftsführungsbefugnis); dann steht den weiteren Geschäftsführern das Widerspruchsrecht nach § 715 Abs. 4 S. 1 BGB zu, während die von der Geschäftsführung ausgeschlossenen Gesellschafter lediglich nach §§ 715 Abs. 5, 717 BGB die Möglichkeit haben, auf die Geschäftsführung Einfluss zu nehmen.[297]

Das **Recht zur Geschäftsführung** folgt aus der Gesellschafterstellung (§ 715 Abs. 1 BGB) und bedarf keiner gesonderten vertraglichen Vereinbarung. Die Rechte und Pflichten der geschäftsführenden Gesellschafter bestimmen sich, sofern nichts Abweichendes im Gesellschaftsvertrag geregelt ist, nach den §§ 715 ff. BGB, freilich unter Beachtung gesellschaftsrechtlicher Besonderheiten.[298] Daraus folgt: 132

- Die Geschäftsführung ist **grundsätzlich nicht auf Dritte übertragbar**;
- **Weisungen** für den Geschäftsführer sind nur bindend, soweit sie sich aus dem Gesellschaftsvertrag, aus seiner Bestellung zum Geschäftsführer oder aus einem wirksamen Gesellschafterbeschluss ergeben;
- der Geschäftsführer ist der Gesellschaft verpflichtet, **Auskunft** zu geben und **Rechenschaft**[299] abzulegen (§ 717 Abs. 2 BGB);

  Ein einzelner Gesellschafter kann den Anspruch aus § 717 Abs. 2 BGB nur für die Gesellschaft im Wege der *actio pro socio* geltend machen.[300]
- der Geschäftsführer hat der Gesellschaft das aus der Geschäftsführung **Erlangte herauszugeben** und herauszugebendes Geld im Falle der Verwendung für den Geschäftsführer zu **verzinsen** (§ 716 Abs. 3 u. 4 BGB);
- der Geschäftsführer kann von der Gesellschaft die **Erstattung von Aufwendungen**, die er den Umständen nach für erforderlich halten durfte, verlangen bzw. einen entsprechenden Vorschuss für die erforderlichen Aufwendungen verlangen (§ 716 Abs. 1 BGB).

  Hinweis: *Anders als an anderer Stelle gilt die Arbeitsleistung des Geschäftsführers dabei nicht als Aufwendung i.S.d. § 716 Abs. 1 BGB. Ein Anspruch auf Vergütung besteht dementsprechend nur, wenn dies ausdrücklich oder konkludent vereinbart worden ist.*

Die einem Gesellschafter durch den Gesellschaftsvertrag übertragene Befugnis zur Geschäftsführung kann ihm durch einstimmigen Beschluss oder, falls nach dem Gesellschaftsvertrag die Mehrheit der Stimmen entscheidet, durch Mehrheitsbeschluss der übrigen Gesellschafter **entzogen** werden, wenn ein **wichtiger Grund** vorliegt (§ 715

297 Hk-BGB/Saenger § 711 Rn. 1.

298 Hier und zum Folgenden: Hk-BGB/Saenger § 713 Rn. 1 ff.

299 Der Inhalt der Rechenschaftspflicht bestimmt sich nach § 259 BGB.

300 Hk-BGB/Saenger § 713 Rn. 2.

Abs. 5 S. 1 BGB). Ein wichtiger Grund liegt vor, wenn den Gesellschaftern nach Treu und Glauben nicht zugemutet werden kann, die Geschäftsführungsbefugnis bei ihrem Mitgesellschafter zu belassen.[301] Dies ist insbesondere dann der Fall, wenn dem Geschäftsführer eine grobe Pflichtverletzung zur Last fällt oder wenn er zur ordnungsgemäßen Geschäftsführung unfähig ist (§ 715 Abs. 5 S. 2 BGB).

133 Das **Überschreiten der Geschäftsführungsbefugnis ist kein Fall der Geschäftsführung ohne Auftrag**. Überschreitet ein geschäftsführender Gesellschafter seine Geschäftsführungsbefugnis, liegt eine – ggf. nach § 280 Abs. 1 BGB zum Schadensersatz verpflichtende – Verletzung der Pflichten aus dem Gesellschaftsvertrag, nicht aber eine GoA vor.[302] Bei der Prüfung der Pflichtverletzung und des Verschuldens im Rahmen des § 280 Abs. 1 BGB ist dann allein auf die Überschreitung der Geschäftsführungsbefugnis abzustellen; unerheblich ist, ob das Geschäft selbst günstig ist oder nicht.[303]

II. Vertretung

134 Da die GbR als juristisches Gedankengebilde selbst nicht handeln kann, muss sie sich zur Vornahme von Rechtsgeschäften eines Vertreters bedienen. Die Vertretung erfolgt in erster Linie durch die Gesellschafter (sog. **organschaftliche Vertretung**).[304]

135 Die organschaftliche Vertretung der Gesellschaft richtet sich nicht mehr nach der Geschäftsführung. War früher noch ein **Gleichlauf von Geschäftsführungsbefugnis** (Innenverhältnis, §§ 709–713 BGB a.F.) **und (aktiver) Vertretungsmacht** (Außenverhältnis, §§ 709, 714 BGB a.F.) vorgesehen[305], wird die Stellvertretung nun unabhängig von der Geschäftsführungsbefugnis in § 720 BGB normiert.

Neben der organschaftlichen (aus der Gesellschafterstellung resultierenden) Vertretungsmacht ist auch eine rechtsgeschäftliche Vertretungsmacht durch Bevollmächtigung (§ 167 BGB) möglich. Dann stellt sich aber bei der Vollmachtserteilung die Frage der wirksamen (organschaftlichen) Vertretung der GbR.[306]

136 Ebenso wie die Geschäftsführungsbefugnis ist auch die **organschaftliche Vertretungsmacht** der Geschäftsführer der GbR als mitgliedschaftliche ausgestaltet und demgemäß nicht auf Dritte übertragbar.[307] Wie § 715 Abs. 1 BGB, implementiert auch § 720 Abs. 1 BGB den Grundsatz der Selbstorganschaft, sodass die Vertretungsmacht trotz ihrer Abstraktheit gegenüber der Geschäftsführungsbefugnis eng mit dieser verbunden ist, weil die **Vertretung einen Teilaspekt der Geschäftsführung** bildet, nämlich das Handeln gegenüber Dritten.[308]

Damit ist die Vertretungsmacht der Geschäftsführer gemäß § 720 BGB bei der (rechtsfähigen) GbR ebenso wie bei OHG und KG nicht rechtsgeschäftlicher Natur (vgl. § 164 BGB), sondern organschaftlicher Natur.[309]

---

301 Hk-BGB/Saenger § 712 Rn. 1.

302 BGH NJW-RR 1989, 1255, 1256; MünchKomm-HGB/Rawert § 114 Rn. 63 f.

303 BGH NJW 1997, 314.

304 Windbichler/Bachmann § 14 Rn. 8.

305 Bitter/Heim § 5 Rn. 60; Jacoby/v. Hinden § 714 Rn. 1.

306 Bitter/Heim § 5 Rn. 64.

307 MünchKomm-BGB/Schäfer § 720 Rn. 4.

308 MünchKomm-BGB/Schäfer § 720 Rn. 4.

309 Vgl. Begründung im RegE, BT-Drs. 19/27635 S. 162; MünchKomm-BGB/Schäfer § 720 Rn. 5.

Gemäß § 720 Abs. 1 BGB haben die Gesellschafter ohne gesellschaftsvertragliche Regelung gemeinschaftliche Vertretungsmacht i.S.v. §§ 164 ff. BGB (sog. **Gesamtvertretung**).[310] Schließt in einem solchen Fall ein einzelner Gesellschafter ein Geschäft im Namen der GbR alleine ab, wird die GbR nicht verpflichtet.

Anderes gilt für die **Passivvertretung**: Ist der GbR gegenüber eine Willenserklärung abzugeben, genügt auch bei bestehender Gesamtvertretung ein Zugang der Willenserklärung bei einem vertretungsberechtigten Gesellschafter (§ 720 Abs. 5 BGB).

Überschreitet ein Gesellschafter seine **Befugnisse im Innenverhältnis**, ist sein Handeln im Außenverhältnis aber **von seiner Vertretungsbefugnis gedeckt** und er hat die Gesellschaft grundsätzlich wirksam verpflichtet. **137**

Der Gesellschafter kann sich aber, wenn sein Handeln im Außenverhältnis von der Vertretungsbefugnis gedeckt ist, der Gesellschaft gegenüber gemäß § 280 Abs. 1 BGB schadensersatzpflichtig machen. Bei diesem Anspruch handelt es sich um einen Sozialanspruch, den die anderen Gesellschafter im Wege der actio pro socio gemäß § 715b BGB für die Gesellschaft geltend machen können.

F. Änderungen im Bestand der Gesellschafter

Bei der GbR können sich – wie bei allen anderen Gesellschaften – Änderungen im Gesellschafterbestand ergeben.[311] Ein Gesellschafter kann neu in die Gesellschaft eintreten, durch einen anderen Gesellschafter ausgetauscht werden, automatisch aus der Gesellschaft ausscheiden oder von den anderen Gesellschaftern ausgeschlossen werden. Bei Personengesellschaften (GbR, OHG und KG), die in ihrer gesetzlichen Grundkonzeption auf einen unveränderten personellen Bestand angelegt sind, sind der Eintritt eines neuen Gesellschafters und der Gesellschafterwechsel **Grundlagengeschäfte**, die grundsätzlich der Zustimmung aller Gesellschafter bedürfen.[312] **138**

I. Beitritt eines neuen Gesellschafters

Der Beitritt eines neuen Gesellschafters erfolgt durch einen **Aufnahmevertrag** der bisherigen Gesellschafter mit dem Neugesellschafter. Leidet dieser an einem Fehler, finden die **Grundsätze über die fehlerhafte Gesellschaft** Anwendung.[313] **139**

II. Gesellschafterwechsel

Ein Gesellschafterwechsel erfolgt regelmäßig durch **Abtretung des Gesellschaftsanteils** des Altgesellschafters an den Neugesellschafter. Die Abtretung eines Gesellschaftsanteils gemäß §§ 413, 398 BGB ist ein **Verfügungsgeschäft**; sie bedarf der Zustimmung der anderen Gesellschafter (§ 711 Abs. 1 S. 1 BGB). Eine zunächst ohne eine erforderliche Zustimmung der übrigen Gesellschafter vorgenommene Verfügung ist solange schwebend unwirksam, bis der letzte Gesellschafter zugestimmt hat. Verweigert ein Gesell- **140**

---

310 Hier und zum Folgenden: Bitter/Heim § 5 Rn. 61.

311 Zum Folgenden: Bitter/Heim § 5 Rn. 107 ff.

312 BGH RÜ 2014, 764 Rn. 18.

313 Hier und zum Folgenden: BGH NJW 2016, 2492 Rn. 22.

schafter seine Zustimmung, ist die Übertragung endgültig unwirksam. Dem Verfügungsgeschäft liegt ein **Verpflichtungsgeschäft** zwischen dem alten und dem neuen Gesellschafter zugrunde, bei dem es sich entweder um einen Rechtskauf (§ 453 Abs. 1 Var. 1 BGB) oder eine Schenkung (§ 516 BGB) handelt.

Der Gesellschafterwechsel kann sich auch durch eine **Kombination von Austritt** des alten **und Eintritt** des neuen Gesellschafters vollziehen: Zunächst wird ein Austrittsvertrag zwischen dem Altgesellschafter und den übrigen Gesellschaftern geschlossen, mit der Folge, dass der Gesellschaftsanteil des ausscheidenden Gesellschafters den verbleibenden Gesellschaftern nach § 712 Abs. 1 BGB anwächst. Anschließend wird der neue Gesellschafter durch Aufnahmevertrag mit den verbliebenen Gesellschaftern in die Gesellschaft aufgenommen. Dieser Weg ist deutlich komplizierter als die Abtretung und kommt in der Praxis deshalb nur selten vor.

141 Der Altgesellschafter haftet für die bis zu seinem Ausscheiden begründeten **Altverbindlichkeiten** weiterhin persönlich gemäß §§ 721, 728b BGB **(Nachhaftung)**.[314] Altverbindlichkeiten sind alle Schuldverpflichtungen, deren Rechtsgrundlage bis zum Ausscheiden gelegt worden ist, auch wenn die einzelnen Verpflichtungen erst später fällig werden.[315] Die Nachhaftung erlischt gemäß § 728b Abs. 1 S. 1 BGB mit Ablauf einer Frist von fünf Jahren ab dem Zeitpunkt, in dem der Gläubiger vom Ausscheiden des Gesellschafters aus der GbR positive Kenntnis erlangt hat.[316]

Für nach seinem Ausscheiden begründete **Neuverbindlichkeiten** haftet der ausgeschiedene Gesellschafter nicht. Der neu in die Gesellschaft eingetretene Gesellschafter haftet für Altverbindlichkeiten gemäß § 721a BGB[317] und für Neuverbindlichkeiten gemäß § 721 BGB.[318]

III. Ausscheiden eines Gesellschafters

142 Scheidet ein Gesellschafter aus, etwa weil er kündigt, stirbt oder das Insolvenzverfahren über sein Vermögen eröffnet wird, wird die **GbR** nach der gesetzlichen Grundkonzeption mittlerweile mit den verbliebenen Gesellschaftern fortgesetzt, soweit nicht anderes vereinbart ist (§ 723 Abs. 1 BGB). Durch diese Angleichung an das Recht der OHG bzw. der KG führt das Ausscheiden eines Gesellschafters grundsätzlich nicht mehr zur Auflösung der Gesellschaft.

Das Ausscheiden des Gesellschafters bewirkt, dass sein Gesellschaftsanteil den übrigen Gesellschaftern anwächst (§ 712 Abs. 1 BGB).

Die verbleibenden Gesellschafter führen die Gesellschaft unter Wahrung deren Identität fort. Als Ausgleich für die **Anwachsung** und den Verlust seiner Gesellschafterrechte[319] steht dem ausgeschiedenen Gesellschafter – bei dessen Tod seinen Erben – gegen die Gesellschaft ein **Abfindungsanspruch** zu (§ 728 BGB).

---

314 Hier und zum Folgenden: Bitter/Heim § 5 Rn. 115.

315 BGH NZG 2012, 221 Rn. 14.

316 BGH RÜ 2008, 94, Ls.

317 BGH NJW 2003, 1803.

318 BGH RÜ 2011, 160.

319 Hk-BGB/Saenger § 738 Rn. 4.

Der Abfindungsanspruch des ausscheidenden Gesellschafters ist zwar eine Sozialverpflichtung der GbR. Für deren Erfüllung haben die verbleibenden Gesellschafter jedoch – anders als für Sozialverpflichtungen üblich – mit ihrem Privatvermögen einzustehen, § 721 BGB analog.[320]

Für **Altverbindlichkeiten** haftet der ausgeschiedene Gesellschafter gemäß § 721 BGB nach; allerdings steht ihm im Innenverhältnis ein Freistellungsanspruch gegen die Gesellschaft zu (§ 728 Abs. 1 S. 1 BGB). Für diesen Anspruch haften die verbleibenden Gesellschafter wiederum gemäß § 721 BGB. **143**

Eine Haftung für **Neuverbindlichkeiten** besteht nicht. **144**

Scheiden so viele Gesellschafter aus, dass **nur noch ein Gesellschafter** verbleiben würde, führt dies zwingend zum Erlöschen der GbR ohne Liquidation, weil es eine Personengesellschaft mit nur einem Gesellschafter – anders als in anderen Rechtsordnungen – nicht gibt (§ 712a Abs. 1 BGB).[321]

IV. Ausschluss eines Gesellschafters

Liegt in der Person eines Gesellschafters ein wichtiger Grund i.S.d. § 727 BGB vor, so kann dieser durch Beschluss der anderen Gesellschafter aus der Gesellschaft ausgeschlossen werden. Ein wichtiger Grund liegt insbesondere vor, wenn der Gesellschafter eine ihm nach dem Gesellschaftsvertrag obliegende wesentliche Verpflichtung vorsätzlich oder grob fahrlässig verletzt oder wenn ihm die Erfüllung einer solchen Pflicht unmöglich wird (§ 727 S. 2 BGB). Der Ausschluss eines Gesellschafters hat die Wirkungen des § 723 Abs. 1 BGB. **145**

5. Abschnitt: Die Auflösung und Abwicklung der GbR

Die Beendigung einer Außen-GbR verläuft – wie bei den anderen Gesellschaftsformen auch[322] – **in drei Schritten:** Auflösung, Abwicklung (Liquidation) und Vollbeendigung.[323] **146**

Da bei der **Innen-GbR** kein gesamthänderisch gebundenes Gesellschaftsvermögen vorhanden ist, kommt nach ihrer Auflösung eine Liquidation nicht in Betracht. Vielmehr ist die Innengesellschaft mit ihrer Auflösung zugleich vollbeendet.[324]

Für die **Auflösung** der GbR kann es unterschiedliche Gründe geben. Sie erfolgt – vorbehaltlich abweichender Regelungen im Gesellschaftsvertrag – insbesondere **147**

- durch Ablauf der Zeit, für welche die GbR eingegangen wurde (§ 729 Abs. 1 Nr. 1 BGB);
- Eröffnung des Insolvenzverfahrens über das Vermögen der GbR (§ 729 Abs. 1 Nr. 2 BGB); bei Kündigung der Gesellschaft (§ 729 Abs. 1 Nr. 3 BGB);
- Auflösungsbeschluss der Gesellschafter (§ 729 Abs. 1 Nr. 4 BGB);
- Vereinigung aller Gesellschaftsanteile in einer Hand.

  In diesem Fall erfolgt jedoch ausnahmsweise keine Abwicklung, da das Gesellschaftsvermögen im Wege der Gesamtrechtsnachfolge auf den letztverbleibenden Gesellschafter übergeht.[325]

---

320 Bitter/Heim § 5 Rn. 134; Hk-BGB/Saenger § 738 Rn. 5.

321 BGH NJW 2008, 2992, Ls. 1; Bitter/Heim § 5 Rn. 120.

322 S. zur AG Rn. 491 ff.; zur GmbH Rn. 437 ff.

323 Hier und zum Folgenden: Bitter/Heim § 5 Rn. 150.

324 BGH RÜ 2019, 428.

325 Bitter/Heim § 5 Rn. 152.

Durch die Auflösung wird die GbR nicht inexistent. Es ändert sich aber ihr Zweck, der nunmehr in der Vollbeendigung liegt. Die Gesellschaft wandelt sich von einer werbenden zu einer „sterbenden" Gesellschaft (sog. **Abwicklungsgesellschaft**).[326]

148 Die **Abwicklung** (Liquidation) der Gesellschaft, d.h. die Auseinandersetzung des Gesellschaftsvermögens, richtet sich – vorbehaltlich einer anderen Vereinbarung – nach den §§ 735 ff. BGB.

Schwebende Geschäfte sind zu beenden (§ 736d Abs. 2 S. 1 BGB). Die Gesellschaftsschulden sind aus dem Gesellschaftsvermögen zu berichtigen (§ 736d Abs. 4 S. 1 BGB); erst im Anschluss hieran sind den Gesellschaftern ihre Einlagen zurückzuerstatten (§ 736d Abs. 5 BGB).

Reicht das Gesellschaftsvermögen zur Berichtigung der Gesellschaftsschulden und zur Einlagenrückgewähr an die Gesellschafter nicht aus, so haben die Gesellschafter für den Fehlbetrag nach dem Verhältnis aufzukommen, nach welchem sie den Verlust zu tragen haben (§ 737 S. 1 BGB). Kann dabei von einem Gesellschafter der auf ihn entfallende Beitrag nicht erlangt werden, so haben die übrigen Gesellschafter den Ausfall nach dem gleichen Verhältnis zu tragen (§ 737 S. 2 BGB). Ist nach Schuldentilgung und Einlagenrückgewähr hingegen noch Vermögen der GbR übrig, so wird der Überschuss an die Gesellschafter nach dem Verhältnis ihrer Anteile am Gewinn verteilt (§ 736d Abs. 6 BGB). Geschäftsführer der Liquidationsgesellschaft sind alle Gesellschafter gemeinschaftlich, selbst wenn zuvor andere Geschäftsführungsregeln vereinbart waren (§ 736 Abs. 1 BGB).[327]

149 Die **Vollbeendigung** der Gesellschaft tritt erst, aber automatisch ein, wenn die Abwicklung abgeschlossen ist.[328] Der GbR dürfen keinerlei Rechte mehr zustehen. Auch nach der Vollbeendigung haften die Gesellschafter für unbeglichene (vergessene/unbekannte) Verbindlichkeiten der GbR persönlich (§ 721 BGB); die Ansprüche verjähren gemäß § 739 BGB in fünf Jahren ab Kenntnis des Gläubigers von der Auflösung bzw. der Eintragung des Erlöschens im Gesellschaftsregister.

326 Bitter/Heim § 5 Rn. 151; vgl. auch § 730 Abs. 2 S. 1 BGB: „Zweck der Auseinandersetzung".

327 Bitter/Heim § 5 Rn. 160; dies gilt auch für Publikumsgesellschaften (BGH NJW RÜ 2011, 697, Ls. 1).

328 Hier und zum Folgenden: Bitter/Heim § 5 Rn. 161.

Die Gesellschaft bürgerlichen Rechts (GbR)

Grundlagen

- Keine juristische Person, mindestens zwei Gesellschafter
- Keine Gesamthandsgemeinschaft mehr, mittlerweile rechtsfähige Personengesellschaft, vgl. § 705 Abs. 2 BGB
- (Eingetragene) Außengesellschaft ist rechtsfähig, reine Innengesellschaft nicht

Entstehung

- Gründung durch Abschluss des Gesellschaftsvertrages i.S.v. § 705 Abs. 1 BGB
- Umwandlung

Haftungsverfassung

- Rechtsfähige GbR haftet für Gesellschaftsschulden mit ihrem eigenen Gesellschaftsvermögen, § 705 Abs. 2 BGB
- Daneben haften die Gesellschafter für die Erfüllung der Gesellschaftsschulden persönlich, unbeschränkt und akzessorisch (§§ 721 ff. BGB)
- Unter den Gesellschaftern besteht ein echtes Gesamtschuldverhältnis, im Verhältnis zwischen GbR und Gesellschaftern hingegen nicht.

Organisation

- Der Abschluss des Gesellschaftsvertrages begründet zwischen den Gesellschaftern untereinander und zwischen den Gesellschaftern und der Gesellschaft ein Gesellschaftsverhältnis
- Gesellschafterversammlung: Willensbildungsorgan der Gesellschafter (Kollektivorgan, da immer mindestens zwei Gesellschafter vorhanden sein müssen)
- Geschäftsführungsbefugnis steht allen Gesellschaftern gemeinschaftlich zu, wenn Gesellschaftsvertrag nichts Abweichendes regelt (§ 715 Abs. 3 BGB)
- Zur Vertretung sind grundsätzlich alle Gesellschafter gemeinsam befugt (§ 720 Abs. 1 BGB)

Abwicklung, Auflösung und Abwicklung

- Auflösung (§§ 729 ff. BGB)
- Abwicklung (Liquidation, §§ 735 ff. BGB)
- Vollbeendigung: mit Abschluss der Abwicklung

2. Teil: Die offene Handelsgesellschaft (OHG)

150 Die offene Handelsgesellschaft (OHG) ist in den §§ 105 ff. HGB geregelt.[329]

1. Abschnitt: Grundlagen

151 Die OHG ist eine **Personengesellschaft**, deren Zweck auf den **Betrieb eines Handelsgewerbes** unter gemeinschaftlicher Firma gerichtet ist und bei der – im Gegensatz zur KG – **bei keinem Gesellschafter die Haftung** gegenüber den Gesellschaftsgläubigern **beschränkt** ist (§ 105 Abs. 1 HGB).

In Abgrenzung zur GbR können die Gesellschafter also **nicht jeden beliebigen Zweck** i.S.d. § 705 BGB verfolgen, sondern müssen den Betrieb eines Handelsgewerbes beabsichtigen (§ 105 Abs. 1 HGB). Man kann sagen, dass die OHG gewissermaßen ein „Upgrade" zur GbR ist, welches sich durch das Qualifikationsmerkmal „Betrieb eines Handelsgewerbes" auszeichnet.

Am Vertragsschluss müssen stets **wenigstens zwei Gesellschafter** beteiligt sein. Eine Gesellschaft mit nur einem Gesellschafter gibt es im Bereich der Personengesellschaften nicht. Beteiligen können sich alle natürlichen und juristischen Personen sowie rechtsfähige Personengesellschaften i.S.v. § 14 BGB. Die auf Auflösung gerichtete und u.a. deshalb weder rechts- noch parteifähige Erbengemeinschaft[330] kann hingegen nicht Gesellschafterin einer OHG sein.

Im Gegensatz zu den Kapitalgesellschaften kann jeder Gesellschafter nur einen Gesellschaftsanteil an der OHG halten. Dies ist Ausprägung des für alle Personengesellschaften geltenden **Grundsatzes der Einheitlichkeit der Mitgliedschaft**.[331]

Die OHG ist – wie auch die GbR – **keine juristische Person**. Sie kann aber gemäß § 105 Abs. 2 HGB unter ihrer Firma Rechte erwerben und Verbindlichkeiten eingehen, Eigentum und andere dingliche Rechte an Grundstücken erwerben sowie vor Gericht klagen und verklagt werden. Zur Zwangsvollstreckung in das Gesellschaftsvermögen ist ein gegen die Gesellschaft gerichteter vollstreckbarer Schuldtitel erforderlich (§ 129 Abs. 1 HGB). Die OHG ist **teilrechtsfähige Personengesellschaft** i.S.v. § 14 BGB.[332]

(Teil-)rechtsfähige Personengesellschaften i.S.v. § 14 BGB sind gemäß § 705 Abs. 2 Alt. 1 BGB (GbR, i.V.m. § 1 Abs. 4 PartGG für die PartG) und § 105 Abs. 2 HGB (OHG, i.V.m. § 161 Abs. 2 HGB für die KG) alle Personengesellschaften mit Ausnahme der stillen Gesellschaft.

Die OHG ist ferner aktiv und passiv parteifähig sowie Trägerin des vom Privatvermögen ihrer Gesellschafter zu trennenden Gesellschaftsvermögens. Im Gegensatz zur GbR ist die OHG **immer Außengesellschaft**, weil mit ihr nur Zwecke verfolgt werden können, welche die Teilnahme am Rechtsverkehr voraussetzen (Betrieb eines Handelsgewerbes, Betrieb eines Kleingewerbes, Vermögensverwaltung, Ausübung freier Berufe; §§ 105 Abs. 1, 107 Abs. 1 S. 2 HGB).[333]

---

329 Vgl. auch den komprimierten Überblick bei Lange Jura 2015, 665.

330 BGH NJW 2006, 3715, Ls. und Rn. 7.

331 Erman/Westermann § 705 Rn. 23.

332 Bitter/Heim § 6 Rn. 3.

333 Vgl. Kindler § 10 Rn. 5.

Die OHG ist per Definition **Kaufmann** i.S.d. HGB (§ 105 Abs. 1 i.V.m. § 1 HGB).[334] In der Klausur wird die Kaufmannseigenschaft i.d.R. positiv festgestellt werden müssen. Eine Gesellschaft, deren Gewerbebetrieb nicht schon nach § 1 Abs. 2 HGB Handelsgewerbe ist **(„Ist-Kaufmann"),** nur eigenes Vermögen verwaltet oder die Ausübung freier Berufe bezweckt, ist eine OHG, wenn die Firma des Unternehmens in das Handelsregister eingetragen ist, § 107 Abs. 1 HGB **(„Kann-Kaufmann").**

Strittig ist, ob auch die Gesellschafter der OHG Kaufleute sind.

Der BGH und Teile der Literatur bejahen die Kaufmannseigenschaft der OHG-Gesellschafter und der Komplementäre einer KG,[335] verneinen sie hingegen für die Kommanditisten einer KG.[336] Andere Teile der Literatur stellen hingegen auf den Einzelfall ab und lassen den Zweck der jeweiligen nur für Kaufleute geltenden Norm über deren Anwendbarkeit auf die Gesellschafter von Personenhandelsgesellschaften (OHG, KG) entscheiden.[337] **Klausurrelevant** ist dieser Streit insbesondere dann, wenn sich ein OHG-Gesellschafter bzw. KG-Komplementär formlos für die Schuld eines Dritten verbürgt:[338] Ist die Bürgschaftserteilung für den Gesellschafter kein Privatgeschäft (vgl. §§ 343 f. HGB), ist sie nach Auffassung des BGH wirksam, weil § 350 HGB anwendbar ist und die Formvorschrift des § 766 BGB ausschließt. Die Gegenauffassung kommt über § 350 HGB nur dann zum gleichen Ergebnis, wenn der sich verbürgende Gesellschafter auch organschaftlicher Vertreter und nicht von der Vertretung der Gesellschaft ausgeschlossen ist.[339]

Bei der OHG existieren – wie grundsätzlich bei allen Personengesellschaften und anders als bei Kapitalgesellschaften – keine Kapitalerhaltungsvorschriften (näher zu solchen Rn. 285). Der **Gläubigerschutz** erfolgt über eine betragsmäßig unbegrenzte **Außenhaftung der Gesellschafter** gemäß §§ 126 ff. HGB.

2. Abschnitt: Die Entstehung der OHG

Eine OHG kann durch Gründung oder Umwandlung entstehen. 152

A. Entstehung durch Gründung

Bei der Gründung einer Kapitalgesellschaft müssen die Gründer ein formalisiertes Verfahren durchlaufen, bevor sie entsteht. Für die Gründung einer OHG ist ein **förmliches Gründungsverfahren** hingegen **nicht vorgesehen**. 153

Die OHG wird, wie es bei allen Personengesellschaften der Fall ist, **durch den Abschluss des Gesellschaftsvertrags** gegründet und entsteht im **Innenverhältnis** der Gesellschafter untereinander in dem Zeitpunkt seiner vollen Wirksamkeit.[340]

Im **Außenverhältnis** zu Dritten tritt die Wirksamkeit der OHG **mit der Eintragung der Gesellschaft in das Handelsregister** (§ 123 Abs. 1 S. 1 HGB) oder mit der **Aufnahme der Geschäfte** (§ 123 Abs. 1 S. 2 HGB) ein.

334 Hier und zum Folgenden: Bitter/Heim § 6 Rn. 5.

335 BGH NJW 1961, 1022: „Die Gesellschafter einer OHG sind stets Kaufmann, weil sie ein Handelsgewerbe betreiben."; Breithaupt/Ottersbach/Schneider Rn. 26.

336 BGH NJW 1966, 1960, Ls; Breithaupt/Ottersbach/Schneider Rn. 26.

337 Baumbach/Hopt/Roth § 105 Rn. 19 ff.

338 Hier und zum Folgenden: Bitter/Heim § 6 Rn. 5.

339 Baumbach/Hopt/Roth § 105 Rn. 22.

340 Kindler § 10 Rn. 4, 5.

Im Fall der **Geschäftsaufnahme** verlangt § 123 Abs. 1 S. 2 HGB zum Schutz der Gesellschafter, dass diese Folge (Wirksamwerden im Außenverhältnis) nur eingreift, wenn **alle Gesellschafter dem Geschäftsbeginn ausdrücklich oder konkludent zugestimmt** haben.[341] § 123 Abs. 1 S. 2 HGB gilt zudem nur, wenn die OHG ein Handelsgewerbe mit kaufmännischem Geschäftsbetrieb i.S.v. § 1 Abs. 1 HGB betreibt **(„Ist-Kaufmann")**, also nicht in den Fällen der §§ 2, 107 Abs. 1 HGB, in denen die Kaufmannseigenschaft nicht schon per Gesetz, sondern erst nach der (freiwilligen) Eintragung in das Handelsregister besteht („Kann-Kaufmann").[342]

Die **Handelsregistereintragung** wirkt also bei einer OHG, die **bereits durch Geschäftsaufnahme aktiv ein Handelsgewerbe betreibt, deklaratorisch, andernfalls konstitutiv.**[343] In beiden Fällen sind die Gesellschafter aber verpflichtet, die OHG zur Eintragung in das Handelsregister anzumelden (§ 106 Abs. 1 HGB). Es handelt sich folglich um eine **eintragungspflichtige Tatsache**, sodass die Publizitätswirkungen des § 15 HGB gelten.[344] Spätere Änderungen der eintragungspflichtigen Tatsachen (§ 106 Abs. 2 HGB) sind ebenfalls zur Eintragung in das Handelsregister anzumelden (§ 106 Abs. 6 HGB).

I. Der Gesellschaftsvertrag der OHG

154 Die OHG setzt, wie jede andere Gesellschaft auch, einen Vertrag voraus, durch den sich mehrere Personen zur **Verfolgung eines gemeinsamen Zweckes** zusammenschließen (§ 105 Abs. 3 HGB i.V.m. § 705 Abs. 1 BGB).[345]

Wie im Recht der GbR erfordert der Abschluss eines Gesellschaftsvertrages der OHG die Beachtung der allgemeinen Regeln des BGB.

Auch auf fehlerhafte OHG-Verträge finden aus Gründen des Verkehrs- und Bestandsschutzes die Grundsätze der fehlerhaften Gesellschaft Anwendung.[346]

II. Der gemeinsame Zweck

155 Bei der OHG muss, wie bei jeder Gesellschaft, ein gemeinsamer Zweck verwirklicht werden, der für die OHG auf den **Betrieb eines Handelsgewerbes** unter gemeinschaftlicher Firma gerichtet ist (§ 105 Abs. 1 HGB).

Der Begriff des Handelsgewerbes knüpft an die bereits vertraute Definition des Handelsrechts an. Insofern ist „Gewerbe" jede selbstständige, planmäßige, nach außen in Erscheinung tretende, erlaubte, auf Dauer ausgeübte und auf Gewinnerzielung gerichtete Tätigkeit unter Ausschluss der freien Berufe.[347] Diese herkömmliche Definition muss für

341 Koch § 12 Rn. 23.
342 Bitter/Heim § 6 Rn. 7.
343 Bitter/Heim § 6 Rn. 8.
344 Bitter/Heim § 6 Rn. 9.
345 S. hierzu Rn. 4.
346 S. hierzu Rn. 40 ff.
347 Kindler § 2 Rn. 33 ff.

die OHG angesichts der Wertung des § 107 Abs. 1 S. 2 HGB eingeschränkt werden, nach der eine Gesellschaft zur gemeinsamen Ausübung freier Berufe bei Eintragung in das Handelsregister eben doch eine OHG ist.

Nach § 1 Abs. 2 HGB ist **jedes Gewerbe zugleich Handelsgewerbe, es sei denn**, dass das Unternehmen nach Art oder Umfang einen in kaufmännischer Weise eingerichteten Gewerbebetrieb nicht erfordert.

Gesellschaften, die tatsächlich ein Handelsgewerbe betreiben, sind **„Ist-Kaufmann"** i.S.d. § 1 Abs. 1 HGB und deshalb in der Regel ohne Weiteres eine OHG. Aber auch Gesellschaften, bei denen die Anforderungen des § 1 Abs. 2 HGB an ein Handelsgewerbe nicht erfüllt sind, sondern bei denen lediglich die freiwillige Möglichkeit der Eintragung ins Handelsregister nach § 2 Abs. 1 HGB besteht **(„Kann-Kaufmann")**, können in der Rechtsform der OHG agieren (§ 107 Abs. 1 S. 1 Var. 1 HGB). Gleiches gilt für Gesellschaften, die nur **eigenes Vermögen verwalten**, wie etwa Immobilienverwaltungsgesellschaften (§ 107 Abs. 1 S. 1 Var. 2 HGB). Gleiches gilt wie erwähnt für eine Gesellschaft zum Zweck der gemeinsamen Ausübungfreier Berufe, § 107 Abs. 1 S. 2 HGB.

B. Entstehung durch Umwandlung

Eine OHG kann auch durch Umwandlung entstehen. Relevant ist insbesondere der **Formwechsel** einer AG, KGaA oder GmbH in eine OHG (§§ 190 ff., 226, 228–237 UmwG). **156**

3. Abschnitt: Die Haftungsverfassung der OHG

Die Haftung der OHG regeln § 105 Abs. 2 HGB und die §§ 126 ff. HGB. Während § 105 Abs. 2 HGB die Haftung der Gesellschaft mit dem Gesellschaftsvermögen zum Inhalt hat, bestimmen die §§ 126 ff. HGB inwieweit die Gesellschafter mit ihrem Privatvermögen für Gesellschaftsschulden haften.[348] **157**

A. Die Haftung der Gesellschaft

Als **rechtsfähiges Subjekt (vgl. § 105 Abs. 2 HGB)** haftet die OHG aus in ihrem Namen mit Vertretungsmacht abgeschlossenen Geschäften selbst mit ihrem **eigenen Vermögen**. **158**

Als juristisches Gebilde ist sie selber nicht handlungsfähig und auf das **Handeln natürlicher Personen** angewiesen, dass ihr, soweit es sich bei den Handelnden um organschaftlich tätige Gesellschafter handelt, **als eigenes zugerechnet** wird. Entsprechendes gilt für die **Wissenszurechnung**, denn die OHG als solche kann auch keine Kenntnisse besitzen.

Die OHG muss sich das Verschulden und Wissen ihrer Gesellschafter und anderer Personen **im gleichen Umfang wie eine GbR** zurechnen lassen. Insoweit gilt das zur GbR Ausgeführte entsprechend.[349]

348 Kindler § 10 Rn. 90.

349 Vgl. Rn. 62 f.

B. Die Haftung der Gesellschafter

159 Die Gesellschafter haften gemäß §§ 126 ff. HGB persönlich, unbeschränkt und akzessorisch für die Verbindlichkeiten der OHG. Dabei ergibt sich folgendes Prüfungsschema für die persönliche Haftung des Gesellschafters einer OHG:

Haftung der Gesellschafter für Verbindlichkeiten der OHG
1. Bestehen einer **Gesellschaftsverbindlichkeit**
2. Haftung des **Gesellschafters** gemäß **§§ 126 f. HGB** ■ Gesellschafterstellung im Zeitpunkt der Schuldbegründung (§ 126 HGB), oder ■ Eintritt des Gesellschafters nach Schuldbegründung (§ 127 HGB)
3. Keine **Einwendungen und Einreden** ■ Eigene Einwendungen oder Einreden des Gesellschafters ■ Einwendungen und Einreden der Gesellschaft nach Maßgabe des § 128 HGB
4. Kein ausnahmsweiser **Haftungsausschluss** durch Individualvereinbarung mit dem jeweiligen Gläubiger
5. **Rechtsfolge**: grundsätzlich Erfüllung in Natur

Klausurhinweis: *Im Anschluss an die Feststellung der Gesellschafterhaftung ergeben sich dann häufig Fragen des* ***Regresses*** *und der* ***Freistellung****.*

I. Haftung der Gesellschafter für Neu- und Altverbindlichkeiten (§§ 126 ff. HGB)

160 Die OHG hat im Gegensatz zu den Kapitalgesellschaften **kein Grund- bzw. Stammkapital**. Dementsprechend gibt es auch keine dem Recht der Kapitalgesellschaften vergleichbaren Regeln über die Kapitalaufbringung, -erhaltung, -erhöhung und -herabsetzung. Der **Gläubigerschutz** erfolgt über eine **persönliche Haftung der Gesellschafter für die Verbindlichkeiten der Gesellschaft**. Gläubiger, die einen Anspruch gegen die OHG haben, können nicht nur auf das Vermögen der Gesellschaft zugreifen; ihnen steht vielmehr grundsätzlich auch ein Anspruch gegen die Gesellschafter zu.

Die Gesellschafter haften den Gläubigern der Gesellschaft für die Verbindlichkeiten der OHG

- **persönlich** (§ 126 S. 1 HGB);
- **primär**, d.h. eine Einrede der Vorausklage – wie bei der Bürgschaft (§ 771 BGB) – gibt es nicht; der Gläubiger hat die Wahl, ob er erst die OHG, erst einen oder mehrere Gesellschafter oder alle gleichzeitig in Anspruch nehmen möchte;
- **unbeschränkt sowie unbeschränkbar** (vgl. § 126 S. 2 HGB); damit ist aber nur gemeint, dass eine Haftungsbeschränkung im Innenverhältnis nicht im Außenverhältnis gegenüber den Gläubigern der Gesellschaft gilt;

- **unmittelbar nach außen,**[350] d.h. die Gläubiger können die Gesellschafter ohne die Gesellschaft in Anspruch nehmen; insofern handelt es sich nicht lediglich um eine Nachschusspflicht gegenüber ihrer Gesellschaft.[351]

Die Gesellschafterhaftung ist **akzessorisch**, d.h., sie steht und fällt – wie bei der Bürgschaft – mit dem Bestand der Hauptforderung.[352] Die Haftung des Gesellschafters ist auch **vom Umfang der Verbindlichkeit der Gesellschaft dauerhaft abhängig** und unterliegt der gleichen Verjährung wie die Gesellschaftsschuld.[353] Das Erlöschen der Gesellschaftsschuld führt daher immer auch zum Erlöschen der Gesellschafterschuld.

Der in eine OHG **eintretende Gesellschafter** haftet neben den Altgesellschaftern **161**
grundsätzlich auch für vor seinem Eintritt begründete vertragliche und gesetzliche (Alt-)Verbindlichkeiten der Gesellschaft nach Maßgabe der §§ 126 f. HGB (§ 127 S. 1 HGB). Eine entgegenstehende Vereinbarung ist Dritten gegenüber unwirksam (§ 127 S. 2 HGB).

Scheidet ein Gesellschafter aus der OHG aus, so trifft ihn gemäß § 126 S. 1 HGB eine **162**
befristete Nachhaftung für vor seinem Ausscheiden begründete Verbindlichkeiten (vgl. § 137 HGB).[354]

Anspruchsgrundlage ist dann § 126 S. 1 HGB und nicht etwa der die Haftung ausgestaltende und zeitlich begrenzende § 137 HGB.[355] Begründet ist eine Verbindlichkeit vor dem Ausscheiden, wenn ihr Rechtsgrund noch vorher gelegt wurde.[356] Nach Ablauf von fünf Jahren erlischt die Nachhaftung, § 137 Abs. 1 HGB. Wird das Ausscheiden des Gesellschafters nicht in das Handelsregister eingetragen, beginnt die Enthaftungsfrist mit der positiven Kenntnis des Gläubigers vom Ausscheiden, § 137 Abs. 1 S. 3 HGB[357]

Fall 6: Mietforderung

A, B und C waren Gesellschafter der A-OHG, aus der C zum 31.01.2024 ausgeschieden ist. Das Ausscheiden wurde am 01.02.2024 in das Handelsregister eingetragen. Der Vermieter V nimmt C wegen der Miete für die Monate Januar bis Juni 2024 in Höhe von monatlich 5.000 € in Anspruch. Ist die am 01.07.2024 erhobene Klage des V begründet?

Ein Anspruch des V gegen C auf Zahlung der rückständigen Mieten könnte sich aus **163**
§ 535 Abs. 2 BGB i.V.m. § 126 S. 1 HGB ergeben.

I. Die **A-OHG** ist aufgrund des in ihrem Namen abgeschlossenen Mietvertrages gemäß § 535 Abs. 2 BGB zur Zahlung der Miete **verpflichtet**.

---

350 Henssler/Strohn/Steitz, HGB, § 128 Rn. 14 ff.

351 Kindler § 10 Rn. 99.

352 Hier und zum Folgenden: Oetker/Boesche § 128 Rn. 5.

353 BGH RÜ 2010,163, Ls.

354 Zur analogen Anwendung des § 160 HGB (und der §§ 26 HGB, 327 Abs. 4 AktG) auf § 303 AktG im Falle der Beendigung eines Beherrschungs- und Gewinnabführungsvertrages s. BGH NZG 2014, 1340 = RÜ 2015, 94.

355 BeckOK HGB/Klimke § 137 Rn. 1.

356 BGH NZG 2012, 221 Rn. 14.

357 Bitter/Heim § 6 Rn. 19.

II. Ein ausgeschiedener Gesellschafter haftet gemäß § 126 S. 1 HGB für alle Gesellschaftsverbindlichkeiten, die **bis zum Zeitpunkt des Ausscheidens begründet** waren. Dies ist in § 137 Abs. 1 S. 1 HGB ausdrücklich klargestellt.

1. Teilweise wird angenommen, ein Anspruch sei nur dann begründet, wenn er nicht mehr von einer zukünftigen ungewissen Entwicklung abhängig sei. Bei Dauerschuldverhältnissen – wie dem hier vorliegenden Mietvertrag – sei deren Verlauf schon wegen der Kündigungsmöglichkeit ungewiss. Eine Nachhaftung des ausscheidenden Gesellschafters für Ansprüche aus Dauerschuldverhältnissen sei daher nicht gerechtfertigt.[358]

2. Nach **h.M.** ist eine Verbindlichkeit schon dann vor dem Ausscheiden begründet, wenn ihre **Rechtsgrundlage zu diesem Zeitpunkt bereits gelegt** worden ist, auch wenn sie erst später vollständig erfüllt oder fällig wird. Auch für Ansprüche aus Dauerschuldverhältnissen besteht demnach eine Nachhaftung, da deren Rechtsgrundlage bereits in dem Vertrag selbst angelegt ist.[359]

Enthält ein Mietvertrag die **Bestimmung, das Mietverhältnis, das zu einem festgelegten Zeitpunkt endet, verlängere sich jeweils um ein Jahr**, wenn eine der Parteien dem nicht (fristgerecht) widerspreche, so wird der ursprüngliche Mietvertrag fortgesetzt, wenn ein solcher Widerspruch nicht erfolgt, nicht aber ein neuer Vertrag geschlossen. Wird nach dem Ausscheiden eines Gesellschafters ein Mietvertrag in dieser Weise verlängert, so ist die Mietzinsforderung ebenfalls schon vor dem Ausscheiden des Gesellschafters begründet.[360]

Mit dem Abschluss des Mietvertrages ist die Rechtsgrundlage für die Mietansprüche gelegt, auch wenn die einzelnen Verpflichtungen erst später fällig werden. Die Ansprüche des V sind vor dem Ausscheiden des C begründet worden.

III. C kann **keine Einwendungen** gemäß § 128 HGB geltend machen.

164 **IV.** Zugunsten des C könnte jedoch eine **Enthaftung gemäß § 137 HGB** eingetreten sein.

§ 137 HGB ist zwar wie eine eigene Anspruchsgrundlage formuliert, enthält aber eine Enthaftungsregelung.[361] Das bedeutet, dass für Ansprüche gegen den ausgeschiedenen Gesellschafter die **Anspruchsgrundlage § 126 S. 1 HGB** ist und sich ein **Anspruchsausschluss aus § 137 HGB** ergeben kann.

Ansprüche gegen den ausgeschiedenen Gesellschafter sind **grundsätzlich mit Ablauf von fünf Jahren nach der Eintragung des Ausscheidens des Gesellschafters** ausgeschlossen.

1. Werden Ansprüche erst **nach Ablauf von fünf Jahren fällig**, sind sie gegen den ausgeschiedenen Gesellschafter in jedem Fall ausgeschlossen.

2. Für Ansprüche, die **vor Ablauf von fünf Jahren** (oder schon vor dem Ausscheiden) fällig geworden sind, tritt Enthaftung ein, wenn der Anspruch gegen den Gesellschafter bis zum Ablauf der Enthaftungsfrist nicht

- in einer in § 197 Abs. 1 Nr. 3–5 BGB bezeichneten Art festgestellt worden ist,

358 Honsell/Harrer ZIP 1986, 341.

359 BGH NJW 2000, 208, 209; BAG NJW 2004, 3287, 3288.

360 BGH NJW 2002, 2170.

361 Häublein Jura 2008, 617, 618; K Schmidt ZIP 1994, 243, 244.

- gerichtliche oder behördliche Vollstreckungshandlungen vorgenommen oder beantragt worden sind oder
- der Gesellschafter den Anspruch schriftlich anerkannt hat.

Hinweis: *Gemäß § 137 Abs. 1 S. 4 HGB gelten dabei die für die Verjährung geltenden Vorschriften der §§ 204, 206, 210, 211 und 212 Abs. 2 und 3 BGB entsprechend. Demnach kann der Ablauf der Enthaftungsfrist* ***gehemmt*** *werden oder* ***neu beginnen****.*

3. Die **Ausschlussfrist beginnt** gemäß § 137 Abs. 1 S. 3 HGB grundsätzlich mit der Eintragung in das Handelsregister, bei positiver Kenntnis des Gläubigers vom Ausscheiden des Gesellschafters auch schon früher. Auch wenn der Gesellschafter nicht eingetragen ist, ist der Zeitpunkt der Kenntnis für den Fristbeginn entscheidend.[362]

Im vorliegenden Fall ist das Ausscheiden am 01.02.2024 in das Handelsregister eingetragen worden. Da V am 01.07.2024 Klage erhoben hat, ist die Fünfjahresfrist gemäß § 137 Abs. 1 S. 4 HGB i.V.m. § 204 Abs. 1 Nr. 1 BGB **gehemmt**. Die Klage ist begründet.

II. Einwendungen und Einreden

Wird ein Gesellschafter wegen einer Verbindlichkeit der Gesellschaft nach § 126 S. 1 HGB persönlich in Anspruch genommen, stehen ihm unterschiedliche **Verteidigungsmittel** zur Verfügung: 165

Zunächst einmal kann er dem Gläubiger **eigene**, in seiner Person begründete **Einwendungen und Einreden** entgegenhalten. Zu denken ist etwa an die Aufrechnung mit einer eigenen Gegenforderung des Gesellschafters.

Aufgrund der Akzessorietät der Gesellschafterhaftung kann der Gesellschafter dem Gläubiger daneben auch **Einwendungen und Einreden der Gesellschaft** entgegenhalten, soweit diese der Gesellschaft selbst (schon und noch) zustehen **(§ 128 Abs. 1 HGB)**. Bei der Einrede der Verjährung (§ 214 Abs. 1 BGB) ist jedoch zu beachten, dass es – anders als bei der ebenfalls akzessorischen Bürgenhaftung[363] – **keine eigenständige Verjährung der Gesellschafterschuld** gibt und die für die Gesellschaftsschuld maßgebliche Verjährungsfrist grundsätzlich auch für die Gesellschafterschuld gilt.[364] Deshalb hemmt eine Klage des Gläubigers gegen die Gesellschaft nicht nur die Verjährung dieser gegenüber (§ 204 Abs. 1 Nr. 1 BGB), sondern auch gegenüber dem akzessorisch haftenden Gesellschafter.[365] Klagt ein Gläubiger nur gegen einen Gesellschafter und läuft die Verjährung gegenüber der Gesellschaft weiter, kann sich der Gesellschafter aber in teleologischer Reduktion des § 128 Abs. 1 HGB nicht auf die Verjährung der Gesellschaftsschuld berufen.[366] 166

---

362 BGH RÜ 2008, 94.
363 BGH NJW 2013, 1803 Rn. 14 u. 28.
364 BGH RÜ 2010,163, Ls.
365 BGH RÜ 2012, 500 Rn. 76.
366 BGH NJW 1988, 1976, Ls.

Der Gesellschafter kann die Befriedigung des Gläubigers verweigern, solange der Gesellschaft das Recht zusteht, das ihrer Verbindlichkeit zugrunde liegende Rechtsgeschäft **anzufechten (§ 128 Abs. 2 HGB)**. Diese Vorschrift gewährt dem Gesellschafter – ebenso wie § 770 Abs. 1 BGB dem Bürgen – eine aufschiebende Einrede.[367] Selbiges gilt für die **Aufrechnung** und **andere Gestaltungsrechte** (z.B. Rücktritt, Widerruf).

III. Haftungsausschluss

167 Eine der Gesellschafterhaftung nach § 126 S. 1 HGB entgegenstehende Vereinbarung ist Dritten gegenüber **unwirksam** (§ 126 S. 2 HGB), kann allerdings im Innenverhältnis Wirkung entfalten und dazu führen, dass der begünstigte Gesellschafter von den anderen Gesellschaftern freigestellt werden muss.[368] § 126 S. 2 HGB bezieht sind aber nur auf **Vereinbarungen der Gesellschafter untereinander** – etwa im Gesellschaftsvertrag.[369]

Zulässig sind hingegen haftungsbeschränkende oder -ausschließende **Individualvereinbarungen des jeweiligen Gesellschafters mit dem betreffenden Gläubiger**.[370] Solche Vereinbarungen haben aber zwingend individuell zu erfolgen. Eine entsprechende Klausel in den AGB der Gesellschaft ist grundsätzlich[371] unwirksam, weil ein Haftungsausschluss mit einem wesentlichen Grundgedanken des Rechtes der OHG unvereinbar ist (§ 307 Abs. 2 Nr. 1 BGB).

IV. Inhalt der Haftung

168 Mit der Qualifizierung der Schuld der Gesellschafter aus § 126 S. 1 HGB als selbstständige akzessorische Verbindlichkeit ist nicht bestimmt, wie die Gesellschafter haften, ob sie in gleicher Weise wie die Gesellschaft zur Erfüllung verpflichtet sind oder ob lediglich eine Haftung auf ein Wertinteresse besteht. Der Inhalt der Gesellschafterhaftung ist dann **problematisch, wenn die Gesellschaft nicht die Zahlung eines Geldbetrages schuldet** – dann ist auch die Gesellschafterhaftung unzweifelhaft auf eine Geldzahlung gerichtet –, sondern eine andere Leistung (z.B. die Übergabe und Übereignung einer Sache aus einem im Namen der Gesellschaft als Verkäuferin geschlossenen Kaufvertrag, § 433 Abs. 1 S. 1 BGB).

Während früher teilweise die Auffassung vertreten wurde, dass ein Gesellschafter das Interesse des Gläubigers an der von der Gesellschaft geschuldeten Leistung immer nur in Geld auszugleichen hat (sog. **Haftungstheorie**),[372] sind die Gesellschafter nach heute einhelliger Auffassung insbesondere aus Gläubigerschutzgründen **grds. in gleicher Weise wie die Gesellschaft zur Erfüllung verpflichtet** (sog. **Erfüllungstheorie**).[373]

169 Die schutzwürdigen Belange des einzelnen Gesellschafters werden in der Weise gewahrt, dass **Ausnahmen** von der grundsätzlichen Erfüllungspflicht dann bestehen,

367 Bitter/Heim § 6 Rn. 24.

368 Oetker/Boesche § 128 Rn. 25; MünchKomm-HGB/K. Schmidt § 128 Rn. 13.

369 Hier und zum Folgenden: Oetker/Boesche § 128 Rn. 24.

370 BGH NJW 1999, 3483, Ls.

371 Zur Ausnahme bei geschlossenen Immobilienfonds s. Rn. 80 zur GbR.

372 Staub/Habersack HGB § 128 Rn. 27 m.w.N.

373 BGH NJW 1979, 1361; BGH NJW 1988, 1976; Oetker/Boesche § 128 Rn. 26; Ensthaler/Ensthaler § 128 Rn. 13 f.

wenn die Erfüllung dem Gesellschafter unmöglich oder unzumutbar ist. Dabei kommen folgende Fallgruppen in Betracht:

- Übereignung einer Sache aus dem Gesellschaftsvermögen
- Übereignung einer Sache aus dem Privatvermögen des Gesellschafters
- Personenbezogene Leistungen
- Unvertretbare Handlungen
- Unterlassungsverpflichtungen

1. Übereignung einer Sache aus dem Gesellschaftsvermögen

Schuldet die OHG die **Übereignung einer Sache aus dem Gesellschaftsvermögen**, so **170** kann der einzelne Gesellschafter diese Verpflichtung selbst (also im eigenen Namen) nicht erfüllen. Da in einem solchen Fall eine Erfüllungspflicht der Gesellschafter nicht bestehen kann, schuldet der Gesellschafter auch nach der Erfüllungstheorie nicht Übereignung, sondern er **haftet auf das Erfüllungsinteresse**.

Beispiel: Der vertretungsberechtigte Gesellschafter A verkauft an den K notariell ein Grundstück der A-OHG. Als K Übereignung verlangt, antwortet A, Gesellschafter B sei mit dem Vertragsschluss nicht einverstanden, weil ein viel zu niedriger Preis vereinbart worden sei. Daraufhin verklagt K den B auf Übereignung des Grundstücks.

K könnte gegen den B einen Anspruch auf Übereignung des Grundstücks aus § 126 S. 1 HGB i.V.m. § 433 Abs. 1 BGB haben.

I. Eine Verbindlichkeit der A-OHG ist gegeben: A hat den Kaufvertrag mit K in Vertretung der Gesellschaft abgeschlossen. Die A-OHG ist damit gemäß § 433 Abs. 1 BGB i.V.m. § 105 Abs. 2 HGB dem K zur Übereignung des Grundstücks verpflichtet.

II. Grundsätzlich haben die Gesellschafter gemäß § 126 S. 1 HGB eine mit der Schuld der Gesellschaft inhaltsgleiche Verpflichtung. Die A-OHG schuldet Übereignung, d.h. Auflassung und Eintragungsbewilligung. B selbst kann diese Verpflichtung aber nicht erfüllen. Er könnte lediglich die Auflassung im eigenen Namen erklären. Eine solche Erklärung wäre für K sinnlos, da nicht B, sondern die A-OHG Eigentümerin des Grundstücks ist. Überdies wäre die Auflassungserklärung des B im eigenen Namen nicht inhaltsgleich mit der Verpflichtung der A-OHG, denn diese schuldet eine Auflassungserklärung im Namen der Gesellschaft.[374] Selbst wenn B vertretungsberechtigt und geschäftsführungsbefugt ist, besteht keine Erfüllungspflicht. Er kann dann zwar die Auflassung im Namen der Gesellschaft erklären. Dies würde aber nur zum Ausdruck bringen, dass B eine Schuld der Gesellschaft erfüllt.[375] K hat daher gegen B persönlich nur einen Anspruch auf das Erfüllungsinteresse, also Geldzahlung in Höhe des Wertes des Grundstücks.

Ist die OHG zur **Herausgabe einer Sache aus dem Gesellschaftsvermögen** verpflichtet, so ist dem Gesellschafter die Herausgabe als tatsächliche Handlung grundsätzlich möglich; er haftet daher **auf Herausgabe**.

Beispiel: D hat der A-OHG, bestehend aus den Gesellschaftern A, B und C, eine Maschine unter Eigentumsvorbehalt verkauft und geliefert. Als die A-OHG mit der Zahlung des Kaufpreises in Verzug gerät, tritt D wirksam vom Vertrag zurück. Er verlangt Herausgabe von der A-OHG und den Gesellschaftern.

I. D hat einen Anspruch gegen die A-OHG aus § 985 BGB. D ist Eigentümer, die A-OHG Besitzerin der im Gesellschaftsvermögen befindlichen Maschine. Die für den Besitz erforderliche tatsächliche Sachherrschaft wird von den Organen ausgeübt, d.h., die tatsächliche Sachherrschaftsgewalt der zur Geschäfts-

---

374 K. Schmidt, GesR, § 49 III 2a.

375 BGH NJW 2008, 1378 Rn. 8.

führung berechtigten Gesellschafter begründet den Besitz der OHG.[376] Infolge des wirksamen Rücktritts vom Kaufvertrag (vgl. § 449 Abs. 2 BGB) vermittelt dieser der A-OHG kein Besitzrecht i.S.v. § 986 BGB mehr.
II. Die Gesellschafter haften gemäß § 126 S. 1 HGB für die Erfüllung der Herausgabeverpflichtung der A-OHG aus § 985 BGB. Anders als bei der Übereignung ist dem Gesellschafter die Herausgabe als tatsächliche Handlung grundsätzlich möglich.

2. Übereignung einer Sache aus dem Privatvermögen des Gesellschafters

171 Schuldet die OHG die **Übereignung einer Sache, deren Eigentümer ein Gesellschafter ist**, so ist zu unterscheiden:

172 Ist der **Gesellschafter nicht zur Einbringung der Sache in die Gesellschaft verpflichtet** und weigert er sich, dies zu tun, ist der Gesellschaft die Leistung unmöglich (§ 275 Abs. 1 BGB). Ein Erfüllungsanspruch des Gläubigers besteht dann schon gegenüber der Gesellschaft nicht. Die Gesellschaft ist nach § 311a Abs. 2 BGB zum Schadensersatz verpflichtet. Für diese Verbindlichkeit der OHG haftet der Gesellschafter nach § 126 S. 1 HGB.

Beispiel: Der vertretungsberechtigte Gesellschafter A verkauft im Namen der A & B OHG ein dem Gesellschafter B gehörendes Grundstück formgerecht an K. Dieser verlangt von B Übereignung. B wendet zutreffend ein, er sei nach dem Gesellschaftsvertrag nicht zur Einbringung des Grundstücks in die Gesellschaft verpflichtet.

I. Da A das Grundstück im Namen der A & B OHG verkauft hat, ist ein Kaufvertrag zwischen K und der A & B OHG zustande gekommen. Da der Gesellschafter B weder verpflichtet noch bereit ist, sein Grundstück in die Gesellschaft einzubringen, liegt aber eine anfängliche Unmöglichkeit nach § 275 Abs. 1 BGB vor. Daher besteht gegenüber der Gesellschaft kein Erfüllungsanspruch auf Übereignung des Grundstücks aus § 433 Abs. 1 BGB. Die Gesellschaft ist aber zum Schadensersatz gemäß § 311a Abs. 2 verpflichtet.
II. Für die Erfüllung dieser Verbindlichkeit der A & B OHG haftet B gemäß § 126 S. 1 HGB persönlich.

173 Ist der Gesellschafter hingegen **zur Einbringung der Sache in das Gesellschaftsvermögen verpflichtet**, kann er von dem Gläubiger auch persönlich auf Übereignung in Anspruch genommen werden.

Beispiel: Der vertretungsberechtigte Gesellschafter A verkauft im Namen der A & B OHG ein dem Gesellschafter B gehörendes Grundstück formgerecht an K. B ist nach dem Gesellschaftsvertrag zur Einbringung des Grundstücks in das Gesellschaftsvermögen verpflichtet. K verlangt von B Übereignung.

Die Gesellschaft ist gemäß § 433 Abs. 1 BGB zur Übereignung des dem B gehörenden Grundstücks verpflichtet. Die Erfüllung dieser Verpflichtung ist ihr nicht unmöglich, da sie gegen B einen Anspruch auf Übereignung hat. Für die Schuld der Gesellschaft haftet B gemäß § 126 S. 1 HGB persönlich. Er ist zur Übereignung des Grundstücks an K verpflichtet.

3. Personenbezogene Leistungen

174 Eine Ausnahme von der Verpflichtung des Gesellschafters zur Erfüllung der Gesellschaftsschuld kommt ferner in Betracht bei **personenbezogenen Leistungen**, deren **Erbringung dem einzelnen Gesellschafter unzumutbar** ist.

---

376 MünchKomm-HGB/K. Schmidt § 124 Rn. 7: Dabei ist rein dogmatisch umstritten, ob die „Organe" der OHG als Besitzdiener i.S.v. § 855 BGB anzusehen sind oder ob sich eine Zurechnung allein aus der Denkfigur des Organbesitzes ergibt (vgl. hierzu K. Schmidt, GesR, § 10 III 3a).

Ob dies der Fall ist, muss durch eine **Interessenabwägung** festgestellt werden: Einerseits hat der Gläubiger ein Interesse an der vertragsmäßigen Erfüllung auch durch die Gesellschafter. Andererseits soll der Gesellschafter durch die Erfüllung nicht wesentlich mehr als durch eine Geldleistung beeinträchtigt werden.[377] **175**

Überwiegt das Gläubigerinteresse, so besteht ein unmittelbarer Erfüllungsanspruch auch gegen den einzelnen Gesellschafter. Überwiegt das Interesse des Gesellschafters, so kann der Gläubiger von der Gesellschaft Erfüllung, vom einzelnen Gesellschafter hingegen lediglich sein Interesse in Geld verlangen.

Beispiel: A, B und C gründen zusammen die X-Gartenbau-OHG, wobei nur A und B sich auf dem Gebiet auskennen, C ist eigentlich Dirigent und weiß nichts über Gärten. Die OHG führt einen Auftrag des Kunden K mangelhaft aus. Als K erfährt, dass die OHG in finanziellen Schwierigkeiten ist, wendet er sich direkt an C und verlangt von diesem Nacherfüllung.

I. Einem Nacherfüllungsanspruch gegen C steht nicht schon § 275 Abs. 1 BGB entgegen. Auch wenn er selbst die erforderlichen Arbeiten nicht durchführen kann, kann er immer noch für Nacherfüllung sorgen, indem er auf die OHG einwirkt oder einen anderen Unternehmer beauftragt.
II. Für die Frage, ob den Gesellschafter hier ausnahmsweise keine Erfüllungshaftung trifft, ist eine Interessenabwägung vorzunehmen.
1. Einerseits hat K als Gläubiger ein erhebliches Interesse an der Nacherfüllung. Ob diese von A, B, C oder einem Dritten vorgenommen wird, ist ihm wohl gleichgültig.
2. Die Belastung des C durch eine Inanspruchnahme hält sich indes in engen Grenzen. Er wäre lediglich dazu angehalten, ggf. einen Unternehmer mit den Arbeiten zu beauftragen. Zwar wird teilweise[378] angenommen, schon in einer solchen Belastung läge ein Eingriff, der den einer Geldleistungspflicht deutlich übersteige. Die h.M. hält diese Beeinträchtigung derweil mangels erheblichen Aufwands für zumutbar.[379]
Im Ergebnis haftet C deshalb auch hier auf (Nach-)Erfüllung.

4. Unvertretbare Handlungen

Eine unvertretbare Handlung, z.B. die Rechnungslegung oder Auskunftserteilung, kann nur der Schuldner selbst, nicht jedoch ein Dritter vornehmen. **Schuldet** daher **eine OHG eine unvertretbare Handlung**, so kann diese jedenfalls durch einen nicht geschäftsführungsbefugten Gesellschafter nicht vorgenommen werden. Er haftet daher nicht auf Erfüllung. **176**

Umstritten ist allerdings, ob nicht bei unvertretbaren Handlungen der **geschäftsführungsbefugte Gesellschafter** gemäß § 126 S. 1 HGB persönlich auf Erfüllung in Anspruch genommen werden kann, denn dieser kann die Handlung vornehmen. **177**

Beispiel: Die A-OHG schuldet dem E aus der Verwaltung seiner Mietshäuser Rechnungslegung. E nimmt insoweit den geschäftsführungsbefugten Gesellschafter A persönlich in Anspruch.

I. Der BGH[380] hat in einem solchen Fall den geschäftsführungsbefugten Gesellschafter zur Erfüllung des Anspruchs auf Rechnungslegung verurteilt. Die Erfüllung sei diesem Gesellschafter weder unmöglich noch unzumutbar, da er der Gesellschaft gegenüber zur Geschäftsführung verpflichtet sei.
II. Nach der Gegenansicht kann die Geschäftsführungsbefugnis für den Inhalt der Haftung nach § 126 S. 1 HGB nicht entscheidend sein. Es sei nicht einzusehen, warum der geschäftsführungsbefugte Gesellschafter weitergehend haften sollte als der nicht geschäftsführungsbefugte. Für den Gläubiger sei der

---

377 BGH NJW 1987, 2367, 2369.

378 JR 1980, 196.

379 BGHZ 73, 217, 221.

380 BGH NJW 1957, 871.

Erfüllungsanspruch gegen die Gesellschaft ausreichend.[381] Nehme der geschäftsführungsbefugte Gesellschafter die Handlung vor, handele durch ihn als Organ die Gesellschaft, nicht er selbst als persönlich Haftender.[382]

5. Unterlassungsverpflichtungen

178 Bei **Unterlassungsverpflichtungen der OHG** stellt sich die Frage, ob sich diese ihrem Inhalt nach auf die Gesellschafter erstrecken können.

Nach Ansicht des **BGH** kommt eine Erstreckung der Unterlassungsverpflichtungen auf die Gesellschafter jedenfalls grundsätzlich in Betracht. Es komme diesbezüglich hauptsächlich darauf an, inwiefern die Erbringung gerade der begehrten Leistung (Unterlassung) auch in den gesellschaftlichen Pflichtenkreis der Gesellschafter gehört.[383] Dies ergebe sich zumeist aus der Natur der konkreten Unterlassungsverpflichtung, den Umständen des Einzelfalls und schließlich auch dem Zweck der Pflicht.

Die **Literatur** nimmt demgegenüber an, eine Unterlassungspflicht sei zwangsläufig schon ihrem Inhalt nach an den ursprünglichen Schuldner gebunden und könne nicht von einem stattdessen haftenden Gesellschafter erfüllt werden.

Beispiel: Die A-OHG, bestehend aus den Gesellschaftern A und B, verkaufte dem M einen Müllabfuhrbetrieb und verpflichtete sich wirksam, in einem bestimmten Gebiet keine Müllabfuhr zu betreiben. Als A und B die Z-OHG gründen und diese als Müllabfuhrbetrieb in dem Gebiet tätig wird, verlangt M Unterlassung.

I. Der BGH[384] hat für die vorliegende Konstellation in Anwendung seiner o.g. Grundsätze einen Unterlassungsanspruch sowohl gegen die neu gegründete Gesellschaft als auch gegen A und B persönlich bejaht. Die Einhaltung eines Wettbewerbsverbots falle jedenfalls auch in den gesellschaftlichen Pflichtenkreis der Gesellschafter; denn auch nach den Grundsätzen des § 242 BGB wäre es ein unzulässiges widersprüchliches Verhalten der Gesellschafter, die Erfüllung des von der Gesellschaft abgeschlossenen Vertrages in einem wesentlichen Punkt zu verhindern. Demnach kann M sowohl von der Z-OHG als auch von A und B Unterlassung verlangen.
II. Die Literatur lehnt demgegenüber die direkte Inanspruchnahme der Gesellschafter mit der o.g. Begründung generell ab. Eine Verpflichtung der Gesellschafter und der neuen Gesellschaft lässt sich danach nicht aus § 126 S. 1 HGB herleiten.[385]

V. Regress und Freistellung

1. Regressanspruch gegen die Gesellschaft

179 Wird ein Gesellschafter durch einen Gläubiger der OHG aus § 126 S. 1 HGB persönlich in Anspruch genommen, hat er einen **Rückgriffsanspruch gegen die OHG aus § 716 Abs. 1 BGB i.V.m. § 105 Abs. 3 HGB**. Die Leistung an den Gläubiger ist im Verhältnis zur OHG nämlich eine erstattungsfähige Aufwendung.

381 K. Schmidt, GesR, § 49 III 2b.
382 MünchKomm-HGB/K. Schmidt § 128 Rn. 28.
383 Vgl. dazu BGH NJW 1972, 1421; BGH WM 1975, 777.
384 BGH BB 1974, 482.
385 K. Schmidt, GesR, § 49 III 2c.

2. Regressansprüche gegen die Mitgesellschafter

a) § 126 S. 1 HGB

Die **Mitgesellschafter des Leistenden haften für** den Aufwendungsersatzanspruch des Leistenden **nicht nach § 126 S. 1 HGB**, weil es sich beim Erstattungsanspruch aus § 716 Abs. 1 i.V.m. § 105 Abs. 2 HGB um eine Sozialverbindlichkeit der OHG handelt und § 126 S. 1 HGB **nicht für Sozialverbindlichkeiten gilt**. **180**

b) § 426 Abs. 1, 2 BGB

Die Gesellschafter sind nach zutreffender Auffassung im Verhältnis zueinander Gesamtschuldner i.S.v. §§ 421 ff. BGB.[386] **181**

Teilweise[387] wird demgegenüber vertreten, zwischen den Gesellschaftern bestehe kein echtes Gesamtschuldverhältnis. Da aber auch diese Ansicht gleichwohl die Grundsätze des § 426 BGB im Innenverhältnis der Gesellschafter anwendet, kommt es auf diese Frage in der Regel nicht an.

Der durch den Gläubiger der OHG persönlich in Anspruch genommene Gesellschafter hat deshalb neben dem Regressanspruch gegen die Gesellschaft nach § 716 Abs. 1 BGB i.V.m. § 105 Abs. 3 HGB einen **subsidiären Ausgleichsanspruch gegen die weiteren Gesellschafter** gemäß § 426 Abs. 1 und 2 BGB.

VI. Geltendmachung der Gesellschafterhaftung in der Insolvenz der OHG

In der Insolvenz der OHG – deren Insolvenzfähigkeit sich aus § 11 Abs. 2 Nr. 1 InsO ergibt – wird die **persönliche Haftung der Gesellschafter gemäß §§ 126 ff. HGB**[388] für Altverbindlichkeiten, die bereits im Zeitpunkt der Eröffnung des Insolvenzverfahrens vorhanden waren,[389] während der Dauer des Insolvenzverfahrens über das Vermögen der Gesellschaft **allein durch den Insolvenzverwalter geltend gemacht (§ 93 InsO)**. **182**

§ 93 InsO begründet – wie § 171 Abs. 2 HGB[390] – eine **Einziehungs- und Prozessführungsbefugnis**, bildet aber keinen Fall eines gesetzlichen Forderungsübergangs.[391] Zweck der Regelung des § 93 InsO ist es, einen Wettlauf der Gläubiger um die Abschöpfung der Haftsumme zu verhindern, den Haftungsanspruch der Insolvenzmasse zuzuführen und auf diese Weise den Grundsatz der gleichmäßigen Befriedigung der Insolvenzgläubiger auf die Gesellschafterhaftung auszudehnen.[392]

---

386 MünchKomm-HGB/Schmidt § 128 Rn. 18.

387 Oetker/Boesche § 128 Rn. 38.

388 § 93 InsO ist keine Anspruchsgrundlage (Uhlenbruck/Hirte § 93 Rn. 3).

389 Uhlenbruck/Hirte § 93 Rn. 36; K. Schmidt/Bitter ZIP 2000, 1077, 1086. Für Neuverbindlichkeiten haftet der Gesellschafter einer im Insolvenzverfahren befindlichen Gesellschaft überhaupt nicht (Uhlenbruck/Hirte § 93 Rn. 37).

390 S. hierzu Rn. 247.

391 Uhlenbruck/Hirte § 93 Rn. 3.

392 BGH RÜ 2012, 633 Rn. 7.

4. Abschnitt: Die Organisation der OHG

A. Grundlagen

183 Der Abschluss des Gesellschaftsvertrages begründet zwischen den Gesellschaftern untereinander und zwischen den Gesellschaftern und der Gesellschaft ein Gesellschaftsverhältnis.[393] Die Mitgliedschaft des Gesellschafters bündelt alle persönlichen, vermögensrechtlichen und korporativen Rechte und Pflichten. Anders als bei Kapitalgesellschaften, bei denen die Gesellschafter gleichzeitig mehrere Gesellschaftsanteile halten können, kann bei einer Personengesellschaft jeder Gesellschafter immer nur eine Mitgliedschaft halten **(Grundsatz der Einheitlichkeit des Gesellschaftsanteils)**.[394]

184 Für das **Innenverhältnis** der OHG gelten die §§ 108–122 HGB.[395] Dabei räumt das Gesetz den Gesellschaftern aber einen **erheblichen Gestaltungsspielraum** ein: Die genannten Vorschriften finden nur insoweit Anwendung, als nicht durch den Gesellschaftsvertrag ein anderes bestimmt ist (§ 108 HGB). Die Gesellschafter können ihr Verhältnis untereinander und dasjenige der Gesellschafter zur Gesellschaft also **weitestgehend privatautonom** regeln. Dies ist dadurch gerechtfertigt, dass die Gläubiger der OHG durch die persönliche Haftung der Gesellschafter (§§ 126 ff. HGB) geschützt sind. Soweit der Gesellschaftsvertrag und das HGB keine abweichenden Bestimmungen treffen, ist nach § 105 Abs. 3 HGB ergänzend das Recht der GbR (§§ 705 ff. BGB) heranzuziehen.

185 Das **Außenverhältnis** der OHG zu Dritten ist in den §§ 123–129 HGB geregelt.[396] Diese Vorschriften betreffen die Entstehung der OHG (§ 123 HGB), ihre Vertretung (§ 124 HGB) und die Haftungsverfassung (§§ 126 ff. HGB). Anders als die §§ 108–122 HGB für das Innenverhältnis sind **die meisten Regeln** zum Außenverhältnis zwingend (z.B. §§ 123 Abs. 2, 126 S. 2, 127 S. 2 HGB).

B. Rechte und Pflichten der Gesellschafter

186 Der Abschluss eines (wirksamen) Gesellschaftsvertrages begründet verschiedene Rechte und Pflichten der Gesellschafter. Die **Rechte der Gesellschafter** lassen sich allgemein in **Verwaltungs- und Vermögensrechte** unterteilen:

Verwaltungsrechte

- Teilnahme an der Gesellschafterversammlung und Stimmrecht, § 109 HGB
- Kontroll- und Einsichtsrecht, § 717 Abs. 1 BGB i.V.m. § 105 Abs. 3 HGB
- Recht zur Geschäftsführung, § 116 HGB
- Recht zur Vertretung, § 124 HGB

Vermögensrechte

- Gewinnanteil und Auszahlung, §§ 120, 122 HGB
- Aufwendungsersatzanspruch bei für die OHG vorgenommenen Geschäften, § 716 Abs. 1 BGB i.V.m. § 105 Abs. 3 HGB
- Teilnahme am Liquidationserlös, § 148 Abs. 8 HGB

---

393 Hier und zum Folgenden: Bitter/Heim § 5 Rn. 51.

394 St.Rspr., vgl. BGHZ 24, 106, 108 f.; 101, 123, 129.

395 Hier und zum Folgenden: Bitter/Heim § 6 Rn. 29.

396 Hier und zum Folgenden: Bitter/Heim § 6 Rn. 30.

§ 122 HGB regelt den **Gewinnanspruch** der OHG-Gesellschafter: Demnach hat der Gesellschafter Anspruch auf Auszahlung seines ermittelten Gewinnanteiles, sofern die Auszahlung nicht „zum offenbaren Schaden der Gesellschaft gereicht" oder der Gesellschafter seinen fälligen Beitrag nicht geleistet hat. Der dem Gesellschafter zukommende Gewinn wird ihm also nicht automatisch ausgezahlt, sondern zunächst nach § 120 Abs. 2 HGB seinem Kapitalanteil zugeschrieben. Die vorher notwendige Ermittlung des Gewinnes erfolgt auf Basis des nach § 121 HGB durch Beschluss der Gesellschafterversammlung festzustellenden Jahresabschlusses. Die Berechnung des Anteils des Gesellschafters wird nach den Regeln zur GbR gemäß § 709 Abs. 3 BGB vorgenommen: Es gilt primär das vereinbarte Beteiligungsverhältnis (§ 709 Abs. 3 S. 1 BGB). Ist ein solches nicht geregelt richtet sich die Gewinnbeteiligung nach dem relativen Wert der Beiträge (§ 709 Abs. 3 S. 2 BGB). Der Kopfanteil (§ 709 Abs. 3 S. 1 BGB) gilt nur als letzte Reserveregelung. Auch für diesen Bereich gilt der Grundsatz der Privatautonomie, sodass die Gesellschafter – wie regelmäßig in der Praxis – im Gesellschaftsvertrag von den §§ 120 ff. HGB abweichende Regel vereinbaren können.[397] **187**

Zu den wesentlichen **Pflichten der Gesellschafter** zählen die Förderungs- und Beitragspflicht (§ 105 Abs. 3 HGB i.V.m. § 705 Abs. 1 BGB), die Pflicht zur Geschäftsführung (§ 116 HGB) und Vertretung (§ 124 HGB) und die allgemeine gesellschafterliche Treuepflicht.[398] Im Übrigen gilt über § 105 Abs. 3 HGB die Beitragspflicht der §§ 705 Abs. 1, 709 Abs. 2 BGB. **188**

Die **Treuepflichten in der OHG** sind wegen deren regelmäßig personalistischer Struktur tendenziell stärker ausgeprägt als bei Kapitalgesellschaften.[399] Der Gesellschafter hat alles zu tun, was den Gesellschaftszweck fördert, und alles zu unterlassen, was ihm schadet. Auch hat er bei der Ausübung seiner gesellschaftsrechtlichen Rechte Rücksicht auf die OHG und seine Mitgesellschafter zu nehmen. Die Treuepflichten bestehen also gegenüber der Gesellschaft und den Mitgesellschaftern.[400] **189**

Ausfluss der allgemeinen Treuepflicht ist das für die OHG ausdrücklich in § 117 HGB normierte **Wettbewerbsverbot**.[401] Danach darf ein Gesellschafter ohne Einwilligung der anderen Gesellschafter weder in dem Handelszweig der Gesellschaft Geschäfte machen noch an einer anderen gleichartigen Handelsgesellschaft als persönlich haftender Gesellschafter teilnehmen (§ 117 Abs. 1 HGB). Die bereits oben erwähnte allgemeine Dispositivität der Regelungen zum Innenverhältnis gilt auch für das gesetzliche Wettbewerbsverbot des § 117 Abs. 1 HGB. Dieses kann durch den Gesellschaftsvertrag aufgehoben, abgeschwächt oder auch verschärft werden.[402] **190**

Im **Handelszweig** der Gesellschaft betätigt sich ein Gesellschafter, wenn er innerhalb des für die Gesellschaft sachlich und räumlich relevanten Marktes, also im Betätigungsfeld der Gesellschaft, geschäftlich tätig wird.[403] Eine **Beteiligung an einer anderen**

397 Mock § 7 Rn. 324.

398 Bitter/Heim § 6 Rn. 47.

399 Hier und zum Folgenden: Bitter/Heim § 5 Rn. 74.

400 BGH RÜ 2014, 279 Rn. 16.

401 Zum Folgenden: Bitter/Heim § 5 Rn. 69 ff.

402 Bitter/Heim § 6 Rn. 54.

403 Bitter/Heim § 6 Rn. 50.

„gleichartigen Handelsgesellschaft" setzt voraus, dass eine (rechtsformunabhängig) andere Handelsgesellschaft auf dem gleichen Geschäftsfeld wie die OHG und in dem für die OHG relevanten Markt tätig wird.[404]

Die **Einwilligung** der anderen Gesellschafter gilt als erteilt, wenn den übrigen Gesellschaftern bei Eingehung der Gesellschaft, also bei Abschluss des Gesellschaftsvertrages, bekannt war, dass der Gesellschafter an einer anderen Handelsgesellschaft als persönlich haftender Gesellschafter teilnimmt und gleichwohl nicht ausdrücklich auf die Aufgabe dieser Beteiligung bestanden haben (§ 117 Abs. 2 HGB).

Ein Verstoß gegen das Wettbewerbsverbot löst die **Rechtsfolgen des § 118 Abs. 1 HGB** aus. Die OHG kann gemäß **§ 118 Abs. 1 S. 1 HGB** von dem Gesellschafter den **Ersatz ihres** durch die verbotene Tätigkeit entstandenen **Schadens** verlangen. Alternativ kann sie nach **§ 118 Abs. 1 S. 2 HGB** diesem gegenüber ein **Eintrittsrecht** ausüben, das den Gesellschafter im Innenverhältnis dazu verpflichtet, die OHG so zu stellen, als hätte der Gesellschafter das Geschäft nicht im eigenen Namen, sondern im Namen der OHG abgeschlossen.

Parallel hierzu hat die OHG gegen den Gesellschafter einen **Unterlassungsanspruch** aus dem Gesellschaftsvertrag, der – im Gegensatz zu den Ansprüchen aus § 118 Abs. 1 HGB – verschuldensunabhängig ist.[405] Auch hinsichtlich der Rechtsfolgen eines Verstoßes gegen das Wettbewerbsverbot kann im Gesellschaftsvertrag allerdings Abweichendes vereinbart werden (beispielsweise eine Vertragsstrafe gemäß §§ 340 ff. BGB).[406]

Die Entscheidung über die Verfolgung dieser Ansprüche obliegt den übrigen Gesellschaftern (§ 118 Abs. 2 HGB), der betroffene Gesellschafter ist von der Abstimmung ausgeschlossen.[407]

191 Das in § 117 HGB geregelte Wettbewerbsverbot gilt nur während der Zeitspanne, in der der Betroffene Gesellschafter der OHG ist.[408] Bei ausgeschiedenen Gesellschaftern ist die Vorschrift nicht einschlägig. Ein **nachvertragliches Wettbewerbsverbot** lässt sich auch nicht ohne Weiteres aus der nachvertraglichen gesellschaftsrechtlichen Treuepflicht ableiten. Deshalb sind entsprechende Klauseln in der Satzung im jeweiligen Einzelfall kritisch zu überprüfen. Eine Unwirksamkeit solcher Klauseln kann sich insbesondere aus § 138 BGB und § 1 GWB ergeben.

192 Mit dem Wettbewerbsverbot nach § 117 HGB eng verknüpft, von diesem aber zu unterscheiden, ist die sog. **Geschäftschancenlehre**:[409] Auch wenn dem Gesellschafter eine bestimmte eigennützige Tätigkeit nicht aufgrund eines Wettbewerbsverbots untersagt ist, darf er **eine sich (auch) der OHG bietende Geschäftschance aus deren Betätigungsfeld nicht für eigene Rechnung wahrnehmen**, sondern muss sie zugunsten der Gesellschaft nutzen.[410] Dies folgt aus der allgemeinen gesellschaftsrechtlichen Treue-

404 Bitter/Heim § 6 Rn. 51.
405 Bitter/Heim § 6 Rn. 55 f.
406 Bitter/Heim § 6 Rn. 57.
407 Bitter/Heim § 6 Rn. 56.
408 Zum Folgenden: Bitter/Heim § 6 Rn. 53.
409 Hier und zum Folgenden: Bitter/Heim § 6 Rn. 58.
410 BGH RÜ 2013, 277 – zur GbR.

pflicht, die die Gesellschafter in allen Angelegenheiten dazu verpflichtet, das Wohl der Gesellschaft zu beachten und diesem nicht eigene Interessen vorzuziehen. Verstößt ein Gesellschafter gegen diese Vorgabe, macht er sich gegenüber der Gesellschaft schadensersatzpflichtig.[411]

C. Die Gesellschafterversammlung

Die innere Willensbildung der OHG erfolgt in der Gesellschafterversammlung (vgl. § 109 Abs. 1 HGB). Da bei der OHG immer mindestens zwei Gesellschafter vorhanden sein müssen, handelt es sich bei der Gesellschafterversammlung um ein **Kollektivorgan**, also um ein Organ mit mehr als nur einem Mitglied. Dementsprechend wird durch Beschluss entschieden, § 109 Abs. 1 HGB. 193

Beschlüsse sind bei allen Grundlagengeschäften (z.B. Änderung des Gesellschaftsvertrags) sowie immer dann erforderlich, wenn sie vertraglich oder gesetzlich angeordnet werden.[412] 194

Bei der OHG ist wie bei grundsätzlich allen Personengesellschaften in der Gesellschafterversammlung das **Einstimmigkeitsprinzip** maßgeblich, § 109 Abs. 3 HGB. Jeder Gesellschafter soll grundsätzlich nur an die Beschlüsse gebunden sein, denen er selbst zugestimmt hat.[413] 195

Zur Abstimmung befugt sind grundsätzlich alle Gesellschafter. Gesetzliche Ausnahmen bilden Maßnahmen gegen den betroffenen Gesellschafter aus wichtigem Grund (vgl. etwa §§ 116 Abs. 5, 118 Abs. 2, 124 Abs. 5 HGB), also Fälle in denen ein Interessenkonflikt besteht.

Die Regelungen über die Beschlussfassung sind grundsätzlich durch den Gesellschaftervertrag begrenzt disponibel, insbesondere mit Blick auf die Zulassung von Mehrheitsbeschlüssen.[414]

Auch im Falle der OHG gilt der **Grundsatz der Freiheit der Stimmausübung**.[415] Die gesellschafterlichen Treuepflichten können jedoch **ausnahmsweise** eine **Zustimmungspflicht** begründen. 196

D. Das Beschlussmängelrecht der OHG, §§ 110 ff. HGB

Mit dem MoPeG wurde zum 01.01.2024 ein gänzlich neues Beschlussmängelrecht für die OHG eingeführt, welches von der bisherigen Anlehnung an die allgemeine Systematik der Personengesellschaften abweicht und sich am Recht der AG gemäß §§ 241 ff. AktG orientiert. Dies dient einer erhöhten Rechtssicherheit für die Rechtsform der OHG. Über § 161 Abs. 2 HGB sind sie auch für die KG anwendbar. Unabhängig von den neuen gesetzlichen Bestimmungen bleibt es beim Grundsatz der Abdingbarkeit der §§ 110 ff. HGB über den Gesellschaftsvertrag. 197

---

411 BGH RÜ 2013, 277 – zur GbR.

412 Henssler/Stroh/Finckh, HGB, § 119 Rn. 6 f.

413 Bitter/Heim § 5 Rn. 81.

414 Saenger § 4 Rn. 282.

415 Hier und zum Folgenden: Bitter/Heim § 5 Rn. 91.

Gegenstand des Beschlussmängelrechtes sind **fehlerhafte Beschlüsse** der Gesellschafterversammlung der OHG. Fehlerhaft ist der Beschluss, wenn er unter „Verletzung von Rechtsvorschriften" (vgl. § 110 Abs. 1 HGB) ergeht. Dieser Verstoß führt bei der OHG – ähnlich zu Kapitalgesellschaften (§§ 241 ff. AktG) – nur im Falle des § 110 Abs. 2 S. 1 Nr. 1 HGB und daher **nur ausnahmsweise** zur **automatischen Nichtigkeit** (ipso iure). Im Übrigen und damit grundsätzlich müssen sie **durch Anfechtungs-, Nichtigkeits- oder Feststellungsklage angegriffen** werden (vgl. § 110 Abs. 2 S. 1 Nr. 2, S. 2 HGB, §§ 113–115 HGB).

Der absolute Nichtigkeitsgrund tritt ein, wenn der Inhalt des Beschlusses zwingende Rechtsvorschriften verletzt, § 110 Abs. 2 S. 1 Nr. 1 HGB. Inwieweit besonders schwere Verfahrensmängel einen Nichtigkeitsgrund darstellen können, bleibt zu klären.[416] Insgesamt ist der Begriff wohl eng zu sehen und beinhaltet primär Inhaltsverstöße gegen solche Rechtsvorschriften, die nicht vertraglich abdingbar sind und auf die die Gesellschafter auch ex post nicht verzichten können.[417] In Betracht kommen vor allem Sittenverstöße.

Führt ein Rechtsverstoß nicht zur Nichtigkeit nach § 110 Abs. 2 S. 1 Nr. 1 HGB, liegt ein **Anfechtungsgrund** vor und die **Nichtigkeit** ist nur **durch** Anfechtungs-, Nichtigkeits- oder Feststellungs**klage erreichbar** (§ 110 Abs. 2 S. 1 Nr. 2, S. 2 HGB). Die ersten beiden (besonderen) Klagearten sind für Kapitalgesellschaften bereits geläufig:[418]

Die **Anfechtungsklage** zielt darauf, den Beschluss durch rechtsgestaltendes Urteil zu kassieren, d.h., seine **Rechtswirkung zu beseitigen**.

Hingegen strebt die Nichtigkeitsklage die **Erklärung der ex-tunc Nichtigkeit** durch das Gericht an (begrifflich unabhängig von § 110 Abs. 2 Nr. 1 HGB).

Aufgrund des prozessual einheitlichen Streitgegenstandes der beiden Klagen[419] bestimmt § 114 S. 2 HGB, dass mehrere dieser Prozesse zu verbinden sind.

Streiten die Parteien schon über den Inhalt des Beschlusses selber, ist die allgemeine Feststellungsklage gemäß § 256 ZPO ein Mittel, mit der auch die Feststellung der von Anfechtbarkeit und Nichtigkeit zu trennender Unwirksamkeit des Beschlusses erreicht werden kann.[420]

Neben dem Streit- bzw. Klagegegenstand unterscheiden sich die Klagearten hinsichtlich ihrer prozessualen Voraussetzungen: Den wichtigsten stellt die Fristbindung der Anfechtungsklage gemäß § 112 Abs. 1 HGB (drei Monate ab Bekanntgabe des Beschlusses, § 112 Abs. 2 HGB) dar, wohingegen Nichtigkeits- und Feststellungsklage zeitlich nicht befristet sind. Sowohl Anfechtungs- als auch Nichtigkeitsklage (erstere dem Wortlaut und zweitere nach § 114 S. 1 HGB) bedürfen einer Anfechtungsbefugnis und eines Rechtsschutzbedürfnisses, welche in § 111 Abs. 1 und 2 HGB geregelt ist. Im Übrigen sind die besonderen Sachurteilsvoraussetzungen in den §§ 111–114 HGB geregelt.

416 Amtl. Begr. MoPeG, BT-Drs. 19/27635, S. 112
417 BeckOK HGB/Otte Dietlein § 110 Rn. 93, 107.
418 BeckOK HGB/Otte Dietlein § 110 Rn. 114.
419 BGHZ NZG 2021, 831 (833).
420 Bitter/Heim § 6 Rn. 30m.

E. Sozialansprüche und -verpflichtungen

Sozialverpflichtungen sind Verbindlichkeiten der Gesellschaft gegenüber einem Gesellschafter. 198

Beispiele: Aufwendungsersatzanspruch; Anspruch auf Gewinn, Abfindungsanspruch.[421]

Sozialansprüche sind Ansprüche der Gesellschaft gegen einen Gesellschafter aus dem Gesellschaftsverhältnis. 199

Beispiele: Ansprüche auf Beitragsleistung und Geschäftsführung, Schadensersatz bei Treupflichtverstößen.[422]

Für **Sozialansprüche** haften Mitgesellschafter nicht gemäß § 126 HGB; solche Ansprüche können, obwohl es sich dabei um Verbindlichkeiten der Gesellschaft handelt, nicht gegenüber den anderen Gesellschafter geltend gemacht werden, sondern nur gegen die Gesellschaft. Es geht ja letztlich um Ansprüche aus dem **Innen-** und nicht aus dem **Außenverhältnis** der Gesellschaft und rechtfertigt sich im Übrigen auch daraus, dass eine Gesellschafterhaftung für Sozialansprüche der über § 105 Abs. 2 HGB auch für die OHG geltenden Bestimmung des § 710 BGB widersprechen würde und die Gesellschafter gezwungen wären, über ihre versprochene Einlage hinaus weitere Beiträge für die Gesellschaft zu leisten.[423]

Hinweis: *Wesentlich häufiger als bei der OHG stellen sich Rechtsfragen und Probleme im Rahmen der Sozialverpflichtungen und Sozialansprüche* ***in Klausuren im Rahmen der GbR.***[424] *Deshalb erfolgen diese Ausführungen im Abschnitt der GbR. Besonderheiten gegenüber der GbR gibt es im Grundsatz nicht, sodass auf die dortigen Ausführungen verwiesen werden kann. Insbesondere die* ***Durchsetzung von Sozialansprüchen im Wege der sog. actio pro socio*** *ist beliebtes Klausurthema.*

F. Geschäftsführung und Vertretung

Für das Verhältnis zwischen **Geschäftsführung (= rechtliches Dürfen im Innenverhältnis)** und **Vertretung (= rechtliches Können im Außenverhältnis)** gelten grundlegend die Ausführungen zur GbR entsprechend.[425] Wie dort sind auch bei der OHG das Innen- und Außenverhältnis streng voneinander zu trennen und auch unabhängig voneinander geregelt. Die Regelungen zur **Geschäftsführung finden sich in § 116 HGB**, diejenigen über die **Vertretung in § 124 HGB**. 200

I. Geschäftsführung

Sofern der Gesellschaftsvertrag keine abweichende Regelung enthält (vgl. § 108 HGB), 201
sind **alle Gesellschafter** gemäß § 116 Abs. 1 HGB zur Führung der Geschäfte berechtigt und verpflichtet. Im Unterschied zur GbR ergibt sich aus § 116 Abs. 1 und 3 HGB der Grundsatz der **Einzelgeschäftsführungsbefugnis**: Jeder Gesellschafter ist berechtigt,

421 Schäfer § 9 Rn. 17.
422 Schäfer § 9 Rn. 17.
423 EBJS/Hillmann § 128 Rn. 11.
424 S. hierzu Rn. 112 ff.
425 S. hierzu Rn. 129 ff.

im gewöhnlichen Geschäftsbetrieb für sich alleine zu handeln.[426] Dies ist für die Mitgesellschafter zwar riskant, ermöglicht aber rasche und schnelle Entscheidungen und gewährt eine höhere Flexibilität im Handelsverkehr.[427]

Im **Gesellschaftsvertrag** der OHG kann die Geschäftsführung **einem Gesellschafter oder mehreren Gesellschaftern übertragen** werden. Die übrigen Gesellschafter sind dann von der Geschäftsführung ausgeschlossen. Ferner kann der Gesellschaftsvertrag vorsehen, dass die geschäftsführungsberechtigten Gesellschafter **nur zusammen** handeln können (§ 116 Abs. 4 HGB).

202 Der **Umfang** der Geschäftsführungsbefugnis ist in § 116 Abs. 2 HGB geregelt: Nach dieser erstreckt sich die Geschäftsführungsbefugnis auf alle Handlungen, die der gewöhnliche Betrieb des Handelsgewerbes der Gesellschaft mit sich bringt (S. 1 Hs. 1). Zur Vornahme von Handlungen, die darüber hinausgehen, ist ein Beschluss sämtlicher Gesellschafter erforderlich (S. 1 Hs. 2). Zur Bestellung eines Prokuristen bedarf es grundsätzlich der Zustimmung aller geschäftsführenden Gesellschafter (S. 2). Ausgenommen von der Geschäftsführung sind sog. **Grundlagengeschäfte**, welche die Grundlage der Gesellschaft selbst oder die Beziehungen der Gesellschafter zueinander betreffen; sie bedürfen stets der Zustimmung aller Gesellschafter.[428]

Bei **mehreren einzelgeschäftsführungsbefugten Gesellschaftern** muss das von einem Gesellschafter beabsichtigte Geschäft unterbleiben, wenn einer der anderen geschäftsführungsbefugten Gesellschafter widerspricht (§ 116 Abs. 3 S. 3 HGB). Dieses **Widerspruchsrecht** kann im Gesellschaftsvertrag allerdings abbedungen werden.[429]

203 Das **Recht zur Geschäftsführung** folgt aus der Gesellschafterstellung (§ 116 Abs. 1 HGB) und bedarf keiner gesonderten vertraglichen Vereinbarung. Die Befugnis zur Geschäftsführung kann einem Gesellschafter aber auf Antrag der übrigen Gesellschafter durch **gerichtliche Entscheidung entzogen** werden, wenn ein wichtiger Grund vorliegt; ein solcher Grund ist insbesondere grobe Pflichtverletzung oder Unfähigkeit zur ordnungsgemäßen Geschäftsführung (§ 116 Abs. 5 HGB). Anders als bei der GbR (§ 715 Abs. 5 BGB) genügt ein Beschluss der übrigen Gesellschafter also nicht, wenn nicht der Gesellschaftsvertrag etwas anderes vorsieht.[430]

II. Vertretung

204 Für die organschaftliche Vertretung der OHG im Außenverhältnis gilt – spiegelbildlich zur Geschäftsführung im Innenverhältnis – der **Grundsatz der Einzelvertretungsbefugnis jedes Gesellschafters** (§ 124 Abs. 1 HGB).[431] Sie erstreckt sich auf alle gerichtlichen und außergerichtlichen Geschäfte und Rechtshandlungen einschließlich der Veräußerung und Belastung von Grundstücken sowie der Erteilung und des Widerrufs der Prokura (§ 124 Abs. 4 HGB) und umfasst dementsprechend auch ungewöhnliche Ge-

426 Kindler § 16 Rn. 2.
427 Windbichler/Bachmann § 13 Rn. 2.
428 Bitter/Heim § 6 Rn. 33.
429 Bitter/Heim § 6 Rn. 34.
430 Bitter/Heim § 6 Rn. 35.
431 Hier und zum Folgenden: Bitter/Heim § 6 Rn. 36.

schäfte, die im Innenverhältnis nur sämtliche Gesellschafter gemeinsam führen dürfen (§ 116 Abs. 2 S. 1 Hs. 2 HGB).

Eine **Beschränkung des Umfangs der Vertretungsmacht** ist Dritten gegenüber **grundsätzlich unwirksam** (§ 124 Abs. 4 S. 2 HGB). Lediglich in den Ausnahmefällen der Kollusion und des evidenten Missbrauchs der Vertretungsmacht schlägt das Innenverhältnis auf das Außenverhältnis durch. Zudem sind von der Vertretungsmacht Grundlagengeschäfte nicht umfasst,[432] da diese nicht das Außen-, sondern das Innenverhältnis der Gesellschaft(er) betreffen und entsprechend nicht in die Zuständigkeit der die Gesellschaft vertretenen Gesellschafter fallen.[433] 205

Im Gesellschaftsvertrag können im Übrigen **abweichende Bestimmungen** getroffen werden. Es kann insbesondere vereinbart werden, dass einzelne Gesellschafter von der Vertretung der OHG ausgeschlossen sind, dass alle oder mehrere Gesellschafter nur in Gemeinschaft zur Vertretung der OHG ermächtigt sein sollen (Gesamtvertretung, § 124 Abs. 2 HGB) oder dass die Gesellschafter, wenn nicht mehrere zusammen handeln, nur gemeinsam mit einem Prokuristen vertretungsberechtigt sind (unechte Gesamtvertretung, § 124 Abs. 3 S. 1 HGB). Der **Grundsatz der Selbstorganschaft** verbietet es, alle Gesellschafter von der Vertretung auszuschließen.[434]

Bei allen abweichenden Regelungen zur Vertretung im Gesellschaftsvertrag der OHG ist der **Grundsatz der Selbstorganschaft zu beachten.**[435] Danach ist eine Gestaltung unzulässig, in der eine Vertretung nur unter Mitwirkung eines Nichtgesellschafters möglich ist. Mindestens ein Gesellschafter muss entweder allein oder in Gesamtvertretung mit einem oder mehreren anderen Gesellschafter(n) handeln können. Es muss also mit anderen Worten immer eine Vertretung der OHG allein durch Gesellschafter möglich sein. Die persönlich haftenden Gesellschafter müssen die Geschicke der OHG selbstständig kontrollieren können **(Einheit von Herrschaft und Haftung).**

Hinweis: *Aus diesem Grund ist bei Personengesellschaften auch die Bestellung eines Notgeschäftsführers in analoger Anwendung des § 29 BGB ausgeschlossen.*[436]

Das **Recht zur Vertretung** folgt aus der Gesellschafterstellung und bedarf keiner gesonderten vertraglichen Vereinbarung im Gesellschaftsvertrag. Die Vertretungsmacht kann einem Gesellschafter aber gemäß § 124 Abs. 5 HGB in entsprechender Anwendung des § 116 Abs. 5 HGB auf Antrag der übrigen Gesellschafter **durch gerichtliche Entscheidung entzogen** werden, wenn ein wichtiger Grund vorliegt. Ein solcher Grund ist insbesondere grobe Pflichtverletzung oder Unfähigkeit zur ordnungsgemäßen Vertretung der Gesellschaft (vgl. §§ 116 Abs. 5 S. 2, 124 Abs. 5 HGB). Nach § 124 Abs. 5 Hs. 2 HGB kann der Gesellschaftsvertrag einen Beschluss der übrigen Gesellschafter für ausreichend erklären.[437] 206

432 S. hierzu Rn. 106, 138 zur GbR.

433 Bitter/Heim § 6 Rn. 38.

434 S. hierzu Rn. 127.

435 Hier und zum Folgenden: Bitter/Heim § 6 Rn. 41.

436 BGH RÜ 2015, 15 – zur GbR.

437 Bitter/Heim § 6 Rn. 42.

Die Vertretungsmacht der Gesellschafter ist zur Eintragung in das Handelsregister anzumelden (§ 106 Abs. 2 Nr. 3 HGB). Sie ist eine **eintragungspflichtige Tatsache** und fällt als solche in den Anwendungsbereich der Publizitätsvorschrift des § 15 HGB. Eine von der Grundregel des § 124 Abs. 1 HGB abweichende Vertretungsregelung kann Dritten nicht entgegengehalten werden, wenn die entsprechende Eintragung im Handelsregister nicht erfolgt ist (negative Publizität gemäß § 15 Abs. 1 HGB).[438]

207 Zusammengefasst ergibt sich für einen potenziellen Vertragspartner der OHG damit aus § 124 HGB folgende Situation:[439] Er muss sich – insbesondere durch die Einsicht in das Handelsregister – vergewissern, wer die OHG wirksam vertreten kann. Ist nichts Abweichendes im Handelsregister eingetragen, kann er von der Einzelvertretungsbefugnis jedes Gesellschafters ausgehen (§ 15 Abs. 1 i.V.m. § 124 Abs. 1 HGB; negative Publizität). Ist eine falsche Vertretungsregel eingetragen oder bekannt gemacht, kann er auf diese vertrauen (§ 15 Abs. 3 HGB; positive Publizität). Daneben kann er sich auch auf die wahre Rechtslage berufen, wenn diese für ihn günstiger ist.

Fall 7: Alleiniger „Gesamtvertreter"?

A, B und C sind Gesellschafter einer OHG. Nach dem Gesellschaftsvertrag und ausweislich einer entsprechenden Eintragung im Handelsregister sind A und B gemeinschaftlich zur Vertretung ermächtigt. Außerdem kann jeder Gesellschafter die Gesellschaft zusammen mit dem Prokuristen P vertreten. C ist von der Geschäftsführung und Vertretung ausgeschlossen. Er hat sich damit nur deswegen einverstanden erklärt, weil A und B nicht auf einem Alleinvertretungsrecht bestanden haben. A stirbt. An seine Stelle tritt, wie im Vertrag vorgesehen, sein Sohn S, der entsprechend § 131 HGB auf Wunsch die Stellung eines Kommanditisten erhält. Vor Änderung des Handelsregisters verkauft B notariell ein Grundstück nebst Lagerhalle für 120.000 € an D. C hält den Kaufvertrag mangels Vertretungsmacht für unwirksam. Hat D einen Anspruch auf Übereignung?

208 D könnte gegen die OHG einen **Anspruch auf Übereignung nach § 433 Abs. 1 S. 1 BGB** haben. Die Einigung des B mit D wirkt nach § 164 Abs. 1 und 3 BGB für und gegen die OHG, wenn B, der im Namen der OHG gehandelt hat, Vertretungsmacht hatte.

209 **I.** Der Gesellschaftsvertrag kann nach § 124 Abs. 2 HGB anordnen, dass alle oder mehrere Gesellschafter nur in Gemeinschaft zur Vertretung berechtigt sind **(echte Gesamtvertretung)**. Vorliegend ist daneben noch entsprechend § 124 Abs. 3 HGB angeordnet worden, dass die Gesellschafter, wenn nicht mehrere zusammen handeln, nur in Gemeinschaft mit einem Prokuristen zur Vertretung ermächtigt sind **(unechte Gesamtvertretung)**. Danach hätte B bei Abschluss des Kaufvertrages gemeinsam mit dem Prokuristen P handeln müssen, weil der andere zur Vertretung der Gesellschaft befugte Gesellschafter A gestorben ist und B nach dem Gesellschaftsvertrag nur gemeinsam mit diesem oder mit P vertretungsbefugt war.

210 **II. Mit dem Tod** des A könnte B jedoch ein **Alleinvertretungsrecht** erhalten haben.

---

438 Bitter/Heim § 6 Rn. 40.

439 Zum Folgenden vgl. Bitter/Heim § 6 Rn. 43.

1. Da der Gesellschafter C von der Vertretung ausgeschlossen und Sohn S des verstorbenen A als Kommanditist gemäß § 170 HGB nicht zur Vertretung der Gesellschaft berechtigt ist, besteht nach der im Gesellschaftsvertrag getroffenen Vereinbarung zwar eine unechte Gesamtvertretung des Gesellschafters B mit dem Prokuristen P. Nach dem **Grundsatz der Selbstorganschaft** muss es jedoch stets möglich sein, dass die persönlich haftenden Gesellschafter die Gesellschaft allein (auch ohne den Prokuristen) vertreten. **Die organschaftliche Vertretung der Gesellschaft muss immer gewährleistet sein.**[440] Somit ist im vorliegenden Fall eine unechte Gesamtvertretung von B und P unzulässig und unwirksam. Danach wäre B alleinvertretungsberechtigt, weil A verstorben, der eingetretene S Kommanditist und C von der Vertretung ausgeschlossen ist.

2. C hatte sich jedoch mit dem Ausschluss von der Vertretungsmacht im Gesellschaftsvertrag nur deshalb einverstanden erklärt, weil den beiden anderen Gesellschaftern gleichzeitig ein Gesamtvertretungsrecht eingeräumt worden war. Den Fall, dass an die Stelle eines persönlich haftenden Gesellschafters ein Kommanditist tritt, hatten die Gesellschafter bei Vertragsschluss nicht bedacht. Diese Vertragslücke muss im Wege der **ergänzenden Vertragsauslegung** geschlossen werden, indem der hypothetische Wille der Parteien ermittelt wird. Es kann davon ausgegangen werden, dass die Parteien, falls sie diesen Fall bedacht hätten, den C als Gesamtvertreter bestimmt hätten. Somit kann festgestellt werden, dass nach dem Gesellschaftsvertrag eine Gesamtvertretung B/C besteht und B allein nicht berechtigt war, den Vertrag mit D abzuschließen. Der Vertrag ist von B als Vertreter ohne Vertretungsmacht abgeschlossen worden. Da sich C weigert, seine Genehmigung nach § 177 Abs. 1 BGB zu erteilen, ist der Vertrag endgültig unwirksam.

3. D kann sich insoweit auch nicht gemäß § 15 Abs. 1 HGB darauf berufen, dass C nach dem Handelsregister von der Vertretung der Gesellschaft ausgeschlossen ist: Aus dem Handelsregister ergibt sich, dass B nicht allein, sondern nur zusammen mit einer weiteren Person zur Vertretung befugt ist. Den guten Glauben des D daran, dass B nach dem Tod des A ihm gegenüber alleinvertretungsberechtigt ist, schützt § 15 Abs. 1 HGB nicht (§ 15 Abs. 2 S. 1 HGB).

D hat keinen Anspruch auf Übereignung des Grundstücks aus § 433 Abs. 1 S. 1 BGB.

G. Änderungen im Bestand der Gesellschafter

Wie bei den anderen Gesellschaftsformen kann sich der Bestand der Gesellschafter auch **211**
bei einer OHG durch das **Ausscheiden** eines (alten) Gesellschafters, den **Eintritt** eines (neuen) Gesellschafters und die Übertragung der Gesellschafterstellung ändern.[441] Ein Wechsel des Gesellschafterbestandes bedarf als Änderung des Gesellschaftervertrages grundsätzlich gemäß §§ 105 Abs. 3 HGB i.V.m § 711 Abs. 1 S. 1 BGB der Zustimmung aller Gesellschafter. Dies gilt nicht für das bloße Ausscheiden eines Gesellschafters bei Vorliegen gesetzlich geregelter Austrittsgründe.

440 BGH WM 1994, 237, 238; K. Schmidt, GesR, § 48 II 3c.

441 Hierzu und zum Folgenden: Mock § 7 Rn. 371 ff.

I. Ausscheiden eines Gesellschafters, § 130 HGB

212 Soweit der Gesellschaftsvertrag nicht etwas anderes bestimmt, führen alle in § 130 Abs. 1 HGB enumerativ aufgeführten Gründe aus Gründen der Unternehmenskontinuität **lediglich zum Ausscheiden** eines OHG-Gesellschafters, nicht aber zur Auflösung der Gesellschaft selbst.

Der Gesellschafter scheidet grundsätzlich mit Eintritt des jeweiligen Ereignisses aus der Gesellschaft aus (§ 130 Abs. 3 Hs. 1 HGB). Im Falle der Kündigung gemäß § 133 HGB und der Ausschlussklage wird von diesem Zeitpunkt abgewichen, § 130 Abs. 3 Hs. 2 HGB.

Sein Ausscheiden ist zur **Eintragung in das Handelsregister** anzumelden (§ 106 Abs. 6 HGB).

Hinweis: *Auch insoweit liegt eine eintragungspflichtige Tatsache vor, hinsichtlich derer bei fehlender Eintragung die negative Publizitätswirkung des § 15 Abs. 1 HGB entfaltet wird.*[442]

213 Der **Tod eines Gesellschafters** einer OHG führt zum **Ausscheiden** des betreffenden Gesellschafters (§ 130 Abs. 1 Nr. 1 HGB). Eine **Fortsetzungsklausel**, wie früher bei der GbR zur Verhinderung der Auflösung der Gesellschaft erforderlich, war für die OHG auch vor dem MoPeG schon **nicht notwendig**.[443]

Im gesetzlichen Normalfall des § 135 Abs. 1 HGB („sofern im Gesellschaftervertrag nichts anderes vereinbart ist") fällt der Abfindungsanspruch des durch Tod ausscheidenden Gesellschafters an die Erbengemeinschaft. Der **Gesellschaftsvertrag** der OHG enthält aber regelmäßig eine **abweichende Regelung**.[444] Um den Bedürfnissen der Praxis Rechnung zu tragen, wurden viele Gestaltungsvarianten entwickelt, die geläufigsten sind die einfache oder qualifizierte erbrechtliche Nachfolgeklausel, die rechtsgeschäftliche Nachfolgeklausel sowie die Eintrittsklauseln.

1. Erbrechtliche Nachfolgeklausel

214 Durch eine erbrechtliche Nachfolgeklausel im Gesellschaftsvertrag wird die Mitgliedschaft vererblich gestellt. Die Nachfolge tritt dann automatisch ein, indem alle Erben im Wege der Sonderrechtsnachfolge jeweils einzeln **(einfache erbrechtliche Nachfolgeklausel)** oder nur bestimmte Erben **(qualifizierte erbrechtliche Nachfolgeklausel)** anstelle des Verstorbenen Gesellschafter werden.[445]

Der durch die Nachfolgeklausel begünstigte Erbe kann innerhalb einer Frist von drei Monaten ab Kenntnis des Anfalls der Erbschaft unabhängig vom Verhalten der übrigen Erben verlangen, dass ihm die **Stellung eines Kommanditisten eingeräumt** wird (§ 131 Abs. 1 und 3 HGB). Hierdurch wird dem Erben die Möglichkeit eröffnet, der unbeschränkten Haftung eines OHG-Gesellschafters gemäß §§ 126 ff. HGB zu entgehen, ohne die Erbschaft insgesamt ausschlagen zu müssen. Die übrigen Gesellschafter kön-

442 Bitter/Heim § 6 Rn. 61.
443 Kindler § 12 Rn. 9.
444 BeckOK HGB/Lehmann-Richter § 131 Rn. 6, 7.
445 Koch § 19 Rn. 5 ff.

nen dieses Verlangen der Erben jedoch ablehnen, weil sich hierdurch die Gesellschaftsform von einer OHG hin zu einer KG verändern würde; in diesem Fall hat der Erbe dann nur die Möglichkeit, entweder (doch) OHG-Gesellschafter zu werden oder durch fristlose Kündigung aus der Gesellschaft auszuscheiden (§ 131 Abs. 2 HGB) und seinen Abfindungsanspruch (§ 135 HGB) zu realisieren.

Scheidet der Erbe aus der OHG aus oder wird er Kommanditist, **haftet er als Erbe für die bis zum Erbfall und bis zu seinem Ausscheiden bzw. seiner Beteiligungsumwandlung begründeten Gesellschaftsschulden** (§ 131 Abs. 4 HGB).[446] Diese sind nämlich Nachlassverbindlichkeiten aus § 126 HGB, für die der Erbe auch dann mit seinem Privatvermögen einzustehen hat (§ 1967 BGB), wenn er aus der Gesellschaft ausscheidet bzw. die Kommanditistenstellung einnimmt. Insoweit bestehen aber die erbrechtlichen Möglichkeiten der Haftungsbeschränkung durch Beantragung einer Nachlassverwaltung oder -insolvenz (§§ 1975 ff. BGB). Für später begründete Gesellschaftsverbindlichkeiten haftet der Erbe nicht. Wird er Kommanditist, haftet er als solcher (§ 173 i.V.m. §§ 171, 172 HGB).

2. Eintrittsklausel

Die **Eintrittsklausel** ist keine erbrechtliche, sondern eine rein gesellschaftsrechtliche Klausel. Die Nachfolge tritt also nicht automatisch kraft Erbrechts ein (§ 1922 BGB), sondern erfolgt durch Rechtsgeschäft unter Lebenden, nämlich durch Aufnahmevertrag zwischen Altgesellschaftern und dem in der Klausel Benannten.[447] Der Gesellschaftsvertrag stellt einen berechtigenden Vertrag zugunsten des Dritten auf den Todesfall i.S.d. §§ 328 Abs. 1, 331 Abs. 1 BGB dar.[448] **215**

3. Rechtsgeschäftliche Nachfolgeklausel

Ferner kann der Gesellschaftsvertrag vorsehen, dass ein Dritter automatisch in die Gesellschafterstellung des Verstorbenen einrückt **(rechtsgeschäftliche Nachfolgeklausel)**. Die rechtsgeschäftliche Nachfolgeklausel kombiniert den automatischen Eintritt der Nachfolgeklausel mit der rechtsgeschäftlichen Gestaltung der Eintrittsklausel. Dies geht nur unter Beteiligung des Nachfolgers, da im Hinblick auf die mit der Gesellschafterstellung einhergehenden Pflichten ansonsten ein unzulässiger Vertrag zulasten Dritter vorläge.[449] **216**

446 Hier und zum Folgenden: Bitter/Heim § 6 Rn. 63.

447 Koch § 19 Rn. 10.

448 MünchKomm-HGB /Schmidt § 139 Rn. 23.

449 Göhner ZJS 2010, 592, 592.

217 **Zusammensetzung der Gesellschaft**

1. **Grundsatz:** Fortbestand der Gesellschaft unter den übrigen Gesellschaftern
2. **Ausnahme:**
   - § 177 HGB: beim Tod eines Kommanditisten: Fortsetzung mit den Erben
   - sonst: Regelung im Gesellschaftsvertrag (beachte § 9 Abs. 4 PartGG)

Gestaltungsformen

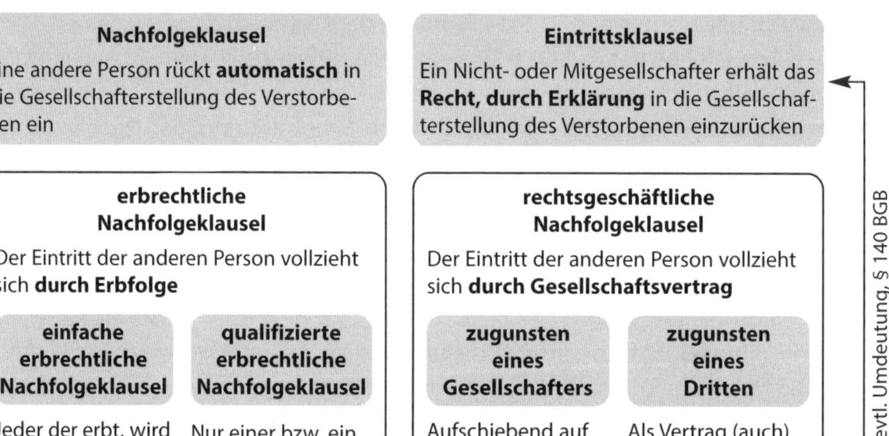

II. Ausschluss eines Gesellschafters

218 Nach §§ 130 Abs. 1 Nr. 5, 134 HGB kann ein Gesellschafter aus einer OHG ausgeschlossen werden, sofern in seiner Person ein wichtiger Grund i.S.v. § 134 HGB vorliegt. Die Ausschließung erfolgt nicht, wie bei der Gesellschaft bürgerlichen Rechts, durch Beschluss (§ 727 BGB), sondern durch eine **Gestaltungsklage** (§ 134 HGB) und ein **Gestaltungsurteil**.[450]

III. Beitritt eines neuen Gesellschafters

219 Der Beitritt eines neuen Gesellschafters erfolgt durch einen **Aufnahmevertrag** der bisherigen Gesellschafter mit dem Neugesellschafter. Leidet dieser an einem Fehler, finden die Grundsätze über die fehlerhafte Gesellschaft Anwendung.[451]

450 K. Schmidt, GesR, § 50 III 1; MünchKomm-HGB/Schmidt § 140 Rn. 2.

451 BGH NJW 2016, 2492 Rn. 22.

IV. Gesellschafterwechsel

Ein Gesellschafterwechsel erfolgt regelmäßig durch **Abtretung des Gesellschaftsanteils** des Altgesellschafters an den Neugesellschafter. Die Abtretung eines Gesellschaftsanteils gemäß §§ 413, 398 BGB ist ein **Verfügungsgeschäft**. Da die OHG zu denjenigen Personengesellschaften zählt, die nach ihrer gesetzlichen Grundkonzeption eigentlich auf unveränderten personellen Fortbestand angelegt sind, stellt der Gesellschafterwechsel ein Grundlagengeschäft dar, das grundsätzlich der Zustimmung aller Gesellschafter bedarf. Ergänzend fordert dies im Falle der Übertragung auch § 711 Abs. 1 S. 1 BGB ausdrücklich. Eine zunächst ohne eine erforderliche Zustimmung der übrigen Gesellschafter vorgenommene Verfügung ist solange schwebend unwirksam, bis der letzte Gesellschafter zugestimmt hat. Verweigert ein Gesellschafter seine Zustimmung, ist die Übertragung endgültig unwirksam. § 715 Abs. 4 BGB steht der Übertragung nicht entgegen, weil der Gesellschafter nicht über seinen Anteil am Gesellschaftsvermögen, sondern über die Mitgliedschaft als solche verfügt. Dem Verfügungsgeschäft **liegt ein Verpflichtungsgeschäft** zwischen dem alten und dem neuen Gesellschafter **zugrunde**, bei dem es sich entweder um einen Rechtskauf (§ 453 Abs. 1 Var. 1 BGB) oder eine Schenkung (§ 516 BGB) handelt. 220

Der Gesellschafterwechsel kann sich auch durch eine **Kombination von Austritt des alten und Eintritt des neuen Gesellschafters** vollziehen: Zunächst wird ein Austrittsvertrag zwischen dem Altgesellschafter und den übrigen Gesellschaftern geschlossen, mit der Folge, dass der Gesellschaftsanteil des ausscheidenden Gesellschafters den verbleibenden Gesellschaftern nach § 712 Abs. 1 BGB anwächst. Anschließend wird der neue Gesellschafter durch Aufnahmevertrag mit den verbliebenen Gesellschaftern in die Gesellschaft aufgenommen. Dieser Weg ist deutlich komplizierter als die Abtretung und kommt in der Praxis deshalb nur selten vor.

Bei der OHG ist zusätzlich zu beachten, dass der Gesellschafterwechsel gemäß § 106 Abs. 6 HGB **im Handelsregister einzutragen** ist.

V. Rechtsfolgen der Veränderung des Gesellschafterbestandes

Der **Altgesellschafter haftet** für die bis zu seinem Ausscheiden begründeten **Altverbindlichkeiten** gemäß § 126 S. 1 HGB weiterhin persönlich (Nachhaftung). In zeitlicher Hinsicht haftet der ausgeschiedene Gesellschafter nach § 137 Abs. 1 HGB für Altverbindlichkeiten, wenn sie vor dem Ablauf von fünf Jahren nach seinem Ausscheiden fällig und gerichtlich gegen ihn geltend gemacht worden sind.[452] Die Frist beginnt nach § 137 Abs. 1 S. 3 HGB erst, wenn das Ausscheiden des Gesellschafters in das Handelsregister eingetragen worden ist. Für nach seinem Ausscheiden begründete Neuverbindlichkeiten haftet der ausgeschiedene Gesellschafter nicht. 221

Der in eine OHG **eintretende Gesellschafter** haftet für Gesellschaftsschulden, die nach seinem Eintritt in die Gesellschaft entstanden sind **(Neuverbindlichkeiten)**, nach § 126 S. 1 HGB. Für Verbindlichkeiten der Gesellschaft, die bereits vor dem Eintritt entstanden sind **(Altverbindlichkeiten)**, ergibt sich – auch bei Änderung der Gesellschaftsfirma – eine persönliche Haftung des neuen Gesellschafters aus § 127 HGB.[453] 222

452 Kindler § 12 Rn. 10.

453 Kindler § 12 Rn. 33.

Die OHG wird – sofern nach dem Ausscheiden **noch mindestens zwei Gesellschafter** vorhanden sind – **fortgeführt**. Scheidet hingegen der vorletzte Gesellschafter einer OHG aus dieser aus, führt dies zur Auflösung der OHG.[454]

5. Abschnitt: Die Auflösung und Abwicklung der OHG

223 Die Beendigung einer OHG verläuft – wie bei den anderen Gesellschaftsformen auch – **in drei Schritten**:[455]

- Auflösung
- Abwicklung (Liquidation)
- Vollbeendigung

224 Für die **Auflösung** der OHG kann es unterschiedliche Gründe geben. Sie erfolgt – vorbehaltlich abweichender Regelungen im Gesellschaftsvertrag – nach § 138 Abs. 1 HGB insbesondere durch Zeitablauf (Nr. 1), Eröffnung des Insolvenzverfahrens über das Vermögen der OHG (Nr. 2), gerichtliche Entscheidung (Nr. 3, § 139 HGB) oder Auflösungsbeschluss der Gesellschafter (Nr. 4, § 140 HGB).

Für Gesellschaften, bei denen kein persönlich haftender Gesellschafter eine natürliche Person ist (z.B. GmbH & Co. OHG), ordnet § 138 Abs. 2 HGB weitere Auflösungsgründe an.

Die OHG erlischt ferner ohne Liquidation und unter Gesamtrechtsnachfolge durch Vereinigung aller Gesellschaftsanteile in einer Hand.[456]

Die Auflösung der OHG ist grundsätzlich von sämtlichen Gesellschaftern zur Eintragung in das Handelsregister anzumelden (§ 141 Abs. 1 S. 1 HGB) – es handelt sich also um eine eintragungspflichtige Tatsache, die die Publizitätswirkungen des § 15 HGB auslöst.

Die Eintragungspflicht durch sämtliche Gesellschafter gilt nicht in den Fällen der § 138 Abs. 1 Nr. 2 und Abs. 2 S. 1 HGB (Eröffnung des Insolvenzverfahrens über das Vermögen der OHG oder Ablehnung mangels Masse); in diesen Fällen hat das Insolvenzgericht die Auflösung und ihren Grund von Amts wegen einzutragen (§ 141 Abs. 1 S. 2 HGB). Im Falle der Löschung der Gesellschaft (§ 131 Abs. 2 Nr. 2 HGB) entfällt die Eintragung der Auflösung (§ 141 Abs. 1 S. 3 HGB).

Die OHG enthält im Handelsregister den Zusatz „i.L." (= „in Liquidation"). Durch die Auflösung wird die OHG nicht inexistent; vielmehr ändert sich ihr Zweck von einer werbenden in eine auf Auseinandersetzung gerichtete Gesellschaft.[457]

225 Die **Abwicklung** (Liquidation) der OHG richtet sich nach den §§ 143 ff. HGB. Vorbehaltlich abweichender Vereinbarungen der Gesellschafter (vgl. § 143 Abs. 2 HGB) haben die Liquidatoren i.S.v. § 144 HGB die laufenden Geschäfte zu beendigen, die Forderungen einzuziehen, das übrige Vermögen der OHG in Geld umzusetzen und die Gläubiger zu befriedigen (§ 148 Abs. 2 und 5 HGB). Das nach der Berichtigung der Schulden verblei-

454 Mock § 7 Rn. 390.
455 Mock § 7 Rn. 393.
456 Vgl. zur GbR Rn. 148.
457 Mock § 7 Rn. 394.

bende Vermögen der Gesellschaft ist nach dem Verhältnis der Kapitalanteile unter die Gesellschafter zu verteilen (§ 148 Abs. 8 HGB). Über den Verweis in § 105 Abs. 3 HGB gilt für die OHG-Gesellschafter die Nachschusspflicht des § 737 BGB.

Die Gesellschafter haben aber während des gesamten Beendigungsvorgangs die Möglichkeit, die bereits aufgelöste Gesellschaft durch einen grundsätzlich einstimmig zu fassenden **Fortsetzungsbeschluss** wieder zu einer werbenden Gesellschaft zu machen.[458]

Die **Vollbeendigung** der OHG tritt erst ein, wenn die Abwicklung abgeschlossen ist. 226
Dies ist der Fall, wenn die OHG infolge der Schlussverteilung an die Gesellschafter (§ 148 Abs. 8 HGB) kein Aktivvermögen mehr hat. Nach der Beendigung der Liquidation ist das Erlöschen der Firma in das Handelsregister anzumelden (§ 150 HGB). Auch nach der Vollbeendigung haften die Gesellschafter für unbeglichene (vergessene/unbekannte) Verbindlichkeiten der OHG persönlich (§§ 126 ff. HGB); die Ansprüche verjähren gemäß § 151 HGB in fünf Jahren ab Kenntnis des Gläubigers von der Auflösung.

458 Bitter/Heim § 5 Rn. 162.

227

Die offene Handelsgesellschaft (OHG)

Grundlagen

- Keine juristischen Personen, mindestens zwei Gesellschafter
- Gesamthandsgemeinschaften
- Rechtsfähigkeit folgt aus § 105 Abs. 2 HGB

Entstehung

- Gründung
  - Entstehung im Innenverhältnis durch Abschluss des Gesellschaftsvertrages i.S.v. § 705 Abs. 1 BGB
  - Entstehung im Außenverhältnis durch
    - Eintragung in das Handelsregister (§ 123 Abs. 1 S. 1 HGB) oder
    - Einvernehmlicher Aufnahme der Geschäfte (§ 123 Abs. 1 S. 2 HGB)
- Umwandlung

Organisation

- Grundsatz der Einzelgeschäftsführungsbefugnis aller Gesellschafter (§ 116 Abs. 1 und 3 HGB). Bei mehreren einzelgeschäftsführungsbefugten Gesellschaftern müssen beabsichtigte Geschäfte bei Widerspruch eines anderen geschäftsführungsbefugten Gesellschafter unterbleiben (§ 116 Abs. 3 S. 3 HGB). All dies kann gesellschaftsvertraglich abbedungen werden.
- Grundsatz der Einzelvertretungsbefugnis jedes Gesellschafters für die Vertretung im Außenverhältnis, (§ 124 Abs. 1 HGB).
  Beschränkung des Umfangs der Vertretungsmacht ist Dritten gegenüber grundsätzlich unwirksam (§ 124 Abs. 4 S. 1 HGB). Im Gesellschaftsvertrag können abweichende Bestimmungen getroffen werden.

Haftungsverfassung

- Rechtsfähige OHG haftet für Gesellschaftsschulden mit eigenem Gesellschaftsvermögen (§ 105 Abs. 2 HGB)
- Daneben haften OHG-Gesellschafter für die Erfüllung der Gesellschaftsschulden persönlich, unbeschränkt und akzessorisch (§§ 126–129 HGB)
- Unter den Gesellschaftern besteht ein echtes Gesamtschuldverhältnis, im Verhältnis zwischen OHG und Gesellschaftern hingegen nicht.

Abwicklung, Auflösung und Abwicklung

- Auflösung (§§ 138 ff. HGB)
- Abwicklung (Liquidation, §§ 143 ff. HGB)
- Vollbeendigung: Abschluss der Abwicklung
- Dies ist der Fall, wenn die OHG infolge der Schlussverteilung an die Gesellschafter (§ 148 Abs. 8 HGB) kein Aktivvermögen mehr hat.

3. Teil: Die Kommanditgesellschaft (KG)

Die Kommanditgesellschaft (KG) ist in den §§ 161 ff. HGB geregelt.[459] Sie ist eine **besondere Form der OHG**[460] und damit zunächst einmal eine **Personengesellschaft**, deren Zweck auf den **Betrieb eines Handelsgewerbes** unter gemeinschaftlicher Firma gerichtet ist. Im Gegensatz zur OHG existieren in der KG jedoch zwei Arten von Gesellschaftern. Zu dem persönlich haftenden Gesellschafter **(Komplementär)**, der nach den Vorschriften des OHG-Rechts haftet (§§ 126 ff. HGB), tritt mindestens ein haftungsprivilegierter Gesellschafter **(Kommanditist)**. Seine Haftung ist nach § 161 Abs. 1 HGB auf die Haftsumme beschränkt. **228**

Faustformel: Der Komplementär hat's schwer (weil er unbeschränkt haftet), der Kommanditist ist nur Statist (weil er selbst keine Vertretung übernimmt, die KG ohne ihn aber nicht existieren kann).

Wie jede Personengesellschaft ist auch die KG keine juristische Person, aber gleichwohl ist sie eine **rechtsfähige Personengesellschaft** (§§ 161 Abs. 2, 105 Abs. 2 HGB), also ein Rechtssubjekt.

1. Abschnitt: Grundlagen

Auf die KG **findet das Recht der OHG Anwendung**, soweit sich nicht aus den §§ 161 ff. HGB etwas Abweichendes ergibt (§ 161 Abs. 2 HGB). Folglich gelten über §§ 161 Abs. 2, 105 Abs. 3 HGB auch subsidiär die §§ 705 ff. BGB zur GbR. **229**

Für das **Innenverhältnis** der Gesellschafter untereinander ist **primär der Gesellschaftsvertrag maßgebend**; nur soweit dieser keine abweichenden Regelungen enthält, gelten die §§ 164–169 HGB (§ 163 HGB). Insoweit bildet § 163 HGB das Gegenstück zu § 108 HGB bei der OHG.[461] Die §§ 164–169 HGB befassen sich mit der Rechtsstellung der Kommanditisten. Dies verdeutlicht, dass diese den wesentlichen Unterschied der KG zur OHG ausmacht.

Für das **Außenverhältnis** der KG sind, soweit es um die Rechtsstellung der Komplementäre geht, über § 161 Abs. 2 HGB die Regeln zur OHG anwendbar. Ihre Rechtsstellung entspricht damit in jeder Hinsicht derjenigen der Mitglieder einer OHG.[462] Die §§ 170 bis 176 HGB enthalten ergänzende Vorschriften für die Kommanditisten. Diese Vorschriften sind **zwingend**.[463]

2. Abschnitt: Die Entstehung der KG

Eine KG kann durch **Gründung** oder durch **Umwandlung** entstehen. **230**

A. Entstehung durch Gründung

Bei der Gründung der KG ist – wie bei der OHG – zwischen ihrer Entstehung im Innenverhältnis und ihrer Wirksamkeit im Außenverhältnis zu unterscheiden. **231**

459 Vgl. hierzu den komprimierten Überblick bei Lange Jura 2015, 1017.

460 Koch § 20 Rn. 3, 22.

461 Ensthaler/Kluge/Kluge § 163 Rn. 2.

462 Windbichler/Bachmann § 17 Rn. 1.

463 Ensthaler/Kluge/Kluge § 163 Rn. 2; Kindler § 13 Rn. 14.

I. Innenverhältnis

232 Im Innenverhältnis entsteht die KG mit **Wirksamwerden des Gesellschaftsvertrags** i.S.v. § 705 Abs. 1 BGB.[464] Sie ist sogleich KG (vgl. § 161 Abs. 1 HGB: „ist eine Kommanditgesellschaft"), wenn der Gesellschaftsvertrag alle in § 161 Abs. 1 HGB aufgezählten konstitutiven Merkmale einer KG erfüllt. Auf die Voraussetzungen des § 123 HGB, der nur das Verhältnis zu Dritten betrifft, kommt es im Innenverhältnis nicht an.

II. Außenverhältnis

233 Für das Außenverhältnis findet über § 161 Abs. 2 HGB der § 123 HGB Anwendung.[465] Die KG entsteht demnach **spätestens mit ihrer Eintragung in das Handelsregister** (§§ 161 Abs. 2, 123 Abs. 1 S. 1 HGB).

Erfolgt die **Aufnahme der Geschäftstätigkeit** zu einem früheren Zeitpunkt, so ist dieser Zeitpunkt für die Entstehung im Außenverhältnis maßgeblich, sofern die KG ein **Handelsgewerbe** nach § 1 Abs. 2 HGB betreibt (§§ 161 Abs. 2, 123 Abs. 1 S. 2 HGB).

Handelt es sich dagegen um eine **kleingewerbliche Gesellschaft** (§ 2 HGB), eine solche mit dem Zweck der **Vermögensverwaltung** oder der gemeinsamen Ausübung freier Berufe (§§ 161 Abs. 2, 123 Abs. 1 S. 2, 107 Abs. 1 HGB), ist deren **Eintragung** in das Handelsregister für ihre Qualifikation als KG im Außenverhältnis hingegen **konstitutiv**. Nimmt sie ihre **Geschäftstätigkeit schon vorher** auf, ist sie **als (Außen-)KG gleichwohl rechtsfähig** und unterliegt den §§ 705 ff. BGB. Insbesondere findet die Haftungsbeschränkung des Kommanditisten keine Anwendung, vielmehr gilt für alle Gesellschafter die Haftung nach § 721 S. 1 BGB. Im Verhältnis der Gesellschafter untereinander gelten dann, wenn und soweit dies dem Willen der Vertragspartner entspricht, neben den Bestimmungen des Gesellschaftsvertrages bereits die Vorschriften zur KG.

B. Entstehung durch Umwandlung

234 Eine KG kann zum einen dadurch entstehen, dass sich eine bestehende Personengesellschaft (OHG, GbR) oder ein einzelkaufmännisches Unternehmen durch **Eintritt eines Kommanditisten** oder durch **Änderung der Rechtsstellung eines Gesellschafters** (z.B. § 131 HGB) in eine KG umwandelt.[466] Eine solche Umwandlung wird aufgrund der Haftungsbeschränkung des Kommanditisten erst mit **Eintragung in das Handelsregister** gegenüber Dritten wirksam.[467]

Durch die Umwandlung entsteht keine neue Gesellschaft, vielmehr bleibt aufgrund des Grundsatzes der **Identität der Personengesellschaften** die rechtliche Identität zwischen der vorherigen Gesellschaft und der neuen KG gewahrt.[468] Eine Übertragung der Vermögensgegenstände auf die neue KG ist dementsprechend weder erforderlich noch möglich.

---

464 Hier und zum Folgenden: Oetker/Oetker § 161 Rn. 26.

465 Hier und zum Folgenden: Koch § 20 Rn. 14.

466 Kindler § 13 Rn. 11.

467 Kindler § 13 Rn. 11.

468 Hier und zum Folgenden: Koch § 20 Rn. 17.

Zum anderen ist die formwechselnde Umwandlung einer **Kapitalgesellschaft** in die Rechtsform einer KG nach **§§ 190 ff., 228 ff. UmwG** möglich.[469] Danach erfolgt die Umwandlung nicht kraft Rechtsformzwangs, sondern aufgrund eines Beschlusses der Anteilsinhaber (§§ 193 f., 233 UmwG). Die Identität des Rechtsträgers bleibt von der Umwandlung unberührt, sodass auch in dieser Konstellation kein Vermögensübergang stattfindet (§ 202 Abs. 1 Nr. 1 UmwG). Aber der Rechtsformzusatz in der Firma (§ 19 HGB) ist stets anzupassen.[470]

3. Abschnitt: Die Haftungsverfassung der KG

Die Haftungsverfassung der KG entspricht insoweit derjenigen der OHG, als die **KG** für **235**
Verbindlichkeiten der Gesellschaft selbst (§ 161 Abs. 2 i.V.m. § 105 Abs. 2 HGB) und daneben akzessorisch die **persönlich haftenden Gesellschafter** (§ 161 Abs. 2 i.V.m. §§ 126 ff. HGB) haften. Besonderheiten ergeben sich aus den §§ 171 ff. HGB für die (beschränkte) Haftung der **Kommanditisten.**

Beispiel: Schließt ein vertretungsberechtigter Komplementär im Namen der KG einen wirksamen Kaufvertrag für die KG als Käuferin, kommen für den Anspruch des Verkäufers (Gläubigers) auf Kaufpreiszahlung aus § 433 Abs. 2 BGB **drei verschiedene Rechtssubjekte als Anspruchsgegner** in Betracht: die KG, der Komplementär und der Kommanditist. Die KG haftet als Vertragspartner des Gläubigers selbst auf Zahlung des Kaufpreises (§ 433 Abs. 2 BGB i.V.m. §§ 161 Abs. 2, 105 Abs. 2 HGB). Für die Erfüllung dieses Anspruchs haftet der Komplementär unbeschränkt persönlich (§ 433 Abs. 2 BGB i.V.m. §§ 161 Abs. 2, 126 S. 1 HGB). Eine (Außen-)Haftung des Kommanditisten kann sich aus §§ 171, 172 HGB ergeben; allerdings ist der Kommanditist von einer Außenhaftung gegenüber den Gläubigern der KG **befreit, soweit er eine werthaltige Einlage in Höhe der Haftsumme geleistet** hat (§ 171 Abs. 1 Hs. 2 HGB).

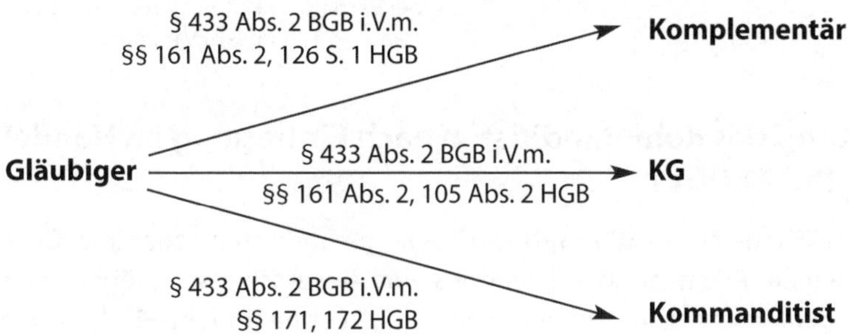

A. Die Haftung der KG

Für die Haftung der KG gelten die gleichen Grundsätze **wie bei der OHG.**[471] Die KG haf- **236**
tet für in ihrem Namen (§ 161 Abs. 2 i.V.m. § 105 Abs. 2 HGB) abgeschlossene Geschäfte, für das Verschulden von Erfüllungsgehilfen (§ 278 BGB), für die Handlungen von Verrichtungsgehilfen (§ 831 BGB)[472] und für das Verschulden ihrer „verfassungsmäßig berufenen Vertreter“ (§ 31 BGB analog).[473]

469 Hier und zum Folgenden: Oetker/Oetker § 161 Rn. 28 f.

470 Kindler § 13 Rn. 13.

471 S. hierzu Rn. 158 ff.

472 Zur Stellung einer Konzernschwestergesellschaft als Verrichtungsgehilfe i.S.v. § 831 BGB s. BGH RÜ 2013, 80.

473 Bitter/Heim § 7 Rn. 4.

B. Die Haftung der Komplementäre

237 Die Komplementäre haften **wie die Gesellschafter einer OHG**[474] persönlich mit ihrem gesamten Privatvermögen für die Erfüllung der Gesellschaftsschulden (§ 161 Abs. 2 i.V.m. §§ 126 ff. HGB). Die Gläubiger können sie also gesamtschuldnerisch, unbeschränkt, unmittelbar und primär in Anspruch nehmen.[475]

C. Die Haftung der Kommanditisten

238 Das Haftungssystem des Kommanditisten ist deutlich differenzierter ausgestaltet, als die Haftung der KG als solche und die Haftung der Komplementäre. **Grundsätzlich** haftet der Kommanditist **beschränkt** (§§ 171–175 HGB). **Ausnahmsweise** unterliegt er einer **unbeschränkten Haftung** bei Teilnahme der Gesellschaft am Rechtsverkehr vor ihrer Eintragung (§ 176 HGB).

Haftung der Gesellschafter einer KG

Komplementäre	Kommanditisten
■ **voll, persönlich**, als Gesamtschuldner, §§ 161 Abs. 2, 126 HGB ■ **auch Neueintretende**, §§ 161 Abs. 2, 127 HGB ■ **Austretende**, §§ 161 Abs. 2, 137 HGB	■ **Grundsätzlich:** – **beschränkt** auf Haftsumme, § 171 Abs. 1 **Beachte:** auch bei Einlagenrückzahlung, vgl. § 172 Abs. 4 – **auch Neueintretende**, § 173 i.V.m. § 171 ■ **Ausnahme:** voll, persönlich, falls neu eingetretener Kommanditist z.Z. der Begründung der Verbindlichkeit noch nicht im HR eingetragen, § 176 Abs. 2 i.V.m. Abs. 1

I. Die Haftung des Kommanditisten nach Eintragung im Handelsregister (§ 171 HGB)

239 § 171 Abs. 1 HGB regelt die **Außenhaftung** des Kommanditisten gegenüber Gläubigern der KG mit seinem Privatvermögen, welches vom Gesellschaftsvermögen zu trennen ist.[476] **Bis zu** dem Moment, in dem der Kommanditist seine **(Pflicht-)Einlage** in das Gesellschaftsvermögen erbringt, haftet er den Gesellschaftsgläubigern bis zur Höhe der Haftsumme beschränkt (Hs. 1). **Nach Leistung** der und nicht zurück erhaltener **Einlage** haftet der Kommanditist grundsätzlich nicht (Hs. 2). Eine Ausnahme hiervon bildet die Haftung vor Eintragung gemäß § 176 HGB.

1. Außenhaftung des Kommanditisten vor Leistung der Einlage nach § 171 Abs. 1 Hs. 1 HGB

240 Nach § 171 Abs. 1 Hs. 1 HGB haftet der Kommanditist den Gläubigern der Gesellschaft bis zur Höhe seiner Haftsumme unmittelbar und primär solange seine (Pflicht-)Einlage

474 S. hierzu Rn. 159 ff.

475 Bitter/Heim § 7 Rn. 5.

476 Zum Folgenden: Oetker/Oetker § 171 Rn. 1.

nicht geleistet ist. Die Gläubiger der KG haben das Recht, zur Begleichung einer Forderung gegenüber der KG auf das private Vermögen des Kommanditisten – beschränkt bis zur Höhe der im Handelsregister eingetragenen Haftsumme – zuzugreifen. Dabei unterscheidet sich der **Inhalt der Haftung** des Kommanditisten von der Haftung des Komplementärs dadurch, dass ersterer **stets nur auf eine Geldleistung haftet**.[477] Die für den Komplementär geltende Erfüllungstheorie[478] gilt für den Kommanditisten nicht.

Hierbei ist die **Haftsumme**[479] von der **(Pflicht-)Einlage zu unterscheiden**:[480]

- Da § 171 Abs. 1 Hs. 1 HGB ausschließlich das Außenverhältnis des Kommanditisten zu den Gesellschaftsgläubigern betrifft, ist für den Umfang seiner Haftung allein die Höhe der im Handelsregister eingetragenen und damit **nach außen kundgegebenen Haftsumme** i.S.v. § 162 Abs. 1 HGB relevant.[481] Diese ist ein im Gesellschaftsvertrag frei bestimmbarer Geldbetrag, der denjenigen Geldbetrag aufzeigt, bis zu dem der Kommanditist den Gläubigern der KG **im Außenverhältnis** – außer in den Fällen des § 176 HGB – maximal haftet. Insbesondere schreibt das Gesetz hierfür keine Untergrenze in Form irgendeiner „Mindesthaftsumme" vor.[482] **241**
- Von dieser in § 171 Abs. 1 Hs. 1 HGB maßgeblichen Haftsumme ist die Einlage, im Gesetz **„vereinbarte Einlage"** zu unterscheiden. Zu ihrer Leistung verpflichtet sich der Kommanditist **im Innenverhältnis** zur Gesellschaft **(„Pflichteinlage")**. Sie ist im Rahmen des § 171 Abs. 1 Hs. 2 HGB zu berücksichtigen.[483] Die Pflichteinlage muss – anders als die Haftsumme – nicht in einem Geldbetrag ausgedrückt sein; sie unterliegt der freien Verfügung der Gesellschafter. **242**

Wertmäßig **können** Pflichteinlage und Haftsumme **voneinander abweichen**.[484] Wenn im Gesellschaftsvertrag eine getrennte Ausweisung fehlt und dieser nur die Höhe der „Einlage" festlegt, werden Pflichteinlage und Haftsumme jedoch im Zweifel einander entsprechen.[485] **243**

Für die **Gesellschaftsgläubiger** ist die Einlage nur von nachgeordneter Bedeutung.[486] In Ermangelung eines Anspruchs auf Leistung der Einlage ist eine unmittelbare persönliche Inanspruchnahme der Kommanditisten grundsätzlich[487] nur in Höhe der **Haftsumme** möglich. Eine Inanspruchnahme des Kommanditisten in Höhe der **Pflichteinlage** ist dem Gesellschaftsgläubiger **ausnahmsweise** dann möglich, wenn er die Einlageforderung von der Gesellschaft nach §§ 404 ff. BGB durch Abtretung erwirbt oder auf diese durch eine Pfändung zugreift.

477 Koch § 22 Rn. 4; Schäfer § 13 Rn. 5.

478 Vgl. Rn. 168.

479 BGH NJW 1973, 1036, 1037; OLG Schleswig NZG 2009, 256, 257; MünchKomm-HGB/K. Schmidt §§ 171, 172 Rn. 5 ff.

480 BGH NJW 1995, 197, 198; Baumbach/Hopt/Roth, HGB, § 171 Rn. 1; Oetker/Oetker § 171 Rn. 6.

481 Oetker/Oetker § 171 Rn. 7.

482 Eine Mindesthaftsumme kennt das Gesetz hingegen nicht (Oetker/Oetker § 171 Rn. 7).

483 Hier und zum Folgenden: Oetker/Oetker § 171 Rn. 8.

484 OLG Schleswig NZG 2009, 256, 257; Bitter/Heim § 7 Rn. 8.

485 BGH NJW 1977, 1820, 1821; Oetker/Oetker § 171 Rn. 8.

486 Hier und zum Folgenden: Oetker/Oetker § 171 Rn. 10.

487 Oetker/Oetker § 171 Rn. 10.

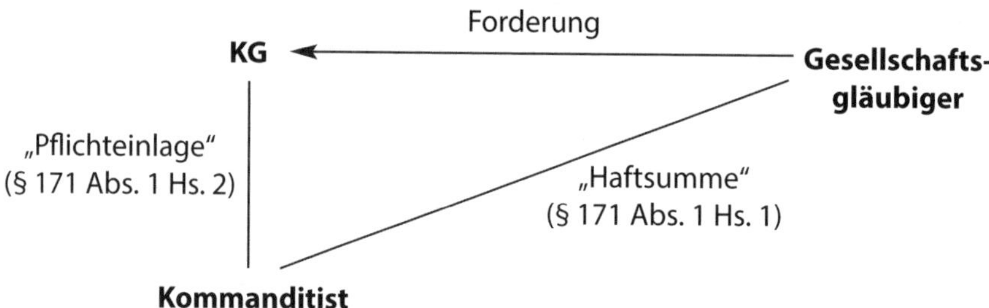

244 Die Haftung des Kommanditisten nach § 171 Abs. 1 Hs. 1 HGB **beginnt** in dem Zeitpunkt, in dem die KG als solche in das Handelsregister eingetragen wird oder einen kaufmännischen Gewerbebetrieb aufnimmt (§ 161 Abs. 2 i.V.m. § 123 Abs. 1 HGB). Bei einer bestehenden KG ist der Eintritt des Kommanditisten in die Rechte und Pflichten des Gesellschaftsvertrages das haftungsauslösende Moment.[488]

Umgekehrt **endet** die Haftung des Kommanditisten aber nicht automatisch dadurch, dass er aus der KG austritt oder diese aufgelöst wird.[489] Sowohl das Ausscheiden des Kommanditisten als auch die Auflösung der Gesellschaft haben unabhängig von der Art der Auseinandersetzung[490] den Untergang der Pflichteinlageansprüche, nicht aber die Beendigung der Haftung des Kommanditisten im Außenverhältnis zur Folge. Statt dieser legt das Gesetz in § 161 Abs. 2 i.V.m. §§ 151 Abs. 1, 137 HGB eine (maximal) fünfjährige Ausschluss- bzw. Verjährungsfrist für die Haftung des Kommanditisten in Bezug auf Altverbindlichkeiten der Gesellschaft fest. Unter der Voraussetzung, dass der Kommanditist seine Pflichteinlage noch nicht erbracht oder wieder zurückerhalten hat, kann er innerhalb dieser Frist gesamtschuldnerisch und summenmäßig beschränkt für jede Verbindlichkeit in Anspruch genommen werden, die bis zum eintragungspflichtigen Ausscheidens- bzw. Auflösungszeitpunkt begründet worden ist. Damit garantiert das Gesetz dem Gesellschaftsgläubiger, dass weder das Ausscheiden eines Gesellschafters noch die Auflösung der KG seine Rechtsposition schmälert.[491]

245 Für **Neuverbindlichkeiten** haftet der Kommanditist im Übrigen nur dann, wenn es an einem Ausscheidens- bzw. Rechtsnachfolgevermerk im Handelsregister fehlt und der Vertragspartner auf den vom Handelsregister ausgewiesenen Rechtsschein gutgläubig vertraut hat (§§ 162 Abs. 2, 15 Abs. 1 HGB).[492]

2. Haftungsausschluss nach Leistung der Einlage, § 171 Abs. 1 Hs. 2 HGB

246 Die (Außen-)Haftung des Kommanditisten gegenüber Gesellschaftsgläubigern gemäß § 171 Abs. 1 Hs. 1 HGB ist nach § 171 Abs. 1 Hs. 2 HGB **ausgeschlossen, soweit die Einlage geleistet ist.** Die Einlageleistung ist ein Beitrag i.S.v. §§ 161 Abs. 2, 105 Abs. 3 HGB i.V.m. § 705 BGB, der unabhängig von seinem Gegenstand auf verschiedenen Wegen in

488 Oetker/Oetker § 171 Rn. 15.
489 Hier und zum Folgenden: Oetker/Oetker § 171 Rn. 16.
490 MünchKomm-HGB/K. Schmidt §§ 171, 172 Rn. 21 f.
491 BGH NJW 1963, 1873, 1876; Oetker/Oetker § 171 Rn. 15.
492 Oetker/Oetker § 171 Rn. 17.

das haftende Vermögen der KG überführt werden kann.[493] In diesem Punkt wird der funktionelle Zusammenhang zwischen Pflichteinlage und Haftsumme deutlich: Um eine Haftungsbefreiung i.S.v. § 171 Abs. 1 Hs. 2 HGB zu erreichen, muss der Kommanditist mit seinem Beitrag der KG ein der Haftsumme objektiv entsprechendes Vermögen tatsächlich zur Verfügung stellen **(Kapitalaufbringungsprinzip)**.[494]

Die Haftungsbefreiung tritt ein, **„soweit"** die Pflichteinlage geleistet wurde.[495] Sollte die Pflichteinlage hinter dem Betrag der Haftsumme zurückbleiben, kann sich der Kommanditist, um nicht dauerhaft Außenansprüchen ausgesetzt zu sein, durch Zahlung des Differenzbetrages an die Gesellschaft befreien.[496]

Die **Befriedigung eines Gesellschaftsgläubigers durch einen Kommanditisten** ist genau genommen keine Leistung der Pflichteinlage, weil nicht auf die Einlage geleistet wird.[497] Der Kommanditist wird jedoch in Höhe des objektiven Leistungswertes von seiner persönlichen Haftung befreit, weil er die KG insoweit von einer Verbindlichkeit gegenüber dem Gläubiger befreit hat und diese um die ihr ersparten Aufwendungen bereichert ist.[498] Die **Schuldbefreiung** führt unabhängig von dem Rechtsgrund der Forderung im Innenverhältnis zur KG zu einer Minderung der Haftungsschuld des Kommanditisten im Werte der von ihm aufgewendeten Auslagen.[499]

3. Haftung des Kommanditisten in der Insolvenz, § 171 Abs. 2 HGB

Bei einer Eröffnung des Insolvenzverfahrens über das Vermögen der KG besteht zwi- **247**
schen den einzelnen Gläubigern der KG ein Wettbewerb dahingehend, wer den Kommanditisten als erster erfolgreich in Anspruch nehmen kann. Ein solches **Wettrennen der Gläubiger** soll dadurch verhindert werden, dass die unmittelbare Haftung des Kommanditisten nach § 171 Abs. 1 Hs. 1 HGB gegenüber den Gläubigern der KG während der Dauer des Insolvenzverfahrens über das Vermögen der KG nur deren Insolvenzverwalter geltend machen kann (§ 171 Abs. 2 HGB).[500] Die **insolvenzrechtliche Bindung der Haftsumme** verhindert eine Ausschöpfung der summenmäßig beschränkten Haftung des Kommanditisten durch einen Gesellschaftsgläubiger zum Nachteil der anderen.[501] § 171 Abs. 2 HGB dient damit dem obersten insolvenzrechtlichen Primat der **gleichmäßigen Befriedigung der Gesellschaftsgläubiger** (par conditio creditorum).[502]

Dem Ausnahmetatbestand des § 171 Abs. 2 HGB wird eine **Doppelfunktion** zugeschrieben:[503]

(1) Die Gläubiger können nicht mehr gegen persönlich haftende Gesellschafter vorgehen und diese können nicht mehr befreiend an den Gläubiger der Gesellschaft leisten **(Sperrfunktion)**.[504]

---

493 Hier und zum Folgenden: Oetker/Oetker § 171 Rn. 36.

494 BGH NJW 1985, 2947, 2949.

495 Hier und zum Folgenden: Ensthaler/Kluge/Kluge § 171 Rn. 19.

496 BGH NJW 1972, 480, 481.

497 BGH NJW 1984, 2290, 2291; hier und zum Folgenden Oetker/Oetker § 171 Rn. 39.

498 BGH NJW 1985, 2947, 2948.

499 BGH NJW 1972, 480, 481.

500 Mock § 8 Rn. 447.

501 BGH NJW 1990, 3145, 3146; BGH NJW 1964, 2407, 2409; Oetker/Oetker § 171 Rn. 55.

502 BGH NJW 1982, 883, 885; BGH NJW 1972, 480, 482; Oetker/Oetker § 171 Rn. 3.

503 Ensthaler/Kluge/Kluge § 171 Rn. 23; K. Schmidt, GesR, § 54 V 2.

504 K. Schmidt, GesR, § 54 V 2; MünchKomm-HGB/K. Schmidt §§ 171, 172 Rn. 116.

(2) Der Insolvenzverwalter ist ermächtigt, die Haftung des Kommanditisten aus § 171 Abs. 1 Hs. 1 HGB durchzusetzen **(Ermächtigungsfunktion)**. Dadurch wird sichergestellt, dass die Haftung des Kommanditisten geltend gemacht wird und im Anschluss unter allen Gläubigern aufgeteilt wird.[505]

Mit Eröffnung des Insolvenzverfahrens geht nicht nur die Befugnis zur Inanspruchnahme des Kommanditisten aus § 171 Abs. 1 Hs. 1 HGB auf den Insolvenzverwalter über (§ 171 Abs. 2 HGB i.V.m. § 93 InsO). Gleichzeitig oder alternativ kann er von dem Kommanditisten die (noch ausstehende) **Leistung der Pflichteinlage verlangen** (§ 80 InsO).[506]

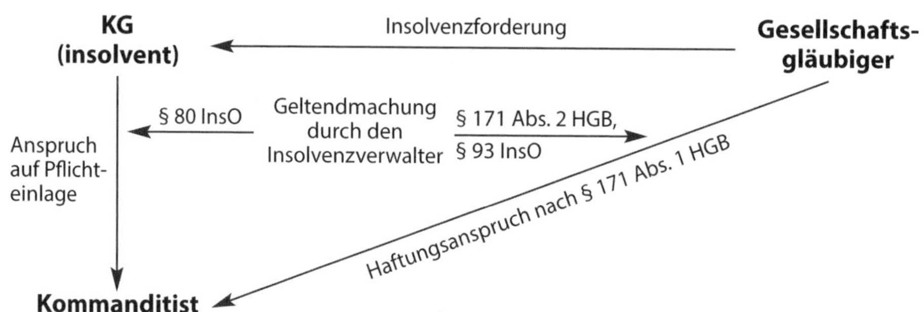

II. Haftungsschädliche Einlagenrückgewähr nach § 172 Abs. 4 HGB

248 Grundsätzlich entfällt die persönliche Haftung des Kommanditisten, wenn dieser die im Innenverhältnis zur KG zu erbringende Pflichteinlage (= die vereinbarte Einlage) geleistet hat (§ 171 Abs. 1 Hs. 2 HGB).[507] § 172 Abs. 4 HGB tritt ergänzend hinzu und betrifft Sachverhalte, bei denen sich **die im Außenverhältnis** des Kommanditisten zu den Gesellschaftsgläubigern **ausgeschlossene Haftung wieder in eine summenmäßig beschränkte Kommanditistenhaftung zurückverwandelt**.[508]

Der Umfang, in dem die Haftung nach § 172 Abs. 4 HGB wieder auflebt, ist **dabei in dreifacher Hinsicht begrenzt**, nämlich durch die Haftsumme, die Höhe des ausgezahlten Betrags und das Ausmaß der dadurch ggf. entstehenden Haftsummenunterdeckung.[509] Die Haftung nach §§ 171 Abs. 1, 172 Abs. 4 HGB soll nur gewährleisten, dass die Haftsumme im Gesellschaftsvermögen gedeckt ist; auf mehr können die Gläubiger nicht vertrauen.[510]

Die in § 172 Abs. 4 HGB beschriebene Wirkung tritt dabei nur gegenüber den Gläubigern ein, d.h. das Innenverhältnis zur Gesellschaft ist davon nicht berührt.[511] Ein Rückgewähranspruch der Gesellschaft entsteht somit nicht automatisch, sondern kann sich nur aus anderen Rechtsgründen ergeben, insbesondere aus einer entsprechenden (ge-

505 Mock § 8 Rn. 447.

506 Hier und zum Folgenden: Oetker/Oetker § 171 Rn. 57 f.

507 Hier und zum Folgenden: Oetker/Oetker § 172 Rn. 16.

508 Ensthaler/Kluge/Kluge § 172 Rn. 12.

509 BGH NJW 2011, 2351 Rn. 19; LG Dortmund, Urt. v. 01.07.2015 – 5 O 35/15, BeckRS 2015, 17951, dort unter I.1.b)bb); MünchKomm-HGB/K. Schmidt §§ 171, 172 Rn. 69 f.

510 BGH NJW 2011, 2351 Rn. 19; BGHZ 84, 383, 387; MünchKomm-HGB/K. Schmidt §§ 171, 172 Rn. 68.

511 BGH NJW 2013, 2278 Rn. 11; BGH, Urt. v. 01.07..2014 – II ZR 73/12, BeckRS 2014, 16417 Rn. 13 f.; BGH NZG 2016, 424 Rn. 10 f.

sellschafts-)vertraglichen Abrede.[512] § 172 Abs. 4 HGB ist insofern also nicht mit den Kapitalerhaltungsregeln der §§ 30, 31 GmbHG vergleichbar.[513]

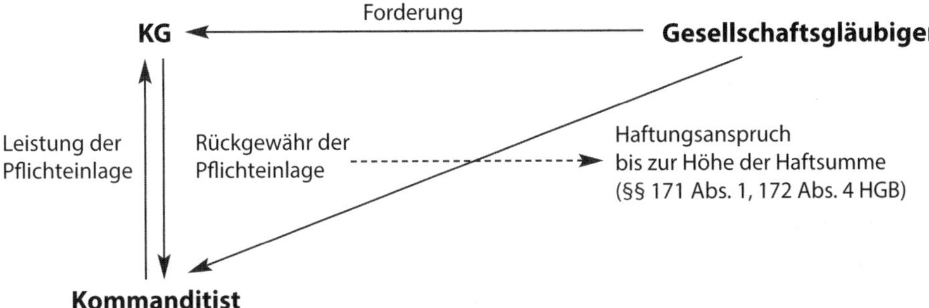

1. § 172 Abs. 4 S. 1 HGB

Soweit die **Einlage eines Kommanditisten zurückbezahlt** wird, gilt sie den Gläubigern gegenüber als nicht geleistet (§ 172 Abs. 4 S. 1 HGB). Die Auszahlung ist hierdurch aber (anders als z.B. i.R.v. §§ 30, 31 GmbHG) nicht verboten;[514] das Gesetz knüpft daran lediglich bestimmte Rechtsfolgen,[515] nämlich die **Reanimation der Außenhaftung**. Diese lässt aber **nicht** automatisch auch einen **Rückgewähranspruch der KG** bei Rückzahlung der Einzahlung entstehen[516] (s. dazu oben). 249

Das Gesetz spricht in § 172 Abs. 4 S. 1 HGB davon, dass die Einlage des Kommanditisten „zurückbezahlt" wird. Dieser Gesetzeswortlaut, der vermuten lässt, dass nur Geldzahlungen an den Kommanditisten erfasst wären, ist zu eng.[517] Eine Beschränkung auf Zahlungen würde dem Zweck der Vorschrift und ihrem Regelungszusammenhang mit § 171 HGB nicht gerecht, sodass ein weites Verständnis angezeigt ist.[518] Entscheidend ist, dass der Gesellschaft **Vermögenswerte ohne (adäquate) Kompensation entzogen** wurden.[519] Dementsprechend kann z.B. auch eine Sachleistung der Gesellschaft an einen Kommanditisten eine Einlagenrückzahlung i.S.d. § 172 Abs. 4 S. 1 HGB darstellen.

Eine Beseitigung der reanimierten Außenhaftung ist dem Kommanditisten jederzeit durch erneute Einlageleistung möglich.[520]

2. § 172 Abs. 4 S. 2 HGB

Die Außenhaftung des Kommanditisten lebt auch wieder auf, soweit ein **Kommanditist Gewinnanteile entnimmt**, während sein Kapitalanteil durch Verlust unter den Betrag 250

512 BGH ZIP 2005, 1552, 1553; BGH NJW 2013, 2278 Rn. 11.

513 Ensthaler/Kluge/Kluge § 172 Rn. 13; MünchKomm-HGB/K. Schmidt §§ 171, 172 Rn. 70; vgl. auch BGH NJW 2013, 2278 Rn. 12 und BGH, Urt. v. 01.07.2014 – II ZR 73/12, BeckRS 2014, 16417 Rn. 15; hierzu krit. Bitter/Heim § 7 Rn. 39.

514 Vgl. Oetker/Oetker § 172 Rn. 16; K. Schmidt, JuS 2013, 846, 847.

515 Ensthaler/Kluge/Kluge § 172 Rn. 12.

516 LG Hamburg, Urt. v. 23.01.2014 – 413 HKO 127/13, BeckRS 2014, 125954; Ensthaler/Kluge/Kluge § 172 Rn. 13.

517 MünchKomm-HGB/K. Schmidt §§ 171, 172 Rn. 65.

518 Ensthaler/Kluge/Kluge § 172 Rn. 15.

519 BGH NJW 1963, 1873, 1876; OLG Hamburg NZI 2015, 987, 988; OLG Hamm NZG 2010, 1298, 1299; Ensthaler/Kluge/Kluge § 172 Rn. 15.

520 LG Köln, Urt. v. 08.05.2012 – 21 O 300/11, BeckRS 2013, 00022 Rn. 50; Ensthaler/Kluge/Kluge § 172 Rn. 14.

der Haftsumme herabgemindert ist, oder soweit durch die Entnahme der Kapitalanteil unter diesen Betrag herabgemindert wird (§ 172 Abs. 4 S. 2 HGB). Umfasst sind letztlich also solche Entnahmen von Gewinnanteilen, die den gesetzgeberischen Vorgaben des § 169 Abs. 1 HGB widersprechen.[521]

Dem Kommanditisten ist es nach **§ 169 Abs. 1 HGB im Innenverhältnis** zur Gesellschaft versagt, die Auszahlung des auf ihn entfallenden Gewinns zu fordern, sofern sein Kapitalanteil durch Verluste bereits unter den Betrag der im Innenverhältnis aufgrund gesellschaftsvertraglicher Vereinbarung zu erbringenden Pflichteinlage gesunken ist oder die Auszahlung zu einer derartigen Unterdeckung führen würde.[522] **§ 172 Abs. 4 S. 2 HGB** behandelt **spiegelbildlich** die Haftungsverhältnisse **im Außenverhältnis**[523] und ordnet in entsprechender Höhe eine wieder „auflebende" Außenhaftung des Kommanditisten gegenüber den Gläubigern der Gesellschaft an.

Beispiel: Die X-KG, deren Gesellschafter A (Komplementär mit einer Einlage i.H.v. 100.000 €) und B (Kommanditist, wobei sich sowohl Haftsumme als auch Pflichteinlage auf 100.000 € belaufen) sind, erwirtschaftet im Geschäftsjahr 2023 insgesamt einen Verlust von 50.000 €. Dieser wird anhand der Regelungen in § 161 Abs. 2 i.V.m. § 120 Abs. 2 Hs. 2 HGB auf die Gesellschafter verteilt und von ihrem Kapitalanteil abgeschrieben.[524] Da A und B hier zu gleichen Teilen beteiligt sind, wird von ihrem Kapitalkonto also jeweils ein Verlustbetrag von 25.000 € abgezogen. Der Kapitalanteil des B beträgt somit nur noch 75.000 € und liegt damit unter seiner geleisteten Einlage. Im Geschäftsjahr 2024 erzielt die X-KG sodann wieder Gewinne, allerdings nur i.H.v. 10.000 €.

Auch nach Verteilung dieses Gewinns auf die Kapitalkonten der Gesellschafter bleibt es deshalb dabei, dass der Kapitalanteil des B unter den Betrag der Haftsumme herabgemindert ist.

I. A kann folglich gemäß § 169 Abs. 1 Fall 1 HGB im Innenverhältnis zur Gesellschaft keine Gewinnauszahlung verlangen.
II. Im Falle einer dennoch erfolgenden Entnahme lebt seine Außenhaftung nach § 172 Abs. 4 S. 2 HGB wieder auf.

III. Haftung der Kommanditisten vor Eintragung im Handelsregister (§ 176 HGB)

251 Vor Eintragung der Haftungsbeschränkung im Handelsregister haftet der Kommanditist nach § 176 HGB **unbeschränkt**. § 176 Abs. 1 HGB regelt die Haftung vor Eintragung einer neu gegründeten KG, während § 176 Abs. 2 HGB die Haftung vor Eintragung bei Eintritt in eine bereits bestehende Handelsgesellschaft betrifft.

1. Haftung vor Eintragung der KG (§ 176 Abs. 1 HGB)

252 Hat die Gesellschaft ihre Geschäfte begonnen, bevor sie in das Handelsregister eingetragen ist, so haftet jeder Kommanditist, der dem Geschäftsbeginn (insoweit gilt über § 161 Abs. 2 HGB die Regelung des § 123 Abs. 1 S. 2 HGB) – ausdrücklich oder konkludent[525] – zugestimmt hat, für die bis zur Eintragung begründeten Verbindlichkeiten der Gesellschaft **wie ein persönlich haftender Gesellschafter** (vgl. §§ 161 Abs. 2, 126 S. 1 HGB),

---

521 Ensthaler/Kluge/Kluge § 172 Rn. 20.

522 Oetker/Oetker § 172 Rn. 31.

523 BGH NJW 2013, 2278 Rn. 10.

524 Ausführlich zur Gewinn- und Verlustverteilung unten Rn. 266 ff.

525 Ensthaler/Kluge/Kluge § 176 Rn. 5.

es sei denn, dass seine Beteiligung als Kommanditist dem Gläubiger positiv bekannt war (§ 176 Abs. 1 HGB).

Ein bloßes Kennenmüssen reicht also nicht aus.[526] Nach der Formulierung des § 176 Abs. 1 Hs. 2 HGB („es sei denn") ist diesbezüglich der Kommanditist beweisbelastet.[527] Auf die Kenntnis des Gläubigers von der Höhe der Einlage kommt es hingegen nicht an.[528]

Diese **„Zwischenhaftung"** erstreckt sich auf Verbindlichkeiten, die zwischen Geschäftsbeginn und Handelsregistereintragung begründet wurden; dabei entbindet die spätere Eintragung – im Unterschied zur Handelndenhaftung aus § 11 Abs. 2 GmbHG[529] – nicht von der unbeschränkten persönlichen Haftung.[530] Durch diese Regelung will der Gesetzgeber Druck auf die Gesellschafter ausüben, die Eintragung der KG im Handelsregister voranzutreiben.[531] Da § 176 Abs. 1 HGB (wie auch § 15 HGB) einen **abstrakten Vertrauensschutz** vermittelt,[532] erstreckt sich die unbeschränkte Haftung der Kommanditisten vor Eintragung der Gesellschaft allerdings nur auf **Verbindlichkeiten aus bzw. im Zusammenhang mit Rechtsgeschäften und rechtsgeschäftsähnlichen Handlungen**; ausgenommen sind hingegen insbesondere Deliktsansprüche, da Vertrauen hier typischerweise keine Rolle spielt.[533]

Der strengen Haftungsfolge des § 176 HGB kann der Kommanditist dadurch entgehen, dass er seinen **Beitritt unter die aufschiebende Bedingung (§ 158 Abs. 1 BGB) der Handelsregistereintragung** stellt.[534] Stimmt er allerdings trotz einer solchen Bedingung der Geschäftsaufnahme zu, lebt die unbeschränkte persönliche Haftung wieder auf.[535]

Bei einer **Schein-KG** kommt § 176 HGB (analog) nicht zur Anwendung;[536] stattdessen kann es hier zu einer Rechtsscheinshaftung des Scheinkommanditisten kommen.[537] Ebenfalls unanwendbar ist § 176 HGB bei der **GmbH & Co. KG**, weil dem Rechtsverkehr dann bereits aufgrund der Firmierung der Gesellschaft verdeutlicht wird, dass sämtliche involvierten natürlichen Personen nur Kommanditisten sein können.[538]

2. Haftung bei nicht eingetragenem Neueintritt (§ 176 Abs. 2 HGB)

Tritt eine Person als Kommanditist in eine bestehende Handelsgesellschaft ein, so gilt nach § 176 Abs. 2 HGB der § 176 Abs. 1 S. 1 HGB entsprechend für die **Zeit zwischen Eintritt und der Eintragung** als Kommanditist in das Handelsregister. **253**

- Es muss eine **Handelsgesellschaft** bestehen. Dies kann entweder eine KG sein oder eine OHG, die durch den Eintritt eines Kommanditisten zur KG wird.

526 Ensthaler/Kluge/Kluge § 176 Rn. 7.
527 BGH NJW 1982, 883, 884; Ensthaler/Kluge/Kluge § 176 Rn. 7.
528 Ensthaler/Kluge/Kluge § 176 Rn. 7.
529 S. hierzu Rn. 370 ff.
530 Ensthaler/Kluge/Kluge § 176 Rn. 2.
531 Hier und zum Folgenden: Bitter/Heim § 7 Rn. 15.
532 BGH NJW 1982, 883, 885 (m. Anm. K. Schmidt).
533 BGH NJW 1982, 883, 885.
534 BGH NJW 1982, 883, 885; Ensthaler/Kluge/Kluge § 176 Rn. 6.
535 BGH NJW 1982, 883, 885; Ensthaler/Kluge/Kluge § 176 Rn. 6.
536 BGHZ 73, 217, 220.
537 Ensthaler/Kluge/Kluge § 176 Rn. 3.
538 Ensthaler/Kluge/Kluge § 176 Rn. 8.

- Der in Anspruch Genommene muss **als Kommanditist in die KG eingetreten** sein. Der Eintritt ist grundsätzlich mit Abschluss des Eintrittsvertrages wirksam. Der Kommanditist kann die Haftung des § 176 Abs. 2 HGB aber verhindern, indem er vereinbart, dass der Eintritt unter der aufschiebenden Bedingung der Eintragung wirksam werden soll.[539] Auch bei **Abtretung** eines Kommanditanteils greift § 176 Abs. 2 HGB ein.[540] Die Vorschrift gilt nicht für die **Anteilsumwandlung** sowie die **Nachfolge von Todes wegen**.[541]

- Das **Geschäft**, aus dem der Anspruchsteller Rechte geltend macht, muss **in der Zeit zwischen Eintritt und Eintragung getätigt** worden sein. Eine Zustimmung des Kommanditisten zu der Fortführung der Geschäfte ist nicht erforderlich.

- Die Haftung tritt **nicht** ein, wenn dem Gläubiger die Beteiligung als Kommanditist **bekannt** war (§ 176 Abs. 2 i.V.m. Abs. 1 letzter Hs. HGB).

IV. Die Haftung bei Änderungen des Gesellschafterbestandes

254 Ebenso wie bei den übrigen Gesellschaften kann der Wechsel von Gesellschaftern auch bei einer KG durch den **Eintritt eines neuen Gesellschafters**, das **Ausscheiden eines alten Gesellschafters**, die **Übertragung des Gesellschafteranteils** und die **Nachfolge von Todes wegen** erfolgen.[542] Dabei ist zunächst zu bedenken, dass für diese Tatbestände beim Komplementär die Grundsätze der OHG gelten.[543] Lediglich für den Wechsel des Kommanditisten sehen die §§ 161 ff. HGB insbesondere bezüglich der Haftung teilweise abweichende Regelungen vor.

1. Eintritt (§ 173 HGB)

255 § 173 HGB regelt die Erstreckung der beschränkten **Haftung des Neukommanditisten auf Altschulden der Gesellschaft**. Es handelt sich um eine **Parallelnorm zu § 127 HGB**, die in direkter Anwendung für OHG-Gesellschafter und über den Verweis in § 161 Abs. 2 HGB entsprechend für die Komplementäre einer KG gilt.[544]

Tritt jemand als Kommanditist (für den Eintritt als Komplementär gelten die §§ 161 Abs. 2, 127, 126 HGB)[545] in eine bestehende Handelsgesellschaft ein, haftet er nach Maßgabe der §§ 171, 172 HGB für die **(Neu-)Verbindlichkeiten** der Gesellschaft, die nach seinem Eintritt entstehen. Die Haftung erstreckt sich aber auch auf die **(Alt-)Verbindlichkeiten** der Gesellschaft, die vor seinem Eintritt entstanden sind (§ 173 Abs. 1 HGB). Eine hiervon abweichende Vereinbarung ist Dritten gegenüber unwirksam (§ 173 Abs. 2 HGB).

§ 173 HGB setzt lediglich voraus, dass jemand als Kommanditist „in eine bestehende Handelsgesellschaft" eintritt.[546] Dabei ist es gleichgültig, ob es sich schon um eine KG

---

539 K. Schmidt NJW 1982, 886; Mock § 8 Rn. 444.
540 BGH NJW 1983, 2259.
541 K. Schmidt, GesR, § 55 II 2b.
542 Hier und zum Folgenden: Mock § 8 Rn. 463.
543 S. hierzu Rn. 211 ff.
544 Ensthaler/Kluge/Kluge § 173 Rn. 1.
545 Ensthaler/Kluge/Kluge § 173 Rn. 12.
546 Hierzu und zum Folgenden: Koch § 22 Rn. 24.

handelt oder ob eine OHG erst durch den Eintritt zur KG wird.[547] § 173 HGB findet hingegen **keine Anwendung, wenn** erst durch den Eintritt des Kommanditisten eine **Handelsgesellschaft entsteht** (vgl. dazu § 28 HGB).

Darüber hinaus unterliegt der Kommanditist **zwischen dem Beitritt in die KG und seiner Eintragung** in das Handelsregister der **unbeschränkten Haftung** des § 176 HGB. In der Praxis wird diese Haftung jedoch durch einen durch die Handelsregistereintragung **aufschiebend bedingten Beitritt** regelmäßig verhindert.[548]

2. Ausscheiden (§ 161 Abs. 2 i.V.m. § 137 HGB)

Scheidet ein Kommanditist aus der Gesellschaft aus, trifft ihn gemäß §§ 171, 172, 161 **256**
Abs. 2, 137 HGB eine **Nachhaftung** für die bis dahin begründeten **(Alt-)Verbindlichkeiten** der KG; für nach seinem Ausscheiden begründete (Neu-)Verbindlichkeiten haftet er hingegen nicht.[549]

Regelmäßig wird dem Kommanditisten bei seinem Ausscheiden durch die KG eine **Ab-** **257**
findung aufgrund eines Abfindungsanspruches nach §§ 135, 161 Abs. 2 HGB gezahlt. Eine solche Zahlung **gilt als Einlagenrückgewähr, die nach § 172 Abs. 4 S. 1 HGB** die unmittelbare Haftung des Kommanditisten wieder aufleben lässt.[550] Die Einlage eines Kommanditisten steht den Gläubigern der Gesellschaft auch nach seinem Ausscheiden als Haftungsmasse zur Verfügung; erhält er sie (als Abfindung) zurück, lebt seine Haftung in Höhe des Abfindungsbetrags und begrenzt auf die Höhe der Haftsumme wieder auf.

Dies gilt auch, wenn das Ausscheiden des alten Kommanditisten mit dem Eintritt eines **258**
neuen Kommanditisten verbunden ist, wenn also ein **Gesellschafterwechsel** im Wege der **Kombination von Aus- und Eintritt** erfolgt. Der durch einen Aufnahmevertrag neu in die Gesellschaft eintretende Kommanditist, der auch für vor seinem Eintritt begründete Verbindlichkeiten haftet, muss eine Einlage in Höhe der für ihn eingetragenen Haftsumme erbringen, um in den Genuss der Haftungsbefreiung nach § 171 Abs. 1 Hs. 2 HGB zu kommen. Da die Einlage des eintretenden nicht mit derjenigen des ausscheidenden Kommanditisten identisch ist, muss zudem auch die Einlage des Eintretenden für den Gläubigerzugriff erhalten bleiben. Die **Haftungsmasse** wird also bei einer Kombination von Aus- und Eintritt **erweitert.** Es müssen beide Einlagen – diejenige des ausscheidenden und diejenige des eintretenden Kommanditisten – erbracht und erhalten sein, damit beide nicht mehr bzw. wieder haften.

Sofern nicht die Gesellschaft selbst, sondern der Neukommanditist die Abfindung an den Ausscheidenden zahlt, liegt eine **Zahlung des Eintretenden auf die Abfindungsverpflichtung der KG** vor (§§ 362, 267 BGB). Der Neukommanditist erbringt dann seine Einlage durch Tilgung einer Gesellschaftsverbindlichkeit und ist von seiner Haftung befreit (§ 171 Abs. 1 Hs. 2 HGB). Der Altkommanditist hat seine Einlage zurückerhalten; seine Haftung lebt gemäß § 172 Abs. 4 HGB wieder auf.

Das Ausscheiden ist gemäß §§ 161 Abs. 2, 106 Abs. 6 HGB eine **eintragungspflichtige Tatsache**. Bei fehlender Eintragung/Bekanntmachung ist eine Haftung über § 15 Abs. 1 HGB in Betracht zu ziehen.

---

547 Ensthaler/Kluge/Kluge § 173 Rn. 2; eine analoge Anwendung des § 173 HGB auf die GbR und die stille Gesellschaft (zu Recht) verneinend: Ensthaler/Kluge/Kluge § 173 Rn. 6 m.w.N.

548 S. hierzu Rn. 252.

549 Hier und zum Folgenden: Bitter/Heim § 7 Rn. 19 ff.

550 Mock § 8 Rn. 468.

3. Übertragung des Kommanditanteils

259 Die beim Kommanditistenwechsel durch Kombination von Aus- und Eintritt entstehenden Haftungsfolgen lassen sich vermeiden, indem der Gesellschafterwechsel durch eine **Abtretung des Kommanditanteils gemäß §§ 413, 398 BGB** vollzogen wird.[551] In diesem Fall erhält der ausscheidende Kommanditist für die Übertragung seines Kommanditanteils von dem eintretenden Neugesellschafter aufgrund des der Anteilsübertragung zugrunde liegenden Kaufvertrags zwischen dem Alt- und dem Neugesellschafter einen Kaufpreis, während die KG an ihn nichts zahlt. In der **Kaufpreiszahlung** liegt **keine Einlagenrückgewähr i.S.v. § 172 Abs. 4 S. 1 HGB**. Der eintretende **Neukommanditist zahlt auf eine eigene (Kaufpreis-)Schuld** und nicht auf eine Abfindungsverpflichtung der KG.

Sofern der Altkommanditist zuvor eine **Einlage in Höhe der Haftsumme** erbracht hat, haftet er gegenüber den Gesellschaftsgläubigern nicht (§ 171 Abs. 1 Hs. 2 HGB). Da der Neukommanditist unmittelbar in die Rechtsstellung des Altkommanditisten eintritt (vgl. § 398 S. 2 BGB) und dieser eine Einlage in Höhe der Haftsumme bereits geleistet hat, gilt die Haftungsbefreiung nach § 171 Abs. 1 Hs. 2 HGB **auch zugunsten des Neukommanditisten**.

Im Gegensatz zum Kommanditistenwechsel durch Ein- und Austritt (dazu soeben 2.) wird bei der Abtretung **kein neuer Kommanditanteil** gebildet und dementsprechend auch keine neue Einlageverpflichtung des Eintretenden begründet. Die Haftungsmasse der Gesellschaft bleibt bei der Abtretung eines vorhandenen Kommanditanteils unverändert. Damit im Rechtsverkehr nicht der falsche Eindruck entsteht, die Haftungsmasse der Gesellschaft habe sich erweitert, muss ein entsprechender **Sonderrechtsnachfolgevermerk** in das Handelsregister eingetragen werden. Dieser kann z.B. lauten: „Der Kommanditanteil des A ist im Wege der Sonderrechtsnachfolge auf den Kommanditisten B übergegangen."[552]

Fall 8: Einrückende Kommanditisten

A, B und C betreiben eine Buchhandlung in der Form der KG. A ist Komplementär, B und C sind Kommanditisten. Ihre Einlage beträgt jeweils 20.000 € und ist erbracht. Nach einiger Zeit scheidet C durch Veräußerung seines Gesellschaftsanteils an X mit Zustimmung der übrigen Gesellschafter aus der KG aus. X zahlt an C für den Anteil 36.000 €. Im Handelsregister wird das Ausscheiden des C und der Eintritt des X als Rechtsnachfolger des C eingetragen. Gläubiger G, der der KG vor dem Gesellschafterwechsel ein Darlehen in Höhe von 20.000 € gewährt hatte, nimmt bei Fälligkeit C und X persönlich auf Rückzahlung in Anspruch. Zu Recht?

260 **A.** Die **Haftung des ausgeschiedenen Kommanditisten C** für die bei seinem Ausscheiden begründete **Verbindlichkeit der KG aus § 488 Abs. 1 S. 2 BGB** richtet sich nach **den §§ 171 ff., 161 Abs. 2 i.V.m. § 137 HGB**.

551 Hier und zum Folgenden: Bitter/Heim § 7 Rn. 23 f.

552 Bitter/Heim § 7 Rn. 24 Fn. 1179.

I. Da C seine **Einlage erbracht** hat, haftet er für die Darlehensverbindlichkeit der KG gemäß § 171 Abs. 1 Hs. 2 HGB grundsätzlich nicht mehr.

II. Die **entgeltliche Übertragung** des Kommanditanteils an X könnte allerdings **als Rückzahlung der Einlage** zu werten sein. Gemäß §§ 172 Abs. 4 S. 1, 171 Abs. 1 Hs. 1 HGB würde dann die persönliche Haftung des C wieder aufleben. Rückzahlung i.S.d. § 172 Abs. 4 S. 1 HGB ist jede Zuwendung an den Kommanditisten, durch die dem Gesellschaftsvermögen Vermögenswerte ohne angemessene Gegenleistung entzogen werden.[553] C hat jedoch aus dem Gesellschaftsvermögen keine Leistung erhalten; die 36.000 € stammten als Kaufpreis aus dem Vermögen des X. Da die Rechtsnachfolge des X eingetragen wurde, ist auch nach außen nicht der Eindruck erweckt worden, dass Zahlungen aus dem Gesellschaftsvermögen erfolgt seien. Eine Rückzahlung der Einlage ist damit nicht erfolgt. Eine persönliche Haftung des C für die Darlehensverbindlichkeit der KG entfällt.

B. Der **eingetretene Kommanditist X** haftet gemäß § 173 HGB für die Verbindlichkeiten der Gesellschaft nach Maßgabe der §§ 171, 172 HGB. Bei der Abtretung eines Kommanditanteils tritt der Abtretungsempfänger auch hinsichtlich der Einlageschuld in die Rechtsstellung des früheren Kommanditisten ein. Hat dieser seine **Einlage voll erbracht**, ist auch eine Haftung des neuen Kommanditisten ausgeschlossen.[554] Durch die Übertragung des Kommanditanteils ist X in die Rechtsstellung des C eingetreten. Die von C erbrachte Einlage wirkt auch für den X. X haftet nicht.

Abwandlung:

Das Ausscheiden des C und der Eintritt des X werden im Handelsregister eingetragen, wobei aus der Eintragung nur der Austritt des C einerseits und der Eintritt des X andererseits, nicht jedoch die tatsächlich vorliegende Rechtsnachfolgekonstellation hervorgehen.

A. G könnte ein Rückzahlungsanspruch gegen den **ausgeschiedenen C** gemäß §§ 171 ff. HGB zustehen. 261

I. C hat seine **Einlage erbracht** und haftet gemäß § 171 Abs. 1 Hs. 2 HGB grundsätzlich nicht mehr.

II. Seine Haftung lebt wieder auf, soweit ihm seine **Einlage zurückgezahlt** worden ist. Eine Rückzahlung setzt erfolgte Zuwendungen aus dem Gesellschaftsvermögen vorraus. Wie im Ausgangsfall sind aus dem Gesellschaftsvermögen keine Zahlungen an C erfolgt; er hat die 36.000 € von X erhalten. Diesmal ist jedoch der **Rechtsnachfolgevermerk nicht im Handelsregister eingetragen**. Gemäß § 15 Abs. 1 HGB kann die Rechtsnachfolge gutgläubigen Dritten nicht entgegengehalten werden, d.h. diesen gegenüber besteht eine Rechtslage **wie bei einem Gesellschafterwechsel durch Ein- und Austritt**.

553 MünchKomm-HGB/K. Schmidt §§ 171, 172 Rn. 72.

554 BGH NJW 1981, 2747, 2748.

Dann würde die **Einlage des Ausgeschiedenen** den Gläubigern zur Verfügung stehen, und zwar als Haftungssumme im Gesellschaftsvermögen, soweit sie noch nicht zurückgezahlt wurde, oder als Anspruch gegen den Ausgeschiedenen, wenn sie zurückgezahlt ist. Auch die **Einlage des neuen Gesellschafters** würde den Gläubigern zur Verfügung stehen; als Anspruch gegen den Neugesellschafter, soweit er sie noch nicht erbracht hat, oder als Haftungsmasse im Gesellschaftsvermögen, wenn sie erbracht ist. Es wäre zu einer **„Verdoppelung" der Haftsumme** gekommen.

Da aber **eine Einlage sich im Gesellschaftsvermögen befindet**, können **nicht beide**, der Alt- und der Neugesellschafter, haften. Die Frage ist, wem das Recht zusteht, sich auf die im Gesellschaftsvermögen befindliche Einlage zu berufen. Nach h.M. wirkt die im Gesellschaftsvermögen befindliche Einlage **zugunsten des neuen Kommanditisten**. Mit der Abtretung des Kommanditanteils geht auf den neuen Kommanditisten auch das Recht über, sich auf die Einlageleistung des Rechtsvorgängers und die Wirkung des § 171 Abs. 1 Hs. 2 HGB zu berufen. **Zulasten des alten Gesellschafters** wird **§ 172 Abs. 4 HGB analog** angewandt, sodass seine Einlage „den Gläubigern gegenüber als nicht (mehr) geleistet gilt". Danach kann sich C nicht auf § 171 Abs. 1 Hs. 2 HGB berufen, sondern muss die Darlehensverbindlichkeit der KG persönlich erfüllen.[555]

B. Ein Anspruch gegen den **Neugesellschafter X** besteht nicht. X hat mit der Abtretung des Kommanditanteils auch das Recht erworben, sich auf die Einlageleistung des C und die Wirkung des § 171 Abs. 1 Hs. 2 HGB zu berufen.

---

4. Tod eines Kommanditisten

262 Wie bei der OHG **löst der Tod** eines Kommanditisten gemäß §§ 161 Abs. 2, 130 Abs. 1 Nr. 1 HGB die **Gesellschaft nicht auf**.

Abweichend von § 130 Abs. 1 Nr. 1 HGB sieht § 177 HGB für den Kommanditisten jedoch nicht dessen Ausscheiden aus der Gesellschaft vor, sondern vielmehr wird die **Gesellschaft mit den Erben fortgesetzt**.[556] Damit stellt § 177 HGB zugleich klar, dass die Kommanditbeteiligung vererblich ist.

Dies gilt allerdings schon nach dem Wortlaut des § 177 HGB nur vorbehaltlich einer abweichenden (gesellschafts-)vertraglichen Bestimmung; die Rechtsfolge des § 177 HGB ist somit disponibel und kann durch abweichende Vereinbarungen ersetzt werden.

Beispiel: Gesellschaftsvertraglich kann die Rechtsfolge des grundsätzlich nur für Komplementäre geltenden § 130 Abs. 1 Nr. 1 HGB (Ausscheiden des Gesellschafters) auch auf Kommanditisten erstreckt werden.

Für die Haftung des als Kommanditist eintretenden Erben gilt § 173 HGB; ihn trifft insbesondere die Haftung nach Maßgabe der §§ 171, 172 HGB.[557] Daneben haftet der Erbe nach § 1967 BGB unbeschränkt, aber beschränkbar.

---

555 BGH NJW 1981, 2747, 2748; MünchKomm-HGB/K. Schmidt § 173 Rn. 37.

556 Hier und zum Folgenden: Oetker/Oetker HGB § 177 Rn. 1 f.

557 Lange Jura 2015, 1017, 1023.

D. Regress und Freistellung

Wird ein Gesellschafter durch einen Gläubiger der KG aus §§ 161 Abs. 2, 126 HGB persönlich in Anspruch genommen, hat er einen **Regressanspruch gegen die KG aus §§ 161 Abs. 2, 105 Abs. 3 HGB, § 716 BGB**. **263**

Der durch den Gläubiger der KG persönlich in Anspruch genommene Gesellschafter hat neben dem Regressanspruch gegen die Gesellschaft nach §§ 161 Abs. 2, 105 Abs. 3 HGB i.V.m. § 716 Abs. 1 BGB einen **subsidiären Ausgleichsanspruch gegen die weiteren Gesellschafter** gemäß § 426 Abs. 1 und 2 BGB.[558] Nach der Rechtsprechung des BGH kann nicht nur ein Komplementär, sondern **auch ein Kommanditist** Ausgleich nach § 426 BGB verlangen. Zwar setzt § 426 BGB voraus, dass die Gesellschafter im Außenverhältnis den Gesellschaftsgläubigern gesamtschuldnerisch haften; der BGH hält einen Ausgleich nach § 426 BGB aber dennoch für geboten.[559]

4. Abschnitt: Die Organisation der KG

A. Grundlagen

Aus § 163 HGB ergibt sich, dass sich das **Innenverhältnis** der KG vorrangig nach den Bestimmungen des Gesellschaftsvertrages richtet. Nur soweit dieser keine Regelungen enthält, gelten subsidiär die §§ 164–169 HGB und über den Verweis in § 161 Abs. 2 HGB für die Komplementäre die OHG-Vorschriften. **264**

Im **Außenverhältnis** finden für die Komplementäre über § 161 Abs. 2 HGB ebenfalls die OHG-Vorschriften Anwendung. Die §§ 170–176 HGB enthalten Ergänzungen für Kommanditisten, insbesondere für ihre Haftung.[560]

B. Rechte und Pflichten der Gesellschafter

Die Rechte und Pflichten der Komplementäre entsprechen denjenigen der OHG-Gesellschafter. Dies gilt weitgehend auch für **Kommanditisten**; einige **Besonderheiten** ergeben sich jedoch aus den §§ 164 ff. HGB. **265**

Komplementäre und Kommanditisten sind in gleichem Maße befugt, an der **Gesellschafterversammlung** der KG teilzunehmen und in ihr abzustimmen. Die Nichtigkeit von Beschlüssen der Gesellschafterversammlung einer KG wird durch Feststellungsklage gegen die Mitgesellschafter geltend gemacht, wenn nicht der Gesellschaftsvertrag bestimmt, dass der Streit mit der Gesellschaft auszutragen ist.[561]

Anders als Komplementäre (§ 161 Abs. 2 i.V.m. §§ 117, 118 HGB[562]) unterliegen Kommanditisten **keinem Wettbewerbsverbot** (§ 165 HGB), sondern lediglich der gesellschafterlichen Treuepflicht. Im Gegenzug haben sie **geringere Kontroll- und Einsichtsrechte** als die Komplementäre (§§ 161 Abs. 2, 105 Abs. 3 HGB i.V.m. § 717 Abs. 1

558 S. hierzu Rn. 181 ff.

559 BGH NJW-RR 2002, 455; kritisch K. Schmidt JuS 2003, 228 ff.

560 S. hierzu Rn. 238 ff.

561 BGH RÜ 2011, 360 Rn. 19.

562 Vgl. Rn. 190 ff., 237.

BGB). Gemäß § 166 HGB können die Kommanditisten in der Regel nur schriftliche Mitteilung des Jahresabschlusses verlangen und dessen Richtigkeit prüfen, wobei informationsverpflichtet und folglich Anspruchsgegner die KG ist.[563]

Dieser Regelungskomplex beruht auf dem gesetzlichen Grundmodell eines **vornehmlich kapitalistisch beteiligten Kommanditisten**. Er kann in der Weise **abbedungen werden**, dass im Gesellschaftsvertrag ein Wettbewerbsverbot auch für Kommanditisten angeordnet und diesen stärkere Kontroll- und Einsichtsrechte gewährt werden. Die Informationsrechte des § 166 HGB dürfen aber nicht abgeschwächt werden; insoweit ist das Gesetz zwingend.[564]

266 Hinsichtlich der **Gewinn- und Verlustverteilung** sowie etwaigen Auszahlungen ergänzen die §§ 167–169 HGB die §§ 120 ff. HGB.

Die Berechnung von Gewinn und Verlust erfolgt gemäß §§ 161 Abs. 2 i.V.m. § 120 Abs. 1 S. 2 HGB nach den einheitlichen Regeln des § 709 Abs. 3 BGB, d.h. primär nach vereinbarten oder wertmäßigen Beteiligungsverhältnissen. [565] Nach §§ 161 Abs. 2, 121 HGB „entscheiden die Gesellschafter" über die Feststellung des Jahresabschlusses. Hieraus geht hervor, dass auch die Kommanditisten hierzu berufen sind.[566]

267 Soweit der Kommanditist die Pflichteinlage geleistet hat, entfällt gemäß § 167 HGB seine Beteiligung an etwaigen Verlusten der KG, insbesondere nach §§ 136, 149 HGB bei Ausscheiden und Liquidation. Eine Verpflichtung zu Nachschüssen über die Pflichteinlage scheidet also für ihn (auch hier) aus.[567] Dies unterscheidet ihn insofern auch vom Kommanditisten, welcher in diesen Fällen eben gemäß §§ 161 Abs. 2, 136, 149 HGB nachschusspflichtig ist. Dies führt zu einer beachtlichen Risikobegrenzung und bewirkt den Verbleib der Verluste beim Komplementär.[568]

268 Die vorstehend beschriebene Verlustzuschreibung hat Auswirkungen auf das **Entnahmerecht** des Kommanditisten. Der Kommanditist hat lediglich einen Anspruch auf die Auszahlung des ihm zukommenden Gewinns, soweit sein Kapitalanteil nicht durch Verlust unter den auf die Pflichteinlage geleisteten Betrag herabgemindert ist und durch Auszahlung auch nicht unter diesen Betrag herabgemindert würde (§ 169 Abs. 1 HGB). Der Kommanditist muss seinen durch die Abschreibung von Verlusten verminderten Kapitalanteil zunächst zwingend durch die Zuschreibung von Gewinnen bis zur Höhe der Einlage auffüllen und kann erst danach Auszahlung verlangen. Entnahmen unter Verstoß gegen diese Vorgaben im Innenverhältnis zur KG und den Mitgesellschaftern können für den Kommanditisten im Außenverhältnis haftungsschädlich sein (§ 172 Abs. 4 S. 2 HGB).[569]

C. Geschäftsführung und Vertretung

269 Der vom Gesetzgeber angestrebte **Gleichlauf von Herrschaft und Haftung** wird dadurch erreicht, dass der nach §§ 171 ff. HGB beschränkt haftende **Kommanditist** nach

563 Ensthaler/Kluge/Kluge § 166 Rn. 2.
564 Ensthaler/Kluge/Kluge § 166 Rn. 2.
565 Zur Gewinn- und Verlustverteilung bei der OHG s. Rn. 187.
566 Bitter/Heim § 7 Rn. 35.
567 Amtl. Begr. MoPeG, BT-Drs. 19/27635, § 167 S. 255.
568 K. Schmidt, GesR, § 53 III 5b; Ensthaler/Kluge/Kluge § 167 Rn. 5.
569 S. hierzu Rn. 250.

§§ 164 Abs. 1, 170 Abs. 1 HGB grundsätzlich **sowohl von der Geschäftsführung als auch von der Vertretung ausgeschlossen** ist.[570] Kurz gesagt: Nur wer haftet, soll auch herrschen.[571]

Wie auch sonst ist zwischen Geschäftsführung (= rechtliches Dürfen im Innenverhältnis) und Vertretung der Gesellschaft (= rechtliches Können im Außenverhältnis) strikt zu unterscheiden.

Die **Geschäftsführung** der KG obliegt gemäß § 161 Abs. 2 i.V.m. §§ 116 ff. HGB den Komplementären. Dabei gilt – wie bei der OHG[572] – das **Prinzip der Einzelgeschäftsführung**. Die Kommanditisten sind hingegen von der Geschäftsführung ausgeschlossen (§ 164 Hs. 1 HGB). Sie können den Geschäftsführungsmaßnahmen der Komplementäre auch nicht widersprechen, es sei denn, dass die Handlung über den gewöhnlichen Betrieb des Handelsgewerbes der Gesellschaft hinausgeht (§§ 164 Hs. 2, 116 Abs. 2 S. 1 HGB). **270**

Der **Gesellschaftsvertrag** kann eine von § 164 HGB **abweichende Regelung** treffen und die Geschäftsführung einem Kommanditisten übertragen. Man spricht dann von einer atypischen KG.[573]

Die **Vertretung** der KG richtet sich über § 161 Abs. 2 HGB ebenfalls im Grundsatz nach dem Recht der OHG. Es gilt also im **Grundsatz die Einzelvertretung** durch jeden **persönlich haftenden Gesellschafter** (§§ 161 Abs. 2, 124 Abs. 1 HGB). Die Kommanditisten sind demgegenüber als solche zur Vertretung der Gesellschaft nicht ermächtigt (§ 170 Abs. 1 HGB). Diese das Außenverhältnis betreffende Regelung ist im Gegensatz zur korrespondierenden Vorschrift des § 164 HGB für das Innenverhältnis nicht abdingbar. Mit der „Vertretung" ist in § 170 HGB allerdings nur die organschaftliche Vertretung gemeint.[574] Nur die den Komplementären qua Gesetz zugewiesene organschaftliche Vertretungsbefugnis kann einem Kommanditisten nicht übertragen werden. Den Gesellschaftern steht es aber frei, **Kommanditisten rechtsgeschäftlich zur Vertretung der KG zu bevollmächtigen**. Eine rechtsgeschäftliche Vertretungsmacht der Kommanditisten kann sich aus dem Gesellschaftsvertrag oder aus der persönlichen Bevollmächtigung namens der KG durch einen persönlich haftenden Gesellschafter ergeben.[575] Neben einer Handlungsvollmacht (§ 54 HGB) kann einem Kommanditisten auch Prokura (§ 48 HGB) erteilt werden. **271**

Im Hinblick auf den Grundsatz der Selbstorganschaft[576] muss allerdings zusätzlich immer auch die Möglichkeit der Vertretung durch einen Komplementär allein bestehen, weil der vertretungsberechtigte Kommanditist wegen seiner beschränkten persönlichen Haftung für die Gesellschaftsschulden wie ein außenstehender Dritter behandelt wird.[577]

§ 170 Abs. 1 HGB ist eine **Schutzvorschrift zugunsten der persönlich haftenden Gesellschafter**, die im Hinblick auf ihr persönliches Haftungsrisiko organisatorisch abgesichert sein sollen.[578] Dem einzi-

570 Koch § 21 Rn. 1.
571 Kindler § 13 Rn. 54.
572 Vgl. Rn. 201.
573 Bitter/Heim § 7 Rn. 29
574 Ensthaler/Kluge/Kluge § 170 Rn. 3.
575 Ensthaler/Kluge/Kluge § 170 Rn. 5.
576 S. hierzu Rn. 16, 129 (GbR), 205 (OHG).
577 Bitter/Heim § 7 Rn. 30.
578 Ensthaler/Kluge/Kluge § 170 Rn. 2.

gen persönlich haftenden Gesellschafter einer KG kann zwar die Geschäftsführungsbefugnis, nicht aber die Vertretungsbefugnis entzogen werden.[579]

Um **Sozialansprüche der KG** gegen die Gesellschafter geltend zu machen, kommt es nicht auf die persönliche Haftung für die Verbindlichkeiten der Gesellschaft an. Auch der nicht vertretungsberechtigte Kommanditist kann somit die **actio pro socio** erheben.[580]

D. Änderungen im Bestand der Gesellschafter

272 Die Regelungen zur Änderung des Bestands der Gesellschafter bei einer OHG gelten für die KG weitestgehend entsprechend.[581] Eine Besonderheit ist aber beim Tod eines Kommanditisten zu beachten:[582] Auch ohne einfache erbrechtliche Klausel im Gesellschaftsvertrag wird die **KG mit den Erben des verstorbenen Kommanditisten fortgesetzt**, wenn der Gesellschaftsvertrag nichts anderes regelt (§ 177 HGB). Im vom Gesetz vorausgesetzten Normalfall wird die KG also auch nach dem Tod eines ihrer Kommanditisten als werbende Gesellschaft mit allen Erben fortgesetzt; soweit von den Gesellschaftern etwas anderes gewollt ist, bedarf es zwingend einer Todesfallregelung im Gesellschaftsvertrag (und in der Regel einer entsprechenden erbrechtlichen Verfügung).[583]

Für Komplementäre gilt hingegen über § 161 Abs. 2 HGB die Regelung des § 130 Abs. 1 Nr. 1 HGB. Beide Regelungen – diese für die Komplementäre und die in § 177 HGB für Kommanditisten – sind jedoch dispositiv.[584] Es kann also bspw. für den Todesfall eines Gesellschafters auch die Auflösung der Gesellschaft vereinbart werden; für die Abwicklung gelten dann die §§ 143 ff. HGB. Daneben kommen auch Fortsetzungs- und qualifizierte Nachfolgeklauseln sowie Eintritts- und Kündigungsklauseln in Betracht.[585]

Eine Änderung des Gesellschafterbestandes kann sich zudem auf die Haftungsverfassung der KG auswirken.[586]

5. Abschnitt: Auflösung und Abwicklung der KG

273 Für die Auflösung, Abwicklung und Vollbeendigung der KG gelten die **Ausführungen zur OHG grundsätzlich entsprechend**.[587]

Zusätzlich gibt es bei der KG einen **besonderen Auflösungsgrund**:[588] Weil die KG zwingend einen Komplementär haben muss, ist sie aufgelöst, wenn der **einzige bzw. letzte Komplementär aus der Gesellschaft ausscheidet**. Die Gesellschaft kann allerdings wieder in eine werbende Gesellschaft umgewandelt werden, indem ein verbleibender Gesellschafter oder eine dritte (auch juristische) Person mit Zustimmung aller Gesellschafter die Stellung des Komplementärs übernimmt. Führen die Gesellschafter die Gesellschaft hingegen als werbende fort, ohne einen neuen Komplementär zu installieren, gilt sie als OHG, sodass die Gesellschafter nunmehr unbeschränkt haften.

579 BGH NJW 1969, 507, Ls.
580 S. hierzu Rn. 199, 117 ff.
581 Vgl. Rn. 211 ff.
582 Zum Folgenden: Bitter/Heim § 7 Rn. 32.
583 Ensthaler/Kluge/Kluge § 177 Rn. 5.
584 Ensthaler/Kluge/Kluge § 177 Rn. 3.
585 Ensthaler/Kluge/Kluge § 177 Rn. 5.
586 S. hierzu Rn. 254 ff.
587 Vgl. Rn. 223 ff.
588 Zum Folgenden: Bitter/Heim § 7 Rn. 41.

6. Abschnitt: Sonderformen

In der Praxis häufig anzutreffen sind **zwei Sonderformen** der KG, nämlich die GmbH & Co. KG und die Publikums-KG.[589] 274

A. Die GmbH & Co. KG

I. Grundlagen

Bei der GmbH & Co. KG handelt es sich nicht um eine eigene Rechtsform, sondern um eine Verbindung zweier Gesellschaften **(Typenvermischung)**.[590] Im Ausgangspunkt handelt es sich um ein **KG** deren einziger persönlich haftender Gesellschafter **(Komplementär)** eine **GmbH** ist. 275

Die GmbH & Co. KG ist damit eine Personen- und keine Kapitalgesellschaft. Da aber neben der KG (§§ 161 Abs. 2, 105 Abs. 2 HGB) im Außenverhältnis nur die GmbH persönlich haftet (§§ 161 Abs. 2, 126 S. 1 HGB) und dies beschränkt auf ihr Gesellschaftsvermögen (§ 13 Abs. 2 GmbHG), während die Kommanditistenhaftung auf die Haftsumme beschränkt ist (§§ 171, 172 HGB), gibt es keine natürliche Person, die im Außenverhältnis unbeschränkt für die Erfüllung der Verbindlichkeiten der KG haftet. Damit ist die GmbH & Co. KG letztlich eine **Personengesellschaft mit beschränkter Haftung**. Die Tatsache, dass keine natürliche Person unbeschränkt haftet, widerspricht der gesetzlichen Grundkonzeption der Personengesellschaften.[591]

Die GmbH & Co. KG kann auch als **„Ein-Personen-GmbH & Co. KG"** ausgestaltet sein.[592] Hier ist der Gesellschafter der GmbH zugleich alleiniger Kommanditist der KG. Die GmbH & Co. KG hat dann zwar formal zwei Gesellschafter – die GmbH als Komplementär und daneben einen Kommanditisten. Hinter dem Unternehmen steht aber tatsächlich nur eine natürliche Person.

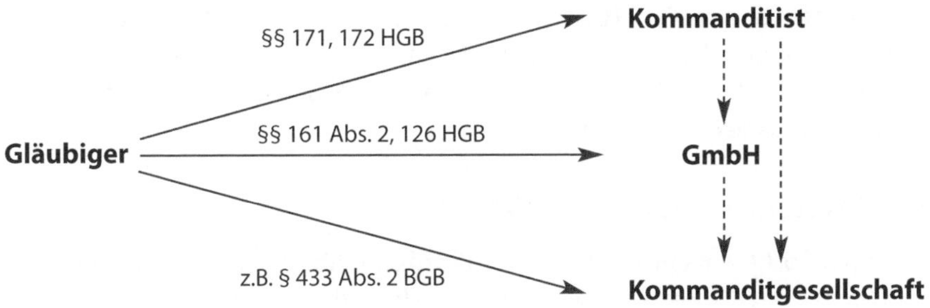

Insbesondere für außenstehende Dritte, Kunden, Arbeitnehmer, Gläubiger kann die GmbH & Co. KG wegen ihrer Undurchsichtigkeit und der Haftungsbeschränkung Nachteile mit sich bringen und birgt besondere Risiken.[593]

589 Vgl. hierzu den komprimierten Überblick bei Lange Jura 2016, 225.

590 K. Schmidt, GesR, § 56 I 1; Schäfer § 45 Rn. 1; Prütting/Weller § 6 Rn. 139.

591 Koch § 37 Rn. 2.

592 Hier und zum Folgenden: Bitter/Heim § 7 Rn. 52.

593 K. Schmidt, GesR, § 56 I 3; Windbichler/Bachmann § 37 Rn. 9.

Die **praktische Bedeutung** der GmbH & Co. KG ist indes sehr groß. Dabei sprechen neben der Haftungsbeschränkung für die natürlichen Personen insbesondere folgende Gründe für die Wahl der GmbH & Co. KG:

- **Ursprünglich** waren **steuerliche Vorteile** für die Bildung der GmbH & Co. KG maßgebend. Diese beruhten vor allem auf der steuerlichen Doppelbelastung der GmbH, die durch das Körperschaftssteuerreformgesetz vom 31.08.1976 beseitigt wurde. Doch auch weiterhin können mit der Wahl der GmbH & Co. KG steuerliche Vorzüge verbunden sein, die jedoch stark einzelfallabhängig sind und für die Examensklausuren keine Rolle spielen.[594]

- Heute überwiegen vor allem gesellschaftsrechtliche Vorzüge für die Wahl der GmbH & Co. KG. Zum einen wird der **Grundsatz der Selbstorganschaft** bei den Personengesellschaften **umgangen**, weil die GmbH als Komplementärin die Geschäftsführung der KG übernimmt und bei der Komplementär-GmbH als Körperschaft der **Grundsatz der Fremdorganschaft** gilt. Die Geschäfte der KG (Personengesellschaft) werden mittelbar durch den bzw. die Geschäftsführer der Komplementär-GmbH (Körperschaft) geführt. Auf diesem Wege können bei der GmbH & Co. KG auch außenstehende Fachleute (als Geschäftsführer der Komplementär-GmbH) mit der Geschäftsleitung betraut werden.[595]

  Die KG ist in den **Schutzbereich des Anstellungsvertrags** zwischen der Komplementär-GmbH und deren Geschäftsführern einbezogen; deshalb kann auch die KG den Geschäftsführer aus § 43 Abs. 2 GmbHG persönlich in Anspruch nehmen.[596] Ebenso wie die Haftung des Geschäftsführers aus § 43 Abs. 2 GmbHG gegenüber der GmbH entfällt, wenn er im Einverständnis mit den GmbH-Gesellschaftern handelt,[597] entfällt die Haftung gegenüber der KG bei einem Einverständnis aller KG-Gesellschafter.[598]

- Ein **Entnahmerecht der Kommanditisten** besteht **auch, wenn kein Gewinn erwirtschaftet** wird. Den Gläubigern einer KG steht haftungsrechtlich primär der Komplementär mit seinem Vermögen zur Verfügung. Wenn bei einer GmbH & Co. KG der Komplementär eine GmbH ist, kann der Gläubiger aber lediglich auf das Gesellschaftsvermögen der GmbH zugreifen. Die eventuelle Haftung der Kommanditisten richtet sich nach den §§ 171 ff. HGB, sodass grundsätzlich deren Haftung erlischt, wenn die Einlage eingebracht ist.

II. Die Entstehung der GmbH & Co. KG

276 Die GmbH & Co. KG entsteht im **Innenverhältnis** mit Abschluss der Gesellschaftsverträge von GmbH und KG. Besteht noch keine Gesellschaft zwischen den beteiligten Gesellschaftern, so ist zum Entstehen der GmbH & Co. KG der Abschluss eines GmbH-Gesellschaftsvertrages nach den Regeln des GmbH-Gesetzes sowie eines KG-Vertrages zwischen der GmbH und den Kommanditisten gemäß §§ 161 ff. HGB erforderlich.

---

594 Ausführlich zur GmbH & Co. KG in steuerrechtlicher Hinsicht: Binz/Sorg §§ 16 ff.

595 Vgl. Grunewald § 3 Rn. 72; K. Schmidt, GesR, § 56 II 4b.

596 BGH NJW 2013, 3636, Ls. 1 u. Rn. 15 ff.

597 S. hierzu Rn. 406 f.

598 BGH NJW 2013, 3636, Ls. 2 u. Rn. 33.

Im **Außenverhältnis** wirksam wird die GmbH & Co. KG zum einen durch Eintragung beider Gesellschaften (GmbH und KG) in das Handelsregister (§ 11 Abs. 1 GmbHG; §§ 123 Abs. 1 S. 1 i.V.m. 161 Abs. 2 HGB). Darüber hinaus tritt unter den Voraussetzungen des § 1 HGB die Wirksamkeit der GmbH & Co. KG bereits durch Aufnahme der Geschäfte ein (§ 123 Abs. 1 S. 2 HGB), denn die noch nicht eingetragene Vor-GmbH[599] kann bereits persönlich haftender Gesellschafter der KG sein. Erfüllt der Geschäftsbetrieb der Gesellschaft die Voraussetzungen von § 1 HGB nicht, handelt es sich bis zur Eintragung um eine Gesellschaft bürgerlichen Rechts.[600] Besteht bereits eine – wirksame – Personenhandelsgesellschaft (OHG, KG), so kann die bestehende bzw. noch einzutragende GmbH durch Eintritt die Komplementärstellung in der Gesellschaft erwerben und diese so zur GmbH & Co. KG werden.

III. Die Organisation der GmbH & Co. KG

Da sich die GmbH & Co. KG vom gesetzlichen Leitbild der KG gemäß §§ 161 ff. HGB allein dadurch unterscheidet, dass es sich bei dem (zumeist) einzigen Komplementär um eine GmbH und mithin um keine natürliche, sondern eine juristische Person handelt, gelten auch für die Rechtsbeziehungen innerhalb der Gesellschaft **grundsätzlich die Regeln der KG**. Nach §§ 161 Abs. 2, 105 Abs. 2 HGB ist sie daher Trägerin von Rechten und Pflichten. 277

Die **Willensbildung** innerhalb der GmbH & Co. KG erfolgt zumeist in einer Gesellschafterversammlung,[601] wobei die Stimmrechte der Komplementär-GmbH durch die Geschäftsführer wahrgenommen werden. Bezüglich des Stimmrechts wird zumeist eine besondere Regelung getroffen. Es wird nicht, wie bei der AG, nach Kapitalanteilen abgestimmt. Darüber hinaus wird in der Praxis der GmbH, sofern sie einzige Komplementärin ist, häufig kein Stimmrecht zuerkannt. Ist nämlich der GmbH-Geschäftsführer zugleich Kommanditist, so würde ihm ein Stimmrecht in beiden Eigenschaften zustehen. Interessenkonflikte können aber auch dadurch verursacht werden, dass der GmbH-Geschäftsführer weder GmbH- noch KG-Gesellschafter, sondern Dritter ist. Um eine Stimmrechtsausübung im Interesse eines Nichtgesellschafters zu vermeiden, wird auch in diesem Fall häufig das Stimmrecht der GmbH vertraglich ausgeschlossen. 278

Erforderlich für einen solchen **Stimmrechtsausschluss** ist also immer die **Zustimmung der Komplementär-GmbH**. Auch ohne vertragliche Vereinbarung besteht ein Stimmrechtsausschluss, wenn nach dem Inhalt des zu fassenden Beschlusses die Gefahr der Interessenkollision zwischen den Interessen eines Gesellschafters und denen der KG besteht. In den Fällen der §§ 134, 136 AktG, § 47 GmbHG, § 43 GenG, die auf die GmbH & Co. KG entsprechende Anwendung finden, ist ein solcher Interessenkonflikt immer gegeben.

Die Gesellschafter der GmbH haben ein **Auskunfts- und Einsichtsrecht** aus § 51a GmbHG. Dieses Informationsrecht besteht unabhängig davon, ob ein GmbH-Gesellschafter zugleich Gesellschafter der KG (Kommanditist) ist. Es erstreckt sich auch auf die Angelegenheiten der KG, da diese zugleich Angelegenheiten der Komplementär-GmbH sind.[602] 279

599 Vgl. zur Vor-GmbH Rn. 361 ff.

600 BGH NJW 1980, 1630.

601 K. Schmidt, GesR, § 56 IV 2.

602 OLG Düsseldorf NJW-RR 1991, 620.

280 Da die Kommanditisten gemäß § 164 Hs. 1 HGB von der **Geschäftsführung** ausgeschlossen sind, werden die gewöhnlichen Geschäftsführungsaufgaben gemäß § 116 HGB von der Komplementär-GmbH und damit mittelbar durch deren Geschäftsführer erledigt.[603]

Die Vertretungsmacht kann der (alleinigen) Komplementär-GmbH allerdings nicht entzogen werden, weil die **organschaftliche Vertretung der Gesellschaft jederzeit gewährleistet** sein muss.[604]

Regelmäßig steht der **Geschäftsführer der GmbH im Dienstverhältnis zu dieser**; eine Anstellung und Bezahlung von der GmbH & Co. KG sind eher selten, aber zulässig. Besteht die wesentliche Aufgabe des GmbH-Geschäftsführers in der Geschäftsführung der GmbH & Co. KG, so haftet er auch dieser gegenüber gemäß § 43 Abs. 2 GmbHG aus dem Dienstvertrag mit der GmbH als Vertrag mit Schutzwirkung zugunsten der GmbH & Co. KG.[605]

281 Die **Vertretung** der KG ist, wenn eine GmbH ihr einziger Komplementär ist, notwendigerweise **zweistufig**. Die GmbH & Co. KG wird vertreten durch die Komplementär-GmbH. Der Umfang der Vertretungsmacht bestimmt sich insoweit nach § 124 HGB. Vertreter der Komplementär-GmbH ist (sind) ihr(e) Geschäftsführer (§§ 35 ff. GmbHG). Bei der Komplementär-GmbH hat eine Beschränkung der Vertretungsmacht im Außenverhältnis gegenüber Dritten keine rechtliche Wirkung (§ 37 Abs. 2 S. 1 GmbHG); unter den Voraussetzungen des § 35 Abs. 3 GmbHG gilt für den Alleingeschäftsführer allerdings das Selbstkontrahierungsverbot des § 181 BGB. Die **Vertretung durch den Geschäftsführer der GmbH ist folglich keine unmittelbar organschaftliche Vertretung der KG**. Vielmehr vertritt dieser die KG nur mittelbar über die Komplementär-GmbH, also zweistufig.

Beispiel: A und B sind Gesellschafter der X-GmbH, deren Geschäftsführer der A ist. Die X-GmbH ist Komplementärin der X-GmbH & Co. KG, A und B sind Kommanditisten. A schließt im Namen der KG einen Kaufvertrag mit V ab, der nunmehr von diesem nichts mehr wissen will und sich auf die fehlende Vertretungsmacht des A beruft. Zu Recht?

A hat eine eigene Willenserklärung abgegeben und sich im Namen der KG mit V geeinigt. Fraglich ist, ob A Vertretungsmacht hatte. Eine KG wird gemäß §§ 161 Abs. 2, 124 HGB durch ihren Komplementär vertreten. Vorliegend handelt es sich hierbei um eine GmbH, die selbst als solche nach außen nur durch ihr Vertretungsorgan, also durch ihren Geschäftsführer (§ 35 GmbHG), handeln kann. Demnach konnte A als Geschäftsführer die GmbH und diese wiederum die KG wirksam vertreten (zweistufige Vertretung). Problematisch ist hier allerdings, dass es sich bei A gleichzeitig um einen Kommanditisten der KG handelt, der nach § 170 Abs. 1 HGB von der Vertretung der KG ausgeschlossen ist. **§ 170 Abs. 1 HGB verbietet jedoch nur die unmittelbare organschaftliche Vertretung durch Kommanditisten, nicht aber ihre Vertretertätigkeit als Organ der Komplementär-GmbH.** Somit hat A die KG wirksam vertreten. Der Kaufvertrag zwischen KG und V ist wirksam zustande gekommen.

Die **Ansprüche der KG gegen die Komplementär-GmbH** können die Kommanditisten im Wege der **actio pro socio**[606] geltend machen.[607]

---

603 Zur Befreiung des Geschäftsführers einer GmbH & Co. KG vom Verbot des Insichgeschäfts (§ 181 BGB) s. BGH RÜ 2016, 632.

604 BGH NJW 1969, 507, Ls.

605 BGHZ 76, 326, 337; K. Schmidt, GesR, § 56 IV 3b.

606 S. hierzu Rn. 117 ff.

607 BGH NJW 1973, 2198, 2199; a.A. MünchKomm-HGB/Grunewald § 161 Rn. 70 ff.

Ein Kommanditist einer GmbH & Co. KG kann jedoch **Ansprüche der KG gegen den Fremdgeschäftsführer der Komplementär-GmbH** nicht geltend machen. Der Fremdgeschäftsführer ist ein Nichtgesellschafter, die **actio pro socio kann allerdings nicht auf Dritte ausgeweitet werden**. Vielmehr ist die Komplementär-GmbH gegenüber der KG zum Schadensersatz verpflichtet, hat aber selbst einen Ersatzanspruch gegen ihren Geschäftsführer nach § 43 Abs. 2 GmbHG.[608]

Da es sich bei der GmbH & Co. KG sowie der Komplementär-GmbH um rechtlich voneinander getrennte, jeweils eigenständige Rechtssubjekte mit jeweils eigenem Vermögen handelt, richtet sich auch ein **Gesellschafterwechsel** nach dem **Recht der jeweiligen Gesellschaft**. Für einen Gesellschafterwechsel in der Komplementär-GmbH gilt grundsätzlich § 15 Abs. 1 GmbHG, wonach die Gesellschaftsanteile der GmbH frei veräußerlich und vererblich sind. Doch kann die Abtretung der Gesellschaftsanteile gemäß § 15 Abs. 5 GmbHG gesellschaftsvertraglich an besondere Voraussetzungen geknüpft werden („Vinkulierung"). So wird häufig im Gesellschaftsvertrag die Anteilsabtretung generell ausgeschlossen, von einer Genehmigung der Gesellschaft oder der übrigen Gesellschafter (ggf. auch der Kommanditisten der GmbH & Co. KG) abhängig gemacht oder jedenfalls erheblich erschwert, um den Eintritt missliebiger Personen in die Gesellschaft zu verhindern. Der Wechsel in der Person eines Kommanditisten unterliegt den Regeln des Personengesellschaftsrechts, ist also gemäß § 711 Abs. 1 BGB i.V.m. §§ 105 Abs. 3, 161 Abs. 2 HGB nur im Einverständnis aller Gesellschafter möglich. Bei zweifelsfreier Bestimmung im Gesellschaftsvertrag genügt jedoch ein entsprechender Mehrheitsbeschluss. 282

IV. Die Finanzverfassung der GmbH & Co. KG

Bei der GmbH & Co. KG gibt es Besonderheiten bei der Kapitalaufbringung und -erhaltung, weil es sich um eine **Kombination aus einer KG (Personengesellschaft) und einer GmbH (Kapitalgesellschaft)** handelt. 283

1. Kapitalaufbringung

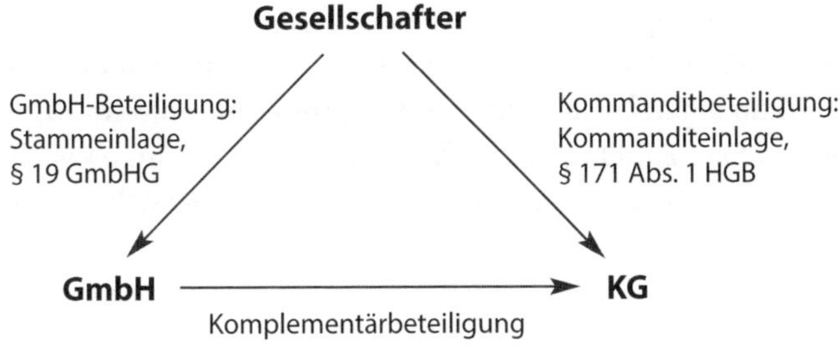

Die **hinter der GmbH & Co. KG stehende Person** ist zunächst **Alleingesellschafter** einer mit dem Mindeststammkapital nach § 5 Abs. 1 GmbH (25.000 €) ausgestatteten GmbH. In dieser Eigenschaft unterliegt der Gesellschafter den **Kapitalaufbringungs-** 284

608 BGH NZG 2018, 220, 221.

vorschriften des GmbH-Rechts (§§ 7, 19 GmbHG).[609] Er hat also eine Stammeinlage an die GmbH zu leisten. Die GmbH gibt den Betrag, weil sie lediglich die Geschäftsführungs- und Haftungsfunktion bei der GmbH & Co. KG übernehmen und nicht selbst unternehmerisch tätig sein soll, regelmäßig als Kredit an die KG weiter. Denkbar ist zwar auch eine vermögensmäßige Beteiligung der GmbH an der KG durch eine entsprechende Einlage der GmbH in die KG. In aller Regel ist die GmbH aber ohne Einlage mit „0 %" an der KG beteiligt.

Sofern in dieser Praxis früher ein **Verstoß gegen** die Vorschriften über die **Einlagenerbringung** aus dem GmbHG erblickt wurde,[610] ist dies seit Einführung des MoMiG[611] überholt. § 19 Abs. 5 GmbHG enthält seitdem eigens für ähnliche Konstellationen besondere Voraussetzungen.[612]

Wird eine **UG (haftungsbeschränkt) als Komplementärin** eingesetzt, erübrigt sich infolge deren geringen Kapitals die Problematik der Darlehensgewährung an die KG, weil diese für die hinter der UG & Co. KG stehenden Personen keine wirtschaftliche Bedeutung hat.[613]

Der **Gesellschafter der GmbH ist** in der Praxis **häufig zugleich Kommanditist der KG**. In dieser Eigenschaft kann er sich zur Erbringung einer Kommanditeinlage in beliebiger Höhe verpflichten. Entspricht die Haftsumme der Höhe der Pflichteinlage,[614] wird er durch die Einzahlung von seiner Außenhaftung gegenüber den Gläubigern der KG befreit (§ 171 Abs. 1 Hs. 2 HGB).

2. Kapitalerhaltung

285 Auch die Kapitalerhaltung in der GmbH & Co. KG wirft Probleme auf.[615] Werden **dem Kommanditisten Gelder aus der KG „zurückgezahlt"**, lebt seine Außenhaftung gegenüber den Gläubigern der KG (lediglich) bis zur Höhe der Haftsumme wieder auf (§ 172 Abs. 4 HGB). Für die Verbindlichkeiten der KG haftet aber auch die Komplementär-GmbH persönlich (§§ 161 Abs. 2, 126 S. 1 HGB), und zwar – im Gegensatz zu den Kommanditisten – unbeschränkt mit ihrem gesamten Vermögen. Ist das KG-Vermögen durch Auszahlungen an den Kommanditisten aufgebraucht, führen weitere Auszahlungen zu einer **Überschuldung der KG**. Dies kann zugleich eine **Überschuldung der Komplementär-GmbH** nach sich ziehen.

Auszahlungen aus dem KG-Vermögen an den Kommanditisten schmälern also mittelbar auch das Stammkapital der GmbH. Deshalb wendet der BGH **die Kapitalerhaltungsvorschriften des GmbH-Rechts (§§ 30, 31 GmbHG) entsprechend auf Auszahlungen der KG an einen Gesellschafter der Komplementär-GmbH oder einen Kommanditisten** an. Eine Zahlung aus dem Vermögen der KG an einen Gesellschafter der Komplementär-GmbH oder einen Kommanditisten ist eine nach § 30 Abs. 1 GmbHG verbotene Auszahlung, wenn dadurch das Vermögen der GmbH unter die Stammkapital-

609 Zur Kapitalaufbringung in der GmbH s. Rn. 414 ff.

610 BGH NZG 2008, 143, Ls. 1.

611 Gesetz zur Modernisierung des GmbH-Rechts und zur Bekämpfung von Missbräuchen (MoMiG) vom 23.10.2008, BGBl. I S. 2026.

612 S. hierzu Rn. 421.

613 Dazu Römermann/Passarge ZIP 2009, 1497.

614 Zur begrifflichen Unterscheidung zwischen der Haftsumme und der Pflichteinlage s. Rn. 241 ff.

615 Hier und zum Folgenden: Bitter/Heim § 7 Rn. 58 ff.

ziffer sinkt oder eine bilanzielle Überschuldung vertieft wird.[616] Sinkt also das Vermögen der GmbH durch die Belastung mit den Verbindlichkeiten der KG unter die Stammkapitalziffer, lösen weitergehende Auszahlungen an den GmbH-Gesellschafter und/ oder den Kommanditisten einen Anspruch der KG gegen den Empfänger auf Rückgewähr der ausgezahlten Beträge aus (**§§ 30, 31 GmbHG analog**).

Die weiteren Gesellschafter unterliegen analog § 31 Abs. 3 GmbHG einer anteiligen Ausfallhaftung.

Diese Haftung ist nicht absolut auf die Stammkapitalziffer der GmbH beschränkt, sondern kann diesen Betrag um ein Vielfaches übersteigen.

Fall 9: Kapitalerhaltung in der GmbH & Co. KG (Fall basiert auf BGH RÜ 2017, 776)

K ist Insolvenzverwalter über das Vermögen der S-GmbH & Co. KG (im Folgenden: S). B ist Kommanditistin und Gesellschafterin der Komplementär-GmbH.

Zum Betriebsvermögen der S gehörte ein Grundstück. Dieses war zugunsten der G-Bank mit einer im Jahre 2012 bestellten Grundschuld belastet. Die Grundschuld besicherte eine Darlehensforderung der G-Bank gegen B. Im Juni 2020 kündigte die G-Bank das Darlehen. Nach Insolvenzeröffnung im Dezember 2020 meldete sie eine Forderung zur Tabelle an und verlangte abgesonderte Befriedigung aus der Grundschuld. K verkaufte das Grundstück im Oktober 2022 im Einvernehmen mit der G-Bank und schüttete den Verwertungserlös abzüglich eines vereinbarten Massekostenbeitrags an die G-Bank aus.

Mit seiner am 31.12.2023 bei Gericht eingegangen Klage verlangt K von B die Erstattung des an die G-Bank ausgekehrten Verwertungserlöses. B lehnt dies mit der Begründung ab, sie habe (was zutrifft) im Zeitpunkt der Bestellung der Grundschuld noch über ausreichende Bonität verfügt, um das ihr gewährte Darlehen der G-Bank zurückzuzahlen; dies habe sich erst später geändert. Im Übrigen beruft sich B auf Verjährung.

Ist die Klage begründet?

I. Der von K gegen B geltend gemachte Erstattungsanspruch könnte sich aus **§ 31** **286**
Abs. 1 i.V.m. § 30 Abs. 1 S. 1 GmbHG ergeben.

K ist als Insolvenzverwalter nicht Inhaber eines etwaigen Erstattungsanspruchs nach § 31 Abs. 1 GmbHG (dies bleibt auch nach Eröffnung des Insolvenzverfahrens die Schuldnerin), aber als Partei kraft Amtes und **gesetzlicher Prozessstandschafter** gemäß § 80 Abs. 1 InsO prozessführungsbefugt.[617]

1. Es stellt sich zunächst einmal die Frage, ob die §§ 30, 31 GmbHG **auf die GmbH & Co. KG anwendbar** sind.

a) Eine **unmittelbare Anwendung** scheidet aus. Die §§ 30, 31 GmbH gelten unmittelbar für die (Komplementär-)GmbH, nicht aber für die KG.

b) In Betracht kommt jedoch eine **analoge Anwendung** der entsprechenden Vorschriften auch auf die KG.

616 BGH RÜ 2017, 776 Rn. 12 m.w.N.

617 BGH NZI 2013, 641 Rn. 11; Hk-InsO/Kayser § 80 Rn. 23.

aa) Für die KG existieren keine den §§ 30 f. GmbHG entsprechenden Vorschriften. Dies beruht allerdings im Wesentlichen darauf, dass das Bedürfnis einer entsprechenden Regelung sich erst durch die Typenmischung von KG und GmbH zur GmbH & Co. KG ergibt. Mithin besteht eine **planwidrige Regelungslücke**.

bb) Ferner müsste auch die **Interessenlage vergleichbar** sein. Ist das KG-Vermögen durch Auszahlungen an den Kommanditisten aufgebraucht, führen weitere Auszahlungen zu einer Überschuldung der KG.[618] Dies kann zugleich eine Überschuldung der Komplementär-GmbH nach sich ziehen. Bei einer GmbH & Co. KG schmälern Auszahlungen aus dem KG-Vermögen an den Kommanditisten also mittelbar auch das Stammkapital der Komplementär-GmbH. Hieraus ergibt sich folglich das Bedürfnis, auch Auszahlungen der KG an einen Gesellschafter der Komplementär-GmbH oder einen Kommanditisten den Kapitalerhaltungsvorschriften aus dem GmbH-Recht (§§ 30, 31 GmbHG) zu unterwerfen. Eine entsprechende Auszahlung ist deshalb nach § 30 Abs. 1 GmbHG verboten, wenn dadurch das Vermögen der GmbH unter die Stammkapitalziffer sinkt oder eine bilanzielle Überschuldung vertieft wird.[619] In diesen Fällen sind die §§ 30, 31 GmbHG mithin analog anwendbar.

2. Die **Bestellung der Grundschuld** am Grundstück der Schuldnerin ist eine **Auszahlung** i.S.v. § 30 Abs. 1 S. 1 GmbHG, wenn B im Zeitpunkt der **Bestellung voraussichtlich zur Rückzahlung des Darlehens an die G-GmbH nicht in der Lage gewesen** ist und deshalb eine Unterbilanz der S-GmbH entstanden oder vertieft worden ist.[620]

Eine Unterbilanz liegt vor, sofern das (Netto-)Vermögen der (Kapital-)Gesellschaft die Höhe des Stammkapitals nicht erreicht.

Das Auszahlungsverbot nach § 30 Abs. 1 S. 1 GmbHG betrifft nicht nur Geldleistungen an Gesellschafter, sondern Leistungen aller Art. Auch mit der Überlassung einer Grundschuld für Zwecke der Kreditbeschaffung wird dem Gesellschafter Vermögen der Gesellschaft zur Verfügung gestellt. Die übrigen Gläubiger haben im Umfang der Sicherheit keinen Zugriff mehr auf das Vermögen der Gesellschaft, die die Verwertung zugunsten des Sicherungsnehmers bei Fälligkeit auch nicht verhindern kann. Aus diesem Grund liegt eine „Auszahlung" bereits im Zeitpunkt der Bestellung der Sicherheit und nicht erst mit deren späterer Verwertung vor.

3. Gegen das Kapitalerhaltungsgebot des § 30 Abs. 1 S. 1 GmbHG würde diese „Auszahlung" allerdings nur dann verstoßen, wenn durch die Bestellung der Grundschuld **das zur Erhaltung des Stammkapitals der Komplementär-GmbH erforderliche Vermögen berührt** wird.

Ob dies der Fall ist, hängt davon ab, ob der durch die Grundschuldbestellung ausgelöste **Freistellungsanspruch der S gegen B** im Zeitpunkt der Bestellung (s.o.) **werthaltig** gewesen ist.

a) War der Freistellungsanspruch ist diesem Zeitpunkt **nicht werthaltig**, liegt bereits darin die Auszahlung i.S.v. § 30 Abs. 1 S. 1 GmbHG. Dann sind nachfolgende Verschlech-

618 Hier und zum Folgenden: Bitter/Heim § 7 Rn. 59.

619 BGH RÜ 2017, 776 Rn. 12.

620 Zum Folgenden: BGH RÜ 2017, 776 Rn. 13 ff.

terungen ohne Bedeutung. Führt der Vermögensabfluss dagegen nicht zu einer Unterbilanz oder vertieft er eine bestehende Unterbilanz nicht, ist die Auszahlung an den Gesellschafter erlaubt und es entsteht kein Erstattungsanspruch.

b) Ist der Freistellungsanspruch bei der Bestellung der Sicherheit **hingegen werthaltig**, ist eine spätere Verschlechterung der Vermögenslage des Gesellschafters für das Vorliegen einer Auszahlung i.S.v. § 30 Abs. 1 S. 1 GmbHG ebenfalls nicht von Bedeutung. Denn bei einem werthaltigen Freistellungsanspruch bei Bestellung der Sicherheit, also wenn der Schuldner aus ex-ante-Sicht zur Rückzahlung in der Lage sein wird, ist die Inanspruchnahme der durch die Gesellschaft gewährten Sicherheit unwahrscheinlich.[621] Es handelt sich dann um einen unter wirtschaftlicher Betrachtungsweise bilanzneutralen Aktivtausch i.S.d. § 30 Abs. 1 S. 2 GmbHG. Nach dem ausdrücklichen Willen des Gesetzgebers ist ein solcher Aktivtausch – unabhängig vom Bestehen oder Entstehen einer Unterbilanz – keine verbotene Auszahlung. Eine nachträgliche Veränderung der Werthaltigkeit ändert daran indes nichts, da lediglich die ex-ante-Sicht entscheidend ist.

Danach besteht im vorliegenden Fall kein Erstattungsanspruch der S gegen B nach §§ 30, 31 BGB analog. Der Freistellungsanspruch der S infolge der Bestellung der Grundschuld war 2008 noch werthaltig. Zu diesem Zeitpunkt war B noch in der Lage, das Darlehen der G-Bank zurückzuzahlen.

4. Im Übrigen wäre ein etwaiger Erstattungsanspruch der S infolge der durch K erhobenen **Verjährungseinrede** (§ 214 Abs. 1 BGB) jedenfalls nicht durchsetzbar. Ansprüche der Gesellschaft nach § 31 Abs. 1 GmbHG verjähren in zehn Jahren ab der „Zahlung" (§ 31 Abs. 5 S. 1 und 2 GmbHG). Für den Beginn der Verjährungsfrist kommt es den vorstehenden Ausführungen entsprechend auf die Bestellung der Grundschuld im Jahr 2008 und nicht erst auf deren spätere Verwertung im Jahr 2018 an. Deshalb konnte die Verjährung durch die erst am 31.12.2019 bei Gericht eingegangene Klage nicht (mehr) gemäß § 204 Abs. 1 Nr. 1 BGB gehemmt werden. Auch die 6-Monats-Frist nach §§ 31 Abs. 5 S. 3, 19 Abs. 6 S. 2 GmbHG war bereits abgelaufen, da das Insolvenzverfahren über das Vermögen der Schuldnerin bereits im Dezember 2016 eröffnet wurde.

II. Ergebnis: Die Klage ist unbegründet.

V. Die Haftungsverfassung der GmbH & Co. KG

Die **Ansprüche Dritter** können gerichtet sein 287

- **gegen die GmbH & Co. KG** als solche, also gegen die KG (§ 105 Abs. 2 HGB), und
- **gegen die einzelnen Gesellschafter**, nämlich
  - gegen die **Komplementär-GmbH** (§ 126 S. 1 HGB) und
  - gegen die **Kommanditisten** (§§ 171 ff. HGB).

621 BGH RÜ 2017, 776 Rn. 21.

Vor der Eintragung der KG in das Handelsregister haftet diese nur unter den Voraussetzungen des § 123 Abs. 1 S. 2 HGB. Die Kommanditisten können nach § 176 HGB haften. Vor Eintragung der GmbH gelten die Haftungsgrundsätze der Vor-GmbH.[622]

VI. Die Auflösung und Abwicklung der GmbH & Co. KG

288 Der **Tod eines Kommanditisten** ist kein Auflösungsgrund für die GmbH & Co. KG, die Gesellschaft wird mit den Erben fortgesetzt (§ 177 HGB).

289 Bei **„Tod" der Komplementär-GmbH**, also im Falle ihrer Auflösung gemäß §§ 60 ff. GmbHG, wird die GmbH & Co. KG nicht notwendigerweise mit aufgelöst: Die GmbH besteht auch nach ihrer Auflösung fort. Erst die Vollbeendigung der (vermögenslosen) GmbH durch Löschung im Handelsregister bewirkt die Auflösung der GmbH & Co. KG.[623]

Anders ist die Rechtslage im Falle der **Eröffnung des Insolvenzverfahrens über das Vermögen der (einzigen) Komplementär-GmbH** (§ 60 Abs. 1 Nr. 4 GmbHG). Diese führt zum Ausscheiden der Komplementär-GmbH aus der KG (§§ 161 Abs. 2, 130 Abs. 1 Nr. 3 HGB) und zur liquidationslosen Vollbeendigung der KG unter einer Gesamtrechtsnachfolge des (einzigen) Kommanditisten. Dieser haftet für die Gesellschaftsverbindlichkeiten nur mit dem übergegangenen Vermögen.[624] Umgekehrt wird die GmbH durch die Auflösung der GmbH & Co. KG im Zweifel nicht aufgelöst; sie nimmt vielmehr an der Auseinandersetzung teil.[625]

B. Die Publikums-KG

290 Das gesetzliche Konzept der Personengesellschaften geht von einer überschaubaren Anzahl von Gesellschaftern aus, die sich persönlich kennen. Die Vertragsfreiheit gestattet jedoch abweichende privatautonome Gestaltungen. Die sog. Publikumsgesellschaften sind **kapitalistische Personengesellschaften**, die auf eine **Vielzahl anonymer Gesellschafter** angelegt sind und deren Gesellschafterstruktur daher **eher** derjenigen einer **Kapitalgesellschaft** entspricht.[626]

291 Ziel einer Publikumsgesellschaft ist regelmäßig die **Ansprache eines breiten Publikums für bestimmte Geldanlageprojekte**.[627] Diesem Zweck kann insbesondere durch die Gründung einer AG und den Erwerb der Aktien durch die Anleger entsprochen werden. Eine AG hat ein bestimmtes in der Satzung festzusetzendes Grundkapital, das nur durch Satzungsänderung modifizierbar ist. Mit der Höhe des Grundkapitals steht auch die Zahl der Aktien fest und begrenzt die Zahl der Anleger. Steht bei einem neuen unternehmerischen Projekt der Investitionsbedarf noch nicht fest, eignet sich die Gründung einer AG dafür wenig. Genau an diesem Punkt kommen die Publikumspersonengesellschaften ins Spiel. Auch sie sind Kapitalanlagegesellschaften, da sie sich an ein breites Publikum von Anlegern wenden (die Gesellschaftsanteile werden i.d.R. öffent-

622 Zu diesen s. Rn. 361 ff.
623 BGH NJW 1980, 233.
624 BGH NZG 2004, 611, Ls. 1.
625 K. Schmidt, GesR, § 56 VI 2.
626 Windbichler/Bachmann § 19 Rn. 1.
627 Hier und zum Folgenden: Bitter/Heim § 7 Rn. 43.

lich auf dem Kapitalmarkt angeboten). Das Kapital der Publikumspersonengesellschaft kann aber – insbesondere im Gegensatz zur AG – problemlos den Bedürfnissen der Gesellschaft angepasst werden. **Kapitalerhöhungen bzw. -herabsetzungen** bedürfen nicht des komplizierten Verfahrens nach den §§ 182 ff. AktG.[628] Auch ist die **Zahl der Anleger** nicht begrenzt – wie sie es bei der AG durch die feste Zahl der Aktien faktisch ist. Die einfachste Art der Kapitalerhöhung ist die Aufnahme neuer Gesellschafter.

Publikumsgesellschaften können unterschiedliche **Rechtsformen** aufweisen. **In aller Regel** werden Publikumspersonengesellschaften als Kommanditgesellschaften, insbe- 292
sondere in Form einer **GmbH & Co. KG** errichtet, weshalb sie an dieser Stelle dargestellt werden. Dies hat den Vorteil, dass keine natürliche Person haftet und die Stellung eines Kommanditisten sich für eine kapitalistische Beteiligung besonders eignet. Es kann sich aber auch um eine „normale" KG mit einer natürlichen Person als Komplementär handeln.[629] Publikumsgesellschaften werden teilweise auch als GbR gegründet, sie sind insbesondere bei Immobilienfonds anzutreffen.[630] Auch die Form der stillen Gesellschaft ist für Publikumsgesellschaften geeignet.[631]

Häufig sind auch **Mischformen** zwischen (GmbH & Co.) KG und stiller Gesellschaft anzu- 293
treffen: Der Anleger leistet eine Einlage als Kommanditist und zusätzlich einen bestimmten Betrag als stille Einlage oder Darlehen (gesplittete Einlage). Eine weitere Organisationsform ist die der **Treuhandgesellschaft**. Die Publikumsgesellschaft wird gegründet, die Anleger treten aber nicht selbst als Gesellschafter bei, sondern bilden mit einem Treuhänder eine Innengesellschaft. Gesellschafter ist in diesem Fall nicht der Anleger, sondern allein der Treuhänder, der seine Gesellschafterrechte im Interesse des Treugebers wahrzunehmen hat. Einen unmittelbaren Einfluss auf die Ausübung des Stimmrechts hat der Anleger bei der echten Treuhand nicht.[632] Da nur der Treuhänder Gesellschafter ist, haftet der Anleger (Treugeber) regelmäßig nicht im Außenverhältnis.[633] Im Innenverhältnis ist er allerdings verpflichtet, den Treuhänder von seiner Haftung freizustellen. Wird der Freistellungsanspruch abgetreten, haftet der Anleger (Treugeber) auch im Außenverhältnis gegenüber dem Abtretungsempfänger.[634] Ausnahmsweise kann die Auslegung des Treuhandvertrags ergeben, dass der Anleger als Gesellschafter beteiligt ist und damit direkt auch im Außenverhältnis haftet.[635] Bei der unechten Treuhand sind die Kapitalanleger selbst Gesellschafter und schalten für die Wahrnehmung ihrer eigenen Gesellschafterrechte einen Treuhänder ein, der selbst Gesellschafter sein kann, aber nicht sein muss.

Bei einer Publikumspersonengesellschaft wird zunächst der **Gesellschaftsvertrag** bzw. 294
werden die Gesellschaftsverträge zwischen den **Gründungsgesellschaftern** geschlossen. Im Regelfall der Gründung einer GmbH & Co. KG wird eine GmbH errichtet, an der die Gründungsgesellschafter ebenso beteiligt sind wie an der KG. Da die Gesellschaft

628 S. hierzu Rn. 490.
629 BGH NJW 1982, 2253.
630 BGH NZG 2011, 1023.
631 Vgl. BGH NJW 1995, 1353.
632 BGHZ 84, 141, 144.
633 BGH NZG 2009, 57, Ls. 1; BGH RÜ 2011, 356.
634 BGH RÜ 2011, 356; BGH NZG 2011, 1432 Rn. 35.
635 BGH NZG 2011, 1023 Rn. 37.

aber Kapital benötigt, müssen ihr eine **Vielzahl von Anlegern** – regelmäßig als Kommanditisten – **beitreten.** Normalerweise erfolgt der Eintritt eines Gesellschafters durch Vertragsschluss des Eintretenden mit allen Gesellschaftern. Dieses Verfahren ist wegen der Vielzahl der beteiligten Personen bei einer Publikumspersonengesellschaft tatsächlich nicht durchführbar. Es kann daher die **Komplementär-GmbH bevollmächtigt** werden, im Namen und mit Wirkung für die übrigen Gesellschafter **Aufnahmeverträge abzuschließen.** Darüber hinaus ist es auch möglich, dass die KG oder die Komplementär-GmbH ermächtigt wird, in eigenem Namen die Gesellschaftsverträge mit den neu Eintretenden zu schließen. Die Gesellschaft handelt im letzteren Fall nicht als Vertreter der anderen Gesellschafter, sondern in eigenem Namen mit Wirkung für alle Gesellschafter.[636]

Die nach der Rechtsprechung anerkannte Möglichkeit einer Ermächtigung der KG, im eigenen Namen solche Verträge abschließen zu können, steht auf den ersten Blick im Widerspruch zu dem sich aus § 164 BGB ergebenden Offenkundigkeitsprinzip. Eine entsprechende Anwendung des § 185 Abs. 1 BGB (der eigentlich nur für Verfügungen gilt) auf Verpflichtungen wird nach allgemeinen Grundsätzen eigentlich abgelehnt.[637] Für den vorliegenden Fall wird eine solche Ermächtigung aber ausnahmsweise für möglich gehalten. Dies beruht im Wesentlichen auf den strukturellen Besonderheiten eines Publikumsgesellschaftsvertrages sowie auf der Tatsache, dass auch trotz des Handelns in eigenem Namen letztlich allen Beteiligten von Beginn an klar ist, dass letztlich ein Gesellschaftsvertrag zustande kommen soll.[638]

Der **Gesellschaftsvertrag** einer Publikumsgesellschaft wird regelmäßig nicht zwischen den beteiligten Personen im Einzelnen ausgehandelt, sondern von den Initiatoren **vorformuliert und einseitig gestellt.**[639] Der Großteil der Gesellschafter tritt der Publikumsgesellschaft erst bei, wenn der Text des Gesellschaftsvertrages bereits feststeht. Einfluss auf die inhaltliche Ausgestaltung des Gesellschaftsvertrages üben diese Gesellschafter nicht aus. Aus diesem Grund ergeben sich für den Gesellschaftsvertrag einer Publikumspersonengesellschaft Besonderheiten:

- Gesellschaftsverträge von Publikumspersonengesellschaften sind nur **nach ihrem objektiven Erklärungsbefund anhand des schriftlichen Vertrags auszulegen**; die Vorstellungen und der Wille der Gründungsgesellschafter, die in dem Gesellschaftsvertrag keinen Niederschlag gefunden haben, sind nicht zu berücksichtigen.[640]

- Für die Anlagegesellschafter ist die Gefahr einer Benachteiligung bei der Ausgestaltung des Gesellschaftsvertrages besonders groß. Dieser ist von den Initiatoren bereits vorformuliert, es besteht für die Anlagegesellschafter keine Möglichkeit der individuellen Einflussnahme Die Situation ist vergleichbar mit der Verwendung von AGB-Klauseln. Gemäß § 310 Abs. 4 S. 1 BGB sind die §§ 305 ff. BGB indes nicht anwendbar. Aufgrund dessen stützt der BGH[641] seine **Inhaltskontrolle** des Gesellschaftsvertrages auf **§ 242 BGB.**[642]

636 K. Schmidt, GesR, § 57 II 1a.
637 Hierzu ausführlich AS-Skript BGB AT 1 (2023), Rn. 469.
638 Vgl. hierzu BGH NJW 1978, 1000.
639 Hier und zum Folgenden: Bitter/Heim § 7 Rn. 45.
640 BGH NZG 2016, 424 Rn. 13; Windbichler/Bachmann § 19 Rn. 7.
641 BGH NJW 2001, 1270, Ls. 1.
642 Windbichler/Bachmann § 19 Rn. 8.

- **Ungewöhnliche Klauseln**, die den Kapitalanleger besonders belasten, sind **einschränkend auszulegen.**

Mehrheitsklauseln sind bei Publikumsgesellschaften praktisch unverzichtbar.[643] Selbst wenn eine weit gefasste Mehrheitsklausel jedoch die formelle Legitimation für eine Mehrheitsentscheidung begründet, sind die Gesellschafter im Rahmen der materiellen Wirksamkeitsprüfung vor der Mehrheitsmacht geschützt. So können etwa Nachschusspflichten nicht ohne die (zumindest antizipierte) Zustimmung des betroffenen Gesellschafters begründet werden. Zudem sind Nachschussklauseln i.d.R. in der Weise auszulegen, dass ein Nachschuss nur dann geschuldet wird, wenn er nicht der Drittgläubigerbefriedigung, sondern der Förderung des Gesellschaftszwecks dient.[644]

Auf den fehlerhaften Beitritt zu einer Publikumsgesellschaft finden die **Grundsätze der fehlerhaften Gesellschaft** Anwendung.[645]

Für unrichtige und unvollständige Angaben beim Vertrieb der Beteiligungen haften die **295** Vermittler und Initiatoren des Projekts nach den Grundsätzen der **Prospekthaftung**.[646] Eine Prospekthaftung kann auch auf eine Haftung wegen einer vorvertraglichen Pflichtverletzung (§§ 280 Abs. 1, 311 Abs. 2 und 3, 241 Abs. 2 BGB) gestützt werden (sog. Prospekthaftung im weiteren Sinne). Der Personenkreis der Haftenden wird durch § 311 Abs. 2, Abs. 3 BGB bestimmt. Gehaftet wird für die Verletzung von Aufklärungspflichten. Diese können durch die Vorlage eines fehlerhaften oder unvollständigen Prospekts, unterlassene Aufklärung über nach der Prospektveröffentlichung eingetretene Umstände oder falsche Informationen außerhalb des Prospekts verletzt werden.[647] Neben der Prospekthaftung und der Haftung wegen Verschuldens bei den Vertragsverhandlungen kann schließlich eine Haftung aus einem (zumindest stillschweigend geschlossenen) Auskunfts- oder Beratungsvertrag in Betracht kommen.[648]

643 Hier und zum Folgenden: Bitter/Heim § 7 Rn. 46.

644 BGH NJW 1979, 419.

645 BGH NJW 2001, 2718, Ls. 4.

646 Zur Prospekthaftung bei einer Publikumsgesellschaft s. BGH RÜ 2017, 551.

647 Bohlken/Lange DB 2005, 1259, 1262; Reinelt NJW 2009, 1 ff.

648 BGHZ 74, 103, 106.

Die Kommanditgesellschaft (KG)

Grundlagen

- Keine juristische Person, mindestens zwei Gesellschafter
- Keine Gesamthandsgemeinschaft
- Rechtsfähigkeit folgt aus §§ 161 Abs. 2, 105 Abs. 2 HGB

Entstehung

- Gründung
  - Entstehung im Innenverhältnis durch Abschluss des Gesellschaftsvertrages i.S.v. § 705 BGB
  - Entstehung im Außenverhältnis
    - Eintragung in das Handelsregister (§ 123 Abs. 1 S. 1 HGB)
    - Einvernehmliche Aufnahme der Geschäfte (§ 123 Abs. 1 S. 2 HGB)
- Umwandlung

Organisation

- Die Geschäftsführung der KG obliegt den Komplementären (§ 161 Abs. 2 i.V.m. §§ 116 HGB). Dabei gilt – wie bei der OHG – das Prinzip der Einzelgeschäftsführung. Die Kommanditisten sind von der Geschäftsführung ausgeschlossen (§ 164 HGB).
- Die Vertretung richtet sich über § 161 Abs. 2 HGB ebenfalls im Grundsatz nach dem Recht der OHG. Es gilt also im Grundsatz die Einzelvertretung durch jeden persönlich haftenden Gesellschafter (§§ 161 Abs. 2, 124 Abs. 1 HGB). Die Kommanditisten sind zur Vertretung der Gesellschaft nicht ermächtigt (§ 170 Abs. 1 HGB).

Haftungsverfassung

- Rechtsfähige KG haftet für Gesellschaftsschulden mit ihrem eigenen Gesellschaftsvermögen
- Daneben haften die Komplementäre für die Erfüllung der Gesellschaftsschulden persönlich, unbeschränkt und akzessorisch (§ 161 Abs. 2 i.V.m. §§ 126 ff. HGB)
- Die Haftung der Kommanditisten ist nach Maßgabe der §§ 171 ff. HGB auf deren Einlage beschränkt

Abwicklung, Auflösung und Abwicklung

- Auflösung (§§ 161 Abs. 2 i.V.m. 138 ff. HGB), außerdem, wenn der letzte bzw. einzige Komplementär ausscheidet.
- Abwicklung (Liquidation, §§ 161 Abs. 2 i.V.m. 143 ff. HGB)
- Vollbeendigung: mit Abschluss der Abwicklung; dies ist der Fall, wenn die KG infolge der Schlussverteilung an die Gesellschafter (§§ 161 Abs. 2 i.V.m. 148 Abs. 8 HGB) kein Aktivvermögen mehr hat.

Sonderformen

- GmbH & Co. KG
- Publikums-KG

4. Teil: Der Verein

Ein Verein ist eine auf Dauer berechnete Verbindung einer größeren Anzahl von Personen zur Erreichung eines gemeinsamen Zweckes, die nach ihrer Satzung körperschaftlich organisiert ist, einen Gesamtnamen führt und auf einen wechselnden Mitgliederbestand angelegt ist.[649] Der grundlegende Unterschied zur GbR liegt in der körperschaftlichen Struktur, die in den §§ 21 ff. BGB konkret ausgeprägt wird.[650] Den Verein kann man als den **Prototypen der privatrechtlichen Körperschaften** ansehen, weshalb bei Einzelfragen, die im Recht der anderen juristischen Personen (AG, GmbH) nicht oder unvollständig geregelt sind, auch grundsätzlich auf das Recht des Vereins zurückgegriffen werden kann.[651] **296**

1. Abschnitt: Grundlagen

Das Gesetz unterscheidet rechtsfähige (§§ 21–53 BGB) und Vereine ohne Rechtspersönlichkeit (§ 54 BGB). Zu den rechtsfähigen Vereinen zählen der nicht wirtschaftliche Verein (Idealvereine, § 21 BGB) und wirtschaftliche Vereine (§ 22 BGB). **297**

A. Der rechtsfähige Idealverein (e.V.)

Ein Verein, dessen Zweck nicht auf einen wirtschaftlichen Geschäftsbetrieb gerichtet ist, wird in § 21 BGB als nichtwirtschaftlicher Verein bezeichnet. **298**

Die **Gründung** eines Vereins erfolgt dadurch, dass mindestens sieben Gründer (vgl. §§ 56, 59 Abs. 3 BGB) sich auf eine Vereinssatzung (§ 25 BGB) einigen und erklären, den Verein als Mitglieder ins Leben rufen zu wollen.[652] Die Satzung muss gemäß § 57 Abs. 1 BGB Zweck, Namen und Sitz des Vereins enthalten und ergeben, dass der Verein eingetragen werden soll. **299**

Als Sitz eines Vereins gilt, wenn nicht ein anderes bestimmt ist (sog. „Satzungssitz"), der Ort, an welchem die Verwaltung geführt wird (§ 24 BGB). Der Sitz hat Bedeutung für die Zuständigkeit zur Eintragung (§ 55 BGB) und für den allgemeinen Gerichtsstand (§ 17 ZPO).

Enthält die Satzung diesen Mindestinhalt nicht, ist sie nichtig und es besteht die Möglichkeit der Amtslöschung; jedoch ist eine Heilung durch nachträgliche Ergänzung möglich.[653] Darüber hinaus soll die Satzung die in § 58 BGB genannten Bestimmungen enthalten.

Der nichtwirtschaftliche Verein erlangt gemäß § 21 Hs. 2 BGB die Rechtsfähigkeit erst mit der Eintragung in das Vereinsregister nach den §§ 55 ff. BGB. Die **Eintragung** hat also konstitutive Wirkung.[654] Sie erfolgt nur auf Antrag des Vorvereins (dazu gleich), vertreten durch den Vorstand (§ 59 Abs. 1 BGB).[655] Mit der Eintragung erhält der Name des Vereins den Zusatz „eingetragener Verein" oder kurz „e.V." (§ 65 BGB). **300**

---

649 RGZ 143, 212, 213.
650 Koch § 26 Rn. 1.
651 Kindler § 9 Rn. 13.
652 Jacoby/v. Hinden § 21 Rn. 4.
653 Erman/Westermann § 57 Rn. 1.
654 Erman/Westermann § 21 Rn. 9.
655 Erman/Westermann § 59 Rn. 1.

301 Bis zur Eintragung besteht der nicht rechtsfähige Verein als sog. **Vorverein.**[656] Dies setzt aber voraus, dass zumindest seine Satzung bereits beschlossen ist (sonst entsteht bei entsprechendem Bindungswillen der Gründer einstweilen eine GbR). Da der Vorverein mit dem späteren rechtsfähigen Verein identisch ist, gehen die für den Vorverein begründeten Rechte und Pflichten ipso iure auf den späteren Verein über. Nach der Eintragung haftet der eingetragene Verein für alle Verbindlichkeiten des Vorvereins.[657] Gleichzeitig erlischt die bis dahin bestehende persönliche Haftung der Handelnden gemäß § 54 Abs. 2 BGB.

302 Die Eintragung ist unzulässig, wenn der Verein einen **wirtschaftlichen Geschäftsbetrieb** bezweckt.[658] Das ist der Fall, wenn er eine planmäßige, auf Dauer angelegte und nach außen gerichtete, über den vereinsinternen Bereich hinausgehende, eigenunternehmerische Tätigkeit ausübt, die auf die Verschaffung vermögenswerter Vorteile zugunsten des Vereins oder seiner Mitglieder abzielt.[659] Letzteres ist etwa dann der Fall, wenn der Verein ohne eigenes Entgelt eine ausgelagerte unternehmerische Teilfunktion für seine Mitglieder wahrnimmt.

Beispiel: Eine „Taxi-Zentrale", die telefonische Bestellungen entgegennimmt und die Fahrer per Funk zu den Fahrgästen schickt, ist kein Idealverein, sondern ein Wirtschaftsverein i.S.v. § 22 BGB.[660]

303 Eine wirtschaftliche Nebentätigkeit nimmt einem Idealverein jedoch nicht seinen Charakter (sog. **Nebenzweckprivileg**).[661]

Beispiel: Ein Sportverein bleibt auch dann ein Idealverein, wenn er eine Gaststätte betreibt.[662] Große Sportvereine, die im Zuge der Professionalisierung des Leistungssports oft Umsätze in beträchtlicher Höhe machen (z.B. solche der ersten oder zweiten Fußballbundesliga), lassen sich aber nicht als Idealvereine klassifizieren.[663] Dem wird in der Praxis teilweise dadurch begegnet, dass die Profi-Abteilungen als Kapitalgesellschaften ausgegliedert und der Idealverein als „Dachverein" erhalten bleibt. Dies führt mitunter zu verbands- und kapitalgesellschaftsrechtlichen Problemen.[664] Bei Vereinen im Bereich des Amateursports sind hingegen auch der gelegentliche Empfang oder die Zahlung von Aufwandsentschädigungen an Sportler bzw. von Transferentschädigungen bei Vereinswechseln für § 21 BGB unschädlich.[665]

304 Die Maßstäbe der **steuerrechtlichen Gemeinnützigkeit** eines Vereins[666] sind mit denen für das Vorliegen eines wirtschaftlichen Geschäftsbetriebs nicht deckungsgleich. Nichtwirtschaftliche Vereine sind nicht per se gemeinnützig; wohl aber sind gemeinnützige Vereine i.d.R. nichtwirtschaftlich.[667]

---

656 Zum Folgenden: Jacoby/v. Hinden § 21 Rn. 6.
657 BGH NJW 1955, 1229.
658 Erman/Westermann § 21 Rn. 2.
659 BGH NJW 1983, 569, 571.
660 BGH NJW 1966, 2007.
661 BGH NJW 1983, 569, 570 u. 572.
662 KG OLGZ 1979, 279, 282.
663 K. Schmidt AcP 182 (1982), 1, 29.
664 S. hierzu: Westermann, Sport und Recht, 2001, 42 ff.
665 Erman/Westermann § 21 Rn. 7.
666 Hierzu Reuter NZG 2008, 881 ff.
667 Erman/Westermann § 21 Rn. 6.

B. Der rechtsfähige Wirtschaftsverein

Ein Verein, dessen Zweck auf einen wirtschaftlichen Geschäftsbetrieb gerichtet ist, erlangt seine Rechtsfähigkeit durch staatliche Verleihung (§ 22 S. 1 BGB). Seine Rechtsfähigkeit beruht nicht auf einer konstitutiven Eintragung im Vereinsregister (so in den Fällen des § 21 BGB), sondern auf einer **Konzession** durch das Land, in dessen Gebiet der Verein seinen Sitz hat (§ 22 S. 2 BGB). 305

Die Verleihung der Rechtsfähigkeit nach § 22 BGB ist wirtschaftlichen Vereinen vorbehalten. Idealvereinen kann die Rechtsfähigkeit also nicht über § 22 BGB verliehen werden, sie sind auf die Möglichkeit der konstitutiven Eintragung beschränkt.[668] Eine Verleihung kommt gemäß § 22 S. 1 BGB nur „in Ermangelung besonderer bundesgesetzlicher Vorschriften" in Betracht. Mit dieser Formulierung drückt das Gesetz die **Subsidiarität** des Weges über § 22 BGB gegenüber der Verwendung anderer Gesellschaftsformen aus.[669] Die Verleihung kommt nur dann in Betracht, wenn dem Verein wegen der atypischen Umstände des Einzelfalls die Verwendung sonstiger Rechtsformen nicht zumutbar ist.[670] Sinn und Zweck des Konzessionserfordernisses ist der Schutz des Rechtsverkehrs. Korporationen, für die gesellschaftliche Sonderformen (GmbH, AG, usw.) mit ihren strengeren Gründungs-, Prüfungs- und Kapitalaufbringungsvorschriften geeignet sind, sollen nicht durch die leichter erreichbare Eintragung in das Vereinsregister zu juristischen Personen werden.[671]

Beispiele für konzessionierte Wirtschaftsvereine sind die Verwertungsgesellschaft Wort (VG Wort)[672] und der – als besonderer Typus gesetzlich geregelte – VVaG (§§ 7, 15 ff. VAG).[673]

C. Der Verein ohne Rechtspersönlichkeit

Erlangt der Verein weder durch Eintragung (§ 21 BGB) noch Konzession (§ 22 BGB) Rechtsfähigkeit, finden auf ihn entweder gemäß § 54 Abs. 1 S. 1 BGB die Vorschriften über den Idealverein (§§ 24–53 BGB) oder nach § 54 Abs. 1 S. 2 BGB die der GbR (§§ 705 ff. BGB) Anwendung. Die im Namen dieses Vereins handelnden Personen haften dann persönlich (§ 54 Abs. 2 BGB). 306

Mit der Anerkennung der (Teil-)Rechtsfähigkeit der (Außen-)GbR durch den BGH,[674] stand der Verweis in § 54 S. 1 BGB a.F. auf die Anwendung der Vorschriften über die (ja rechtsfähige) Gesellschaft im offenen Widerspruch zur gleichzeitigen Aberkennung der Rechtsfähigkeit solcher Vereine durch den selben Satz. Der BGH hatte im folgenden konsequenterweise auch die **Rechtsfähigkeit des** dem Wortlaut nach **„nichtrechtsfähigen" Vereins bejaht**.[675] Mit Einführung des MoPeG hat der Gesetzgeber versucht diesen Widerspruch aufzulösen: Der ehemals dem Wortlaut nach nichtrechtsfähige aber dennoch teilrechtsfähige Verein heißt jetzt Verein ohne Rechtspersönlichkeit und ist entweder nach §§ 24–53 oder §§ 705 ff. BGB rechtsfähig. In beiden Fällen haften die **für den Verein rechtsgeschäftlich Handelnden** nach § 54 Abs. 2 BGB, unabhängig von ihrer Stellung innerhalb des Vereins und von ihrer Vertretungsmacht.[676] 307

668 BVerwG NJW 1979, 2261, 2265.

669 Erman/Westermann § 22 Rn. 1.

670 BVerwG NJW 1979, 2261.

671 Koch § 26 Rn. 23.

672 Bitter/Heim § 2 Rn. 10.

673 Erman/Westermann § 22 Rn. 1.

674 BGH NJW 2001, 1056.

675 BGH NJW 2008, 69 Rn. 55: Dort wird dem Verein noch vor Einführung des § 50 Abs. 2 ZPO n.F. die aktive Prozessfähigkeit und damit mittelbar auch die Rechtsfähigkeit zuerkannt.

676 Erman/Westermann § 54 Rn. 11.

308 Soweit der **Zweck des „nichtrechtsfähigen" Vereins nicht** auf einen **wirtschaftlichen Geschäftsbetrieb** gerichtet ist, finden gemäß **§ 54 Abs. 1 S. 1 BGB** die **Vereinsvorschriften** der §§ 24–53 BGB **Anwendung**. Nicht angewandt werden die §§ 55 ff. BGB, welche eine **Eintragung im Vereinsregister voraussetzen**. Durch diese würde ein solcher Verein gemäß § 21 BGB zum (rechtsfähigen) Idealverein (e.V.) werden. Dies galt contra legis bereits vor dem 01.01.2024, der Gesetzgeber hat dies nun kodifiziert.[677] Die Mitglieder des nicht wirtschaftlich tätigen Vereines ohne Rechtspersönlichkeit haften daher mangels positiver Regelung in den §§ 24–53 BGB nicht persönlich für Vereinsschulden.[678] Ihre **Haftung** ist also regelmäßig **auf das Vereinsvermögen beschränkt**.[679]

Der Anwendungsbereich des § 54 Abs. 1 S. 2 BGB erstreckt sich damit auf **wirtschaftlich tätige Vereine**, die nicht durch staatliche Verleihung (§ 22 BGB) Rechtspersönlichkeit erlangt haben. Über den Verweis in § 54 Abs. 1 S. 2 BGB auf das Recht der GbR gilt eine **volle Haftung der Mitglieder wirtschaftlicher Vereine ohne Rechtspersönlichkeit** gemäß § 721 BGB.[680]

2. Abschnitt: Die Haftungsverfassung des Vereins

309 Es ist grundlegend zwischen dem Verhältnis des Vereins zu seinen Mitgliedern und dem Verhältnis der Mitglieder untereinander („Innenverhältnis") und dem Verhältnis des Vereins und seiner Mitglieder zu Dritten („Außenverhältnis") zu differenzieren.

A. Innenverhältnis

I. Haftung des Vereins

310 Der Verein haftet seinen Mitgliedern aus § 280 Abs. 1 BGB und ggf. auch gemäß §§ 823 ff. BGB. Die Vereinsmitgliedschaft ist ein sonstiges Recht i.S.v. § 823 Abs. 1 BGB.[681]

Beachte: *Eine Rechtsverletzung i.S.v. § 823 Abs. 1 BGB liegt nur bei einem Entzug der Mitgliedschaft, nicht aber bei bloß vermögensmäßiger Entwertung vor.*[682]

Der Verein muss sich das Handeln des Vorstands und weiterer Personen nach § 31 BGB zurechnen lassen (dazu näher bei der Haftung im Außenverhältnis).

II. Haftung der Organpersonen

311 Auf die Geschäftsführung des Vorstands finden die für den Auftrag geltenden Vorschriften der §§ 664–670 BGB entsprechende Anwendung (§ 27 Abs. 3 S. 1 BGB), sofern die Satzung nichts Abweichendes regelt (§ 40 S. 1 BGB). Gegenüber dem Verein besteht deshalb grundsätzlich eine **Schadensersatzpflicht nach § 280 Abs. 1 BGB**, wenn die Interessenswahrungspflicht schuldhaft verletzt wird.[683]

---

677 Bitter/Heim § 2 Rn. 13.
678 Erman/Westermann § 54 Rn. 9.
679 Jacoby/v. Hinden § 54 Rn. 3.
680 BGH NJW 2001, 748, 750.
681 BGH NJW 1990, 2877, 2878.
682 Hk-BGB/Staudinger § 823 Rn. 41.
683 Grüneberg/Ellenberger § 27 Rn. 4, § 31a Rn. 4.

Werden ein Vorstand (§ 26 BGB) oder besonderer Vertreter (§ 30 BGB) unentgeltlich tätig – dies ist der Fall, sofern die Satzung nichts Abweichendes regelt (§§ 27 Abs. 3 S. 2, 40 S. 1 BGB) – oder übersteigt ihre jährliche Vergütung (wobei auch Sachleistungen zu berücksichtigen sind)[684] den Betrag von 840 € nicht **(ehrenamtliche Tätigkeit)**, so haften sie bei Verletzung ihrer dem Verein und dessen Mitgliedern gegenüber bestehenden Pflichten für Schäden, die bei der Wahrnehmung dieser Pflichten entstehen, im Innenverhältnis gegenüber dem Verein und den Vereinsmitgliedern nur für Vorsatz und grobe Fahrlässigkeit (§ 31a Abs. 1 S. 1 und 2 BGB). Die Beweislast tragen insoweit der Verein bzw. das Mitglied (§ 31a Abs. 1 S. 3 BGB).

Diese Haftungsbeschränkung gegenüber den Vereinsmitgliedern ist durch Satzung abdingbar (§ 40 S. 1 BGB).

Wird dem Vorstand oder besonderen Vertreter durch das zuständige Vereinsorgan (i.d.R. die Mitgliederversammlung) **Entlastung** erteilt, liegt darin ein Verzicht auf alle Schadensersatz- und etwa konkurrierende Bereicherungsansprüche des Vereins, soweit diese bei sorgfältiger Prüfung erkennbar waren.[685] Einen Anspruch auf Entlastung hat der Vorstand nur, sofern eine entsprechende satzungsmäßige Grundlage oder ein Vereinsbrauch besteht.[686]

III. Haftung der Vereinsmitglieder

Die Verletzung von Mitgliedschaftspflichten wird bei entsprechender Satzungsbestimmung häufig durch ein hierfür zuständiges Vereinsorgan (z.B. Vereinsgericht) mit **Vereinsstrafen** (z.B. Geldbuße, Sperre, Ausschluss von Ämtern) geahndet.[687] 312

Zwar ist die entsprechende Regelung in der Vereinssatzung zur Begründung dieser Disziplinargewalt ausreichend; es bedarf also insbesondere keiner rechtsgeschäftlichen Unterwerfung. Umstritten ist aber, ob es sich um eine „selbstständige Strafgewalt der Vereine" handelt (so die Rechtsprechung) oder, ob letztlich eine typische Vertragsstrafenvereinbarung i.S.v. §§ 339 ff. BGB vorliegt.[688]

Bei einem Verstoß gegen Treuepflichten haften die Mitglieder dem Verein nach § 280 Abs. 1 BGB und ggf. auch nach §§ 823 ff. BGB auf **Schadensersatz.**[689] Eine Schadensersatzhaftung kommt auch dann in Betracht, wenn das Mitglied auf Grundlage eines besonderen Vertrags für den Verein tätig wird. Bei einmaligen Tätigkeiten gelten dann regelmäßig die allgemeinen Haftungsregeln.

Beispiel: Wird ein Vereinsmitglied mit der Reparatur des Vereinsheims beauftragt, unterliegt es dem gleichen Haftungsregime wie ein „externer" Werkunternehmer, und zwar auch bei Schädigung anderer Vereinsmitglieder oder Außenstehender.[690]

Übt das Vereinsmitglied hingegen eine längerfristige Tätigkeit für den Verein aus und hat diese Tätigkeit die Wahrnehmung satzungsmäßiger Vereinsaufgaben, die dem Mitglied durch den Verein übertragen worden sind, zum Gegenstand, darf das Mitglied im

684 Hk-BGB/Dörner § 31a Rn. 2.
685 Hk-BGB/Dörner § 27 Rn. 7.
686 OLG Köln NJW-RR 1997, 483; Grüneberg/Ellenberger § 27 Rn. 8.
687 Hk-BGB/Dörner § 38 Rn. 11.
688 Hk-BGB/Dörner § 38 Rn. 11.
689 Hk-BGB/Dörner § 38 Rn. 9.
690 Erman/Westermann § 31b Rn. 2.

Verhältnis zum Verein haftungsrechtlich nicht schlechter gestellt werden als Organmitglieder und besondere Vertreter. Deshalb ist bei Vereinsmitgliedern, die unentgeltlich für den Verein tätig sind oder für ihre Tätigkeit eine Vergütung von jährlich nicht über 840 € erhalten **(ehrenamtliche Tätigkeit)**, die Haftung gegenüber dem Verein (nicht gegenüber anderen Vereinsmitgliedern[691]) für Schäden, die sie bei Wahrnehmung der ihnen übertragenen satzungsmäßigen Vereinsaufgaben verursachen, auf Vorsatz und grobe Fahrlässigkeit beschränkt (§ 31b Abs. 1 S. 1 BGB). Die Beweislast trägt dabei der Verein (§§ 31b Abs. 1 S. 2, 31a Abs. 1 S. 3 BGB).

Diese Beweislastverteilung ist zwingend. Da § 31b BGB in § 40 S. 1 BGB nicht als disponible Vorschrift genannt ist, darf von ihr auch im Hinblick auf die Verweisung in § 31b Abs. 1 S. 2 BGB nicht durch eine Satzungsregelung abgewichen werden.[692]

Für die **Schädigung anderer Vereinsmitglieder** gelten dieselben Grundsätze wie für die Schädigung außenstehendender Dritter.[693] Deshalb wird dieser Fall bei der Haftung im Außenverhältnis dargestellt.

B. Außenverhältnis

I. Haftung des Vereins

313 Der rechtsfähige Verein ist als juristische Person von seinen Mitgliedern getrennt.[694] Schließt der Vorstand im Namen des Vereins mit Vertretungsmacht (§ 26 BGB) einen Vertrag mit einem Dritten, kommt der Vertrag zwischen diesem und dem Verein als juristischer Person zustande.[695] Dementsprechend haftet dem Dritten der Verein mit dem Vereinsvermögen. Die Mitglieder haften für die Verbindlichkeiten des Vereins nicht persönlich mit ihrem Privatvermögen, sofern die **Vermögenstrennung** nicht ausnahmsweise missbräuchlich ausgenutzt wird (sog. Durchgriffshaftung).[696]

314 Neben die Haftung für wirksam im Namen des Vereins begründete Verbindlichkeiten tritt die **Haftung des Vereins für Organverschulden**.[697] Nach § 31 BGB haftet der Verein für Schäden, die der Vorstand, ein Mitglied des Vorstands oder ein sonstiger verfassungsmäßig berufener Vertreter (§ 30 BGB) des Vereins einem Dritten durch eine „in Ausführung der ihm zustehenden Verrichtungen" begangene Handlung zuführen. In Ausführung der zustehenden Verrichtungen geschieht eine Handlung, die noch in den Kreis der Maßnahmen fällt, welche die Ausführung der dem Vertreter zustehenden Verrichtungen darstellen. Es muss ein enger objektiver Zusammenhang mit diesen Maßnahmen bestehen.[698]

315 Über den Wortlaut der §§ 30, 31 BGB hinaus hat die Rechtsprechung eine **Repräsentantenhaftung** für solche Personen entwickelt, denen durch die allgemeine Betriebsrege-

691 Grüneberg/Ellenberger § 31b Rn. 1.

692 Grüneberg/Ellenberger § 31b Rn. 3; Erman/Westermann § 31b Rn. 4.

693 Grüneberg/Ellenberger § 31b Rn. 1.

694 Hier und zum Folgenden: Bitter/Heim § 2 Rn. 3.

695 Bitter/Heim § 2 Rn. 6.

696 BGH NZG 2008, 670 (Durchgriffshaftung der Mitglieder eines eingetragenen Idealvereins).

697 Hier und zum Folgenden: Bitter/Heim § 2 Rn. 7.

698 BGH NJW 2013, 3366 Rn. 17.

lung und Handhabung bedeutsame, wesensmäßige Funktionen der juristischen Person zur selbstständigen, eigenverantwortlichen Erfüllung zugewiesen sind, sodass sie die juristische Person im Rechtsverkehr repräsentieren.[699] Diese Haftung wird insbesondere dann relevant, wenn eine deliktische Haftung des Vereins für das Handeln seiner Verrichtungsgehilfen ausscheidet, weil er sich gemäß § 831 Abs. 2 S. 2 BGB exkulpieren kann, da § 31 BGB eine strikte Haftung ohne Entlastungsmöglichkeit begründet.[700] Dabei ist zu beachten, dass § 31 BGB keine Anspruchsgrundlage, sondern eine Zurechnungsnorm ist.[701] Sie gilt nach h.M. gleichermaßen für die Verletzung vertraglicher, vorvertraglicher und deliktischer Pflichten[702] und ist dabei inzident im Rahmen der jeweiligen Anspruchsgrundlage (z.B. § 280 oder § 823 BGB) zu prüfen.

II. Haftung der Organpersonen

Neben der Vereinshaftung kommt eine (ggf. gesamtschuldnerische) **Eigenhaftung der Organperson** nach allgemeinen Grundsätzen (§§ 823 ff., 840, 421 BGB) in Betracht.[703] Verein und Organperson haften dann ggf. als Gesamtschuldner. Haftet ein Organ als Vertreter ohne Vertretungsmacht nach § 179 BGB, kann diese Haftung nicht über § 31 BGB auf den Verein abgewälzt werden, weil dies dem Sinn der Eigenhaftung des Vertreters ohne Vertretungsmacht zuwiderliefe.[704] **316**

Die oben dargestellte Haftungsbeschränkung von Vorstand oder besonderem Vertreter gemäß § 31a Abs. 1 S. 1 BGB bzw. § 31a Abs. 1 S. 2 BGB gilt nur im Verhältnis zum Verein oder dessen Mitgliedern, nicht jedoch im Außenverhältnis.[705]

Haftet die Organperson im Außenverhältnis gegenüber Dritten (unbeschränkt), kann sie von dem Verein jedoch die Befreiung von der Verbindlichkeit verlangen, wenn sie den Schaden nicht vorsätzlich oder grob fahrlässig herbeigeführt hat und es sich um eine unentgeltliche oder ehrenamtliche Tätigkeit i.S.d. § 31a Abs. 1 S. 1 handelt (§ 31a Abs. 2 BGB).

III. Haftung der Vereinsmitglieder

Haften Vereinsmitglieder, die weder Vorstand (§ 26 BGB) noch besonderer Vertreter (§ 30 BGB) sind, gegenüber anderen Vereinsmitgliedern oder Dritten für einen Schaden, den sie bei der Wahrnehmung der ihnen übertragenen satzungsmäßigen Vereinsaufgaben verursacht haben, können sie in den Fällen des § 31b Abs. 1 S. 1 BGB – unentgeltliche Tätigkeit oder Entgelt nicht über 840 € jährlich – von dem Verein die Befreiung von der Verbindlichkeit verlangen, sofern sie den Schaden nicht vorsätzlich oder grob fahr- **317**

699 BGH NJW 2013, 3366 Rn. 12; MünchKomm-BGB/Leuschner § 31 Rn. 14 f.

700 Bitter/Heim § 2 Rn. 7.

701 Jacoby/v. Hinden § 31 Rn. 1.

702 BGHZ 109, 327, 332; a.A. MünchKomm-BGB/Leuschner § 31 Rn. 28 f.: Die Zurechnung schuldhafter Schadenszufügung durch Organe innerhalb schuldrechtlicher Sonderbeziehungen (Vertrag, vorvertragliches Schuldverhältnis) erfolgt über § 278 BGB. Der Unterschied besteht lediglich darin, dass nach der a.A. ein Haftungsausschluss für vorsätzliches Handeln der Organe möglich ist (§§ 278 S. 2, 276 Abs. 3 BGB).

703 Vgl. BGH NJW 1996, 1535, 1536 (zur persönlichen Haftung eines GmbH-Geschäftsführers für eine Eigentumsverletzung).

704 Jacoby/v. Hinden § 31 Rn. 5.

705 Hk-BGB/Dörner § 31a Rn. 4.

lässig verursacht haben. Für sie gilt also letztlich dasselbe, wie auch für Vorstände und besondere Vertreter nach § 31a Abs. 2 BGB.

3. Abschnitt: Die Organisation des Vereins

318 In organisatorischer Hinsicht ist zwischen der **Ebene der Mitglieder** und der **Ebene des Vereins** zu unterscheiden. Auf Letzterer sind die Organe des Vereins angesiedelt: Die Mitgliederversammlung und der Vorstand.

A. Die Vereinsmitgliedschaft

319 Mitgliedschaft bezeichnet im Gesellschaftsrecht die auf einer Zugehörigkeit zu einem Verband beruhende Rechtsstellung einer Person.[706] Die Mitgliedschaft bündelt demgemäß **alle (subjektiven) Rechte und Pflichten** eines Vereinsmitglieds, ist darüber hinaus aber ein absolutes subjektives Recht, das Gegenstand von Verfügungen sein kann und deliktischen Schutz genießt.[707]

320 Die Vereinsmitgliedschaft ist ein **personenrechtliches Verhältnis**, aus dem sich wechselseitig Rechte und Pflichten zwischen dem Mitglied und dem Verein sowie der Mitglieder untereinander ergeben.[708] Neben den allgemeinen Mitgliedschaftsrechten können kraft Satzung Sonderrechte für einzelne Mitglieder bestehen (§ 35 BGB).

321 **Mitgliedsfähig** sind natürliche und juristische Personen sowie Gesellschaften ohne Rechtspersönlichkeit (vgl. § 11 Abs. 2 Nr. 1 InsO).[709]

322 Nach § 38 BGB ist die Mitgliedschaft grundsätzlich eine **höchstpersönliche Rechtsstellung**. Soweit die Satzung nichts Abweichendes regelt (§ 40 S. 1 BGB), kann die Mitgliedschaft nicht durch Rechtsgeschäft übertragen oder vererbt werden (§ 38 S. 1 BGB) und ist infolgedessen auch nicht pfändbar.[710] Unübertragbar und nicht vererblich sind grundsätzlich auch die aus der Mitgliedschaft entspringenden Rechte, soweit sie nicht auf Zahlung einer Geldsumme gerichtet sind (z.B. Anspruch auf Beitragsrückerstattung).[711] Die Ausübung der Mitgliedschaftsrechte kann grundsätzlich nicht einem anderen überlassen werden (§ 38 S. 2 BGB).

323 Ein **Anspruch auf Aufnahme** besteht im Grundsatz auch dann nicht, wenn die Vereinssatzung die Mitgliedschaft für jedermann öffnet und eine möglichst große Mitgliederzahl anstrebt.[712] Dem Verein ist ein Ermessensspielraum eingeräumt, Bewerber nicht aufzunehmen.[713] Ein **Aufnahmezwang** besteht nur dann, wenn die Ablehnung durch einen „Monopolverband" zu einer im Verhältnis zu bereits aufgenommenen Mitgliedern sachlich nicht zu rechtfertigenden Ungleichbehandlung des Bewerbers führt.[714]

---

706 K. Schmidt, GesR, § 19 1b.

707 K. Schmidt, GesR, § 19 3a.

708 Hier und zum Folgenden: Hk-BGB/Dörner § 38 Rn. 1.

709 Erman/Westermann § 38 Rn. 5.

710 Hk-BGB/Dörner § 38 Rn. 6.

711 Hk-BGB/Dörner § 38 Rn. 6.

712 Hier und zum Folgenden: Erman/Westermann § 38 Rn. 6.

713 BGH NJW 1985, 1214, 1214 f. (zum möglichen Anspruch einer geschlossenen Gruppe auf Aufnahme in eine Gewerkschaft).

714 BGH NJW 1975, 771.

Die **Mitgliedschaftsrechte** lassen sich einteilen in **Mitverwaltungsrechte** (Recht auf Teilnahme an den Mitgliederversammlungen, Stimmrecht etc.) und **Teilhaberechte** (Rechte auf Gebrauch von Vereinseinrichtungen oder Diensten, die der Verein seinen Mitgliedern gewährt; Gewinnbeteiligung und Auseinandersetzungsansprüche bei Auflösung).[715] **324**

Die **Mitgliedschaftspflichten** umfassen spiegelbildlich **Mitverwaltungspflichten** (z.B. Teilnahme an Mitgliederversammlungen) und **Beitragspflichten.**[716] **325**

Weiterhin bestehen zwischen Verein und Mitglied **Treuepflichten.**[717] Der Verein muss auf die Einhaltung von Mitgliedschaftsrechten achten und dafür sorgen, dass ein Mitglied bei der Teilnahme am Vereinsleben nicht zu Schaden kommt. Das Mitglied ist gehalten, die Satzung zu beachten, den Vereinszweck zu fördern und den Verein nicht zu schädigen. Entsprechende Treuepflichten können auch zwischen den Vereinsmitgliedern bestehen.[718] **326**

Alle Rechte und Pflichten der Mitglieder unterliegen dem **Grundsatz der Gleichbehandlung.**[719] Eine willkürliche Ungleichbehandlung der Mitglieder in Satzung und Beschlussfassung ist unzulässig. Sachliche Differenzierungen sind hingegen gestattet. **327**

Die **Mitgliedschaft endet** durch Austritt (§ 39 BGB), Ausschluss aus wichtigem Grund,[720] Tod (§ 38 S. 1 BGB) oder Eintritt eines satzungsmäßigen Tatbestandes (z.B. Wohnsitzwechsel, Verzug mit Beitragszahlung).[721] Zulässig sind auch Satzungsbestimmungen, nach denen die Mitgliedschaft bei Eintritt bestimmter Voraussetzungen ruht.[722] **328**

B. Die Mitgliederversammlung

Die Mitgliederversammlung ist das **oberste Vereinsorgan.**[723] Sie ist als **Willensbildungsorgan** des Vereins[724] zuständig für **329**

- die Bestellung und Abberufung des Vorstands (§ 27 Abs. 1 und 2 BGB);
- Satzungsänderungen (§ 33 BGB);
- die Auflösung des Vereins (§ 41 BGB);
- die Bestellung und Abberufung von Liquidatoren (§ 48 Abs. 1 S. 2 Hs. 2 BGB).

Alle Mitglieder haben nach Maßgabe der §§ 32 ff. BGB das Recht, an der durch den Vorstand geleiteten Mitgliederversammlung teilzunehmen und dort ihr **Stimmrecht** auszuüben. Nach dem Gleichbehandlungsgrundsatz haben alle Mitglieder gleiches Stimmrecht, sofern durch die Satzung nichts Abweichendes vorgeschrieben ist.[725] Die Wil- **330**

---

715 Jacoby/v. Hinden § 38 Rn. 1.
716 Jacoby/v. Hinden § 38 Rn. 2.
717 Hier und zum Folgenden: Hk-BGB/Dörner § 38 Rn. 4.
718 Vgl. BGH NJW 1995, 1739, 1741 zu Treuepflichten der Aktionäre untereinander.
719 Hier und zum Folgenden: Hk-BGB/Dörner § 38 Rn. 5.
720 Hierzu Erman/Westermann § 39 Rn. 4 ff.
721 Erman/Westermann § 38 Rn. 8; Grüneberg/Ellenberger § 38 Rn. 5.
722 Grüneberg/Ellenberger § 38 Rn. 5.
723 Erman/Westermann § 32 Rn. 1.
724 Bitter/Heim § 2 Rn. 4.
725 Erman/Westermann § 32 Rn. 5.

lensbildung erfolgt durch Beschluss mit der einfachen Mehrheit der abgegebenen Stimmen (§ 32 Abs. 1 S. 3 BGB), sofern nicht durch das Gesetz oder die Satzung eine höhere Mehrheit vorausgesetzt ist.

Bei Satzungsänderungen und Auflösung des Vereins sind ¾ der abgegebenen Stimmen erforderlich (§§ 33 Abs. 1 S. 1, 41 S. 2 BGB), bei Zweckänderungen sogar die Zustimmung aller Mitglieder (§ 33 Abs. 1 S. 2 BGB).

C. Der Vorstand

331 Der Verein muss einen Vorstand haben (§ 26 Abs. 1 S. 1 BGB). Dieser kann aus einer oder mehreren Personen bestehen (§ 26 Abs. 2 S. 1 BGB). Die Satzung kann Bestimmungen über die Anzahl der Vorstandsmitglieder und auch die Organisation des Vorstands enthalten (§ 58 Nr. 3 BGB). Vorbehaltlich einer einschränkenden Satzungsbestimmung kann auch ein Nichtmitglied Vereinsvorstand sein **(Drittorganschaft)**.[726]

332 Die **Bestellung des Vorstands** erfolgt durch Beschluss der Mitgliederversammlung (§ 27 Abs. 1 BGB). Da die Bestellung auch pflichtenbegründend ist, muss sie von dem Bestellten angenommen werden.[727] Durch die wirksame Vorstandsbestellung wird ein organschaftliches Verhältnis zwischen Verein und bestellter Person begründet.[728]

333 Das Organschaftsverhältnis ist von dem **Anstellungsverhältnis** zu trennen. Grundsätzlich sind die Mitglieder des Vorstands unentgeltlich tätig (§ 27 Abs. 3 S. 2 BGB). Zwischen dem Verein und dem Vorstand kann aber auch (insbesondere bei einer Drittorganschaft) eine Vergütungsvereinbarung getroffen werden, sofern dies in der Satzung vorgesehen ist (vgl. § 40 BGB).[729] Der Sache nach handelt es sich hierbei um einen Geschäftsbesorgungsvertrag (§ 675 BGB) mit auftrags- und/oder dienstvertraglichem Charakter.

334 Das **Amt des Vorstands endet** durch Widerruf (§ 27 Abs. 2 BGB), Ablauf der Amtszeit, Amtsniederlegung, Tod oder Geschäftsunfähigkeit des Amtsträgers sowie bei Wegfall laut Satzung erforderlicher persönlicher Voraussetzungen.[730]

335 Auf dem Bestellungsakt beruhen im Innenverhältnis zum Verein das Recht und die Pflicht zur **Geschäftsführung**. Dafür gelten nach § 27 Abs. 3 BGB die Regeln des Auftrags (§§ 664 bis 670 BGB) entsprechend, sofern die Satzung nichts Abweichendes bestimmt (§ 40 BGB). Hieraus folgt insbesondere, dass der Vorstand gegenüber der Mitgliederversammlung weisungsgebunden ist (§ 665 BGB), soweit die Satzung keine entgegenstehende Regelung enthält oder das Gesetz ihm zwingende Verpflichtungen auferlegt (vgl. §§ 42 Abs. 2, 48 ff. BGB).[731] Die Geschäftsführung umfasst alle Tätigkeiten, die der Vorstand im Interesse des Vereins vornimmt. Der Umfang von Geschäftsführungsbefugnis (Innenverhältnis) und Vertretungsmacht (Außenverhältnis) ist im Zweifel deckungsgleich;[732] jedoch sind Beschränkungen der Geschäftsführungsbefugnis bei fortbestehender weiter gehender Vertretungsmacht möglich (dazu gleich).

---

726 Hk-BGB/Dörner § 26 Rn. 2.

727 OLG Düsseldorf NZG 2016, 698.

728 Hk-BGB/Dörner § 27 Rn. 1.

729 Zum Erfordernis einer Satzungsregelung s. BT-Drs. 17/11316, S. 16; Erman/Westermann § 27 Rn. 6.

730 Hk-BGB/Dörner § 27 Rn. 3.

731 Hk-BGB/Dörner § 27 Rn. 6.

732 BGH NJW 1993, 191, 192.

Im Außenverhältnis vertritt der Vorstand den Verein gerichtlich wie außergerichtlich; er hat die Stellung eines **gesetzlichen Vertreters** (§ 26 Abs. 1 S. 2 BGB). Besteht der Vorstand aus mehreren Personen, wird der Verein – vorbehaltlich einer abweichenden Regelung in der Satzung (§ 40 BGB) – durch die Mehrheit (vgl. §§ 28, 32 Abs. 1 S. 3 BGB) der Vorstandsmitglieder vertreten (§ 26 Abs. 2 S. 1 BGB).[733] **336**

Die **Vertretungsmacht** des Vorstands erstreckt sich grundsätzlich auf alle Vereinsangelegenheiten. Sie ist prinzipiell unbeschränkt, kann aber durch Satzungsbestimmung mit Wirkung gegenüber Dritten eingeschränkt werden (§ 26 Abs. 1 S. 3 BGB). Interne Beschränkungen wirken also – anders als bei der AG und der GmbH – auch im Außenverhältnis.[734] Für die Entgegennahme von Willenserklärungen ist jedoch zwingend Einzelvertretung vorgeschrieben (§ 26 Abs. 2 S. 2 BGB). Setzt sich der Vorstand über eine satzungsmäßige Beschränkung seiner Vertretungsmacht hinweg, handelt er als Vertreter ohne Vertretungsmacht (§§ 177 ff. BGB).

Die Kenntnis und das Kennenmüssen des Vorstands werden dem Verein über § 166 Abs. 1 BGB zugerechnet. Bei mehrköpfigem Vorstand reicht die Kenntnis eines Mitglieds aus (arg. ex § 26 Abs. 2 S. 2 BGB).[735] Juristische Personen müssen sich das Wissen aller ihrer vertretungsberechtigten Organwalter zurechnen lassen. Das Wissen schon eines vertretungsberechtigten Organmitglieds ist als Wissen des Organs anzusehen und damit auch der juristischen Person zuzurechnen. Dies gilt auch dann, wenn das Organmitglied an dem betreffenden Rechtsgeschäft nicht selbst mitgewirkt hat. Die **Wissenszurechnung** kommt selbst dann in Betracht, wenn der Organvertreter von dem zu beurteilenden Rechtsgeschäft nichts gewusst hat. Sie dauert auch nach dem Ausscheiden des Organvertreters aus seinem Amt fort. **337**

Beim e.V. sind die Mitglieder des Vorstands und ihre Vertretungsmacht im Vereinsregister einzutragen (§ 64 BGB).[736] Bei Rechtsgeschäften mit einem im **Vereinsregister** eingetragenen Vorstandsmitglied muss sich ein Dritter (wobei Dritter i.d.S. auch ein Vereinsmitglied sein kann)[737] eine Änderung der Zusammensetzung des Vorstands (§ 68 S. 1 BGB) oder eine Beschränkung der Vertretungsmacht des Vorstandsmitglieds nur entgegenhalten lassen, wenn diese Vorgänge zum Zeitpunkt des Geschäftsabschlusses in das Vereinsregister eingetragen oder ihm positiv bekannt waren. Schweigt das Register zu diesen Punkten, kann der Dritte darauf vertrauen, dass eine (zunächst existente) Vertretungsmacht weiterhin und im bisherigen Umfang besteht **(negative Publizität)**. Selbst eine im Register eingetragene Änderung muss der Dritte nicht gegen sich gelten lassen, wenn sie ihm unbekannt ist und seine Unkenntnis nicht auf Fahrlässigkeit beruht (§ 68 S. 2 BGB). Ein guter Glaube des Dritten, dass eine im Register von vornherein unrichtig eingetragene Vorstandsbestellung auch gültig ist (positive Publizität), wird dagegen durch die §§ 68, 70 BGB nicht geschützt. **338**

733 Zum Folgenden: Hk-BGB/Dörner § 26 Rn. 4 f.

734 Bitter/Heim § 2 Rn. 6.

735 Zum Folgenden: BGH NJW 1990, 975, 976.

736 Zum Folgenden: Hk-BGB/Dörner § 70 Rn. 2.

737 Hk-BGB/Dörner § 70 Rn. 3.

5. Teil: Die Gesellschaft mit beschränkter Haftung (GmbH)

1. Abschnitt: Grundlagen

A. Juristische Person

339 Eine GmbH kann **zu jedem gesetzlich zulässigen Zweck durch eine oder mehrere Personen** errichtet werden (§ 1 GmbHG). Anders als bei Personengesellschaften gibt es bei der GmbH also die Möglichkeit einer Ein-Personen-Gesellschaft. Die GmbH ist – ebenso wie die AG – eine **juristische Person** mit eigener Rechtspersönlichkeit (§ 13 Abs. 1 GmbHG).[738] Sie kann „als solche" Träger aller Rechte und Pflichten sein, die sich nicht notwendigerweise auf natürliche Personen beziehen,[739] ist also rechtsfähig und damit auch parteifähig (§ 50 Abs. 1 ZPO), prozessfähig (§ 52 ZPO) und insolvenzfähig (§ 11 Abs. 1 S. 1 InsO).

B. Kapitalgesellschaft

340 Die GmbH ist eine Kapitalgesellschaft. Als solche bedarf sie eines gewissen Mindestvermögens. Dieses sog. **Stammkapital** ist eine in der **Satzung** ausdrücklich festgelegte, auf volle Euro lautende Ziffer und bestimmt die Summe von Geld oder geldwerten Einlagen, die von den Gesellschaftern der GmbH mindestens zu erbringen sind.[740] Das Stammkapital der Gesellschaft muss mindestens 25.000 € betragen (§ 5 Abs. 1 GmbHG). Dieser Mindestbetrag darf auch durch spätere Kapitalherabsetzung grundsätzlich nicht unterschritten werden (§ 58 Abs. 2 S. 1 GmbHG). Jenseits des Mindeststammkapitals steht die Form der Finanzierung den Gesellschaftern frei; sie kann z.B. auch durch Rücklagen oder Gesellschafterdarlehen erfolgen.[741]

Das Stammkapital erfüllt die Funktion, der GmbH die **finanzielle Grundlage** für die unternehmerische Tätigkeit zu verschaffen und stellt eine **Betriebsvermögensreserve** dar. Ferner sichert es den **Bestands- und den Gläubigerschutz**.[742] Es dient den Gesellschaftsgläubigern also als **Haftungsfonds zum Ausgleich für die fehlende persönliche Haftung der Gesellschafter**.[743]

341 Der **Geschäftsanteil** ist der mitgliedschaftliche Anteil des einzelnen Gesellschafters. Er kann – anders als Aktien – nicht in einem handelbaren Wertpapier verbrieft werden, ist aber – wie Aktien – Ausdruck der Mitgliedschaft in der GmbH und bündelt alle aus ihr folgenden Rechte und Pflichten.[744]

Der Geschäftsanteil ist u.a. für die Gewinnverteilung (§ 29 Abs. 3 S. 1 GmbHG), das Stimmrecht (§ 47 Abs. 2 GmbHG) und die Verteilung des Liquidationserlöses (§ 72 S. 1 GmbHG) maßgeblich.

Der Nennwert des Geschäftsanteils, der auf volle Euro lauten muss (§ 5 Abs. 2 S. 1 GmbHG), bestimmt – von Sonderregeln in der Satzung abgesehen – die Summe seiner

738 Grunewald § 12 Rn. 1; K. Schmidt, GesR, § 33 I 1a.
739 Lutter/Hommelhoff/Bayer § 13 Rn. 2; MünchKomm-GmbHG/Merkt § 13 Rn. 4.
740 Kindl § 23 Rn. 3; Lutter/Hommelhoff/Bayer § 5 Rn. 2.
741 Lutter/Hommelhoff/Bayer § 5 Rn. 5.
742 Koch § 33 Rn. 14; Lutter/Hommelhoff/Bayer § 5 Rn. 1.
743 MünchKomm-GmbHG/Schwandtner § 5 Rn. 27.
744 Bitter/Heim § 4 Rn. 15.

Rechte und Pflichten im Verhältnis zur GmbH und zu den anderen Gesellschaftern.[745] Jeder Gesellschafter muss mindestens einen Geschäftsanteil und damit die Verpflichtung zu einer Leistung auf das Stammkapital an die GmbH übernehmen (§§ 3 Abs. 1 Nr. 4, 14 S. 1 GmbHG), denn die Mitgliedschaft in der GmbH als Kapitalgesellschaft ist zwingend mit einer Beteiligung an der Aufbringung des Stammkapitals verbunden.[746] Die Höhe der Nennbeträge der einzelnen Geschäftsanteile kann verschieden bestimmt werden (§ 5 Abs. 3 S. 1 GmbHG); ihre Summe muss mit der Ziffer des Stammkapitals übereinstimmen (§ 5 Abs. 3 S. 2 GmbHG). Ein Gesellschafter kann bei Errichtung der Gesellschaft mehrere Geschäftsanteile übernehmen (§ 5 Abs. 2 S. 2 GmbHG). Sämtliche Geschäftsanteile sind in der Gesellschafterliste zu nummerieren (§§ 8 Abs. 1 Nr. 3, 40 Abs. 1 S. 1 GmbHG).

Stammeinlage ist der in Euro ausgedrückte Betrag, den der einzelne Gesellschafter als Einlage auf das Stammkapital zu erbringen hat. Der Begriff der „Stammeinlage" ist im Zuge des MoMiG weitgehend durch den Begriff „Nennbetrag des Geschäftsanteils" ersetzt worden (vgl. §§ 3 Abs. 1 Nr. 4; 5; 14 GmbHG).[747] 342

Für die Verbindlichkeiten der GmbH **haftet den Gläubigern der Gesellschaft nur das Gesellschaftsvermögen (§ 13 Abs. 2 GmbHG)**. Eine persönliche Haftung der Gesellschafter für Verbindlichkeiten der Gesellschaft ist grundsätzlich ausgeschlossen (sog. **Trennungsprinzip**).[748] 343

Den durch das Trennungsprinzip erforderlichen **Schutz der Gläubiger** der Gesellschaft versucht das Gesetz dadurch zu gewährleisten, dass es eine ausreichende Haftungssubstanz bei der unbeschränkt mit ihrem gesamten Vermögen haftenden GmbH sichert. Hierzu dienen insbesondere Maßnahmen zur Kapitalaufbringung und -erhaltung (§§ 7–9c, 19–28, 30–32 GmbHG sowie § 39 InsO) und die Insolvenzantragspflicht der Geschäftsführer bei Zahlungsunfähigkeit und/oder Überschuldung der Gesellschaft (§ 15a InsO).[749]

Beachte: *Durch das Gesetz zur Abmilderung der Folgen der COVID-19-Pandemie im Zivil-, Insolvenz- und Strafverfahrensrecht*[750] *wurde die haftungs- und teilweise auch strafbewährte Insolvenzantragspflicht teilweise und befristet ausgesetzt.*

Die Gesellschafter einer GmbH haften für Gesellschaftsverbindlichkeiten im Außenverhältnis gegenüber den Gesellschaftsgläubigern – anders als im Aktienrecht (§§ 57, 58, 60, 62 AktG) – auch dann nicht, wenn sie **der Gesellschaft Vermögen entnehmen**. Dies gilt selbst dann, wenn das (entnommene) Vermögen gemäß § 30 Abs. 1 GmbHG zur Erhaltung des Stammkapitals erforderlich ist. In diesem Fall **haften die Gesellschafter** ebenso wie für rückständige Stammeinlagen oder Nachschüsse **nur der Gesellschaft gegenüber** nach den §§ 19, 24, 26, 31 GmbHG. Gläubiger der GmbH haben nur mittel-

745 Lutter/Hommelhoff/Bayer § 5 Rn. 3.

746 MünchKomm-GmbHG/Schwandtner § 5 Rn. 39.

747 Lutter/Hommelhoff/Bayer § 5 Rn. 4; Windbichler/Bachmann § 20 Rn. 6.

748 Hierzu und zum Folgenden: MünchKomm-GmbHG/Merkt § 13 Rn. 332 ff.

749 K. Schmidt, GesR, § 33 V 1.

750 Gesetz vom 27. März 2020, BGBl. I S. 569.

bar durch Pfändung in das Gesellschaftsvermögen gemäß §§ 829, 835 ff. ZPO Zugriff auf diese Ansprüche der Gesellschaft gegen ihre Gesellschafter.

344 Eine unmittelbare **Haftung der Gesellschafter aus selbstständigem Verpflichtungsgrund** wird durch § 13 Abs. 2 GmbHG aber nicht ausgeschlossen. Jeder Gesellschafter kann beispielsweise die Mithaftung für Verbindlichkeiten der Gesellschaft durch Bürgschaft, Garantieversprechen, Schuldbeitritt und dergleichen übernehmen. Teilweise wird in diesem Zusammenhang von einem „unechten Haftungsdurchgriff" gesprochen.[751] Auch aus allgemeinen Rechtsscheinsgrundsätzen kann sich die unmittelbare Haftung eines Gesellschafters ergeben.

Beispiel: Handeln unter der Firma der Gesellschaft ohne Verwendung des gesetzlich vorgeschriebenen GmbH-Zusatzes.

Das Trennungsprinzip zwischen GmbH als selbstständiger juristischer Person und den Gesellschaftern gilt jedoch nicht ausnahmslos. Einschränkungen und Ausnahmen in Form eines **Durchgriffs** werden grob in zwei Kategorien geteilt:

- Beim (echten) **Haftungsdurchgriff** (auch Durchgriffshaftung genannt) geht es um Fälle, in denen das Handeln der Gesellschafter dem Zweck der Haftungsbeschränkung nach § 13 Abs. 1 GmbHG in besonderem Maße zuwider läuft.[752] Dies soll auch ohne besonderen Verpflichtungsgrund insbesondere dann der Fall sein, wenn die Rechtsform der GmbH missbraucht wird[753] oder Gesellschafts- und Privatvermögen durch undurchsichtige Buchführung oder auf sonstige Weise vermischt werden. Nach diesem höchst umstrittenen Haftungsansatz wird in Einzelfällen das in § 13 Abs. 2 GmbHG angeordnete Prinzip der haftungsrechtlichen Trennung zwischen Gesellschaft (GmbH) und Gesellschafter durchbrochen, dem Gesellschafter also das Privileg der Haftungsbeschränkung abgesprochen. Hierdurch kommt es zu einem „Durchgriff" auf die „hinter" der GmbH stehenden Gesellschafter, die persönlich für die Gesellschaftsverbindlichkeiten einzustehen haben.

- Wie ein solcher Haftungsdurchgriff rechtsdogmatisch zu bewerkstelligen ist, ist umstritten. Während der BGH[754] dieses Ergebnis hauptsächlich auf eine analoge Anwendung des § 128 HGB a.F., also seit 01.01.2024 dann (wohl) auf eine analoge Anwendung des § 126 HGB, stützt, wird in der Literatur teilweise eine teleologische Reduktion des § 13 Abs. 2 GmbHG bevorzugt.[755]

- Beim **Zurechnungsdurchgriff**[756] geht es um die Frage, ob und unter welchen Voraussetzungen bestimmte Eigenschaften, Kenntnisse oder sonst rechtserhebliche Umstände aufseiten des Gesellschafters der Gesellschaft zugerechnet werden können oder müssen bzw. inwieweit sich der Gesellschafter umgekehrt das Vorliegen solcher Umstände aufseiten der Gesellschaft zurechnen lassen kann oder muss. Der Sache nach geht es hierbei um die Auslegung von Zurechnungsnormen.

---

751 Scholz/Bitter § 13 Rn. 73, 90.

752 Lutter/Hommelhoff/Bayer § 13 Rn. 11.

753 BGH NZG 2008, 670 Rn. 15; BGH NJW 2008, 2437 Rn. 21.

754 BGH NJW 2006, 1344, Ls. 1; BGH NZG 2008, 187 Rn. 16.

755 Vgl. Scholz/Bitter § 13 Rn. 126.

756 Hierzu und zum Folgenden: Scholz/Bitter § 13 Rn. 55 ff.; MünchKomm-GmbHG/Merkt § 13 Rn. 343 ff.

Beispiel 1: Ein die GmbH beherrschender Gesellschafter, der Vertragspartner der Gesellschaft täuscht, steht „im Lager" der Gesellschaft und ist nicht Dritter i.S.v. § 123 Abs. 2 BGB.[757]

Beispiel 2: Auch über einen gutgläubigen Fremdgeschäftsführer kann ein Gesellschafter seiner GmbH einen ihm tatsächlich nicht gehörenden Gegenstand nicht wirksam im Wege des gutgläubigen Eigentumserwerbs (§§ 892, 932 ff. BGB, 366 HGB) übereignen, weil es an einem Verkehrsgeschäft fehlt.[758]

Klausurhinweis: *Wegen der unterschiedlichen Anwendungsfälle sind Haftungs- und Zurechnungsdurchgriff in einem Gutachten an unterschiedlichen Stellen zu thematisieren. Die Frage eines Haftungsdurchgriffs ist – nachdem zuvor eine Haftung der GmbH festgestellt wurde – regelmäßig dann zu erörtern, wenn ein identischer Anspruch auch gegen den Gesellschafter geltend gemacht wird. Der Zurechnungsdurchgriff wird hingegen meist bei Ansprüchen gegen die Gesellschaft, und zwar im Rahmen der jeweiligen Anspruchsvoraussetzung relevant.*

Ebenfalls diskutiert wird eine Durchgriffshaftung in Fällen sog. **materieller Unterkapitalisierung**, also wenn zwar das gesetzlich vorgeschriebene Mindestkapital erbracht und auch erhalten wurde, dieses aber (absehbar) nicht zur Finanzierung des Geschäftsbetriebes ausreicht. Der BGH hat eine solche Durchgriffshaftung wegen materieller Unterkapitalisierung abgelehnt.[759] Für eine solche im Wege richterlicher Rechtsfortbildung zu begründende Haftung sei mangels einer im gesetzlichen System des GmbHG bestehenden Gesetzeslücke kein Raum. Eine über die Aufbringung des gesetzlichen Stammkapitals und die anschließende Gewährleistung seiner Erhaltung hinausgehende Finanzausstattungspflicht des Gesellschafters sei systemwidrig und würde letztlich die Gesellschaftsform der GmbH selbst infrage stellen. Überdies habe der Gesetzgeber bei der Unternehmergesellschaft (§ 5a GmbHG, s. dazu unten) die Möglichkeit eines geringen Stammkapitals geschaffen und weiterhin bewusst auf eine gesetzlich normierte Unterkapitalisierungshaftung verzichtet.

In der früheren Rechtsprechung hat der BGH eine Durchgriffshaftung gemäß § 826 BGB wegen eines **existenzvernichtenden Eingriffs** bejaht. Die Existenzvernichtungshaftung besteht für missbräuchliche, zur Insolvenz der GmbH führende oder diese vertiefende kompensationslose Eingriffe in das Gesellschaftsvermögen. Die neuere Rechtsprechung verneint eine Außenhaftung der Gesellschafter wegen existenzvernichtenden Eingriffs. Diese **Fallgruppe des § 826 BGB** führt danach **nur zu einer Innenhaftung des Gesellschafters gegenüber der GmbH**.

Fall 10: Trihotel

Die A-GmbH pachtete von dem B ein mit einem Hotel bebautes Grundstück und betrieb das Hotel. Gesellschafter der A-GmbH waren B zu 52 % und dessen Ehefrau F zu 48%. B war zugleich der alleinige, von den Beschränkungen des § 181 BGB befreite Geschäftsführer. Im Jahr 2021 erwarb die M, die Mutter des B, sämtliche Geschäftsanteile an der J-GmbH und bestellte den B zum alleinigen, von den Beschränkungen

757 MünchKomm-GmbHG/Merkt § 13 Rn. 347.

758 MünchKomm-GmbHG/Merkt § 13 Rn. 351.

759 BGH NJW 2008, 2437 Rn. 17 ff.

des § 181 BGB befreiten Geschäftsführer. Auf die J-GmbH übertrug der B noch in dem gleichen Jahr seine Beteiligung an der A-GmbH. Später übertrug die M dem B sämtliche Anteile an der J-GmbH.

Am 20.03.2023 kündigte der B als Verpächter den Pachtvertrag mit der A-GmbH. Das Grundstück verpachtete er an die J-GmbH. Die J-GmbH und die A-GmbH, beide vertreten durch den B, schlossen einen Geschäftsbesorgungsvertrag dahingehend, dass die A-GmbH die Management- und Organisationsaufgaben des Hotelbetriebs zu erledigen hatte und hierfür als Pauschalhonorar eine Umsatzbeteiligung von 40 % der Hotelumsätze erhalten sollte.

Im Lauf des Jahres 2023 verschlechterte sich die wirtschaftliche Situation der A-GmbH. Im Januar 2024 wurde das Insolvenzverfahren über ihr Vermögen eröffnet. Der Insolvenzverwalter verlangt von B Zahlung der zur Insolvenztabelle angemeldeten und anerkannten Forderungen in Höhe von 713.000 €. Er ist der Ansicht, mit der Kündigung der Pachtverträge und der Vereinbarung eines zu geringen Pauschalhonorars habe der B die Insolvenz der A-GmbH verursacht.

345 **A.** Der Insolvenzverwalter kann gemäß § 93 InsO die **Ansprüche der Gläubiger** aufgrund der persönlichen Haftung der Gesellschafter einer Gesellschaft ohne Rechtspersönlichkeit (GbR, OHG, KG) oder einer KGaA geltend machen. **Analog § 93 InsO** ist der Insolvenzverwalter befugt, eine etwaige Haftung der Gesellschafter einer GmbH für die Gläubiger geltend zu machen.[760]

I. Grundsätzlich haften die Gesellschafter einer GmbH nicht persönlich (§ 13 Abs. 2 GmbHG).

II. Etwas anderes könnte sich aber mit Blick auf die Grundsätze der **Durchgriffshaftung** ergeben. Demzufolge soll einen Gesellschafter (in analoger Anwendung des § 126 HGB bzw. unter teleologischer Reduktion des § 13 Abs. 2 GmbHG) in besonderen Konstellation ausnahmsweise doch eine unmittelbare und persönliche Haftung treffen.

1. Eine **Durchgriffshaftung wegen Rechtsformmissbrauchs** besteht nicht. Es ist nicht ersichtlich, dass B bei der Gründung oder der Geschäftsführung der GmbH deren Rechtsform missbraucht hat. Der ihm vorgeworfene Eingriff in das Gesellschaftsvermögen ist kein Missbrauch der Rechtsform der GmbH.[761] Auch eine Vermögensvermischung ist nicht ersichtlich.

2. In Betracht kommt eine **Durchgriffshaftung wegen eines existenzvernichtenden Eingriffs**.

a) Nach der **früheren Rechtsprechung des BGH** hatte ein existenzvernichtender Eingriff in das Gesellschaftsvermögen zur Folge, dass dem handelnden Gesellschafter der Einwand des § 13 Abs. 2 GmbHG versagt wurde und er den Gläubigern der GmbH unmittelbar haftete.[762]

760 BGH NJW 2006, 1344, Ls. 1.

761 BGH NJW 2007, 2689 Rn. 28.

762 BGH NJW 2005, 145.

b) In der **neueren Rechtsprechung** lehnt der BGH eine Durchgriffshaftung wegen existenzvernichtenden Eingriffs ab. Diese Fallgruppe einer vorsätzlichen sittenwidrigen Schädigung (§ 826 BGB) führe nicht zu einer Außenhaftung der Gesellschafter den Gläubigern gegenüber, sondern nur zu einer **Innenhaftung gegenüber der Gesellschaft**. Die Existenzvernichtungshaftung schließe eine Lücke im Kapitalschutzrecht der GmbH in Bezug auf Eingriffe, die nicht durch die §§ 30, 31 GmbHG ausgeglichen werden können, weil sie in der für § 30 GmbHG maßgeblichen Stichtagsbilanz nicht oder nur ungenügend abgebildet werden oder bei denen eine Rückgewähr gemäß § 31 GmbHG eine Insolvenz nicht mehr verhindern kann. Schutzobjekt der Existenzvernichtungshaftung sei das Gesellschaftsvermögen selbst und nicht „mittelbar" die durch den Haftungsfonds geschützten Forderungen der Gläubiger. Eine Durchgriffshaftung des B scheidet danach aus.

B. Gemäß **§ 80 Abs. 1 InsO** kann der Insolvenzverwalter die **Rechte der Gesellschaft** geltend machen.

I. Der A-GmbH könnte gegen B ein Anspruch aus **§ 826 BGB** wegen **existenzvernichtenden Eingriffs** zustehen.

1. Die Existenzvernichtungshaftung soll eine Lücke im Kapitalschutz für Eingriffe schließen, die nicht durch die §§ 30, 31 GmbHG ausgeglichen werden können. Die Haftung ist aber **nicht subsidiär** im Verhältnis zu den Ansprüchen aus §§ 30, 31 GmbHG. Die Haftung knüpft an einen einheitlichen, zur Insolvenz führenden Eingriff an. Deswegen kann sie nicht auf die Schließung von Haftungslücken beschränkt werden. Vielmehr umfasst der zu ersetzende Schaden auf der Rechtsfolgenseite einen nach §§ 30, 31 GmbHG bestehenden Erstattungsanspruch.[763]

2. Adressaten der Haftung sind zunächst die Gesellschafter der GmbH. Darüber hinaus trifft die Haftung auch denjenigen, der zwar nicht an der geschädigten GmbH, wohl aber an einer Gesellschaft beteiligt ist, die ihrerseits Gesellschafter der GmbH ist (Gesellschafter-Gesellschafter). Dies gilt jedenfalls dann, wenn er einen beherrschenden Einfluss auf die geschädigte Gesellschaft ausüben kann.[764] B war bei Abschluss des Geschäftsbesorgungsvertrages zwischen der A-GmbH und der J-GmbH alleiniger Gesellschafter der J-GmbH. Da diese einen 52 %-Anteil an der A-GmbH hielt, war er Adressat der Existenzvernichtungshaftung. Auf eine eventuelle Haftungszurechnung gemäß § 830 BGB wegen einer Beteiligung kommt es nicht an.

3. Haftungsbegründend ist darüber hinaus ein **missbräuchlicher, zur Insolvenz der GmbH führender** oder die Insolvenz vertiefender kompensationsloser **Eingriff** in das Gesellschaftsvermögen erforderlich.

Ein solcher existenzvernichtender Eingriff könnte in dem Abschluss des Geschäftsbesorgungsvertrages zwischen der J-GmbH und der A-GmbH liegen. Er ist dann zu bejahen, wenn die im Vertrag vorgesehene Umsatzbeteiligung von 40 % derart unvertretbar niedrig war, dass eine Insolvenz der A-GmbH als Folge einer solchen Unangemessenheit

763 BGH NJW 2007, 2689 Rn. 39.
764 BGH NJW 2007, 2689 Rn. 44.

bereits bei Vertragsschluss praktisch unausweichlich war.[765] Da dies hier aber – mangels entsprechender Anhaltspunkte – nicht festgestellt werden kann, liegt mithin kein existenzvernichtender Eingriff vor.

Der A-GmbH steht folglich kein Anspruch gegen B aus § 826 BGB zu.

II. Für einen Anspruch der A-GmbH gegen B aus **§§ 30, 31 GmbHG** wegen Rückzahlung der Einlage bestehen indes ebenfalls keine Anhaltspunkte.

III. Da B Geschäftsführer der A-GmbH war, kommt eine Haftung gemäß **§ 43 Abs. 2 GmbHG** in Betracht. B müsste seine Pflichten als Geschäftsführer verletzt haben. Die Pflichtverletzung könnte in dem Abschluss des Geschäftsbesorgungsvertrages mit der J-GmbH liegen. Es steht aber nicht fest, dass die Umsatzbeteiligung von 40 % unvertretbar niedrig war. Deshalb scheidet auch ein solcher Anspruch aus.

C. Formkaufmann

346 Die GmbH gilt gemäß **§ 13 Abs. 3 GmbHG** als Handelsgesellschaft im Sinne des HGB. Damit wird auf § 6 Abs. 1 HGB verwiesen, wonach die für Kaufleute geltenden Vorschriften auch auf Handelsgesellschaften Anwendung finden. Der Status der GmbH als Handelsgesellschaft wird damit unabhängig von dem eigentlichen Gegenstand des Unternehmens unwiderleglich vermutet. Auch eine GmbH mit ausschließlich ideeller oder sozialer Zwecksetzung ist somit Handelsgesellschaft und Kaufmann. Die GmbH ist deshalb ein sog. Formkaufmann.[766]

§ 13 Abs. 3 GmbHG bezieht sich nur auf die GmbH als solche. **Gesellschafter und Geschäftsführer** der GmbH werden dadurch nicht zu Kaufleuten. Dies gilt selbst für den Alleingesellschafter einer Ein-Personen-GmbH, der zugleich alleiniger Geschäftsführer ist.[767]

D. Gesellschaftsvertrag

I. Mindestinhalt

347 Der Gesellschaftsvertrag der GmbH (die „Satzung") muss gemäß **§ 3 Abs. 1 GmbHG** folgenden Mindestinhalt umfassen:

348 ■ Firma und Sitz der Gesellschaft **(Nr. 1)**

Die **Firma** der GmbH muss die Bezeichnung „Gesellschaft mit beschränkter Haftung" oder eine allgemein verständliche Abkürzung dieser Bezeichnung („GmbH") enthalten (§ 4 S. 1 GmbHG), damit die Haftungsbeschränkung (§ 13 Abs. 2 GmbHG) für den Rechtsverkehr erkennbar ist. Wird der die Haftungsbeschränkung kennzeichnende Zusatz weggelassen, trifft den in dieser Weise für die GmbH Auftretenden eine Recht-

765 BGH NJW 2007, 2689 Rn. 50.

766 Kindl § 23 Rn. 4; K. Schmidt, GesR, § 33 I 2c; MünchKomm-GmbHG/Merkt § 13 Rn. 80.

767 BGHZ 165, 43, 47 ff.; MünchKomm-GmbHG/Merkt § 13 Rn. 83.

scheinshaftung, weil für den Rechtsverkehr der Eindruck einer unbegrenzten persönlichen Haftung entstanden ist.[768]

Sitz der Gesellschaft ist der Ort im Inland, den der Gesellschaftsvertrag bestimmt (§ 4a GmbHG: Satzungssitz). 349

Von diesem Satzungssitz, der stets in Deutschland („im Inland") liegen muss, um die Gesellschaft in der deutschen Rechtsordnung zu verankern,[769] zu unterscheiden ist der Verwaltungssitz (= Ort der Geschäftsleitung) der GmbH, der auch im Ausland liegen kann.[770] Fallen Satzungs- und Verwaltungssitz auseinander, ist der Verwaltungssitz als Zweigniederlassung zu qualifizieren auch wenn es sich tatsächlich um die Hauptniederlassung handelt.[771] Die Sitzverlegung (= Verlegung des Satzungssitzes) ist eine Satzungsänderung und damit erst mit der Eintragung im Handelsregister wirksam (§ 54 GmbHG); das Verfahren richtet sich nach § 13h HGB.[772]

- Gegenstand des Unternehmens **(Nr. 2)** 350

  Unter dem **Gegenstand des Unternehmens** ist der konkrete Tätigkeitsbereich der GmbH zu verstehen. Dieser muss in der Satzung so exakt und individuell wiedergegeben werden, dass sich die beteiligten Verkehrskreise ein Bild vom Schwerpunkt der Tätigkeit machen können;[773] allgemeine Umschreibungen genügen nach h.M. nicht.[774] Als Satzungsbestandteil kann der Unternehmensgegenstand mit einer Mehrheit von ¾ der abgegebenen Stimmen geändert werden (§ 53 Abs. 2 S. 1 GmbHG); im Gesellschaftsvertrag können dabei die Anforderungen an die Mehrheit nicht abgeschwächt, wohl aber verschärft werden (arg. § 53 Abs. 2 S. 2 GmbHG).[775]

  Der Unternehmensgegenstand ist formal vom **Zweck der Gesellschaft** (§ 1 GmbHG) abzugrenzen, der im Innenverhältnis die Geschäftsgrundlage der Gesellschaft bildet und das Endziel beschreibt, das die Gesellschafter durch die Gründung der GmbH erreichen wollen. Der Zweck der Gesellschaft muss nicht im Gesellschaftsvertrag festgelegt werden.[776]

- Betrag des Stammkapitals **(Nr. 3)**

- die Zahl und die Nennbeträge der Geschäftsanteile, die jeder Gesellschafter gegen eine Einlage auf das Stammkapital (Stammeinlage) übernimmt **(Nr. 4)**

II. Mängel des Gesellschaftsvertrages

Wird eine GmbH in das Handelsregister eingetragen, obwohl im Gesellschaftsvertrag eine nach § 3 GmbHG **zwingend erforderliche Bestimmung** fehlt oder eine Satzungsregelung nichtig ist, kann dies – je nach Art des Fehlers – zur **Auflösung** der Gesellschaft führen.[777] Dabei kann folgendermaßen differenziert werden: 351

768 Bitter/Heim § 4 Rn. 10; vgl. auch BGH RÜ 2012, 628 Rn. 9 ff.: Rechtsscheinhaftung des Handelnden bei Zeichnung mit dem Rechtsformzusatz „GmbH" für UG (haftungsbeschränkt).

769 Franz/Laeger BB 2008, 678, 679; Preuß GmbHR 2007, 57, 58 f.

770 Bitter/Heim § 4 Rn. 11.

771 Lutter/Hommelhoff/Bayer § 4a Rn. 1; Heckschen DStR 2009, 166, 168.

772 Lutter/Hommelhoff/Bayer § 4a Rn. 6.

773 BGH NJW 1992, 1824, 1826.

774 Lutter/Hommelhoff/Bayer § 3 Rn. 9.

775 Lutter/Hommelhoff/Bayer § 53 Rn. 13.

776 Bitter/Heim § 4 Rn. 12; a.A. Lutter/Hommelhoff/Bayer § 3 Rn. 8.

777 Bitter/Heim § 4 Rn. 18.

- Enthält der Gesellschaftsvertrag keine Bestimmungen über die Höhe des Stammkapitals (§ 3 Abs. 1 Nr. 3 GmbHG) oder über den Gegenstand des Unternehmens (§ 3 Abs. 1 Nr. 2 GmbHG) oder sind die Bestimmungen des Gesellschaftsvertrages über den Gegenstand des Unternehmens nichtig, so kann jeder Gesellschafter, jeder Geschäftsführer und, wenn ein Aufsichtsrat bestellt ist, jedes Mitglied des Aufsichtsrats im Wege der Klage beantragen, dass die Gesellschaft für nichtig erklärt wird (§ 75 Abs. 1 GmbHG: **Nichtigkeitsklage**). Wird einer solchen Klage stattgegeben, ist die Gesellschaft nicht von Anfang an unwirksam, sondern wird nach den Vorschriften über die Auflösung der Gesellschaft (§§ 65 ff. GmbHG[778]) abgewickelt (§ 77 GmbHG). Tatsächlich ist die „Nichtigkeitsklage" also eine Auflösungsklage.[779] Daneben kommt in den Fällen des § 75 Abs. 1 GmbHG eine Löschungsverfügung des Registergerichts gemäß § 397 FamFG in Betracht.

- Fehlt hingegen eine Bestimmung über die Firma und/oder den Sitz der Gesellschaft (§ 3 Abs. 1 Nr. 1 GmbHG) oder die Geschäftsanteile (§ 3 Abs. 1 Nr. 4 GmbHG) oder ist eine hierzu getroffene Bestimmung oder eine solche über das Stammkapital (§ 3 Abs. 1 Nr. 3 GmbHG) nichtig, kann dies nach § 60 Abs. 1 Nr. 6 GmbHG i.V.m. einer **Feststellungsverfügung** des Registergerichts gemäß § 399 Abs. 1 und 4 FamFG zur Auflösung der Gesellschaft führen.[780]

Niemals führt ein Mangel dazu, dass die eingetragene GmbH inexistent wird. Vielmehr ist sie durch ihre konstitutive Eintragung in das Handelsregister (§ 11 Abs. 1 GmbHG) wirksam und rechtsfähig; der Fehler kann – den **Grundsätzen der fehlerhaften Gesellschaft**[781] entsprechend – nur mit Wirkung für die Zukunft geltend gemacht werden.[782]

III. Änderungen des Gesellschaftsvertrages

352 Eine Änderung des Gesellschaftsvertrages kann nur durch **Beschluss der Gesellschafterversammlung** erfolgen (§ 53 Abs. 1 GmbHG). Der Beschluss muss notariell beurkundet werden und mit einer Mehrheit von ¾ der abgegebenen Stimmen gefasst werden (§ 53 Abs. 2 S. 1 GmbHG). Der Gesellschaftsvertrag kann weitere Erfordernisse aufstellen (§ 53 Abs. 2 S. 2 GmbHG); insbesondere kann er die Mehrheitserfordernisse verschärfen (nicht absenken).[783] Die Änderung hat keine rechtliche Wirkung, bevor sie in das Handelsregister eingetragen ist (§ 54 Abs. 3 GmbHG).

2. Abschnitt: Die Entstehung der GmbH

353 Eine GmbH entsteht durch **Gründung** oder durch **Umwandlung**.

A. Entstehung durch Gründung

354 Die Gründung kann **durch eine oder mehrere Personen** erfolgen (§ 1 GmbHG).

778 S. hierzu Rn. 437 ff.
779 Bitter/Heim § 4 Rn. 19.
780 Bitter/Heim § 4 Rn. 21.
781 Hierzu ausführlich unter Rn. 40 ff.
782 Bitter/Heim § 4 Rn. 22; K. Schmidt, GesR, § 6 II 1.
783 Bitter/Heim § 4 Rn. 23.

I. Das Gründungsverfahren

Das Gründungsverfahren gestaltet sich im Überblick wie folgt:[784] **355**

(1) Die künftigen Gesellschafter beschließen formlos oder durch schriftlichen Vertrag, eine GmbH zu gründen (Gründungsentschluss). Hierdurch entsteht eine **Vorgründungsgesellschaft**.

(2) Die Gesellschafter schließen den Gesellschaftsvertrag in notariell beurkundeter Form (§ 2 Abs. 1 S. 1 GmbHG). Hierdurch ist die GmbH errichtet. Es entsteht eine **Vor-GmbH**, die eine rechtsfähige Gesellschaft eigener Art (sui generis) ist.

(3) Die Gesellschafter bestellen die Geschäftsführer entweder im Gesellschaftsvertrag (§ 6 Abs. 3 S. 2 GmbHG) oder in einer Gesellschafterversammlung (§ 46 Nr. 5 GmbHG).

(4) Die Gesellschafter leisten die Mindesteinlagen gemäß § 7 Abs. 2 und 3 GmbHG.

(5) Sämtliche Geschäftsführer (vgl. § 78 GmbHG) melden die Gesellschaft zur Eintragung ins Handelsregister an (§ 7 Abs. 1 GmbHG); der Inhalt der Anmeldung ergibt sich aus § 8 GmbHG.

(6) Das Registergericht prüft, ob die Gesellschaft ordnungsgemäß errichtet und angemeldet ist und ob Sacheinlagen nicht unwesentlich überbewertet wurden; ist dies nicht der Fall, so hat es die Eintragung abzulehnen (§ 9c Abs. 1 GmbHG). Ist das Prüfungsergebnis hingegen positiv, wird die GmbH nach Maßgabe des § 10 GmbHG in das Handelsregister eingetragen. Hierdurch entsteht die GmbH als solche (§ 11 Abs. 1 GmbHG). Die Eintragung wirkt also konstitutiv. Die **„fertige" GmbH** ist mit der Vor-GmbH identisch (gleicher Rechtsträger); es findet ein identitätswahrender Wechsel der Rechtsform statt.

Bei der Gründung der GmbH lassen sich demnach im Wesentlichen **drei Phasen** unterscheiden:

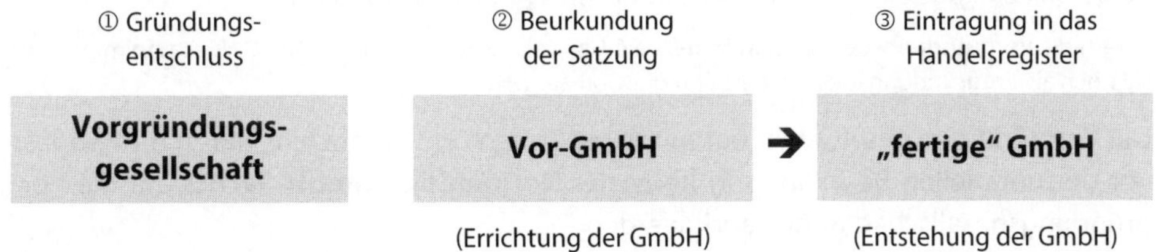

II. Haftung im Gründungsstadium

Für die Verbindlichkeiten der „fertigen" GmbH, die durch die Eintragung in das Handelsregister entstanden ist (§ 11 Abs. 1 GmbHG), haftet den Gläubigern der Gesellschaft (Außenverhältnis) grundsätzlich nur (noch) das Gesellschaftsvermögen (§ 13 Abs. 2 GmbHG). **Für die Zeit vor der Entstehung der GmbH enthält das Gesetz** – mit Aus- **356**

784 Zum Folgenden: Bitter/Heim § 4 Rn. 7.

nahme von § 11 Abs. 2 GmbHG – **keine Vorgaben zu den Haftungsverhältnissen**. Es war daher die Aufgabe der Rechtsprechung, ein Haftungskonzept zu entwickeln.[785] Den Ausgangspunkt der Überlegung bildet der Umstand, dass die Haftungsverfassung der (fertigen) GmbH vor deren Eintragung im Handelsregister nicht zur Anwendung kommen kann, weil die Gesellschaft noch nicht „als solche" (also als GmbH) besteht. Das bedeutet aber nicht, dass es bis zur Eintragung keine Gesellschaft geben kann. Im Gegenteil:

1. Die Vorgründungsgesellschaft

357 Sobald sich mehrere Gesellschafter mit dem Ziel, eine GmbH zu gründen, zusammenschließen, entsteht eine Vorgründungsgesellschaft.[786] Bei der Vorgründungsgesellschaft handelt es sich in der Regel um eine **GbR** (§§ 705 ff. BGB),[787] deren alleiniger **Zweck in der Gründung einer GmbH** besteht und die **grundsätzlich reine Innengesellschaft** ist.[788]

Dabei ist nach herrschender Auffassung[789] hinsichtlich der für den Abschluss dieses Vorgründungsgesellschaftsvertrages geltenden **Formvorschriften** wie folgt zu differenzieren:

- Zur Begründung einer Vorgründungsgesellschaft als GbR genügt bereits ein vertraglicher Zusammenschluss mit dem Ziel, eine GmbH zu gründen. Es gelten also die Vorschriften über die GbR und es genügt insbesondere auch eine mündliche oder konkludente Abrede.

- Eine Verpflichtung der Beteiligten zur Gründung einer GmbH kann sich hieraus jedoch nur dann ergeben, wenn der Vertrag notariell beurkundet ist (§ 2 GmbHG).[790] Ohne eine solche Beurkundung sind die Gesellschafter zur Gründung nicht verpflichtet, eine Vorgründungsgesellschaft entsteht aber dennoch.

Wenn die GmbH mit einem Gesellschafter als „Einmann-GmbH" gegründet werden soll, entsteht keine Vorgründungsgesellschaft, da es weder eine GbR noch eine OHG mit nur einem Gesellschafter gibt.[791] Die Vorgründungsgesellschaft ist also **keine notwendige Vorstufe** zur GmbH.

Sofern die Vorgründungsgesellschaft bereits ein Handelsgewerbe i.S.d. § 1 Abs. 2 HGB aufnimmt, wird sie noch als Vorgründungsgesellschaft von der GbR zur OHG.[792]

358 Die Vorgründungsgesellschaft hat mit der späteren GmbH „noch nichts zu tun", sodass vor der notariellen Beurkundung **keinerlei Normen des GmbH-Rechts** auf die Vorgründungsgesellschaft angewandt werden.[793]

785 Bitter/Heim § 4 Rn. 25.
786 Grunewald § 12 Rn. 36; MünchKomm-GmbHG/Merkt § 11 Rn. 103.
787 BGH NJW 1984, 2164.
788 Bitter/Heim § 4 Rn. 26.
789 MünchKomm-GmbHG/Merkt § 11 Rn. 99 ff. mwN; a.A. Scholz/Schmidt § 11 Rn. 10.
790 Grunewald § 13 Rn. 35; Windbichler/Bachmann § 21 Rn. 17.
791 BGH NJW 1975, 1774, 1775.
792 BGH NJW 1983, 2822.
793 BGH NJW 1984, 2164; Henssler/Strohn/Schäfer, GmbHG, § 11 Rn. 4.

Die Frage nach der persönlichen Haftung der Gesellschafter für Verbindlichkeiten der Vorgründungsgesellschaft stellt sich – mit Ausnahme der Gründungskosten – nur, wenn diese Gesellschaft bereits vor der Eintragung der GmbH im Handelsregister rechtsgeschäftlich verpflichtet worden ist. Wird im Vorgründungsstadium ein Rechtsgeschäft im Namen einer „GmbH", einer „GmbH i.G." (GmbH in Gründung) oder eine „Vor-GmbH" getätigt, wird nach den **Grundsätzen des unternehmensbezogenen Geschäfts** grundsätzlich die Vorgründungsgesellschaft und nicht etwa die zukünftige Vor-GmbH oder GmbH berechtigt und verpflichtet.[794] **359**

Eine derart **nach außen hin in Erscheinung tretende Vorgründungsgesellschaft** ist entweder als **(Außen-)GbR** gemäß § 705 Abs. 2 Var. 1 BGB **oder**, falls der Zweck der Gesellschaft auf den Betrieb eines Handelsgewerbes (§ 1 Abs. 2 HGB) gerichtet und die Geschäfte im Verhältnis zu Dritten bereits aufgenommen worden sind (vgl. § 123 Abs. 1 S. 2 HGB), als **OHG** gemäß § 105 Abs. 2 HGB **(teil-)rechtsfähig**. In beiden Fällen haften die Gesellschafter für die Verbindlichkeiten der Vorgründungsgesellschaft akzessorisch neben dieser gemäß **§ 721 S. 1 BGB oder § 126 S. 1 HGB** persönlich als Gesamtschuldner.[795] Eine Handelndenhaftung gemäß § 11 Abs. 2 GmbHG[796] gibt es im Stadium der Vorgründungsgesellschaft aber nicht.[797]

Für die **Beendigung der Vorgründungsgesellschaft** gilt das Personengesellschaftsrecht. Wird die Satzung der GmbH beurkundet, hat die Vorgründungsgesellschaft ihren Zweck erreicht und wird gemäß § 729 Abs. 2 Alt. 1 BGB aufgelöst. Wurden im Namen der Vorgründungsgesellschaft Rechte und Pflichten begründet, muss sie gemäß §§ 735 ff. BGB liquidiert werden. Die Rechte und Pflichten gehen nicht automatisch auf die Vor-GmbH bzw. die spätere GmbH über, weil die **Vorgründungsgesellschaft nicht mit der Vor-GmbH und der späteren GmbH identisch** ist (**Diskontinuität** zwischen Vorgründungsgesellschaft und Vor-GmbH und „fertiger" GmbH). **360**

Da die Vorgründungsgesellschaft nicht mit der Vor-GmbH und der späteren GmbH identisch ist, besteht die Haftung der Vorgründungsgesellschaft (und mit ihr auch die der Gesellschafter gemäß § 721 S. 1 BGB auch dann fort, wenn später eine Vor-GmbH bzw. GmbH entsteht.[798]

Beispiel: A, B und C vereinbaren eine GmbH, die später X-GmbH heißen soll, gemeinsam zu gründen. Noch bevor der GmbH-Gesellschaftsvertrag notariell beurkundet worden ist, treten die drei nach außen hin als „X-GmbH i.G." auf und gehen Verbindlichkeiten ein. Später wird der Gesellschaftsvertrag beurkundet und die GmbH in das Handelsregister eingetragen.
Für die noch im Stadium der Vorgründungsgesellschaft begründeten Verbindlichkeiten haftet zunächst die durch die ursprüngliche Abrede entstandene Vorgründungsgesellschaft (Grundsätze des unternehmensbezogenen Geschäfts). Gemäß § 721 S. 1 BGB haften deshalb auch die Gesellschafter. Daran ändert auch die zwischenzeitliche Entstehung der X-GmbH nichts. Die GmbH selbst haftet jedoch mangels Rechtsnachfolge nicht.

---

794 BGH NJW 1984, 2164.

795 S. Rn. 28 (GbR) und Rn. 154 ff. (OHG).

796 S. hierzu Rn. 370 ff.

797 BGH NJW 1984, 2164, 2164 f.; Bitter/Heim § 4 Rn. 33.

798 MünchKomm-GmbHG/Merkt § 11 Rn. 109.

2. Die Vor-GmbH

361 Mit Abschluss des notariell beurkundeten Gesellschaftsvertrages entsteht die Vorgesellschaft (Vor-GmbH). Der Zweck der Vor-GmbH liegt in der Herbeiführung der Eintragung der GmbH.[799]

Die **Haftungsverfassung** der Vor-GmbH versteht man am besten, wenn man sich ihr gedanklich in **drei Schritten** nähert. In einem ersten Schritt muss man sich das Verhältnis der Vor-GmbH zur späteren („fertigen") GmbH verdeutlichen. Sodann sollte man sich zunächst mit der für die „fertige" GmbH geltenden (Innen-)Haftung befassen, um anschließend in einem dritten und letzten Schritt die (Außen-)Haftung bei der Vor-GmbH erfassen zu können.

a) Das Verhältnis der Vor-GmbH zur „fertigen" GmbH

362 Die Vor-GmbH entsteht mit Abschluss des notariellen Gesellschaftsvertrages.[800] Sie ist eine **Gesellschaft eigener Art** (*sui generis*), auf die neben den Bestimmungen der Satzung auch die **Vorschriften des GmbHG** entsprechend anwendbar sind, soweit sie **nicht gerade die Eintragung der GmbH voraussetzen** oder aus einem sonstigen Grund mit dem Gründungsstadium **unvereinbar** sind.[801] Die Vor-GmbH ist rechtsfähig; sie kann Träger von Rechten und Pflichten sein. Deshalb ist ihr Vermögen auch strikt von demjenigen ihrer Gesellschafter zu trennen. Sie hat im Rechtsverkehr einen auf das Gründungsstadium hindeutenden Zusatz zu führen („in Gründung"" bzw. „i.G.").

363 Die Vor-GmbH ist – anders als die Vorgründungsgesellschaft – mit der „fertigen" GmbH identisch.[802] Die Vor-GmbH ist eine Vorstufe zur „fertigen" Gesellschaft, quasi der Kokon aus dem die „fertige" GmbH mit Eintragung in das Handelsregister schlüpft **(Kontinuität zwischen Vor-GmbH und „fertiger" GmbH)**. Aus der Tatsache, dass sich also nur die Rechtsform (das „Rechtskleid") ändert folgt, dass alle Aktiva und Passiva der Vor-GmbH im Wege der Gesamtrechtsnachfolge auf die „fertige" GmbH übergehen.

Es handelt sich hierbei **nicht um eine Umwandlung** im Sinne des UmwG. Von der Wirkung her ist der Vorgang aber mit einem Formwechsel gemäß §§ 190 ff. UmwG vergleichbar.

364 Die **Vor-GmbH endet** demnach normalerweise mit der Wandlung zur „fertigen" GmbH durch Eintragung in das Handelsregister, ohne dass es einer Liquidation bedarf.[803] Etwas anderes gilt nur dann, wenn die Eintragung der GmbH scheitert, weil über das Vermögen der (insolvenzfähigen)[804] Vor-GmbH das Insolvenzverfahren eröffnet wird, das Registergericht die Eintragung der GmbH (endgültig) ablehnt oder die Gesellschafter die Eintragungsabsicht aufgeben. In all diesen Fällen ist die Vor-GmbH nach Maßgabe der §§ 66 ff. GmbHG zu liquidieren.

799 Grunewald § 13 Rn. 39.
800 Zum Folgenden: Bitter/Heim § 4 Rn. 38.
801 BGHZ 45, 338, 347; Windbichler/Bachmann § 21 Rn. 18.
802 Hier und zum Folgenden: Bitter/Heim § 4 Rn. 39.
803 Hier und zum Folgenden: Bitter/Heim § 4 Rn. 40; Windbichler/Bachmann § 21 Rn. 28.
804 Uhlenbruck/Hirte § 11 Rn. 38.

b) Die Haftung bei der „fertigen" GmbH: Vorbelastungshaftung

Die „fertige" GmbH haftet für ihre Verbindlichkeiten mit ihrem gesamten Vermögen; eine Haftung der Gesellschafter im Außenverhältnis gegenüber den Gesellschaftsgläubigern gibt es grundsätzlich nicht (vgl. § 13 Abs. 2 GmbHG). Es kommt aber eine **Innenhaftung der Gesellschafter gegenüber der GmbH** in Betracht.[805] Weil die „fertige" GmbH mit der Vor-GmbH identisch ist, ist auch das Nettovermögen (= Aktivvermögen – Verbindlichkeiten) beider Gesellschaften identisch. Da **schon bei der Vor-GmbH Verluste** entstanden sein können, kann es dazu kommen, dass die „fertige" GmbH im Zeitpunkt ihrer Entstehung durch Eintragung im Handelsregister ein **Nettovermögen unterhalb ihrer Stammkapitalziffer** hat. In Höhe der Differenz zwischen Nettovermögen und Stammkapitalziffer besteht dann eine sog. **Unterbilanz**. 365

Beispiel: Bei einer GmbH mit einer Stammkapitalziffer von 25.000 € haben die Gesellschafter 12.500 € eingezahlt (vgl. § 7 Abs. 2 S. 1 GmbHG). Mit diesen Mitteln wird im Stadium der Vor-GmbH eine Sache im Wert von 5.000 € zum Preis von 7.000 € angeschafft. Es entsteht eine Unterbilanz in Höhe von 2.000 €, da das Aktivvermögen lediglich 23.000 € (Barmittel [5.500 €] + Wert der Sache [5.000 €] + Resteinlageforderungen [12.500 €]) beträgt.

Eine solche Unterbilanz widerspricht der **Garantiefunktion des Stammkapitals**. Die Gläubiger der GmbH sollen darauf vertrauen dürfen, dass die Gesellschaft im Zeitpunkt ihrer Eintragung in das Handelsregister jedenfalls ein Vermögen in Höhe der Stammkapitalziffer hat. Die GmbH darf im Zeitpunkt ihrer Entstehung durch Eintragung – mit Ausnahme eines etwaig in der Satzung übernommenen notwendigen Gründungsaufwandes – nicht „vorbelastet" sein.

Deshalb hat die Rechtsprechung in Analogie zu § 9 Abs. 1 GmbHG die sog. **Vorbelastungshaftung** der GmbH-Gesellschafter entwickelt.[806] Danach sind die Gesellschafter verpflichtet, der GmbH die im Zeitpunkt der Eintragung bestehende Unterbilanz auszugleichen, indem sie dem Gesellschaftsvermögen einen Betrag in Höhe der Differenz zwischen dem Nettovermögen am Tag der Eintragung und der Stammkapitalziffer zuführen. Der hierauf gerichtete **Anspruch gegen die GmbH-Gesellschafter** steht nicht den Gesellschaftsgläubigern, sondern **der GmbH** zu **(Innenhaftung)**. Die Gesellschafter haften der GmbH für den Ausgleich der Unterbilanz **der Höhe nach unbegrenzt**, jedoch nicht als Gesamtschuldner, sondern anteilig entsprechend ihrer Beteiligung **(pro-rata-Haftung)**. 366

Die Gesellschafter müssen die Unterbilanz also unabhängig von ihrer Höhe anteilig ausgleichen. Ist das Nettovermögen negativ, besteht also eine bilanzielle Überschuldung bzw. ein nicht durch Eigenkapital gedeckter Fehlbetrag i.S.v. § 268 Abs. 3 HGB, ist nicht nur der Betrag der Stammkapitalziffer aufzuwenden, sondern auch der Betrag, um den das Nettovermögen im Minus ist.[807]

Allerdings gilt bei der Vorbelastungshaftung § 24 GmbHG analog, sodass die übrigen Gesellschafter den Fehlbetrag, der durch Uneinbringlichkeit bei einem Gesellschafter entsteht, anteilig nach dem Verhältnis der Geschäftsanteile aufzubringen haben **(anteilige Ausfallhaftung)**.

805 Hier und zum Folgenden: Bitter/Heim § 4 Rn. 41 ff.

806 Grundlegend: BGH NJW 1981, 1373, 1374 ff.

807 Bitter/Heim § 4 Rn. 49.

Nach Auffassung des BGH ist weitere Haftungsvoraussetzung für die Vorbelastungshaftung, dass der betreffende **Gesellschafter der Geschäftsaufnahme vor Eintragung zugestimmt** hat.[808] Soweit es um Verluste der Vor-GmbH aus Rechtsgeschäften geht, fehlt es ohne eine solche Zustimmung jedoch bereits an einer wirksamen **Vertretung der Vor-GmbH durch den Geschäftsführer** (§ 35 GmbHG analog) und damit an auszugleichenden Verlusten.[809] Mit Abschluss des Gesellschaftsvertrages stimmen die Gesellschafter jedenfalls der **Durchführung gründungsnotwendiger Rechtsgeschäfte** zu. Für alle übrigen Geschäfte besteht nur dann Vertretungsmacht, wenn sämtliche Gesellschafter sie entsprechend erweitert haben.[810] Dann liegt zwingend auch die erforderliche Zustimmung des betreffenden Gesellschafters vor, sodass die **Zustimmung zur Geschäftsaufnahme** eigentlich keine eigenständige Haftungsvoraussetzung, sondern vielmehr eine Voraussetzung für die Entstehung von Verlusten bzw. einer „Vorbelastung" der Gesellschaft ist.

Die einmal entstandene Haftung des Gesellschafters wegen einer Unterbilanz der Vor-GmbH **geht durch anschließende Gewinne der Gesellschaft nicht wieder unter**. Nur die Erfüllung durch den Gesellschafter lässt die Unterbilanzhaftung erlöschen.[811]

c) Die Haftung bei der Vor-GmbH

367 Die rechtsfähige **Vor-GmbH haftet selbst** mit ihrem Vermögen für ihre Verbindlichkeiten.

Daneben kommt eine **Verlustdeckungshaftung der Gesellschafter** und eine **Haftung der Handelnden** gemäß § 11 Abs. 2 GmbHG in Betracht.

aa) Verlustdeckungshaftung der Gesellschafter

368 Eine Gesellschafterhaftung bei der Vor-GmbH wird nur relevant, wenn es nicht zur Eintragung der GmbH kommt, denn nur dann kommt es nicht zur Vorbelastungshaftung der GmbH-Gesellschafter.[812] Die Gesellschafterhaftung bei der Vor-GmbH wird als Verlustdeckungshaftung bezeichnet.[813] Sie ist – wie die Vorbelastungshaftung bei der GmbH – grundsätzlich eine **anteilige Innenhaftung gegenüber der Gesellschaft, die der Höhe nach unbeschränkt ist.**[814]

Die Verlustdeckungshaftung ist nicht auf den Ausgleich einer Unterbilanz gerichtet.[815] Die Gesellschafter müssen vielmehr anteilig die zur Tilgung ihrer Verbindlichkeiten erforderlichen Mittel zur Verfügung stellen.[816] Dabei haften sie nur insoweit, wie infolge von Verlusten Verbindlichkeiten der Vor-GmbH nicht durch ihr Aktivvermögen gedeckt

808 BGH NJW 2012, 1875 Rn. 36.
809 Bitter/Heim § 4 Rn. 61.
810 BGH NJW 1981, 1452, 1453; in diesem Sinne auch BGH ZIP 2004, 1409, 1410 zur AG.
811 BGHZ 165, 391, 396.
812 Dazu ausführlich Rn. 365 f.
813 Hier und zum Folgenden: Bitter/Heim § 4 Rn. 52 ff.
814 BGH NJW 1997, 1507, 1507 f.; Henssler/Strohn/Schäfer, GmbHG, § 11 Rn. 30.
815 BGH NJW 2012, 1875 Rn. 15.
816 Hier und zum Folgenden: Bitter/Heim § 4 Rn. 55 ff.

sind, also eine Überschuldung der Vor-GmbH vorliegt.[817] **Nur in Höhe der Überschuldung, nicht aber in Höhe der Unterbilanz sind Mittel zur Tilgung der Verbindlichkeiten der Vor-GmbH aufzubringen**; im Übrigen kann die Gesellschaft die Tilgung ihrer Verbindlichkeiten aus eigenen Mitteln finanzieren. Eine Herstellung des satzungsmäßigen Stammkapitals durch die Gesellschafter ist deshalb entbehrlich, weil die Gesellschaft im Falle des Scheiterns ihrer Eintragung ohnehin aufzulösen und zu liquidieren ist. Die Unterschiede zur Vorbelastungshaftung können danach beträchtlich sein.

Beispiel:[818] Eine Gesellschaft erhält die kompletten Geldeinlagen auf ihr satzungsmäßiges Stammkapital von 25.000 €, nimmt ein Darlehen in Höhe von 15.000 € auf und kauft von diesen 40.000 € in bar eine Sache im Wert von 10.000 €. Danach betragen ihr Aktivvermögen 10.000 € (Wert der Sache) und ihre Verbindlichkeiten 15.000 € (Darlehen), das Nettovermögen also -5.000 €. Die Unterbilanz beträgt im Hinblick auf die Stammkapitalziffer 30.000 €. Die Gesellschaft hat auch einen „Verlust" von 30.000 € gemacht, weil sie von einem anfänglichen Vermögen von 25.000 € (Bareinlagen) zu einem negativen Nettovermögen von -5.000 € gelangt ist. Nach der Eintragung müssen die Gesellschafter die Unterbilanz von 30.000 € ausgleichen (Vorbelastungshaftung für die GmbH). Scheitert die Eintragung hingegen, müssen sie der Gesellschaft lediglich die Differenz zwischen Aktivvermögen und Verbindlichkeiten (5.000 €) zuwenden, weil die Verluste nur in dieser Höhe zu einer Unterdeckung der Verbindlichkeiten geführt haben (Verlustdeckungshaftung für die Vor-GmbH).

Unbeschränkt ist diese Haftung deshalb, weil nach allgemeinen Grundsätzen des bürgerlichen Rechts und des Handelsrechts derjenige, der als Einzelperson oder in Gemeinschaft mit anderen Geschäfte betreibt, für die daraus entstehenden Verpflichtungen unbeschränkt haftet. Dieser Grundsatz gilt solange, wie er nicht durch Gesetz oder Vereinbarung abgeändert wird.

Die Gesellschafter haften nicht gesamtschuldnerisch, sondern (nur) anteilig entsprechend dem Verhältnis ihrer Geschäftsanteile **(„pro-rata-Haftung")**; allerdings besteht eine Ausfallhaftung gemäß § 24 GmbHG.[819]

An die Stelle der Verlustdeckungs*innen*haftung tritt **ausnahmsweise** eine **Außenhaftung der Gesellschafter gemäß § 721 S. 1 BGB**, und zwar in folgenden Fällen:[820] 369

- Die **Gesellschaft** ist – abgesehen vom Verlustdeckungsanspruch – **vermögenslos**;
- die Gesellschaft hat **nur einen Gläubiger**;
- die Gesellschaft hat **nur einen Gesellschafter** (Ein-Personen-Vor-GmbH);
- **Führungslosigkeit** (= die Gesellschaft verfügt über keinen handlungsfähigen Geschäftsführer und kann einen solchen auch nicht ohne Weiteres bestellen), denn in diesem Falle ist es den Gläubigern nicht mehr zumutbar, die Gesellschaft zu verklagen und von vornherein aussichtslose Vollstreckungsversuche zu unternehmen;
- die Gesellschafter haben **von Anfang an nicht beabsichtigt**, die Gesellschaft ins Handelsregister eintragen zu lassen, oder **geben die zunächst bestehende Eintragungsabsicht auf**, ohne sofort die Geschäftstätigkeit einzustellen und die Vor-GmbH zu liquidieren.

---

817 BGH NJW 2012, 1875 Rn. 15: „durch das Gesellschaftsvermögen nicht gedeckte Verluste".

818 Bitter/Heim § 4 Rn. 56.

819 Baumbach/Hueck/Fastrich, § 11 Rn. 25; Henssler/Strohn/Schäfer, GmbHG, § 11 Rn. 32.

820 Zum Folgenden: Bitter/Heim § 4 Rn. 58; Schäfer § 33 Rn. 6.

Im zweitgenannten Fall (Aufgabe der Eintragungsabsicht) erfolgt kraft Rechtsformzwanges ein identitätswahrender Wechsel der Rechtsform (des „Rechtskleides") von der Vor-GmbH in die Personengesellschaft (GbR oder OHG).[821]

Bei einer solchen Gesellschaft handelt es sich gar nicht (mehr) um eine Vor-GmbH als notwendiges Durchgangsstadium auf dem Weg zur Eintragung der „fertigen" GmbH, sondern um eine Personengesellschaft (GbR oder OHG). Man spricht von einer **„unechten" Vor-GmbH**, auf die die **personengesellschaftsrechtliche Einstandspflicht der Gesellschafter** Anwendung findet. Auch wenn die Gesellschafter die Eintragungsabsicht erst später aufgeben, erstreckt sich ihre persönliche Haftung auf alle Verbindlichkeiten der Vor-GmbH, auch auf solche, die bereits vor der Aufgabe der Eintragungsabsicht begründet worden sind.[822]

Die Verlustdeckungshaftung setzt das **Scheitern der Eintragung** voraus. **Kommt es hingegen zur Eintragung** der GmbH, **erlischt** die Verlustdeckungshaftung und wird **durch die Vorbelastungshaftung bei der „fertigen" GmbH ersetzt**. Diese Vorbelastungshaftung ist dann ausnahmslos eine Innenhaftung, insbesondere auch dann, wenn die GmbH vermögenslos ist oder nur einen Gesellschafter oder einen Gläubiger hat.[823]

bb) Handelndenhaftung (§ 11 Abs. 2 GmbHG)

370 Ist vor der Eintragung im Namen der Gesellschaft gehandelt worden, so besteht eine sog. Handelndenhaftung (§ 11 Abs. 2 GmbHG). Diese erfasst nur die Phase der Vor-GmbH[824] und besteht **nur gegenüber außenstehenden Dritten** (nicht auch gegenüber den Gesellschaftern).[825] Die Handelndenhaftung entsteht unter folgenden Voraussetzungen:

Handelndenhaftung gemäß § 11 Abs. 2 GmbHG
1. Bestehen einer **Vor-GmbH**, also wirksamer GmbH-Vertrag bei noch nicht erfolgter Eintragung in das Handelsregister
2. Anspruchsgegner ist **Handelnder**, also (auch faktischer) Geschäftsführer
3. rechtsgeschäftliches **Handeln im Namen der Gesellschaft**

Die Norm wird hinsichtlich des Begriffs des Handelnden restriktiv im Sinne einer reinen Organhaftung ausgelegt.[826] **Handelnder** ist deshalb nur, wer als **Geschäftsführer** oder wie ein solcher **(faktischer Geschäftsführer)** tätig wird.[827] Nicht Handelnde sind Hilfspersonen, derer sich der Geschäftsführer bedient, auch nicht Bevollmächtigte, die für den Geschäftsführer handeln;[828] wohl aber der Geschäftsführer, der einen Bevollmäch-

821 BGH ZIP 2008, 1025 Rn. 6.
822 BGH NJW 2003, 429, Ls.
823 Bitter/Heim § 4 Rn. 60.
824 Bitter/Heim § 4 Rn. 66.
825 Lutter/Hommelhoff/Bayer § 11 Rn. 33.
826 Schäfer, GesR, § 33 Rn. 7.
827 BGH 1984, 2164; Lutter/Hommelhoff/Bayer § 11 Rn. 30.
828 BGH NJW 1976, 1685.

tigten für sich handeln lässt.[829] Ebenfalls nicht Handelnde sind Gesellschafter, auch wenn sie dem vom Geschäftsführer getätigten Geschäft zugestimmt haben.[830]

Erforderlich ist immer ein rechtsgeschäftliches **Handeln im Namen der Gesellschaft** 371
(welche Gesellschaft damit genau gemeint ist, ist umstritten, s. dazu Fall 2). Für Verbindlichkeiten der Vorgesellschaft kraft Gesetzes kommt eine Haftung nach § 11 Abs. 2 GmbHG indes nicht in Betracht.[831]

Der dem § 11 Abs. 2 GmbHG ursprünglich zugrunde gelegte Gedanke einer Sanktionierung des Handelnden dafür, dass er vor Eintragung in das Handelsregister (und damit vor Entstehung der GmbH, § 11 Abs. 1 GmbHG) den Geschäftsbetrieb aufgenommen hat, kann heute nicht mehr uneingeschränkt gelten. Denn nachdem seit der Entwicklung von Vorbelastungs- bzw. Verlustdeckungshaftung die Möglichkeit des Geschäftsbeginns schon im Stadium der Vor-GmbH anerkannt ist (Aufgabe des sog. Vorbelastungsverbots), bedarf es einer solchen Sanktion nicht mehr.[832] Stattdessen lässt sich die Konsequenz einer Handelndenhaftung heute zum einen mit einer **Ausgleichsfunktion**[833] begründen. Die persönliche Haftung soll demnach kompensieren, dass bei der Vor-GmbH die Aufbringung des Haftungskapitals noch nicht registergerichtlich überprüft wurde und der Schutz der Kapitalerhaltungsvorschriften nicht eingreift. Zum anderen vermag § 11 Abs. 2 GmbHG auch im Rahmen einer **Druckfunktion** die Geschäftsführer anzuhalten, möglichst zeitnah die Eintragung zu veranlassen.[834]

Da den Gläubigern bei Geschäftsaufnahme im Stadium der Vor-GmbH regelmäßig auch Ansprüche gegen die Vorgesellschaft selbst zustehen, welche ergänzend durch die Verlustdeckungshaftung abgesichert sind, kommt der Handelndenhaftung nach § 11 Abs. 2 GmbHG nur in gewissen Fällen wirklich eigenständige Bedeutung zu. Sie kann einerseits dann relevant werden, wenn die Vor-GmbH selbst nicht haftet und somit auch keine Verlustdeckungshaftung besteht (z.B. weil der Geschäftsführer ohne Vertretungsmacht handelte).

§ 11 Abs. 2 GmbHG verdrängt § 179 BGB in diesen Fällen als *lex specialis*.[835] Dies hat zur Folge, dass die Haftungsbeschränkung des § 179 Abs. 2 BGB und der Haftungsausschluss des § 179 Abs. 3 BGB nicht gelten. Bei positiver Kenntnis des Geschäftsgegners ist die Haftung allerdings nach § 242 BGB ausgeschlossen, weil sich der Geschäftsgegner widersprüchlich verhält, wenn er zunächst bei Vertragsschluss erklärt, dass das Fehlen der Vertretungsmacht für ihn irrelevant ist, er aber anschließend dennoch den Handelnden in Anspruch nehmen will (Fall des *„venire contra factum proprium"*).

Ist das Handeln hingegen von der Vertretungsmacht gedeckt, bietet eine direkte Inanspruchnahme des Handelnden nach § 11 Abs. 2 GmbHG allenfalls dann Vorteile, wenn dies aus wirtschaftlichen oder praktischen Gründen (z.B. mangels Informationen über die Gründer) einfacher und schneller möglich ist.

829 BGH NJW 1970, 1043; Lutter/Hommelhoff/Bayer § 11 Rn. 30.
830 MünchKomm-GmbHG/Merkt § 11 Rn. 127.
831 Henssler/Strohn/Schäfer, GmbHG, § 11 Rn. 55; Lutter/Hommelhoff/Bayer § 11 Rn. 32.
832 BGH NJW 1967, 828, 829; MünchKomm-GmbHG/Merkt § 11 Rn. 116 m.w.N.
833 BGH NJW 1981, 1373, 1374.
834 Vgl. insb. zur Kritik an der Anerkennung einer Druckfunktion MünchKomm-GmbHG/Merkt § 11 Rn. 119.
835 Hier und zum Folgenden: Bitter/Heim § 4 Rn. 70.

Liegen die Voraussetzungen des § 11 Abs. 2 GmbHG vor, haften die Handelnden **unbeschränkt persönlich und solidarisch (gesamtschuldnerisch)**.[836] Für den **Umfang der Haftung** gilt, dass der Gläubiger nicht schlechter, aber auch nicht besser gestellt werden soll, als wenn die Gesellschaft bei Vertragsschluss bereits eingetragen gewesen wäre.[837] Die Handelndenhaftung ist **akzessorisch** zur Haftung der Gesellschaft; sie entspricht nach Inhalt und Umfang der Verbindlichkeit der Gesellschaft.[838] Der Handelnde kann deshalb **alle Einwendungen und Einreden der Gesellschaft** geltend machen.[839]

Da die Haftung nach § 11 Abs. 2 GmbHG akzessorisch ist, können **Regressansprüche des Handelnden** gegen die Gesellschaft bestehen.[840] Der in Anspruch genommene Handelnde besitzt einen Erstattungsanspruch (§§ 675, 670 BGB) und einen Freistellungsanspruch (§ 257 BGB) gegen die Gesellschaft, wenn seine im Außenverhältnis haftungsbegründende Handlung im Innenverhältnis zur Gesellschaft nicht pflichtgemäß ist. Bestand keine Befugnis des (faktischen) Geschäftsführers zur Abgabe der haftungsbegründenden Erklärungen, können Regressansprüche nach den Grundsätzen der Geschäftsführung ohne Auftrag (§§ 677 ff. BGB) bestehen.

372 Die **Handelndenhaftung erlischt mit der Eintragung** der GmbH in das Handelsregister. Denn mit Eintragung entfallen sämtliche (verbleibenden) Schutzzwecke: Nachdem das Registergericht die Aufbringung des Haftungskapitals überprüft hat und selbiges nun unter dem Schutz der Kapitalerhaltungsvorschriften steht, bedarf es insofern keines Ausgleichs mehr; und auch die Druckfunktion erübrigt sich.[841]

Ob die Handelndenhaftung mit Eintragung auch dann erlischt, wenn die Vor-GmbH durch das Handeln des Geschäftsführers (insb. wegen fehlender Vertretungsmacht) gar nicht wirksam verpflichtet wurde, ist demgegenüber umstritten.[842]

Fall 11: Früher Geschäftsbeginn

A und B schließen am 15.01. einen notariellen Vertrag über die Gründung der A-GmbH und ernennen X zum Geschäftsführer. Vom Stammkapital i.H.v. 25.000 € zahlen sie je 6.250 € ein. Am 30.01. bestellt X im Namen der „A-GmbH i.G." mit Zustimmung von A und B bei G einen Kleinbagger zum Preis von 18.000 €, der am 15.02. geliefert wird. Die Eintragung der Gesellschaft verzögert sich, wird aber von A und B noch gewünscht und von X betrieben. G will gegen die A-GmbH i.G. sowie gegen X, A und B vorgehen.

373 **A.** Ein Zahlungsanspruch des G aus dem Kaufvertrag gemäß **§ 433 Abs. 2 BGB gegen die A-GmbH** scheidet aus, da diese mangels Eintragung „als solche" nicht besteht, § 11 Abs. 1 GmbHG.

374 **B.** Es kommt aber ein Anspruch des G **gegen die Vor-GmbH aus § 433 Abs. 2 BGB** in Betracht.

---

836 Henssler/Strohn/Schäfer, GmbHG, § 11 Rn. 57.

837 BGH NJW 1977, 1683, 1685; Lutter/Hommelhoff/Bayer § 11 Rn. 35.

838 Henssler/Strohn/Schäfer, GmbHG, § 11 Rn. 57; MünchKomm-GmbHG/Merkt § 11 Rn. 136 f.

839 Lutter/Hommelhoff/Bayer § 11 Rn. 35.

840 Zum Folgenden: G/E/S/Link § 11 Rn. 58 m.w.N.

841 MünchKomm-GmbHG/Merkt § 11 Rn. 145.

842 Dies ablehnend Windbichler/Bachmann § 21 Rn. 27.

Die Vor-GmbH kann als solche Trägerin von Rechten und Pflichten sein. Die Gesellschaft müsste von X wirksam nach § 164 BGB **vertreten** worden sein.

I. Eine **Einigung** zwischen G und X über den zu übereignenden Kleinbagger gegen Zahlung von 18.000 € ist erzielt worden.

II. Diese Einigung wirkt für und gegen die Vor-GmbH, wenn X **im Namen** der Vorgesellschaft gehandelt hat. Ob er dabei ausdrücklich auf die Vor-GmbH hingewiesen oder im Namen der – noch nicht entstandenen – GmbH gehandelt hat, ist gleichgültig. Bei unternehmensbezogenen Geschäften ist es typischer Sinn der unter der Angabe der Firma abgegebenen Erklärung, dass der jeweilige Inhaber des Geschäfts verpflichtet werden soll. Will der Geschäftsführer nur die künftige GmbH nach ihrer Eintragung verpflichten, muss er dies deutlich zum Ausdruck bringen. In diesem Fall ist das Geschäft aufschiebend bedingt durch die Eintragung der GmbH.[843] X hat daher zumindest konkludent auch im Namen der Vor-GmbH gehandelt.

III. X müsste auch Vertretungsmacht gehabt haben. Auch die Vor-GmbH wird durch ihren Geschäftsführer vertreten. Umstritten ist der **Umfang der Vertretungsmacht des Geschäftsführers der Vor-GmbH**. 375

1. Teilweise wird angenommen, dem Geschäftsführer der Vor-GmbH stehe die **uneingeschränkte Vertretungsmacht** aus §§ 35, 37 GmbHG zu. Eine Beschränkung der Vertretungsmacht durch die Zwecke der Vor-GmbH sei nicht anzuerkennen. Überdies sei der Zweck der Vorgesellschaft nicht auf die Herbeiführung der Eintragung beschränkt, sondern mit dem Gesellschaftszweck der späteren GmbH identisch. Die Gesellschafter könnten nur die Geschäftsführungsbefugnis im Innenverhältnis beschränken. Das Risiko der Überschreitung der Geschäftsführungsbefugnis hätten die Gesellschafter (außer im Falle des Missbrauchs der Vertretungsmacht) zu tragen.[844] Nach dieser Ansicht handelte X mit Vertretungsmacht.[845]

2. Nach **h.M.** ist die Vertretungsmacht des Geschäftsführers der Vor-GmbH **grundsätzlich auf die notwendigen Gründungsgeschäfte beschränkt**. Der Zweck der Vorgesellschaft beschränke sich darauf, die Eintragung herbeizuführen. Dies sei auch für den Rechtsverkehr regelmäßig erkennbar. Eine unbeschränkte Vertretungsmacht des Geschäftsführers sei auch im Hinblick auf die unbeschränkte Haftung der Gesellschafter der Vor-GmbH insbesondere bei einer Fremdorganschaft nicht gerechtfertigt. Die Vertretungsmacht sei jedoch **mit Zustimmung aller Gesellschafter** erweiterbar.[846] Auch nach dieser Ansicht handelte X mit Vertretungsmacht, denn die Gesellschafter der A-GmbH waren mit der Bestellung des Kleinbaggers einverstanden.

Die Vor-GmbH ist bei dem Kauf des Baggers wirksam vertreten worden. Sie ist zur Zahlung des Kaufpreises gemäß § 433 Abs. 2 BGB verpflichtet.

C. Ein Anspruch des G **gegen X** könnte sich **aus § 11 Abs. 2 GmbHG** ergeben. 376

843 BGH NJW 1985, 136; Scholz/K. Schmidt § 11 Rn. 61.

844 Scholz/K. Schmidt § 11 Rn. 64; Beuthien NJW 1997, 565.

845 BGH NJW 1981, 1373.

846 Lutter JuS 1998, 1076; Lachmann NJW 1998, 2264.

I. Der Anspruch richtet sich gegen den **Handelnden**. Handelnder i.S.d. § 11 Abs. 2 GmbHG ist, wer rechtsgeschäftlich als **(faktischer) Geschäftsführer** aufgetreten ist. X hat als Geschäftsführer einen Vertrag geschlossen.

II. Der Handelnde muss **„im Namen der Gesellschaft"** aufgetreten sein.

1. Jedenfalls nach der **früheren Rechtsprechung** liegt ein Handeln im Namen der Gesellschaft nur vor, wenn **im Namen der künftigen GmbH** gehandelt wird. Der Grund der Haftung aus § 11 Abs. 2 GmbHG liege darin, dass die GmbH vor ihrer Eintragung noch nicht existiere und deshalb für den Fall, dass sie nicht entstehe, dem Geschäftsgegner ein Schuldner gegeben werden müsse.[847] § 11 Abs. 2 GmbHG liegt demnach nur vor, wenn die vertretene Gesellschaft (noch) nicht existiert. In aller Regel wird jedoch nach den Grundsätzen über unternehmensbezogene Geschäfte die Vor-GmbH und damit ein existierender Rechtsträger verpflichtet. **Die Haftung der Vor-GmbH und die Haftung des Handelnden aus § 11 Abs. 2 GmbHG schlössen sich gegenseitig aus.**[848]

2. In der **Literatur** wird diese Rechtsprechung überwiegend abgelehnt. Ein Handeln „im Namen der Gesellschaft" liegt danach **auch** vor, wenn **im Namen der Vor-GmbH gehandelt** wird. Der Wortlaut des § 11 Abs. 2 GmbHG sehe eine Einengung auf ein Handeln im Namen der künftigen GmbH nicht vor. Überdies seien die Vor-GmbH und die spätere GmbH identisch. Es sei auch gerechtfertigt, dem Gläubiger neben der Vor-GmbH einen zusätzlichen Schuldner zu geben, da die Gesellschaft noch nicht endgültig auf die Einhaltung der Eintragungsvoraussetzungen hin geprüft sei.[849]

3. Mit der Rechtsprechung ist davon auszugehen, dass § 11 Abs. 2 GmbHG ein Handeln im Namen der künftigen GmbH erfordert. Der Gesetzgeber verfolgte mit der Schaffung des § 11 Abs. 2 GmbHG ursprünglich den Zweck, jegliche Geschäftstätigkeit im Gründungsstadium zu unterbinden, um Vorbelastungen der GmbH zu vermeiden. **Mit der Aufgabe des Vorbelastungsverbots ist dieser Zweck überholt**. Die auf einer überholten gesetzlichen Grundlage beruhende Vorschrift des § 11 Abs. 2 GmbHG sollte man einschränkend auslegen. Schließlich sprechen auch die heute noch bestehenden Funktionen des § 11 Abs. 2 GmbHG gegen eine Anwendung in Fällen, in denen der Handelnde im Namen der Vor-GmbH aufgetreten ist. Gläubiger, die bereits zum Zeitpunkt des Vertragsschlusses wussten, dass sie mit einer Vor-GmbH kontrahieren, haben dementsprechend auch nicht darauf vertraut, dass bereits eine registergerichtliche Kontrolle des Haftungskapitals erfolgt ist, sodass es insofern keines Ausgleichs bedarf. Die Druckfunktion für sich macht es derweil nicht erforderlich, den Gläubigern neben der Vor-GmbH mit dem Handelnden einen weiteren Schuldner zu geben.

X haftet dem G folglich nicht aus § 11 Abs. 2 GmbHG.

D. Ein Anspruch des G **gegen die Gesellschafter A und B aus § 11 Abs. 2 GmbHG** scheidet aus, da „Handelnder" i.S.d. Norm nur derjenige ist, der als Organ rechtsgeschäftlich für die Gesellschaft auftritt, also entweder zum Geschäftsführer bestellt ist

847 BGH NJW 1976, 419; BGH NJW 1980, 1630.

848 LAG Köln NZA-RR 2001, 129.

849 Drygala Jura 2003, 433, 434; Scholz/K. Schmidt § 11 Rn. 107.

oder Angelegenheiten der Gesellschaft faktisch wie ein Gesellschafter wahrnimmt. **Allein die Zustimmung zu einem Geschäft der Vor-GmbH reicht nicht aus.**

E. Möglicherweise bestehen aber andere Ansprüche des G gegen die Gesellschafter A und B. **377**

I. Nach der **früheren Rechtsprechung** hafteten die Gesellschafter der Vor-GmbH rechtsgeschäftlich deshalb, weil sie durch den Geschäftsführer **vertreten** werden. Vom Standpunkt des redlichen Rechtsverkehrs aus stelle ein Einverständnis zum Geschäftsbeginn zugleich auch eine entsprechende Bevollmächtigung des Geschäftsführers dar. Die Haftung war jedoch auf die Höhe der jeweiligen Stammeinlage beschränkt. Dadurch, dass der Geschäftsführer im Namen der GmbH gehandelt habe, sei der Wille der Gründer deutlich zum Ausdruck gekommen, nur bis zur Höhe ihrer Einlage zu haften und die Vertretungsmacht des Geschäftsführers entsprechend zu begrenzen.[850]

II. Nach **heute h.M.** haften die Gesellschafter der Vor-GmbH **im Außenverhältnis grundsätzlich nicht**. Regelmäßig bestehe **nur eine unbeschränkte Innenhaftung** (Verlustdeckungshaftung) der Gesellschafter gegenüber der Vor-GmbH.[851]

Es handele sich dabei **grundsätzlich** nur um eine **Innenhaftung** der Gesellschaft gegenüber, da eine Außenhaftung den Gläubigern gegenüber zu deren Schutz nicht erforderlich sei, weil mit der Eintragung alle Pflichten der Vor-GmbH automatisch auf die GmbH übergingen. Es sei von einer **einheitlichen Gründerhaftung** auszugehen, die sich **aus einer Verlustdeckungs- und einer Vorbelastungshaftung zusammensetze**.

Die Vorbelastungshaftung (Unterbilanzhaftung) besteht, wenn bei Eintragung der Gesellschaft das Nettovermögen der Gesellschaft weniger als die Kapitalziffer beträgt. Die Gesellschafter sind dann entsprechend § 9 GmbHG der Gesellschaft gegenüber anteilig verpflichtet, den Differenzbetrag einzuzahlen.[852] Die Vorbelastungshaftung ist unstreitig eine Innenhaftung, die mit der Eintragung der Gesellschaft entsteht.

Eine **Außenhaftung** der Gesellschafter besteht danach nur **ausnahmsweise**. Dies soll insbesondere dann der Fall sein, wenn die Vor-GmbH **vermögenslos** ist, wenn weitere Gläubiger nicht vorhanden sind, wenn es sich um eine **Einmann-Vor-GmbH** oder wenn es sich um eine **unechte Vor-GmbH** handelt.[853] Eine unechte Vor-GmbH liegt vor, wenn die Gesellschafter einer Vor-GmbH nach Aufgabe der Eintragungsabsicht den Geschäftsbetrieb fortführen.[854]

Für das Vorliegen einer der genannten Ausnahmefälle einer Außenhaftung bestehen hier keine Anhaltspunkte. Nach der Rechtsprechung des BGH besteht daher nur eine Innenhaftung und G hat keine Ansprüche gegen A und B.

III. In der **Literatur** und teilweise auch in der Rechtsprechung einiger Instanzgerichte wird eine **unbeschränkte Außenhaftung** der Gesellschafter der Vor-GmbH befürwortet.[855]

---

850 BGH NJW 1978, 1978; BGH NJW 1983, 876.

851 BGH NJW 1997, 1507; BAG ZIP 1997, 1544; BFH ZIP 1998, 1149; Ulmer ZIP 1996, 73.

852 Scholz/K. Schmidt § 11 Rn. 124.

853 BGH NJW 2001, 2092; BGH NJW 2003, 429; BAG NJW 1997, 3331; BSG ZIP 2000, 494.

854 BGH NJW 2003, 429.

855 OLG Jena NZG 1999, 461; Scholz/K. Schmidt § 11 Rn. 82.

Zutreffend sei der Ausgangspunkt des BGH, wonach nach dem gesetzlichen Regelfall die Haftung unbeschränkt sei. Nach der gesetzlichen Konzeption sei aber auch regelmäßig eine Außenhaftung gegeben. Eine bloße Innenhaftung der Gesellschafter stelle eine Beschränkung der grundsätzlich gegebenen unbegrenzten persönlichen Haftung dar, für die eine gesetzliche Grundlage nicht gegeben sei. Nach dem Binnenhaftungskonzept müssten Gläubiger der Gesellschaft erst einen Titel gegen die Gesellschaft erwirken und dann in deren Forderungen gegen die Gründer vollstrecken. Einstweiliger Rechtsschutz direkt gegen die Gesellschafter sei nicht zu erlangen.

IV. Mit der Rechtsprechung des BGH ist von einer unbeschränkten Innenhaftung auszugehen. Eine unbeschränkte Außenhaftung ist kapitalgesellschaftsfremd. Wesentliches Merkmal der Kapitalgesellschaft ist, dass die Gesellschafter nur intern und anteilig und für die Aufbringung und Erhaltung des Stammkapitals haften. Da sich nur hierauf das Vertrauen der Gläubiger richtet, ist eine Außenhaftung auch bei einer noch nicht eingetragenen GmbH nicht erforderlich.

Somit haften die Gesellschafter A und B dem G gegenüber nicht.

Abwandlung:

Am 20.03. wird die A-GmbH in das Handelsregister eingetragen. Sie beantragt bald darauf die Eröffnung des Insolvenzverfahrens. Der Antrag wird mangels Masse abgelehnt, weil keine Geldbeträge oder sonst verwertbaren Gegenstände vorhanden sind.

378 **A.** In Betracht kommt zunächst ein Anspruch des G gegen die GmbH.

I. Aus dem **Kaufvertrag** war **zunächst die Vor-GmbH** verpflichtet (vgl. Ausgangsfall).

II. Durch die **Eintragung der Gesellschaft** in das Handelsregister ist jedoch zwischenzeitlich die GmbH als solche entstanden (§ 11 Abs. 1 GmbHG); die Vorgesellschaft und die spätere GmbH sind identisch. Mit der Eintragung in das Handelsregister wird aus der Vorgesellschaft eine GmbH, ohne dass es irgendwelcher Übertragungsakte oder einer Liquidation der Vorgesellschaft bedarf. Die Haftung für die Verbindlichkeiten der Vorgesellschaft trifft daher nach der Eintragung ohne Weiteres die GmbH.[856] G kann also seinen Anspruch gegen die GmbH geltend machen. Er wird jedoch hiermit keinen wirtschaftlichen Erfolg haben, weil die GmbH zahlungsunfähig bzw. überschuldet ist.

B. Auch eine **Haftung des Handelnden** gemäß § 11 Abs. 2 GmbHG, soweit man sie entgegen der oben vertretenen Ansicht überhaupt für entstanden hält, **erlischt mit der Eintragung** der Gesellschaft.[857]

Beachte: *Nach der Ansicht, die im Ausgangsfall eine Haftung des X aus § 11 Abs. 2 GmbHG bejaht hat, ist dieser Anspruch also mit Eintragung der GmbH erloschen.*

C. Fraglich ist, ob auch die Gesellschafter dem G gegenüber haften.

---

856 BGH NJW 1985, 736, 737; Scholz/K. Schmidt § 11 Rn. 133.

857 Scholz/K. Schmidt § 11 Rn. 118.

I. Durch die Eintragung der GmbH in das Handelsregister ist die **Haftungsbeschränkung nach § 13 Abs. 2 GmbHG** wirksam geworden.

1. Das bedeutet zunächst nur, dass eine **persönliche Haftung der Gesellschafter** gegenüber den Gläubigern für solche Verbindlichkeiten **ausgeschlossen** ist, die nach Eintragung der GmbH begründet worden sind. Für Schulden, die schon in der Vorgesellschaft entstanden sind, vertritt die h.M. in der Literatur die Ansicht, dass diese Haftung durch die Eintragung der Gesellschaft auflösend bedingt ist.[858]

2. Nach der oben genannten **neueren Rechtsprechung** bleibt die Pflicht gegenüber der Gesellschaft, die bei Eintragung der Gesellschaft in das Handelsregister bereits eingetretenen Verluste auszugleichen **(Verlustdeckungshaftung)**, bestehen. Die Gesellschafter müssen dafür sorgen, dass das gesamte Stammkapital vorhanden ist. Sie haften also auch für Verluste, die über die Stammkapitalziffer hinausgehen. Aus der Verlustdeckungshaftung wird **nach der Eintragung der Gesellschaft** eine **Vorbelastungs- bzw. Unterbilanzhaftung**.

Allerdings ist zu beachten, dass die bei der Verlustdeckungshaftung vom BGH anerkannte ausnahmsweise Durchbrechung des Innenhaftungsprinzips nicht auf die **Unterbilanzhaftung** übertragen werden kann. **Nach Eintragung der GmbH** bleibt es also **ausnahmslos** bei der **Innenhaftung**, unabhängig davon, ob die GmbH vermögenslos ist oder diese nur einen Gesellschafter hat.[859] Denn mit der Eintragung der GmbH entsteht ein vom Gesellschafter zu trennender Vermögensträger. Das gerade in der Insolvenz der Gesellschaft wirksam werdende Trennungsprinzip (§ 13 Abs. 2 GmbHG) darf aber nicht dadurch durchbrochen werden, dass dem Gesellschaftsgläubiger der unmittelbare Zugriff auf den Gesellschafter gestattet wird. Ebenso wenig rechtfertigt die Tatsache, dass die GmbH nur einen Gesellschafter besitzt, dessen unmittelbare Inanspruchnahme. Denn für die eingetragene GmbH gilt nach § 1 GmbHG das sonst für die GmbH geltende Haftungsregime auch dann, wenn nur ein Gesellschafter vorhanden ist.[860]

Weil es sich bei der Unterbilanzhaftung nur um eine Innenhaftung handelt, kann G nicht unmittelbar gegen A und B vorgehen.

II. Da dem G jedoch ein Anspruch aus **§ 433 Abs. 2 BGB gegen die GmbH** selbst zusteht, kann er nach einem obsiegenden Urteil **Ansprüche der GmbH gegen ihre Gesellschafter pfänden und an sich überweisen lassen (§§ 829, 835 ZPO)**.

1. A und B schulden der Gesellschaft **aus ihrer Einlageverpflichtung noch je 6.250 €**, weil sie bisher nur die Hälfte ihrer Stammeinlage eingezahlt haben. Sollte sich einer der beiden als zahlungsunfähig erweisen, so kann der Anspruch gegen den anderen geltend gemacht werden, § 24 GmbHG.

2. Ein **weitergehender Anspruch** der Gesellschaft, den G pfänden kann, könnte sich daraus ergeben, dass die **Vorgesellschaft bereits vor ihrer Eintragung Verpflichtungen eingegangen** ist, für die nunmehr die GmbH haftet. Für den Fall, dass im Zeitpunkt

858 Scholz/K. Schmidt § 11 Rn. 88.

859 BGH NZG 2006, 64 Rn. 6.

860 BGH NZG 2006, 64 Rn. 6.

der Eintragung der Gesellschaft das eingezahlte Kapital schon ganz oder teilweise verbraucht ist, findet der Gedanke des § 9 GmbHG entsprechende Anwendung, nämlich das Prinzip der **Differenzhaftung**. Die Gesellschafter einer GmbH schulden in solchen Fällen gegenüber der Gesellschaft den Betrag, der notwendig ist, um **der GmbH den vollen Haftungsfonds für den Zeitpunkt der Eintragung zur Verfügung zu stellen**. Soweit daher der Betrag von 6.250 €, den A und B jeweils eingezahlt hatten, bei der Eintragung in das Handelsregister schon nicht mehr zu Verfügung stand und auch nicht durch andere Vermögenswerte ersetzt worden ist, sind A und B verpflichtet, den Differenzbetrag an die Gesellschaft zu zahlen. Notfalls kommt auch hier die Ausfallhaftung des § 24 GmbHG zum Zuge, sodass bei Zahlungsunfähigkeit eines Gesellschafters der andere die ganze Differenz tragen muss.

Die GmbH ist mangels Masse zahlungsunfähig. A und B schulden ihr je 6.250 € Einlagen. Diese Ansprüche auf insgesamt 12.500 € kann G pfänden und an sich überweisen lassen. Da die gezahlten Einlagen in Höhe von je 6.250 € bei Eintragung verbraucht waren, müssen A und B auch für die Differenz von 5.500 € (bis zur Höhe der Forderung des G von insgesamt 18.000 €) einstehen, und zwar wegen § 19 Abs. 1 GmbHG jeder in Höhe von 2.750 €. Auch diese kann G gemäß §§ 829, 835 ZPO pfänden und an sich überweisen lassen.

Insgesamt hat G also die Möglichkeit, Ansprüche der Gesellschaft i.H.v. 18.000 € an sich zu ziehen (je i.H.v. 9000 € gegen A und B).

---

379 Aus den vorstehenden Ausführungen ergibt sich damit in Bezug auf die Haftungsverhältnisse im Gründungsstadium der GmbH folgende Übersicht:

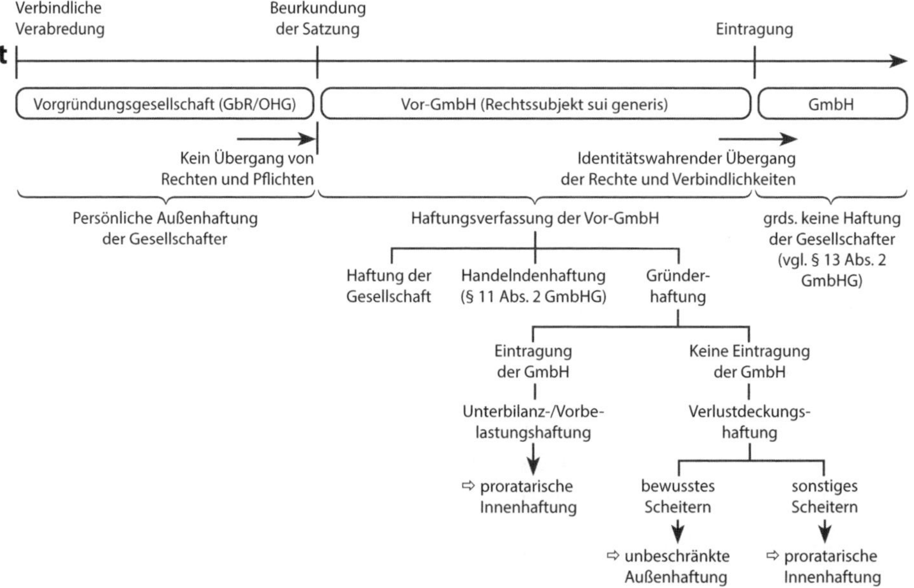

III. Vorratsgründung, Mantelverwendung

Von dem **Mantel einer GmbH** spricht man, wenn diese über ihre bloße Existenz hinaus keinen weitergehenden Zweck verfolgt und sich ihre Tätigkeit allein auf die Verwaltung des eigenen Vermögens beschränkt. Zu einer solchen Konstellation kann es zum einen dadurch kommen, dass die GmbH von vornherein auf Vorrat gegründet wurde, um erst zu einem späteren Zeitpunkt ein (ggf. noch ungewisses) Unternehmen aufzunehmen („Vorratsgesellschaft"), zum anderen dadurch, dass die Gesellschaft ihren bisherigen Geschäftsbetrieb einstellt und die dann zumeist vermögenslose Gesellschaft als „leere Hülse" bestehen bleibt.[861] 380

Kommt es zur Verwendung der „leeren Hülse", spricht man von einer **„Mantelverwendung"**. Die Verwendung des Mantels kann zum einen dadurch geschehen, dass die Gesellschafter die inaktive GmbH durch Aufbau eines neuen oder durch die Einbringung eines vorhandenen Unternehmens nutzbar machen, zum anderen dadurch, dass die Gesellschafter ihre Geschäftsanteile an Erwerber veräußern (sog. „Mantelkauf").

Unter einer **Vorratsgründung** versteht man die Gründung einer Gesellschaft ohne konkrete Absicht der Gründer, in absehbarer Zeit mit der GmbH am Geschäftsverkehr teilzunehmen.[862]

Da es sich bei der späteren Aktivierung einer auf Vorrat gegründeten GmbH für eine wirtschaftliche Tätigkeit (Mantelverwendung) um eine wirtschaftliche Neugründung handelt, führt dies nach ständiger Rechtsprechung des BGH[863] zur analogen **Anwendung der Gründungsvorschriften des GmbH-Gesetzes** einschließlich der registergerichtlichen Kontrolle.[864] Hierbei macht es keinen Unterschied, ob eine bewusst für eine spätere Verwendung „auf Vorrat" gegründete Gesellschaft mit einem Unternehmen ausgestattet wird und erstmals ihren Geschäftsbetrieb aufnimmt, oder ob der „alte Mantel" einer im Rahmen ihres früheren Unternehmensgegenstandes tätig gewesenen, dann aber unternehmenslos gewordenen GmbH wiederverwendet wird.[865] Analog § 78 GmbHG[866] haben sämtliche Geschäftsführer der GmbH die Tatsache der wirtschaftlichen Neugründung gegenüber dem Registergericht offenzulegen und die am satzungsmäßigen Stammkapital auszurichtende Versicherung gemäß § 8 Abs. 2 GmbHG abzugeben.[867] Danach ist zu versichern, dass die in § 7 Abs. 2 und 3 GmbHG bezeichneten Leistungen auf die Geschäftsanteile bewirkt sind und dass der Gegenstand der Leistungen sich – weiterhin oder jedenfalls wieder – endgültig in der freien Verfügung der Geschäftsführer befindet.[868]

Unterbleibt die Offenlegung haften die Gesellschafter entsprechend den Grundsätzen zur **Unterbilanzhaftung**.[869]

861 MünchKomm-GmbHG/Wicke § 3 Rn. 24.
862 Vgl. hierzu Scholz/Emmerich § 3 Rn. 21.
863 BGH NZG 2012, 539 Rn. 9.
864 Windbichler/Bachmann § 21 Rn. 11.
865 BGH NZG 2012, 539 Rn. 9.
866 Bärwaldt/Balda GmbHR 2004, 50, 52; Heidinger ZGR 2005, 101, 108; MünchKomm-GmbHG/Wicke § 3 Rn. 38.
867 BGH NZG 2012, 539 Rn. 13.
868 BGH RÜ 2011, 701 Rn. 9.
869 S. dazu Rn. 365 f.

B. Entstehung durch Umwandlung

381 Eine GmbH kann nicht nur durch Neugründung, sondern als verschmelzungsfähiger Rechtsträger (§ 3 Abs. 1 Nr. 2 UmwG) auch durch Umwandlung nach dem UmwG entstehen. Zu denken ist insbesondere an den **Formwechsel** (§§ 190 ff. UmwG) einer anderen Gesellschaftsform in die Rechtsform einer GmbH.

Ebenfalls praktisch relevant ist die **Spaltung zur Neugründung** einer GmbH (§§ 123 ff., 135 ff. UmwG) und die **Ausgliederung** des von einem Einzelkaufmann betriebenen Unternehmens, dessen Firma im Handelsregister eingetragen ist, zur Neugründung einer GmbH (§§ 152, 158 ff. UmwG).

3. Abschnitt: Die Organisation der GmbH

382 In organisatorischer Hinsicht ist zwischen der **Gesellschafterebene** und der **Ebene der Gesellschaft** zu differenzieren. Auf der Ebene der Gesellschaft sind deren Organe angesiedelt: Die Gesellschafterversammlung und die Geschäftsführer. Daneben kann die GmbH einen Aufsichtsrat haben (§ 52 GmbHG), der jedoch im Gegensatz zur AG grundsätzlich kein obligatorischer, sondern ein fakultativer ist.

Zwingend ist die Bildung eines Aufsichtsrats bei der GmbH nur bei

- i.d.R. mehr als 500 Arbeitnehmern nach dem DrittelbG,
- i.d.R. mehr als 1.000 Arbeitnehmern und Tätigkeit im Montanbereich (MontanMitbestG) und
- i.d.R. mehr als 2.000 Arbeitnehmern nach dem MitbestG sowie
- bei sog. Kapitalverwaltungs-GmbH (§ 18 Abs. 2 S. 1 KAGB).[870]

Die Organisation der GmbH:[871]

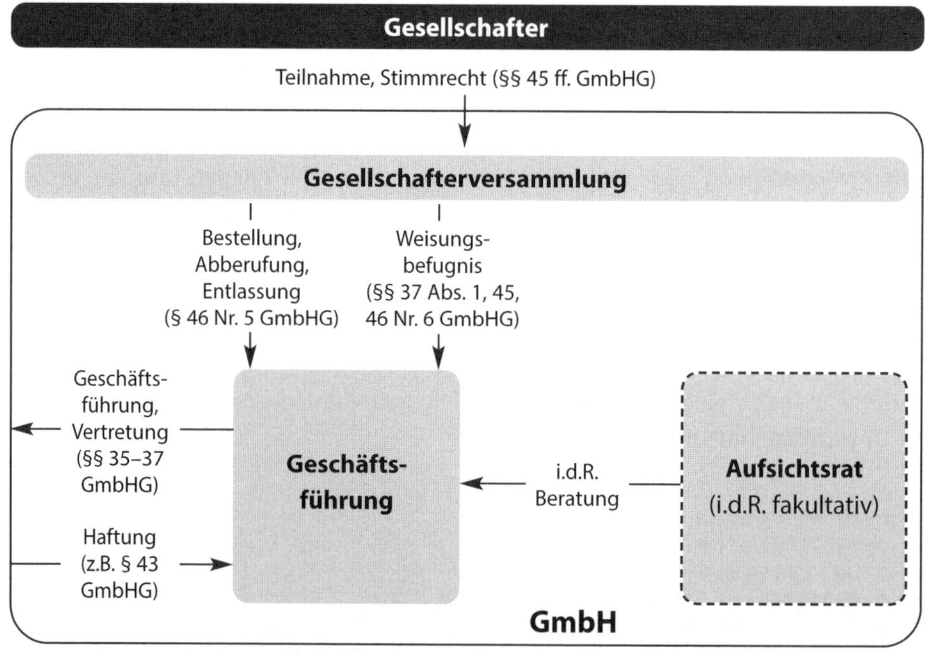

870 Vgl. Lutter/Hommelhoff/Hommelhoff § 52 Rn. 1.

871 Vgl. Bitter/Heim § 4 Rn. 81.

A. Gesellschafter

Die Gesellschafter sind die **„Eigentümer" der GmbH** und daher mit den Vereinsmitgliedern und den Aktionären vergleichbar.[872] Sie halten eine Mitgliedschaft in der GmbH, die als subjektives Recht Rechte und Pflichten zusammenfasst. Ausdruck der Mitgliedschaft ist der von jedem Gesellschafter gehaltene Geschäftsanteil. 383

I. Rechte und Pflichten der Gesellschafter

Die **Rechte der Gesellschafter** lassen sich in Verwaltungs- und Vermögensrechte unterteilen:[873] 384

Verwaltungsrechte	Vermögensrechte
■ Teilnahme an der Gesellschafterversammlung und Stimmrecht (§§ 45 ff. GmbHG)	■ Teilhabe am Jahresüberschuss (§ 29 GmbHG)
■ Auskunfts- und Einsichtsrecht (§ 51a GmbHG)	■ Bezugsrecht bei Kapitalerhöhung (§ 186 AktG analog)
■ Anfechtungsrecht (§ 245 AktG analog)	■ Teilnahme am Liquidationserlös (§ 72 GmbHG)

Zu den **Pflichten der Gesellschafter** zählt insbesondere die Pflicht zur Erbringung der auf den Geschäftsanteil versprochenen Stammeinlage (§ 14 S. 1 GmbHG).[874] Daneben kann der Gesellschaftsvertrag den Gesellschaftern weitere Pflichten auferlegen (§ 3 Abs. 2 GmbHG). Eine Nachschusspflicht trifft die Gesellschafter nur, wenn sie im Gesellschaftsvertrag vereinbart ist (§ 26 GmbHG); nachträglich kann sie nur mit Zustimmung aller Gesellschafter begründet werden (vgl. § 53 Abs. 3 GmbHG). 385

Daneben bestehen **Treuepflichten** der Gesellschafter. Diese sind bei der GmbH tendenziell stärker ausgeprägt als bei der AG, weil die GmbH in der Regel stärker personalistisch ausgestaltet ist. Die Treuepflichten umfassen insbesondere ein Verbot, die Gesellschaft und die Mitgesellschafter zu schädigen, die Pflicht der Mehrheit, bei Abstimmungen auch die Interessen der Minderheit zu berücksichtigen und vereinzelt auch die Pflicht zur Anpassung des Gesellschaftsvertrages an geänderte Umstände.

II. Änderungen im Bestand der Gesellschafter

Änderungen im Bestand der Gesellschafter können sich zusätzlich zur Möglichkeit der Gesamtrechtsnachfolge (insbesondere durch Erbgang) auch verschiedentlich durch Rechtsgeschäft vollziehen. Nach § 15 Abs. 1 GmbHG sind Geschäftsanteile an einer GmbH grundsätzlich veräußerlich und vererblich. 386

872 Hier und zum Folgenden: Bitter/Heim § 4 Rn. 82.

873 Zum Folgenden: Bitter/Heim § 4 Rn. 83 ff.

874 Hier und zum Folgenden: Bitter/Heim § 4 Rn. 88; Windbichler/Bachmann § 22 Rn. 29 ff.

1. Abtretung des Geschäftsanteils

387 Ein rechtsgeschäftlicher Gesellschafterwechsel vollzieht sich durch Abtretung **(§§ 413, 398 BGB)** des Geschäftsanteils.[875] Unter den Voraussetzungen des **§ 33 GmbHG** kann auch die **GmbH selbst** Erwerber sein (sog. Erwerb eigener Anteile, s. dazu Rn. 433 ff.).

Zur Abtretung des Geschäftsanteils durch Gesellschafter bedarf es eines **in notarieller Form geschlossenen** (Verfügungs-)**Vertrages** (§ 15 Abs. 3 GmbHG). Auch eine Vereinbarung, durch welche die **Verpflichtung** eines Gesellschafters zur Abtretung eines Geschäftsanteils begründet wird, bedarf der **notariellen Form** (§ 15 Abs. 4 S. 1 GmbHG); ein ohne diese Form getroffenes Verpflichtungsgeschäft wird jedoch durch eine formgerechte Abtretung (§ 15 Abs. 3 GmbHG) des Geschäftsanteils (= Verfügungsgeschäft) geheilt (§ 15 Abs. 4 S. 2 GmbHG). Der Erwerber gilt im Verhältnis zur Gesellschaft erst dann als Inhaber des Geschäftsanteils, wenn er in die aus Anlass der Abtretung neu erstellte **Gesellschafterliste** (§ 40 GmbHG) eingetragen und diese in das **Handelsregister** aufgenommen ist (§ 16 Abs. 1 S. 1 GmbHG).

388 Unter den Voraussetzungen des § 16 Abs. 3 GmbHG kommt ein **gutgläubiger Erwerb** eines Geschäftsanteils vom Nichtberechtigten in Betracht. Dabei ist der **Rechtsscheinsträger** die im Handelsregister aufgenommene **Gesellschafterliste** (§§ 8 Abs. 1 Nr. 3, 40 GmbHG).

Voraussetzungen des gutgläubigen Erwerbs gemäß § 16 Abs. 3 GmbHG
1. Der Veräußerer ist zwar nicht Inhaber des Geschäftsanteils, als solcher aber in der im Handelsregister aufgenommenen Gesellschafterliste eingetragen (Satz 1).
2. Die Gesellschafterliste muss mindestens seit drei Jahren unrichtig sein; ist dies (noch) nicht der Fall genügt es, wenn die Unrichtigkeit dem wahren Berechtigten zurechenbar ist (Satz 2).
3. Der Erwerber darf nicht bösgläubig sein; dies ist der Fall, wenn er die mangelnde Berechtigung kennt oder infolge grober Fahrlässigkeit nicht kennt (Satz 3).
4. Der Liste darf im Handelsregister kein Widerspruch zugeordnet sein (Sätze 3 u. 4).

2. Einziehung des Geschäftsanteils (Amortisation)

389 Unter Einziehung – schon nach dem Wortlaut des § 34 Abs. 1 GmbHG auch Amortisation genannt – ist die **Vernichtung eines Geschäftsanteils** mit allen Rechten und Pflichten ohne gleichzeitige Veränderung des Stammkapitals zu verstehen.[876]

875 Hier und zum Folgenden: Bitter/Heim § 4 Rn. 91 f.

876 BGH NJW 1977, 2316.

Die Einziehung des Geschäftsanteils einer GmbH hat folgende Voraussetzungen:[877]

I. Allgemeine Voraussetzungen:

1. Ein Geschäftsanteil kann eingezogen werden, **soweit** dies **im Gesellschaftsvertrag zugelassen** ist (§ 34 Abs. 1 GmbHG).
2. Gesellschafterbeschluss
3. Mitteilung des Beschlusses an den betroffenen Gesellschafter
4. Geschäftsanteil ist vollständig eingezahlt (ungeschriebene Wirksamkeitsvoraussetzung)
5. Abfindung kann aus dem freien, nicht nach § 30 GmbHG gebundenen Vermögen[878] der GmbH gezahlt werden, § 34 Abs. 3 GmbHG

II. Besondere Voraussetzungen:

1. **Zustimmung** des betroffenen Gesellschafters **oder**
2. Vorliegen eines im Gesellschaftervertrag festgesetzten Einziehungsgrundes (§ 34 Abs. 2 GmbHG) **(Zwangseinziehung)**

Relevant ist in der Praxis insbesondere die **Zwangseinziehung**. Ohne Zustimmung des Anteilsberechtigten darf die Einziehung nur erfolgen, wenn die Voraussetzungen der Einziehung vor dem Zeitpunkt, in welchem der Berechtigte den Geschäftsanteil erworben hat, im Gesellschaftsvertrag festgesetzt waren (§ 34 Abs. 2 GmbHG).[879] Der Gesellschafter soll nämlich das Risiko der Zwangseinziehung kennen und freiwillig übernehmen. Regelmäßig ist in der Satzung geregelt, dass die Einziehung von Geschäftsanteilen gegen den Willen des betroffenen Gesellschafters erfolgen kann, wenn ein wichtiger Grund in der Person des Gesellschafters vorliegt. Wird die Einziehung im Gesellschaftsvertrag „aus wichtigem Grund" zugelassen, kommen alle Einziehungsgründe von der Art und dem Gewicht wie in § 725 Abs. 2 BGB, § 727 BGB, § 132 Abs. 2 HGB, § 134 HGB in Betracht.[880] **390**

Durch die Einziehung **geht der Geschäftsanteil** des betroffenen Gesellschafters **unter**.[881] Dies führt dazu, dass die Summe der Nennbeträge der verbliebenen Geschäftsanteile nicht mehr dem Stammkapital entspricht. Die Summe der Geschäftsanteile nach ihren Nennwerten muss dem Stammkapital zwar bei der Gründung entsprechen (§ 5 Abs. 3 S. 2 GmbHG), kann danach aber niedriger (nicht höher) als dieses sein.[882] Deshalb ist die Einziehung wegen des Auseinanderweichens nicht unwirksam.

Der betroffene Gesellschafter hat dann einen Anspruch auf eine vollwertige **Abfindung** in Höhe des wahren Verkehrswertes des eingezogenen Anteils, soweit im Gesellschaftsvertrag nicht wirksam etwas Anderes (insbesondere eine andere Berechnung) vereinbart ist. Im Gläubigerinteresse darf eine Abfindung nicht aus dem zur Erhaltung des **391**

877 MünchKomm-GmbHG/Strohn § 34 Rn. 7 ff.; BGH RÜ 2019, 773.
878 Bitter/Heim § 4 Rn. 95.
879 Vgl. auch BGH RÜ 2014, 23 Rn. 13.
880 MünchKomm-GmbHG/Strohn § 34 Rn. 47.
881 Hier und zum Folgenden: Bitter/Heim § 4 Rn. 95.
882 Baumbach/Hueck/Fastrich § 34 Rn. 17a; Windbichler/Bachmann § 22 Rn. 25.

Stammkapitals erforderlichen Vermögens gezahlt werden (§ 34 Abs. 3 i.V.m. § 30 Abs. 1 GmbHG). Steht fest, dass die Abfindung durch die einziehende Gesellschaft nur unter Beeinträchtigung ihres Stammkapitals gezahlt werden kann, ist der Einziehungsbeschluss analog § 241 Nr. 3 AktG nichtig.[883] Steht dies im Zeitpunkt der Beschlussfassung hingegen nicht sicher fest, ist die Einziehung unabhängig von der Abfindungszahlung wirksam; da der eingezogene Anteil wirtschaftlich betrachtet den verbliebenen Gesellschaftern zuwächst – ihre Anteile werden proportional aufgewertet –, haften diese dem Ausgeschiedenen für die Abfindung, wenn eine spätere Zahlung der Abfindung durch die Gesellschaft an § 30 GmbHG scheitert und sie nicht für die Zulässigkeit der Zahlung sorgen.[884]

3. Ausschluss von Gesellschaftern

392 Auch wenn der Gesellschaftsvertrag keine Einziehungsklausel vorsieht und eine Amortisation deshalb im Hinblick auf § 34 Abs. 1 GmbHG ausgeschlossen ist, besteht die Möglichkeit des Ausschlusses eines Gesellschafters **aus wichtigem Grund**.

Dies ist im Gesetz als Grundsatz nicht ausdrücklich geregelt, es ist lediglich eine Kaduzierung bei Säumnis der Einlageleistung gemäß § 21 Abs. 2 S. 1 GmbHG sowie bei Säumnis der Leistung im Falle der Nachschusspflicht gemäß § 28 Abs. 1 GmbHG vorgesehen.[885] Dies gilt selbst dann, wenn der Gesellschaftsvertrag keine Regelung über Ausschlussmöglichkeiten von Gesellschaftern enthält.[886] Die anderen Gesellschafter müssen sich und die Gesellschaft nämlich schützen können, wenn ein Gesellschafter untragbar geworden ist.[887]

Für einen Ausschluss aus wichtigem Grund ist weder eine Pflichtverletzung noch ein Verschulden auf Seiten des betreffenden Gesellschafters erforderlich, vielmehr muss eine gedeihliche Fortführung des Unternehmens mit diesem Gesellschafter nach Maßgabe einer unter Einbeziehung aller relevanter Umstände vorzunehmenden Gesamtbewertung ausgeschlossen sein.[888] Daher liegt ein **wichtiger Grund** vor, wenn die Person oder das Verhalten des auszuschließenden Gesellschafters die **Erreichung des Gesellschaftszwecks erheblich gefährden oder unmöglich machen** und deswegen sein **Verbleib in der Gesellschaft untragbar** erscheint.[889]

Zu beachten ist jedoch, dass der Ausschluss aus wichtigem Grund **als letztes reguläres Mittel** (*ultima ratio*) nur dann zulässig ist, wenn der den wichtigen Grund bildende Anlass nicht auf andere Weise beseitigt werden kann.[890]

393 Der Ausschluss des Gesellschafters beruht angelehnt an § 134 HGB auf einem zweistufigen Verfahren. Er setzt einen entsprechenden **Gesellschafterbeschluss und** – sofern in der Satzung nichts Gegenteiliges geregelt ist – eine **Ausschlussklage** mit entspre-

883 BGH NZG 2012, 259 Rn. 7.

884 BGH NZG 2012, 259, Ls. 2 und Rn. 21 ff.; Bitter/Heim § 4 Rn. 97.

885 Hoffmann/Rüppell BB 2016, 1026, 1027; MünchKomm-GmbHG/Strohn § 34 Rn. 103.

886 Hierzu grundlegend: BGH NJW 1953, 780.

887 In BGH NJW 1953, 780 ist vom „Störenfried" die Rede.

888 BGH NJW 1953, 780, 781; Stefanink/Punte GWR 2018, 403, 404.

889 BGH NJW 1953, 780, 781; K. Schmidt, GesR, § 35 IV 2b.

890 BGHZ 16, 317, 322; K. Schmidt, GesR, § 35 IV 2b; Lutter/Hommelhoff/Kleindiek § 34 Rn. 111.

chendem **Gestaltungsurteil** voraus.[891] Der Beschluss der Gesellschafterversammlung muss in Anlehnung an § 60 Abs. 1 Nr. 2 GmbHG mit einer Mehrheit von ¾ der abgegebenen Stimmen gefasst werden, wobei der ausgeschlossene Gesellschafter analog § 47 Abs. 4 GmbHG[892] kein Stimmrecht hat.[893] Die Ausschlussklage, deren Erhebung ebenfalls mit einer Mehrheit von ¾ der abgegebenen Stimmen durch die Gesellschafterversammlung zu beschließen ist,[894] wird durch die GmbH, vertreten durch ihren Geschäftsführer, erhoben.[895]

Zum **Vollzug** des Ausschlusses bedarf es der Verwertung des Geschäftsanteils des Be- **394**
troffenen durch Einziehung des Anteils oder durch Abtretung an einen oder mehrere Gesellschafter, Dritte oder die Gesellschaft selbst.[896] Insoweit besteht ein Wahlrecht der Gesellschaft, das durch – mit einfacher Mehrheit zu treffenden – Gesellschafterbeschluss ausgeübt wird.[897] In den Fällen der Einziehung und der Abtretung des Anteils an die Gesellschaft ist Wirksamkeitsvoraussetzung des betreffenden Beschlusses, dass die Abfindung aus dem freien, die Stammkapitalziffer nicht beeinträchtigenden Vermögen der Gesellschaft gezahlt werden kann (§ 34 Abs. 3 i.V.m. § 30 Abs. 1 GmbHG); ist dies nicht der Fall, ist der betreffende Gesellschafterbeschluss analog § 241 Nr. 3 AktG nichtig.[898]

Auch in Ausschlussfällen hat der betroffene Gesellschafter – ebenso wie bei der Einzie- **395**
hung – einen Anspruch auf **Abfindung**. Die im Ausschließungsurteil zu regelnde Abfindung bemisst sich – vorbehaltlich einer abweichenden wirksamen Regelung im Gesellschaftsvertrag – nach dem Verkehrswert des Anteils.[899]

Ein vollständiger Abfindungsausschluss im Gesellschaftsvertrag ist jedoch grundsätzlich sittenwidrig und unwirksam.[900]

Zwar mag es auf den ersten Blick ungerecht erscheinen, dass der betroffene Gesellschafter unbeschadet der Schwere der Vorwürfe gegen ihn einen Anspruch auf eine Abfindung hat; Grundgedanke des Ausschlusses ist aber nicht dessen Bestrafung, sondern allein die Wiederherstellung der gedeihlichen Zusammenarbeit im Gesellschafterkreis.[901]

4. Austritt von Gesellschaftern

Ein Gesellschafter kann nicht nur aus wichtigem Grund aus der Gesellschaft ausge- **396**
schlossen werden, sondern auch seinerseits – **auch ohne Satzungsgrundlage** – aus wichtigem Grund aus der Gesellschaft austreten.[902]

891 Lutter/Hommelhoff/Lutter/Kleindiek § 34 Rn. 120 ff.
892 Hoffmann/Rüppell BB 2016, 1026, 1028.
893 BGH NJW 2003, 2314, 2315.
894 Hoffmann/Rüppell BB 2016, 1026, 1028.
895 Lutter/Hommelhoff/Lutter/Kleindiek § 34 Rn. 124.
896 Lutter/Hommelhoff/Lutter/Kleindiek § 34 Rn. 137.
897 BGH NJW 1953, 780, 782; MünchKomm-GmbHG/Strohn § 34 Rn. 118.
898 BGH NZG 2012, 259 Rn. 7.
899 Bitter/Heim § 4 Rn. 101.
900 BGH RÜ 2014, 698.
901 Hoffmann/Rüppell BB 2016, 1026, 1029.
902 BGH NZG 2014, 541, Ls. 1.

Dieses Austrittsrecht kann durch die Satzung weder ausgeschlossen noch eingeschränkt, sondern nur erweitert und im Hinblick auf seine Durchführung geordnet werden. [903]

Ein solcher Austritt setzt voraus, dass dem Gesellschafter der weitere **Verbleib in der Gesellschaft unzumutbar** ist.[904] Als **letztes reguläres Mittel** (*ultima ratio*) ist der Austritt gegenüber anderen, weniger einschneidenden Problemlösungen (z.B. Anteilsveräußerung) subsidiär. Der Austritt ist ein Notrecht, das nur dann ausgeübt werden kann, wenn weder eine Fortsetzung der Mitgliedschaft noch eine andere Form der Beendigung derselben zumutbar und möglich sind.

Ein **ordentliches Kündigungsrecht** wie in § 725 Abs. 1 BGB oder § 132 Abs. 1 HGB **gibt es bei der GmbH nicht**. Es kann aber durch die Satzung geschaffen werden. Allerdings können die anderen Gesellschafter eine in der Satzung nicht vorgesehene Kündigung auch so – von sich aus – akzeptieren.[905]

Der Austritt erfolgt durch eine einseitige empfangsbedürftige **Willenserklärung** des Austretenden **gegenüber der GmbH.**[906] Diese Erklärung ist nicht formbedürftig.[907] Einer Klage bedarf es nicht.

Zum **Vollzug** des Austritts bedarf es – wie beim Ausschluss – der Verwertung des Geschäftsanteils des Austretenden, indem die GmbH – nach ihrer Wahl – den Anteil einzieht oder die Abtretung an einen Gesellschafter, einen Dritten oder an sich selbst verlangt.[908] Nicht voll eingezahlte Geschäftsanteile darf die GmbH auch hier nicht erwerben oder einziehen.

Der Austretende hat einen Anspruch auf **Abfindung**, der sich – vorbehaltlich wirksamer abweichender Satzungsregelungen – gegen die GmbH richtet und nach dem Verkehrswert bemisst.[909]

B. Gesellschafterversammlung

397 Die Gesellschafterversammlung ist das **oberste Willensbildungsorgan** der GmbH. Sie besteht aus der Gesamtheit der Gesellschafter und kann nicht durch ein anderes, insbesondere durch kein externes Gremium ersetzt werden.

I. Aufgaben der Gesellschafter

398 Bestimmte Beschlussgegenstände (sog. **Grundlagenentscheidungen**) sind der Gesellschafterversammlung zwingend zugewiesen. Dazu gehören

- die Einforderung von Nachschüssen (§ 26 Abs. 1 GmbHG),
- Satzungsänderungen (§ 53 Abs. 1 GmbHG),
- die Auflösung der Gesellschaft (§ 60 Abs. 1 Nr. 2 GmbHG) und
- Umwandlungsmaßnahmen nach dem UmwG.

903 Lutter/Hommelhoff/Kleindiek § 34 Rn. 144.
904 Hier und zum Folgenden: Bitter/Heim § 4 Rn. 102.
905 Lutter/Hommelhoff/Lutter/Kleindiek § 34 Rn. 144.
906 Hier und zum Folgenden: Bitter/Heim § 4 Rn. 102.
907 Lutter/Hommelhoff/Lutter/Kleindiek § 34 Rn. 151.
908 Hier und zum Folgenden: Lutter/Hommelhoff/Kleindiek § 34 Rn. 152.
909 Lutter/Hommelhoff/Kleindiek § 34 Rn. 154.

Welche sonstigen Gegenstände der Gesellschafterversammlung zugewiesen sind, bestimmt sich vorrangig nach dem Gesellschaftsvertrag (§ 45 Abs. 1 GmbHG) und im Übrigen nach der dispositiven Vorschrift des § 46 GmbHG (§ 45 Abs. 2 GmbHG). Die Aufzählung in § 46 GmbHG ist nicht abschließend; die **Zuständigkeit** der Gesellschafterversammlung ist vielmehr grundsätzlich **allumfassend**.[910] Dies ergibt sich aus § 37 Abs. 1 GmbHG, der ein Weisungsrecht der Gesellschafter gegenüber der Geschäftsführung statuiert.

II. Beschlussfassung durch die Gesellschafter

Die **Willensbildung** in der Gesellschafterversammlung erfolgt durch Beschluss (§ 48 Abs. 1 GmbHG), also durch mehrseitiges Rechtsgeschäft.[911] **Beschlussfähig** ist die Versammlung bereits dann, wenn nur ein einziger Gesellschafter anwesend ist. Für eine wirksame Beschlussfassung genügt grundsätzlich eine einfache Kapitalmehrheit der abgegebenen Stimmen (§ 47 Abs. 1 und 2 GmbHG). Der Beschluss kann **formlos** gefasst werden, sofern das Gesetz keine Form vorschreibt (§§ 48 Abs. 3, 53 Abs. 2 S. 1 GmbHG). In der Stimmabgabe ist der Gesellschafter **grundsätzlich frei**; nur ausnahmsweise kann sich aus der Treuepflicht ergeben, in einer bestimmten Weise abstimmen zu müssen. **399**

Das Stimmrecht eines Gesellschafters kann im Einzelfall ausgeschlossen sein, wenn eine Beschlussfassung aufgrund ihres Gegenstandes auch seine persönlichen Interessen berührt.[912] Ein **Stimmverbot** besteht jedoch erst dann, wenn aufgrund des konkreten Interessenkonflikts im Hinblick auf den in Frage stehenden Abstimmungsgegenstand *typischerweise* damit zu rechnen ist, dass der Gesellschafter bei der Stimmabgabe die Gesellschaftsinteressen hintanstellen wird und sich stattdessen von seinen persönlichen Interessen leiten lässt.[913] Dabei gibt es zwei Grundtatbestände: Zum einen, wenn die Beschlussfassung eine Maßnahme betrifft, bei der der Gesellschafter (auch) als „andere Seite" beteiligt ist (**Verbot des Insichgeschäfts**, vgl. § 181 BGB). Zum anderen gibt der Gesellschafter seinen persönlichen Interessen typischerweise den Vorrang, wenn er in eigener Sache richtet **(Verbot „Richter in eigener Sache" zu sein)**.

III. Fehlerhafte Beschlüsse

Das GmbHG enthält keine Regelung über fehlerhafte Gesellschafterbeschlüsse. Daher werden bei der GmbH die Vorschriften über die Nichtigkeit und Anfechtbarkeit von Beschlüssen der Hauptversammlung einer AG **(§§ 241 ff. AktG) analog** angewandt. Insoweit gilt der Abschnitt zur AG entsprechend.[914] Dabei sind jedoch stets die Besonderheiten der GmbH und ihre Unterschiede zur AG zu beachten.[915] Soweit keine Sonderregeln bestehen, sind fehlerhafte Beschlüsse der Gesellschafterversammlung **nur unter besonderen Voraussetzungen nichtig**, welche in Anlehnung an § 241 AktG zu ermit- **400**

910 Bitter/Heim § 4 Rn. 107.

911 Hier und zum Folgenden: Bitter/Heim § 4 Rn. 111 ff.

912 Hier und zum Folgenden: Bitter/Heim § 4 Rn. 116 ff.

913 BGH NJW 2010, 3027 Rn. 16.

914 S. Rn. 470.

915 Windbichler/Bachmann § 22 Rn. 17.

teln sind. Verstöße gegen Gesetz und Gesellschaftsvertrag, die nicht die besonderen Voraussetzungen der Nichtigkeit erfüllen, führen analog § 243 AktG zur **Anfechtbarkeit**.

Nichtige Beschlüsse sind unwirksam gegenüber jedermann. Die gerichtliche Geltendmachung der Nichtigkeit ist durch jeden, der ein Rechtsschutzbedürfnis vorweisen kann, mittels **Nichtigkeitsfeststellungsklage** möglich.[916]

Auch die **Anfechtung** ist im Klagewege geltend zu machen **(Anfechtungsklage)**. Dabei kennt das GmbHG selbst zwar keine Frist für die gerichtliche Anfechtung, jedoch ist die Monatsfrist des § 246 Abs. 1 AktG als Leitbild entsprechend heranzuziehen.

C. Geschäftsführer

I. Grundlagen

401 Die GmbH muss **einen oder mehrere** Geschäftsführer haben (§ 6 Abs. 1 GmbHG). Geschäftsführer kann nur eine **natürliche, unbeschränkt geschäftsfähige Person** sein (§ 6 Abs. 2 S. 1 GmbHG), bei der keiner der in § 6 Abs. 2 S. 2 GmbHG aufgeführten Ausschlusstatbestände einschlägig ist.

Zu Geschäftsführern können gemäß 6 Abs. 3 S. 1 GmbHG nicht nur Gesellschafter („Gesellschafter-Geschäftsführer"), sondern auch andere Personen („Fremdgeschäftsführer") bestellt werden **(Grundsatz der Fremdorganschaft)**.[917]

Die **Bestellung** als Organ der Gesellschaft erfolgt entweder im Gesellschaftsvertrag (§ 6 Abs. 3 S. 2 GmbHG) oder durch Beschluss der Gesellschafterversammlung (§ 46 Nr. 5 GmbHG).[918] Da der Geschäftsführer mit seiner Bestellung zahlreiche zivil- und sogar strafrechtlich bewehrte Pflichten übernimmt, bedarf die Bestellung zu ihrer Wirksamkeit der Annahme durch den Geschäftsführer. Die Bestellung des Geschäftsführers ist eine in das Handelsregister einzutragende Tatsache (§§ 10 Abs. 1, 39 GmbHG).

Die Organstellung des Geschäftsführers endet, wenn er abberufen wird (§ 46 Nr. 5 GmbHG). Die **Abberufung** („Widerruf der Bestellung") ist zu jeder Zeit möglich (§ 38 Abs. 1 GmbHG); die Ansprüche aus dem Anstellungsvertrag bleiben davon unberührt. Eine Abberufung bedarf keines wichtigen Grundes, sofern der Gesellschaftsvertrag dies nicht vorsieht (§ 38 Abs. 2 GmbHG). Die Abberufung eines Geschäftsführers erfolgt nach § 46 Nr. 5 GmbHG durch Beschluss der Gesellschafterversammlung. Der Gesellschafter-Geschäftsführer ist – vom Sonderfall der Abberufung aus wichtigem Grund abgesehen – nicht vom Stimmrecht ausgeschlossen.[919]

Nach Auffassung des BGH ist ein **Abberufungsbeschluss** in analoger Anwendung des § 241 Nr. 1 AktG **nichtig**, wenn eine GmbH entgegen der gerichtlichen Anordnung eine veränderte Gesellschafterliste zum Handelsregister einreicht und der durch die neue Liste ausgeschlossene Gesellschafter nicht an der Beschlussfassung beteiligt wird. Die GmbH kann sich wegen § 242 BGB nicht auf die formelle Legitimationswirkung des § 16 Abs. 1 S. 1 GmbHG berufen. Für den Fall, dass der durch die neue Liste aus-

916 Lutter/Hommelhoff/Bayer Anh. zu § 47 Rn. 29 ff.

917 S. hierzu Rn. 16.

918 Zur Anwendung des AGG auf GmbH-Geschäftsführer s. BGH RÜ 2012, 564.

919 MünchKomm-GmbHG/Stephan/Tieves § 38 Rn. 24.

geschlossene Gesellschafter zugleich auch der abberufene Geschäftsführer ist, wird dadurch insbesondere verhindert, dass ein geschäftsführender Gesellschafter „durch die Hintertür" ohne Zustimmung abberufen wird, indem die übrigen Gesellschafter die formelle Legitimationswirkung der Gesellschafterliste treuwidrig ausnutzen.[920]

Neben der Abberufung ist jederzeit auch eine **Niederlegung** des Amtes des Geschäfts- **402**
führers möglich.[921] Ist die Organstellung wirksam erloschen, ist auch dies in das Handelsregister einzutragen (§ 39 GmbHG).

Von der Organstellung des Geschäftsführers zu trennen ist der **Anstellungsvertrag** **403**
zwischen der Person des Geschäftsführers und der GmbH.[922] Der Anstellungsvertrag ist in der Regel ein Geschäftsbesorgungsvertrag, der eine Dienstleistung zum Gegenstand hat (§§ 675, 611 ff. BGB). Ein Arbeitsvertrag i.S.d. § 611a BGB ist der Anstellungsvertrag grundsätzlich[923] nicht (vgl. zum Arbeitnehmerbegriff § 5 Abs. 1 S. 3 ArbGG); somit ist auch das KSchG nicht anwendbar (§ 14 Abs. 1 Nr. 1 KSchG). Der Anstellungsvertrag bildet die Grundlage des Vergütungsanspruchs des Geschäftsführers. Zuständig für den Abschluss und die Kündigung des Geschäftsführeranstellungsvertrags ist durch sog. Annexkompetenz dasjenige Organ, welches auch zur Bestellung und Abberufung der Geschäftsführer befugt ist,[924] mangels abweichender Regelung im Gesellschaftsvertrag also die Gesellschafterversammlung (§ 46 Nr. 5 GmbHG). Die Abberufung beinhaltet nicht ohne Weiteres auch die Kündigung des Anstellungsverhältnisses;[925] diese muss separat erfolgen.

Der Geschäftsführer ist zunächst für die (interne) **Geschäftsführung** zuständig.[926] Darüber hinaus **vertritt** er **die Gesellschaft** gerichtlich und außergerichtlich (§ 35 Abs. 1 S. 1 GmbHG). Die Geschäftsführung im Innenverhältnis kann von den Gesellschaftern beliebig beschränkt werden (vgl. § 37 Abs. 1 GmbHG). Anders als bei der AG hat die Gesellschafterversammlung eine umfassende Weisungsbefugnis gegenüber den Geschäftsführern (vgl. auch § 46 Nr. 6 GmbHG). Die Gesellschafterversammlung als oberstes Organ der GmbH befindet sich in einem Subordinationsverhältnis zu der ihr unterstellten Geschäftsführung. Allerdings wirken die Beschränkungen durch Weisungen, die der Geschäftsführer im Innenverhältnis beachten muss, nicht im Außenverhältnis gegenüber Dritten (§ 37 Abs. 2 GmbHG). Der Geschäftsführer vertritt die GmbH in der Regel auch dann wirksam im Außenverhältnis, wenn er damit seine Befugnisse im Innenverhältnis überschreitet. Etwas anderes gilt nur dann, wenn er bewusst mit dem Dritten zusammenwirkt (Kollusion) oder wenn sein Handeln im Außenverhältnis für den Dritten ersichtlich über seine internen Befugnisse hinausgeht und sich dem Dritten deshalb aufdrängen musste, dass der Geschäftsführer seine internen Befugnisse überschreitet (evidenter Missbrauch der Vertretungsmacht).

---

920 BGH RÜ 2019, 773.

921 Bitter/Heim § 4 Rn. 130a.

922 Hier und zum Folgenden: Bitter/Heim § 4 Rn. 131 ff.

923 Zur Ausnahme s. Grüneberg/Weidenkaff Einf. v. § 611 Rn. 23.

924 MünchKomm-GmbHG/Jaeger/Steinbrück § 35 Rn. 254 (Abschluss) und Rn. 415 (Kündigung).

925 MünchKomm-GmbHG/Stephan/Tieves § 38 Rn. 51.

926 Hier und zum Folgenden: Bitter/Heim § 4 Rn. 134 ff.

II. Haftung der Geschäftsführer

404 Bei der (persönlichen) Haftung der Geschäftsführer ist zwischen der Innenhaftung gegenüber der GmbH und der Außenhaftung gegenüber Dritten (Gesellschafter,[927] Gesellschaftsgläubiger) zu differenzieren.

1. Innenhaftung

405 Neben einigen **Spezialtatbeständen**, die im jeweiligen Kontext erläutert werden – z.B. die Differenzhaftung gemäß § 9a Abs. 1 GmbHG bei der Gründung der GmbH – kommt eine Innenhaftung des Geschäftsführers gegenüber der Gesellschaft vor allem nach der allgemeinen Organhaftungsvorschrift des **§ 43 GmbHG** in Betracht.

406 Geschäftsführer haben in den Angelegenheiten der Gesellschaft die **Sorgfalt eines ordentlichen Geschäftsmannes** anzuwenden (§ 43 Abs. 1 GmbHG). Verletzen die Geschäftsführer diese „Obliegenheiten" – also die Organpflichten gegenüber der Gesellschaft, die vor dem Hintergrund des Verschuldensmaßstabs nach § 43 Abs. 1 GmbHG zu konkretisieren sind[928] –, so haften sie der Gesellschaft gegenüber **(Innenhaftung)** als Gesamtschuldner („solidarisch") für den entstandenen Schaden (§ 43 Abs. 2 GmbHG). In dieser Vorschrift kommt ein Grundsatz zum Ausdruck, der nicht nur im Gesellschaftsrecht auch für andere Organpersonen – z.B. den Vorstand einer AG (§ 93 AktG) –, sondern auch im allgemeinen Zivilrecht gilt: Derjenige, der fremdes Vermögen verwaltet, hat für Schäden aus unsorgfältiger Vermögensverwaltung einzustehen (§ 280 BGB).[929]

Klausurhinweis: *Anspruchsgrundlage für entsprechende Ersatzansprüche gegen den GmbH-Geschäftsführer ist also § 43 Abs. 2 GmbHG. Für den Haftungsmaßstab im Rahmen dieses Anspruchs gilt § 43 Abs. 1 GmbHG. Ein Anspruch aus § 280 Abs. 1 BGB i.V.m. dem Geschäftsführeranstellungsvertrag kommt daneben nicht in Betracht, da § 43 Abs. 2 GmbHG insoweit eine abschließende Spezialregelung darstellt.*[930]

Da in der GmbH das Vermögen der Gesellschafter gebunden ist, dient § 43 Abs. 2 GmbHG in erster Linie dem **Schutz der Gesellschafter**. Folgerichtig ergibt sich allein aus der Stellung als Geschäftsführer auch keine (strafrechtliche) Garantenpflicht gegenüber außenstehenden Dritten, eine Schädigung ihres Vermögens zu verhindern. Die schuldhafte Verletzung der Pflicht zur ordnungsgemäßen Geschäftsführung führt grundsätzlich (nur) zur Innenhaftung gegenüber der Gesellschaft.[931]

Ausnahmsweise werden durch die Innenhaftung der Geschäftsführer gegenüber der GmbH auch die **Interessen der Gläubiger geschützt**. Dies zeigt der besondere Haftungstatbestand des § 43 Abs. 3 GmbHG: Der Geschäftsführer ist zum Ersatz verpflichtet, wenn er unter Verstoß gegen § 30 GmbHG Zahlungen aus dem zur Erhaltung des Stammkapitals erforderlichen Vermögen der Gesellschaft tätigt oder unter Verstoß gegen § 33 GmbHG eigene Geschäftsanteile der GmbH erwirbt.

---

927 Zum Schadensersatzanspruch eines Gesellschafters gegen die GmbH-Geschäftsführung wegen Minderung des Werts seiner Gesellschaftsbeteiligung (Stichwort: „Reflexschaden") s. BGH RÜ 2013, 493.

928 Lutter/Hommelhoff/Kleindiek § 43 Rn. 11.

929 Hier und zum Folgenden: Bitter/Heim § 4 Rn. 140.

930 BGH NJW 1997, 741; MünchKomm-GmbHG/Fleischer § 43 Rn. 8.

931 BGH NJW 2012, 3439, Ls.

Allgemeine Geschäftsführerhaftung nach § 43 Abs. 2 GmbHG
1. Anspruchsgegner ist (auch faktischer) **Geschäftsführer**
2. **Pflichtverletzung**: Pflichtwidriges Geschäftsführerverhalten
3. **Verschulden**: Verstoß gegen die Sorgfalt eines ordentlichen Geschäftsmannes
4. **Kausaler** (durch die Pflichtverletzung hervorgerufener) **Schaden**
5. **Gesellschafterbeschluss** über die Geltendmachung (§ 46 Nr. 8 GmbHG)

Der Anspruch richtet sich gegen den **Geschäftsführer**. Dieser unterliegt der Organhaftung mit der Annahme des Amtes, nicht erst mit der Eintragung ins Handelsregister, und unabhängig von der Wirksamkeit seiner Bestellung.[932] Auch der sog. „faktische" Geschäftsführer, der tatsächlich Geschäftsführungsaufgaben übernimmt, ohne formell zum Geschäftsführer bestellt worden zu sein, ist Haftungsadressat.[933] **407**

Der Geschäftsführer ist **zur ordnungsgemäßen Unternehmensleitung verpflichtet** und hat dabei den Gesellschaftszweck unter Einhaltung des durch Gesetz, Satzung und Anstellungsvertrag sowie Weisungen der Gesellschafter gesteckten Rahmens bestmöglich zu fördern.[934]

Die Weisung und Billigung der Geschäftsführungsmaßnahme durch die Gesellschafterversammlung hat haftungsausschließende Wirkung.[935]

Als Verwalter fremder Vermögensinteressen unterliegt er dabei einer besonderen Treuepflicht.[936] Bei unternehmerischen Entscheidungen, die nicht durch Gesetz, Satzung oder Vorgaben der Gesellschafter determiniert sind, steht dem Geschäftsführer ein der gerichtlichen Kontrolle entzogener Handlungsspielraum zu, der durch geschäftliches Entscheidungsermessen geprägt ist; die vom BGH[937] für den AG-Vorstand aufgestellten – und nunmehr in **§ 93 Abs. 1 S. 2 AktG** kodifizierten – Grundsätze (*„Business Judgement Rule"*)[938] gelten für die GmbH-Geschäftsführer **analog**; bewegen sich die Geschäftsführer im Rahmen dieses Handlungsspielraums, handeln sie nicht pflichtwidrig.[939]

Grundlage der Haftung nach § 43 Abs. 2 GmbHG ist eine **schuldhafte Pflichtverletzung** des Geschäftsführers.

Beachte: *Die Formulierung des § 43 Abs. 2 GmbHG, der insoweit von der Verletzung von Obliegenheiten spricht, ist missverständlich. Denn Obliegenheiten zeichnen sich in der Regel gerade dadurch aus, dass ihre Verletzung keine Schadenersatzansprüche nach sich zieht.*[940]

932 Lutter/Hommelhoff/Kleindiek § 43 Rn. 2.

933 Lutter/Hommelhoff/Kleindiek § 43 Rn. 3.

934 Lutter/Hommelhoff/Kleindiek § 43 Rn. 12.

935 Lutter/Hommelhoff/Kleindiek § 43 Rn. 40 f.; Zum Einwand des hypothetischen Einverständnisses s. BGH NJW 2013, 3636 Rn. 31 ff.

936 Lutter/Hommelhoff/Kleindiek § 43 Rn. 19.

937 BGH NJW 1997, 1926.

938 S. hierzu Rn. 473.

939 Lutter/Hommelhoff/Kleindiek § 43 Rn. 23.

940 Dazu ausführlich AS-Skript Schuldrecht AT 1 (2024), Rn. 83.

Verschuldensmaßstab ist der typisierte Maßstab der „Sorgfalt eines ordentlichen Geschäftsmannes" gemäß § 43 Abs. 1 GmbHG, gegen welchen sowohl bei vorsätzlicher als auch (einfach) fahrlässiger Pflichtverletzungen verstoßen werden kann.[941]

Ein **ehrenamtlich tätiger Geschäftsführer** (z.B. einer gemeinnützigen GmbH) kann sich nicht auf die für den Vereinsvorstand zugeschnittene Haftungsmilderung nach § 31a BGB (analog) berufen.[942] Auch die (arbeitsrechtlichen) Grundsätze des **innerbetrieblichen Schadensausgleichs** (Haftungsfreistellung des Arbeitnehmers bei leichtester Fahrlässigkeit, einzelfallbezogene Schadensteilung bei mittlerer Fahrlässigkeit) finden auf den GmbH-Geschäftsführer und seine Haftung nach § 43 GmbHG keine Anwendung.[943]

Der Ersatzanspruch gegen den Geschäftsführer setzt in jedem Fall einen durch die Pflichtverletzung des Geschäftsführers verursachten **(kausalen) Schaden** der GmbH voraus.[944] Zu ersetzen ist jede Minderung des Gesellschaftsvermögens, die ursächlich auf der Pflichtverletzung des in Anspruch genommenen Geschäftsführers beruht. Zur Berechnung des Schadens ist der Zustand mit und ohne Pflichtverletzung **(Differenzhypothese)** zu vergleichen.[945] Soweit die Pflichtverletzung des Geschäftsführers zu adäquat kausalen Vorteilen der GmbH geführt hat, sind diese bei der Schadensberechnung nach den Grundsätzen der **Vorteilsausgleichung**[946] zu berücksichtigen, sofern die Anrechnung nicht Sinn und Zweck der Schadensersatzpflicht widerspricht.[947]

Zur Geltendmachung von Schadensersatzansprüchen gegen Geschäftsführer bedarf es in der werbend tätigen Gesellschaft eines **Gesellschafterbeschlusses** (§ 46 Nr. 8 GmbHG),[948] der materielle Voraussetzung auch im Außenverhältnis ist.[949] Ein überstimmter Gesellschafter muss einen die Verfolgung des Haftungsanspruchs ablehnenden Beschluss der Gesellschafterversammlung anfechten und kann ihn nicht selbst für die Gesellschaft im Wege einer Gesellschafterklage (*actio pro socio*)[950] selbst geltend machen.[951] In den Fällen des § 43 Abs. 3 GmbHG ist die Disponibilität eingeschränkt, weil hier nicht der Schutz der Gesellschafter, sondern der Schutz der Gesellschaftsgläubiger bezweckt ist.

Die Ansprüche aus § 43 Abs. 2 und Abs. 3 GmbHG **verjähren** in fünf Jahren (§ 43 Abs. 4 GmbHG). Die Frist beginnt mit der Entstehung des Anspruchs; der Entstehungszeitpunkt bestimmt sich danach, wann der Anspruch erstmals (notfalls im Wege einer Feststellungsklage) geltend gemacht werden konnte.[952]

---

941 Lutter/Hommelhoff/Kleindiek § 43 Rn. 38.

942 Lutter/Hommelhoff/Kleindiek § 43 Rn. 39; Leuschner NZG 2014, 281, 287.

943 BGH GmbHR 2001, 771, 773; Joussen GmbHR 2005, 441, 442 ff.; a.A. Koch AG 2014, 513, 515 ff.

944 Hier und zum Folgenden: Lutter/Hommelhoff/Kleindiek § 43 Rn. 45 f.

945 BGH GmbHR 2008, 488, 489; vgl. auch BGH NZG 2013, 293 Rn. 21 (zur Haftung des AG-Vorstands gemäß § 93 AktG).

946 Dazu ausführlich AS-Skript Schuldrecht BT 4 (2023), Rn. 463 ff.

947 BGH NZG 2013, 293 Rn. 26 (zur Haftung des AG-Vorstands gemäß § 93 AktG).

948 Bayer GmbHR 2014, 897, 901 f.; Liederer NZG 2015, 569, 577 f.

949 BGH NJW 2003, 358; Bitter ZInsO 2010, 1505, 1510.

950 Vgl. Mock JuS 2015, 590 ff.

951 Lutter/Hommelhoff/Kleindiek § 43 Rn. 50.

952 Lutter/Hommelhoff/Kleindiek § 43 Rn. 67.

2. Außenhaftung

Von der in § 43 GmbHG normierten Organhaftung gegenüber der Gesellschaft (Innenhaftung) ist die **Geschäftsführerhaftung gegenüber Dritten** (Außenhaftung) zu unterscheiden. Sie kann auf vertraglicher oder gesetzlicher Grundlage beruhen. Das damit verbundene Haftungsrisiko realisiert sich typischerweise in der Krise der Gesellschaft.[953] Eine Außenhaftung des Geschäftsführers kann **gegenüber den Gesellschaftern der GmbH und gegenüber den Gesellschaftsgläubigern** bestehen. **408**

a) Gegenüber Gesellschaftern

Es besteht keine unmittelbare Haftung der Geschäftsführer gegenüber den Gesellschaftern nach § 43 Abs. 2 GmbH.[954] Dies folgt aus dem sog. **Grundsatz der Haftungskonzentration**, wonach organschaftliche Pflichtverletzungen grundsätzlich nur zu einer Verantwortung der Geschäftsführer gegenüber der Gesellschaft führen. Der Anstellungsvertrag des Geschäftsführers mit der GmbH hat grundsätzlich keine Schutzwirkung zugunsten der Gesellschafter. Auch im Übrigen besteht zwischen Geschäftsführern und Gesellschaftern kein haftungsbegründendes Sonderverhältnis.[955] **409**

Ausnahmsweise kann eine **unmittelbare Geschäftsführerhaftung gegenüber den Gesellschaftern** bestehen.[956] Einen Sondertatbestand enthält § 31 Abs. 6 GmbHG.[957] Über diese gesellschaftsrechtliche Sondervorschrift hinaus kann eine (vor-)vertragliche Haftung bestehen.

Beispiel: Vertragliches Anbahnungsverhältnis zwischen Geschäftsführern und verkaufswilligen Gesellschaftern beim Management Buyout (MBO).[958]

In Betracht kommt darüber hinaus eine deliktische Haftung nach § 823 Abs. 1 BGB, weil das Mitgliedschaftsrecht der Gesellschafter ein sonstiges Recht ist.[959] Denkbar sind auch Ansprüche aus § 823 Abs. 2 BGB i.V.m. einem Schutzgesetz zugunsten der Gesellschafter und aus § 826 BGB.[960]

Zu solchen Schutzgesetzen zählen etwa §§ 5a, 58 Abs. 1 Nr. 2, 82 GmbHG,[961] § 15a InsO;[962] nicht hingegen §§ 30, 43 Abs. 1, 52, 73 GmbHG[963] und § 43 Abs. 2 GmbHG.[964]

---

953 Lutter/Hommelhoff/Kleindiek § 43 Rn. 71.

954 Hier und zum Folgenden: MünchKomm-GmbHG/Fleischer § 43 Rn. 335 m.w.N.

955 BGHZ 83, 122, 134 (zur AG).

956 Zum Folgenden: MünchKomm-GmbHG/Fleischer § 43 Rn. 336 ff.

957 S. hierzu Rn. 428.

958 Vgl. hierzu Weber ZHR 155 (1991), 120, 126.

959 BGHZ 110, 323, 327 ff. (zum Verein); K. Schmidt JZ 1991, 157, 158 f.

960 OLG Nürnberg GmbHR 2001, 629; MünchKomm-GmbHG/Fleischer § 43 Rn. 354.

961 MünchKomm-BGB/Wagner § 823 Rn. 597; Roth/Altmeppen/Altmeppen § 82 Rn. 3; MünchKomm-GmbHG/Fleischer § 43 Rn. 353.

962 MünchKomm-GmbHG/Fleischer § 43 Rn. 353; Schäfer § 34 Rn. 15.

963 Roth/Altmeppen/Altmeppen § 30 Rn. 1; MünchKomm-BGB/Wagner § 823 Rn. 603; MünchKomm-GmbHG/Fleischer § 43 Rn. 353.

964 OLG Stuttgart GmbHR 2006, 760, 761; ausführlich dazu: Baumbach/Hueck/Beurskens § 43 Rn. 131 ff; MünchKomm-GmbHG/Fleischer § 43 Rn. 352 f.

b) Gegenüber Gesellschaftsgläubigern

410 Eine Haftung des Geschäftsführers gegenüber den Gläubigern der GmbH kann zunächst auf einem (vertraglichen) **Haftungsversprechen** beruhen, etwa auf einem selbstständigen Garantieversprechen, einer Bürgschaft oder einem Beitritt zur Schuld der Gesellschaft.

Der BGH unterwirft den **Schuldbeitritt bei Kreditverträgen** selbst des mehrheitlich oder sogar allein beteiligten Gesellschafter-Geschäftsführers den Regelungen des **Verbraucherkreditrechts** (§§ 355 ff., 488 ff. BGB), weil die Geschäftsführung der GmbH keine selbstständige, sondern eine angestellte Tätigkeit sei und auch das Halten eines GmbH-Geschäftsanteils keine gewerbliche Tätigkeit darstelle.[965]

Unter engen Voraussetzungen kommt neben der Einstandspflicht der GmbH auch eine Haftung des Geschäftsführers für **Verschulden bei Vertragsschluss** (§§ 280 Abs. 1, 311 Abs. 2 und 3, 241 Abs. 2 BGB) in Betracht, wenn er einen Vertragspartner der Gesellschaft schuldhaft nicht auf deren Zahlungsunfähigkeit und/oder Überschuldung hinweist und den Dritten zu einer (nicht insolvenzfesten) Vorleistung veranlasst; eine persönliche Haftung des Geschäftsführers kommt dann allerdings nur in Betracht, wenn er zurechenbar einen qualifizierten Vertrauenstatbestand geschaffen hat.[966]

411 Im Übrigen kommt eine **Außenhaftung des Geschäftsführers auf deliktischer Grundlage** in Betracht. Einer solchen Haftung lassen sich weder das in § 43 Abs. 2 GmbHG zum Ausdruck kommende Prinzip der Haftungskonzentration über die Gesellschaft noch das Trennungsprinzip im Sinne der Haftungsbeschränkung auf das Gesellschaftsvermögen für Verbindlichkeiten der GmbH (§ 13 Abs. 2 GmbHG) entgegenhalten.[967] Neben einer Haftung nach § 823 Abs. 1 BGB und § 826 BGB[968] kommt insbesondere eine Außenhaftung des Geschäftsführers aus § 823 Abs. 2 BGB wegen Verletzung eines Schutzgesetzes in Betracht. Zu den relevantesten Schutzgesetzen[969] zählen § 246 StGB,[970] § 263 StGB,[971] § 266 StGB[972] und §§ 283 ff. StGB.[973]

D. Aufsichtsrat

412 Die GmbH kann einen Aufsichtsrat haben. Dabei kann es sich um einen freiwilligen **(fakultativen) Aufsichtsrat** und um einen zwingenden **(obligatorischen) Aufsichtsrat** nach den Regeln der Unternehmensmitbestimmung handeln.

Die GmbH muss einen **obligatorischen Aufsichtsrat** bilden, wenn sie i.d.R. mehr als

- 500 Arbeitnehmer beschäftigt nach dem DrittelbG;
- 1.000 Arbeitnehmer beschäftigt und im Montanbereich tätig ist nach dem Montan-MitbestG;
- 2.000 Arbeitnehmer beschäftigt nach dem MitbestG.

---

965 BGH NJW 2006, 431 Rn. 15 (GmbH); BGH NZG 2007, 820 Rn. 15 (GmbH & Co. KG); anders für die Bürgschaft: BGH 1998, 1939, 1940 f.

966 Lutter/Hommelhoff/Kleindiek § 43 Rn. 73 ff. m.w.N.

967 Lutter/Hommelhoff/Kleindiek § 43 Rn. 79.

968 S. hierzu: MünchKomm-GmbHG/Fleischer § 43 Rn. 354.

969 Eine umfassende Aufzählung bietet MünchKomm-GmbHG/Fleischer § 43 Rn. 353.

970 BGH GmbHR 1996, 453, 454.

971 BGHZ 75, 96, 115.

972 BGH NJW 2012, 3439 Rn. 13.

973 MünchKomm-GmbHG/Fleischer § 43 Rn. 353.

4. Abschnitt: Die Finanzverfassung der GmbH

413 Für die Verbindlichkeiten der GmbH haftet deren Gläubigern nur das Gesellschaftsvermögen (§ 13 Abs. 2 GmbHG). Die Gläubiger der Gesellschaft können sich also grundsätzlich[974] nicht an die Gesellschafter halten (sog. **Trennungsprinzip**). Sobald die rechtliche Loslösung der GmbH von ihren Gesellschaftern **mit der Eintragung** der Gesellschaft „als solcher" im Handelsregister vollzogen ist (§ 11 Abs. 1 GmbHG), erfolgt eine **Haftungskonzentration auf das Gesellschaftsvermögen**.

Das GmbH-Recht sieht – ebenso wie das Aktienrecht, wenn auch nicht in derselben Intensität – für die Aufbringung des Stammkapitals bei der Gründung der Gesellschaft (dazu sogleich A.) und dessen Erhaltung während ihrer laufenden Tätigkeit (dazu sogleich B.) strenge Regeln vor.

A. Kapitalaufbringung

I. Grundlagen

414 Die Gründer der GmbH verpflichten sich im Rahmen der Feststellung der Satzung zur Übernahme der Geschäftsanteile und begründen hierdurch eine körperschaftliche Einlageverpflichtung (§§ 3 Abs. 1 Nr. 4, 14 S. 2 GmbHG). Diese haben sie durch Einzahlung zu erfüllen, soweit in der Satzung keine Sacheinlagen festgesetzt sind (§ 5 Abs. 4 GmbHG). Die Gründer sollen sich dabei nicht nur formal zur Einlage verpflichten, sondern die versprochenen Werte der Gesellschaft auch tatsächlich (real) zuführen **(Grundsatz der realen Kapitalaufbringung)**. Dementsprechend dürfen die Inferenten (= derjenige, der eine Einlage zu leisten hat)[975] nicht von ihrer Einlagepflicht befreit werden (§ 19 Abs. 2 S. 1 GmbHG). Der Einlageanspruch verjährt in zehn Jahren ab seiner Entstehung, bei Eröffnung des Insolvenzverfahrens über das Vermögen der GmbH jedoch nicht vor Ablauf von sechs Monaten ab der Eröffnung (§ 19 Abs. 6 GmbHG).

Der **Mindestnennbetrag des Stammkapitals** beträgt 25.000 € (§ 5 Abs. 1 GmbHG). Er darf nicht unterschritten werden, weder bei der Gründung noch bei einer Kapitalherabsetzung. Wird er unterschritten, ist die Eintragung der GmbH abzulehnen (§ 9c Abs. 1 S. 1 GmbHG). Auch bei gleichzeitiger Kapitalerhöhung darf der Mindestnennbetrag – im Gegensatz zur AG (vgl. § 228 Abs. 1 AktG) – nur in Fällen der vereinfachten Kapitalherabsetzung vorübergehend unterschritten werden (§§ 58 Abs. 2 S. 1, 58a Abs. 4 GmbHG).[976]

415 Kommt ein Gesellschafter seiner Einlagepflicht nicht nach, droht ihm die **Kaduzierung** seines Geschäftsanteils (§ 21 GmbHG).[977] Das heißt: Er wird dann aus der Gesellschaft ausgeschlossen und verliert geleistete Teilzahlungen (§ 21 Abs. 2 GmbHG). Gleichwohl haftet er weiter für die Einlage (§ 21 Abs. 3 GmbHG). Auch etwaige Rechtsvorgänger des ausgeschlossenen Gesellschafters haften nach Maßgabe des § 22 GmbHG. Ist der ausstehende Einlagebetrag weder von dem ausgeschlossenen Gesellschafter noch von

974 Zu den Fallgruppen der sog. Durchgriffshaftung s. Bitter ZInsO 2010, 1561, 1578 ff.

975 lat. inferre = hineinbringen, opfern.

976 MünchKomm-GmbHG/J. Vetter § 58 Rn. 7.

977 Hier und zum Folgenden: Bitter/Heim § 4 Rn. 163.

dessen Rechtsvorgängern zu erlangen, kann die GmbH den Geschäftsanteil öffentlich versteigern (§ 23 GmbHG). Soweit die Einlage auch hierdurch nicht zu erlangen ist, trifft die Mitgesellschafter eine zwingende Ausfallhaftung (§§ 24, 25 GmbHG). Hat ein Gesellschafter seinen Geschäftsanteil veräußert, so haftet neben ihm auch der Erwerber für ausstehende Einlagen (§ 16 Abs. 2 GmbHG).

II. Geldeinlagen

416 Die Anmeldung der Gesellschaft zur Eintragung ins Handelsregister darf erst erfolgen, wenn auf jeden Geschäftsanteil, soweit nicht Sacheinlagen vereinbart sind, ein Viertel des Nennbetrags eingezahlt ist (§ 7 Abs. 2 S. 1 GmbHG, **Mindesteinzahlung**). Insgesamt muss auf das Stammkapital mindestens so viel eingezahlt sein, dass der Gesamtbetrag der eingezahlten Geldeinlagen zuzüglich des Gesamtnennbetrags der Geschäftsanteile, für die Sacheinlagen zu leisten sind, die Hälfte des Mindeststammkapitals gemäß § 5 Abs. 1 GmbHG, also 12.500 €, erreicht (§ 7 Abs. 2 S. 2 GmbHG). Dabei ist zu beachten, dass die Einzahlungen auf die Geschäftsanteile nach dem Verhältnis der Geldeinlagen zu leisten sind (§ 19 Abs. 1 GmbHG). Die Gesellschaft muss die Gesellschafter also gleich behandeln, wenn sie die Geldeinlagen einfordert: Fehlt eine abweichende Vereinbarung, muss sie von jedem Gesellschafter den gleichen prozentualen Anteil des übernommenen Geschäftsanteils verlangen.[978]

In der Anmeldung zum Handelsregister haben die Geschäftsführer u.a. zu versichern, dass sich die Mindesteinzahlungen gemäß § 7 Abs. 2 GmbHG **endgültig in der freien Verfügung der Geschäftsführer** befinden (§ 8 Abs. 2 S. 1 GmbHG). Für die Mindesteinzahlung ist die „endgültige freie Verfügung" eine die §§ 362 ff. BGB ergänzende und teilweise verdrängende, spezifisch kapitalgesellschaftsrechtliche Erfüllungsvoraussetzung.[979] Sie ist erfüllt, wenn das Geld aus dem Vermögen des Gesellschafters endgültig ausgeschieden und ebenso endgültig in das Vermögen der GmbH übergegangen ist.[980] Ferner folgt aus dem Wortlaut des § 7 Abs. 2 S. 1 GmbHG („eingezahlt"), dass der Mindestbetrag nur durch bare oder bargeldgleiche Zahlung *an die Gesellschaft* erbracht werden kann. Dementsprechend bewirkt die Zahlung an einen Gläubiger der Gesellschaft nicht die Erfüllung der Pflicht zur Einlage der Mindestzahlung.[981]

417 Der Teil der Geldeinlage, der noch nicht bei der Anmeldung geleistet sein muss **(Resteinzahlung)**, ist grundsätzlich erst nach Einforderung durch die Gesellschafterversammlung (§ 46 Nr. 2 GmbHG) fällig.[982] Für die Resteinzahlung gelten die Erfordernisse der endgültigen freien Verfügung und der baren oder bargeldgleichen Zahlung nicht.[983] Im Hinblick auf den Grundsatz der realen Kapitalaufbringung ist ein vollwertiger und unbeschränkter Vermögenszufluss an die Gesellschaft aber auch bei Resteinzahlungen Voraussetzung der Erfüllungswirkung; auch bei Resteinzahlungen muss eine Verfügungsfreiheit der Geschäftsführer hergestellt und die Einlage real aufgebracht

978 Bitter/Heim § 4 Rn. 175.

979 Bitter/Heim § 4 Rn. 177.

980 Lutter/Hommelhoff/Bayer § 7 Rn. 19.

981 Bitter/Heim § 4 Rn. 182.

982 Hier und zum Folgenden: Bitter/Heim § 4 Rn. 166.

983 BGH NJW 2009, 2375 Rn. 176.

werden.[984] Anders als bei der Mindesteinzahlung kann der Gesellschafter die Verpflichtung zur Leistung der Resteinlage grundsätzlich auch durch Tilgung einer Gesellschaftsschuld erfüllen.[985]

III. Sacheinlagen und Sachübernahmen

Das GmbHG geht im Grundsatz davon aus, dass die in Geld ausgedrückten Nennbeträge der Geschäftsanteile auf das ebenfalls in Euro lautende Stammkapital in Geld geleistet werden, erlaubt aber unter bestimmten Voraussetzungen auch die **Leistung anderer Gegenstände statt Geld**.[986] 418

Unter einer **Sacheinlage** versteht man jede befreiende Leistung auf das Stammkapital, die nicht in Geld besteht. Eine solche Leistung befreit nur, wenn sie nach den Regeln des § 5 Abs. 4 GmbHG festgelegt ist. Soll eine Sacheinlage geleistet werden, so müssen ihr Gegenstand und der Nennbetrag des Geschäftsanteils, auf den sie sich bezieht, im Gesellschaftsvertrag festgesetzt werden (§ 5 Abs. 4 S. 1 GmbHG). Vor dem Hintergrund einer an sich bestehenden Pflicht zur Geldleistung setzt jede wirksame Festlegung einer Sacheinlage eine besondere Erfüllungsvereinbarung voraus, die einen körperschaftlichen Anspruch der GmbH auf Leistung der Einlage begründet und zur Folge hat, das die Leistung anderer Gegenstände keine ordnungsgemäße Einlagenerbringung ist.[987]

Die von der Sacheinlage begrifflich zu unterscheidende **Sachübernahme** ist im GmbHG nicht ausdrücklich geregelt.[988] § 19 Abs. 2 S. 2 GmbHG zeigt aber, dass diese Rechtsfigur auch im GmbH-Recht Anwendung findet. Gemeint sind eine Bargründung und eine von ihr getrennte schuldrechtliche Vereinbarung zwischen der Gesellschaft und einem Gesellschafter und/oder einem Dritten, nach der die Gesellschaft einen bestimmten Gegenstand in Anrechnung auf die Bareinlagepflicht entgeltlich erwirbt.

Beispiel: Die GmbH erwirbt von dem Gesellschafter ein Grundstück zum Preis von 100.000 € und verrechnet die Kaufpreisforderung mit der Einlageschuld des Gesellschafters in Höhe von 10.000 €. Anschließend zahlt sie dem Gesellschafter den Differenzbetrag von 90.000 € aus.

In einem solchen Fall der Sachübernahme sind nach § 19 Abs. 2 S. 2 GmbHG nahezu[989] alle Regeln über die Sacheinlage zu beachten. Das bedeutet:[990] Es muss sich um einen einlagefähigen Gegenstand handeln; dessen Gegenstand und Preis müssen im Gesellschaftsvertrag festgelegt werden. Der Gegenstand darf nicht überbewertet werden und er muss bereits vor der Eintragung der Gesellschaft im Handelsregister geleistet werden (§ 7 Abs. 3 GmbHG). Der begünstigte Gesellschafter wird nur insoweit von seiner Bareinlagepflicht frei, als der Gegenstand den festgelegten Wert hat; besteht eine Differenz zuungunsten der Gesellschaft, haftet der Gesellschafter nach Maßgabe des § 9 Abs. 1 GmbHG.

984 Bitter/Heim § 4 Rn. 178.
985 Hier und zum Folgenden: Bitter/Heim § 4 Rn. 183.
986 Hier und zum Folgenden: Lutter/Hommelhoff/Bayer § 5 Rn. 12.
987 Lutter/Hommelhoff/Bayer § 5 Rn. 13.
988 Zum Folgenden: Lutter/Hommelhoff/Bayer § 5 Rn. 38.
989 § 19 Abs. 2 S. 2 GmbHG verweist nur auf § 5 Abs. 4 S. 1 GmbHG, nicht hingegen auf § 5 Abs. 4 S. 2 GmbHG.
990 Zum Folgenden: Lutter/Hommelhoff/Bayer § 5 Rn. 39.

Erhält der Inferent für die Erbringung eines Vermögenswerts sowohl einen Geschäftsanteil als auch eine sonstige Leistung (z.B. eine Barzahlung), liegt eine sog. **gemischte Sacheinlage** vor.[991] Auf eine gemischte Sacheinlage, die eine Sacheinlage mit einer Sachübernahme verknüpft, finden die Vorschriften über die Sacheinlage Anwendung. Es handelt sich um ein einheitliches Rechtsgeschäft gesellschaftsvertraglicher Natur, das in seinem gesamten Umfang den Regeln über die Sacheinlage unterliegt.

IV. Verdeckte Sacheinlagen (§ 19 Abs. 4 GmbHG)

419 Eine **Geldeinlage** kann bei wirtschaftlicher Betrachtung und aufgrund einer im Zusammenhang mit der Übernahme der Geldeinlage getroffenen Abrede vollständig oder teilweise **als Sacheinlage zu bewerten** sein.[992] Es handelt sich dann um eine **sog. verdeckte Sacheinlage**, auf welche § 19 Abs. 4 S. 1 GmbHG Anwendung findet.

Dies führt nach § 19 Abs. 4 GmbHG dazu, dass die Geldeinlagepflicht trotz einer Geldzahlung an die Gesellschaft für den Gesellschafter fortbesteht (Satz 1), soweit der Sachwert des verdeckt eingelegten Gegenstandes hinter dem Betrag der übernommenen Verpflichtung zurückbleibt und daher eine Anrechnung im Zeitpunkt der Eintragung (Sätze 3 und 4) ausscheidet. Die Beweislast für die Werthaltigkeit des Vermögensgegenstandes, also der verdeckt eingelegten Sache, trägt der Gesellschafter (Satz 5).[993]

Fall 12: Verdeckte Sacheinlage

A und B gründen mit Gesellschaftsvertrag vom 10. Februar als gleichberechtigte Gesellschafter eine GmbH mit einem Stammkapital von 25.000 €. A und B überweisen jeweils 12.500 € auf das Konto der Gesellschaft. A verkauft dann im Mai der GmbH seinen Pkw, der für verschiedene Tätigkeiten in der Gesellschaft benötigt wird, zu einem Kaufpreis von 11.000 €, der noch im Mai gezahlt wird. Im Dezember wird über das Vermögen der GmbH das Insolvenzverfahren eröffnet. Der Insolvenzverwalter verlangt von A Zahlung von 11.000 €, da er der Ansicht ist, A habe seine Stammeinlage nicht voll erbracht. A weist nach, dass der Pkw im Mai einen Wert von 10.000 € hatte.

420 Der Insolvenzverwalter kann gemäß **§ 80 Abs. 1 InsO** die Ansprüche der Gesellschaft geltend machen. Dieser könnte ein **Anspruch auf Zahlung der Stammeinlage gegen den Gesellschafter A aus dem Gesellschaftsvertrag i.V.m. § 19 Abs. 1 GmbHG** zustehen.

I. Der Anspruch der Gesellschaft auf Leistung einer Bareinlage in Höhe von 12.500 € ist mit **Abschluss des Gesellschaftsvertrages** am 10.02. entstanden, § 14 S. 1 GmbHG.

II. Der Anspruch könnte durch **Erfüllung** nach § 362 Abs. 1 BGB **erloschen** sein. Dann müsste die „geschuldete Leistung" bewirkt sein. Geschuldet war eine Bareinlage, da sich aus dem Gesellschaftsvertrag nichts anderes ergibt. A hat 12.500 € überwiesen. Damit ist (zunächst) Erfüllung eingetreten.

Die **Erfüllungswirkung** könnte jedoch **gemäß § 19 Abs. 4 S. 1 GmbHG entfallen** sein. Dann müsste eine **verdeckte Sacheinlage** vorliegen.

991 Hier und zum Folgenden: MünchKomm-GmbHG/Schwandtner § 5 Rn. 297 ff.; Lutter/Hommelhoff/Bayer § 5 Rn. 41 m.w.N.

992 Zur verdeckten Sacheinlage einer Altforderung des Gesellschafters s. BGH RÜ 2016, 295.

993 Bitter/Heim § 4 Rn. 187.

1. Bei **wirtschaftlicher Betrachtungsweise** müsste die Geldeinlage vollständig oder teilweise als Sacheinlage zu bewerten sein. Im Mai zahlte die GmbH für den Kauf seines Pkw 11.000 € an den A. Die Gesellschaft hatte statt des vorgesehenen (anteiligen) Barkapitals von 12.500 € nur ein Barkapital von 1.500 € und den erworbenen Pkw, d.h., sie stand kurz nach der Gründung so, als wenn A den Pkw als Sacheinlage eingebracht hätte.

Nach teilweise vertretener Ansicht sollen **„gewöhnliche Umsatzgeschäfte"** nicht als verdeckte Sacheinlagen anzusehen sein.[994] Der Sinn und Zweck der Regelung über die Kapitalaufbringung gebiete keine Einbeziehung dieser Geschäfte, da der Wert solcher Gegenstände leicht und zuverlässig zu ermitteln sei. Der BGH hat es hingegen abgelehnt, gewöhnliche Umsatzgeschäfte aus dem Anwendungsbereich der Regeln über verdeckte Sacheinlagen auszuklammern.[995] Für den Anwendungsbereich sei nicht die Werthaltigkeit des Gegenstandes, sondern die Umgehung der Sacheinlagevorschriften entscheidend. Für die Ansicht des BGH spricht auch, dass sich „gewöhnliche Umsatzgeschäfte" schwer definieren und von anderen Geschäften abgrenzen lassen. Im vorliegenden Fall liegt daher bei wirtschaftlicher Betrachtungsweise eine Sacheinlage vor.

2. Die Vergleichbarkeit mit einer Sacheinlage müsste sich gerade **aufgrund einer im Zusammenhang mit der Geldeinlage getroffenen Abrede** ergeben. Hier ist im unmittelbaren Zusammenhang mit der Leistung der Einlage keine Abrede darüber getroffen worden, dass A später der Gesellschaft seinen Pkw verkaufen sollte. Bei einem engen zeitlichen Zusammenhang zwischen Bareinlage und Gegengeschäft besteht aber eine tatsächliche Vermutung für das Vorliegen einer entsprechenden Abrede.[996] Ein enger zeitlicher Zusammenhang wird innerhalb einer Frist von bis zu sechs Monaten bejaht.[997]

A hat den Pkw drei Monate nach Erbringung der Bareinlage verkauft. Wegen des engen zeitlichen Zusammenhangs wird vermutet, dass die spätere Erbringung der Sachleistung bereits bei Einzahlung der Bareinlage verabredet war. Es liegt eine verdeckte Sacheinlage vor.

3. Nach **§ 19 Abs. 4 S. 1 GmbHG** ist die **Erfüllungswirkung** der Bareinlage in Höhe der verdeckten Sacheinlage **entfallen**. Da **11.000 €** an A zurückgeflossen sind, ist er weiterhin in dieser Höhe zur Einlageleistung verpflichtet.

Auf die fortbestehende Einlagepflicht des Gesellschafters wird der **Wert des Vermögensgegenstandes** gemäß § 19 Abs. 4 S. 3 GmbHG **angerechnet**. Die Beweislast für den Wert trägt gemäß § 19 Abs. 4 S. 5 GmbHG der Gesellschafter. A hat nachgewiesen, dass der Pkw im Zeitpunkt der Überlassung an die Gesellschaft im Mai einen **Wert von 10.000 €** besaß. Auf die fortbestehende Einlageverpflichtung von 11.000 € sind damit 10.000 € anzurechnen.

Der Insolvenzverwalter kann von A mithin Zahlung von 1.000 € verlangen.

994 OLG Hamm NZG 2005, 184; Henze ZHR 154 (1990) 104, 112.

995 BGH NJW 2007, 765 Rn. 22; BGH NZG 2008, 311 Rn. 13.

996 BGH RÜ 2016, 295 Rn. 31.

997 BGH NJW 1996, 1286, 1288.

V. Hin- und Herzahlen (§ 19 Abs. 5 GmbHG)

421 Liegt kein vorrangiger Fall der verdeckten Sacheinlage gemäß § 19 Abs. 4 GmbHG vor, kann die Geldeinlagepflicht des Gesellschafters gleichwohl nach der insoweit subsidiären Vorschrift des § 19 Abs. 5 GmbHG fortbestehen.[998] Ist vor der Einlage eine **Leistung an den Gesellschafter vereinbart worden, die wirtschaftlich einer Rückzahlung der Einlage entspricht** und die nicht als verdeckte Sacheinlage im Sinne von § 19 Abs. 4 GmbHG zu beurteilen ist, so befreit dies den Gesellschafter von seiner Einlagepflicht nur dann, wenn die Leistung **durch einen vollwertigen Rückgewähranspruch gedeckt** ist, der jederzeit fällig ist oder durch fristlose Kündigung durch die Gesellschaft fällig werden kann (§ 19 Abs. 5 S. 1 GmbHG). Erfasst sind Fälle des „Hin- und Herzahlens", in denen die Geldeinlage aufgrund vorheriger Absprache wieder an die Gesellschafter zurückfließt.[999] Eine solche Leistung ist in der Anmeldung nach § 8 GmbHG anzugeben (§ 19 Abs. 5 S. 2 GmbHG).

Die **Erfüllungswirkung** der Geldeinlage tritt demnach nur ein,[1000] wenn

(1) die Geldeinlage ordnungsgemäß an die Gesellschaft geleistet worden ist,

(2) aufgrund einer vor der Einzahlung getroffenen Abrede wirtschaftlich eine Rückzahlung der Einlage vorliegt,

(3) dieser Vorgang keine verdeckte Sacheinlage i.S.v. § 19 Abs. 4 S. 1 GmbHG darstellt,

(4) die GmbH aus dem Rückzahlungsvorgang nach objektiven Maßstäben einen einredefreien, vollwertigen und liquiden Rückgewähranspruch gegen den voraussichtlich erfüllungsbereiten Inferenten erlangt hat, der jederzeit fällig ist oder durch Kündigung durch die Gesellschaft fällig werden kann, und

(5) dieser Vorgang in der Anmeldung gemäß § 19 Abs. 5 S. 2 GmbHG offengelegt wurde.

Aus der negativen Formulierung des § 19 Abs. 5 S. 1 GmbHG folgt die **Darlegungs- und Beweislast** des Inferenten bzgl. der Vollwertigkeit und Liquidität.[1001]

Sind sämtliche Tatbestandsvoraussetzungen des § 19 Abs. 5 S. 1 GmbHG erfüllt, tritt mit der Einzahlung der Einlage durch den Inferenten an die GmbH die **Erfüllung der Einlageschuld** ein.[1002] Ist hingegen nur eine dieser Voraussetzungen nicht erfüllt, bleibt die Einlageforderung der Gesellschaft in voller Höhe bestehen.[1003] Sie erlischt also nicht etwa, soweit die Forderung der GmbH den Auszahlungsbetrag abdeckt und werthaltig ist (Alles-oder-nichts-Prinzip[1004]). Die Rechtsfolge des § 19 Abs. 5 GmbHG ist mithin schärfer als diejenige bei einer verdeckten Sacheinlage, bei der § 19 Abs. 4 GmbHG eine Anrechnung des Wertes auf die Geldeinlageforderung anordnet.

998 Lutter/Hommelhoff/Bayer § 19 Rn. 105.
999 Bitter/Heim § 4 Rn. 192.
1000 Zum Folgenden: Lutter/Hommelhoff/Bayer § 19 Rn. 106.
1001 BGH NJW 2009, 3091 Rn. 25.
1002 Lutter/Hommelhoff/Bayer § 19 Rn. 121.
1003 Hier und zum Folgenden: Bitter/Heim § 4 Rn. 200.
1004 Lutter/Hommelhoff/Bayer § 19 Rn. 124.

Liegen die Erfüllungsvoraussetzungen nach § 19 Abs. 5 GmbHG nicht vor, tilgt der Inferent durch eine **spätere Rückzahlung** gleichwohl die noch offene Einlageschuld, und zwar auch dann, wenn er nicht (ausdrücklich) auf die Einlageschuld, sondern auf den vermeintlichen Rückgewähranspruch leistet.[1005] Voraussetzung ist allerdings, dass sich die Zahlung der Einlageschuld objektiv zuordnen lässt.[1006]

Fall 13: Einlagenrückgewähr als Darlehen

Bei der PT-GmbH wird am 03.02. formwirksam eine Kapitalerhöhung durchgeführt, durch die Gesellschafter G Eigenkapital i.H.v. 50.000 € zuführen sollte. Am 05.02. zahlte G vereinbarungsgemäß diesen Betrag auf das Konto der Gesellschaft ein. Am 12.02. gewährte die PT-GmbH dem G ein Darlehen in Höhe von 50.000 €. Mit Überweisungen, die mit „Darlehensrückzahlung" überschrieben waren, zahlte G den Darlehensbetrag im Laufe des Jahres zurück. Anfang Dezember gerät die GmbH in finanzielle Schwierigkeiten. Der Insolvenzverwalter verlangt von G 50.000 € auf die Einlageschuld. Zu Recht?

Der Insolvenzverwalter kann gemäß § 80 Abs. 1 InsO die Ansprüche der Gesellschaft auf Zahlung von Einlageschulden gegen G, die sich bei einer Kapitalerhöhung aus § 14 S. 3 GmbHG ergeben, geltend machen. **422**

I. Die Einlageschuld des G ist mit der **formwirksamen Kapitalerhöhung** am 03.02. entstanden.

II. Die Stammeinlageforderung könnte jedoch durch die Zahlung vom 05.02. **durch Erfüllung erloschen** sein, § 362 Abs. 1 BGB.

1. Die Erfüllung tritt gemäß § 56 Abs. 2 GmbHG i.V.m. § 19 Abs. 4 GmbHG nicht ein, wenn eine **verdeckte Sacheinlage** vorliegt. Eine verdeckte Sacheinlage ist gemäß § 19 Abs. 4 S. 1 GmbHG gegeben, wenn eine Geldeinlage bei wirtschaftlicher Betrachtung und aufgrund einer im Zusammenhang mit der Übernahme der Geldeinlage getroffenen Abrede vollständig oder teilweise als Sacheinlage zu bewerten ist. Gegenstand einer Sacheinlage kann nur eine sacheinlagefähige Leistung sein.[1007] Als Sacheinlage könnte der Anspruch der Gesellschaft auf Rückzahlung des Darlehens zu bewerten sein.

a) In der Literatur wird **teilweise** angenommen, dass auch **Forderungen der Gesellschaft gegen die Gesellschafter sacheinlagefähig** sind.[1008] Die Regelung in § 19 Abs. 5 GmbHG gestatte de facto den Austausch einer Einlageforderung gegen eine Darlehensforderung. Dann sei es folgerichtig, die Sacheinlagefähigkeit von Forderungen der Gesellschaft gegen den Gesellschafter anzuerkennen. Wenn der Gesetzgeber den Austausch einer Einlageforderung gegen eine Darlehensforderung ermöglichen wolle, sei diese Intention am besten umgesetzt, wenn die Darlehensforderung als Sacheinlage anerkannt werde. Eine besondere Regelung des Hin- und Herzahlens sei überflüssig.

1005 BGH NJW 2006, 509, Ls. 2 und Rn. 9 ff.

1006 BGH NZG 2008, 511, Ls. 2 und Rn. 6.

1007 BGH NJW 2009, 2375 Rn. 9.

1008 Gehrlein/Witt Kap. 6 Rn. 21.

b) Die **h.M.** nimmt jedoch zu Recht an, dass **Forderungen der Gesellschaft gegen einen Gesellschafter nicht Gegenstand einer Sacheinlage** sein können.[1009] Es widerspräche dem Grundsatz der realen Kapitalaufbringung, wenn die Einlagepflicht durch bloßes Eingehen einer rein schuldrechtlichen und damit weniger abgesicherten Verpflichtung erfüllt werden könnte. Insbesondere Darlehensverpflichtungen seien nicht einlagefähig.[1010]

c) Für die letztgenannte Ansicht spricht, dass der Gesetzgeber die Regelung in § 19 Abs. 5 GmbHG getroffen hat, weil Forderungen der Gesellschaft gegen den Gesellschafter nicht sacheinlagefähig sind. Dass § 19 Abs. 5 GmbHG de facto die Einbringung eines Rückgewähranspruchs gestattet, ist eine eng begrenzte Ausnahme vom Grundsatz der realen Kapitalaufbringung. Überdies kann eine Forderung allenfalls dann sacheinlagefähig sein, wenn sie gemäß § 19 Abs. 5 S. 2 GmbHG in der Handelsregisteranmeldung angegeben wird. Unterbleibt diese Angabe, ist die Vereinbarung eines Darlehens, mit dem eine Einlage zurückgewährt wird, gemäß § 134 BGB i.V.m. § 19 Abs. 2 S. 1 GmbHG unwirksam.[1011] Einlagezahlungen, die dem Gesellschafter sofort wieder zurückgewährt werden, sind mit dem Grundsatz der realen Kapitalaufbringung unvereinbar, weil sie wirtschaftlich einer verbotenen Befreiung von der Einlageschuld gleichstehen. Es liegt keine verdeckte Sacheinlage vor.

2. Die Erfüllungswirkung tritt grundsätzlich gemäß § 56a GmbHG i.V.m. § 19 Abs. 5 GmbHG nicht ein, wenn der Tatbestand des **Hin- und Herzahlens** gegeben ist.

a) Dieser setzt zunächst voraus, dass eine **Leistung an den Gesellschafter erfolgt ist, die wirtschaftlich einer Rückzahlung der Einlage entspricht**. Vorliegend ist die durch G am 05.02. eingezahlte Summe innerhalb einer Woche darlehensweise wieder an ihn zurückgezahlt worden. Bei wirtschaftlicher Betrachtung hat die GmbH die Einlage zurückgezahlt, auch wenn ihr ein Anspruch auf Rückzahlung des Darlehensbetrages zusteht.

b) Die Leistung ist wie ausgeführt **nicht als verdeckte Sacheinlage** zu bewerten.

c) Die Rückzahlung müsste **aufgrund einer vor der Einlageleistung getroffenen Abrede** erfolgt sein. Eine solche Vereinbarung wird vermutet, wenn die Rückzahlung im engen zeitlichen Zusammenhang mit der Einlageleistung erfolgt. Die PT-GmbH hat die Einlage eine Woche nach Erhalt als Darlehen zurückgewährt. Es ist daher zu vermuten, dass die Rückzahlung vor Erbringung der Einlage vereinbart wurde.

d) Der Gesellschafter G ist gemäß § 19 Abs. 5 GmbHG von der Einlageverpflichtung nur dann befreit, wenn die Leistung **durch einen vollwertigen Rückgewähranspruch gedeckt** ist, der jederzeit fällig ist oder durch fristlose Kündigung fällig werden kann. Die Erfüllung der Einlageverpflichtung setzt weiterhin voraus, dass die Rückgewähr gemäß § 19 Abs. 5 S. 2 GmbHG **in der Handelsregisteranmeldung angegeben** worden ist.[1012]

1009 BGH NJW 2009, 2375 Rn. 10 ff.

1010 Bormann/Urlichs GmbHR Sonderheft 10/2008, 37, 45.

1011 BGH NJW 2006, 509 Rn. 8; BGH NJW 2006, 906 Rn. 9; BGH NZG 2007, 428 Rn. 12.

1012 BGH NJW 2009, 2375 Rn. 16; Bormann/Urlichs GmbHR Sonderheft 10/2008, 37, 45.

Hier tritt die Erfüllungswirkung schon deswegen nicht ein, weil die Gewährung des Darlehens an G nicht in der Handelsregisteranmeldung am Sitz der PT-GmbH angemeldet wurde.

III. Möglicherweise ist die **Einlageschuld aber durch die „Darlehensrückzahlung" getilgt** worden.

Dagegen könnte sprechen, dass G keine **Tilgungsbestimmung** gemäß § 366 Abs. 1 BGB getroffen hat, die auf Erfüllung der Einlagepflicht gerichtet ist. Nach h.M. wird gleichwohl die Einlageschuld durch die irrig als „Darlehensrückzahlung" bezeichneten Leistungen erfüllt. Dadurch werden der Gesellschaft die von ihr als Einlage zu beanspruchenden Barmittel endgültig zugeführt und der Zweck der Kapitalaufbringungsregeln erreicht. Es gilt nichts anderes als für einen Gesellschafter, der die von ihm eingezahlte Einlage ohne vereinbarten Rechtsgrund vorübergehend zurückerhält und sie hiernach ohne besondere Tilgungsbestimmung wieder einzahlt. Auch dieser erfüllt damit seine (bis dahin fortbestehende) Einlagepflicht und schuldet danach nicht nochmalige Zahlung. Bei unwirksamer Vereinbarung eines Darlehens kann er aber nicht schlechter stehen.[1013] Demnach ist die Einlageschuld durch die Zahlungen auf die vermeintliche Darlehensverbindlichkeit getilgt worden.

Der Insolvenzverwalter hat keinen Anspruch gegen G.

VI. Her- und Hinzahlen

Die Vorschrift des § 19 Abs. 5 S. 1 GmbHG erfasst nach ihrem Wortlaut nur den Fall, dass 423
zunächst die Einlage geleistet wird und danach eine Rückzahlung erfolgt.[1014] Für den **Normzweck** der Vorschrift (inklusive der wirtschaftlichen Folgen) ist es aber **ohne Belang, in welcher Reihenfolge die Zahlungsströme zwischen der Gesellschaft und den Gesellschaftern fließen**. Soweit der Zahlungsanspruch der Gesellschaft vollwertig, fällig und liquide ist, sind keine Gründe ersichtlich, warum der Inferent nicht ebenso privilegiert werden sollte wie beim Hin- und Herzahlen.

In analoger Anwendung erfasst § 19 Abs. 5 S. 1 GmbHG deshalb **auch das absprachegemäße „Her- und Hinzahlen"**.[1015] Damit werden auch die Fälle der Vorfinanzierung der Einlage durch die GmbH erfasst. Die Vermutung der Vorabsprache gilt auch hier, wobei die Vorabsprache entweder bereits im Zeitpunkt der Herzahlung (Leistung der GmbH) oder auch noch im Zeitpunkt der Hinzahlung (Einlageleistung) getroffen werden kann.

1013 BGH NJW 2006, 509 Rn. 9; BGH NJW 2006, 906 Rn. 10; BGH NZG 2007, 428 Rn. 13; Bayer GmbHR 2004, 445, 452.

1014 Hier und zum Folgenden: Lutter/Hommelhoff/Bayer § 19 Rn. 128.

1015 BGH NJW 2010, 1747 Rn. 24.

B. Kapitalerhaltung

424 Ist das **Kapital wirksam aufgebracht**, greift anschließend das System der Kapitalerhaltung ein.[1016] Grundlegend zu unterscheiden ist zwischen der **Vermögensbindung**, dem **Verbot existenzvernichtender Eingriffe** und dem **Verbot des Erwerbs eigener Geschäftsanteile** (§ 33 GmbHG). Während die Vermögensbindung sowohl Gläubiger- als auch Mitgesellschafterinteressen schützt, dienen das Verbot existenzvernichtender Eingriffe und das Verbot des Erwerbs eigener Geschäftsanteile allein den Interessen der Gläubiger.

I. Vermögensbindung in der GmbH

425 Hinsichtlich der Vermögensbindung in der GmbH ist im Wesentlichen zwischen der **auf das Stammkapital beschränkten Vermögensbindung im Gläubigerinteresse** (§§ 30, 31 GmbHG; dazu nachstehend Rn. 426 ff.) und einer **umfassenden Vermögensbindung im Interesse der Mitgesellschafter** (dazu Rn. 430) zu differenzieren.

1. Erhaltung des Stammkapitals im Gläubigerinteresse (§§ 30, 31 GmbHG)

426 Das GmbH-Recht enthält mit §§ 30, 31 GmbHG besondere Vorschriften zum Schutz des Gläubigerinteresses. Nach § 30 Abs. 1 S. 1 GmbHG darf (nur) das zur Erhaltung des Stammkapitals erforderliche Vermögen der Gesellschaft nicht an die Gesellschafter ausgezahlt werden. Nur soweit eine offene oder verdeckte Ausschüttung von Vermögen das Stammkapital angreift, trifft den Gesellschafter im Interesse der auf das Stammkapital vertrauenden Gläubiger eine verschuldensunabhängige Rückgewährpflicht nach § 31 Abs. 1 GmbHG. Zu erstatten sind ausschließlich solche Zuwendungen, die auf **Basis des Gesellschaftsverhältnisses** *(causa societatis)* erfolgen und eine **Unterbilanz** herbeiführen oder eine solche vertiefen.[1017] Letzteres ist der Fall, wenn das Nettovermögen der GmbH (also die Differenz zwischen Aktivvermögen und Verbindlichkeiten) durch die Zuwendung unter die Stammkapitalziffer fällt oder die Lücke vergrößert wird.

Beispiel 1: Eine GmbH mit einem Stammkapital von 50.000 € hat ein Nettovermögen von 60.000 €. Ein Gesellschafter erhält ohne Gegenleistung *causa societatis* eine Zuwendung in Höhe von 30.000 €. Hierdurch sinkt das Nettovermögen auf 30.000 €. Die Zuwendung an den Gesellschafter hat eine Unterbilanz von 20.000 € herbeigeführt und ist insoweit verboten.

Beispiel 2: Wie Beispiel 1, nur beträgt das Nettovermögen der GmbH vor der Zuwendung 40.000 €. In diesem Fall vertieft die Zuwendung die Unterbilanz um 30.000 € und ist in voller Höhe zu erstatten.

Das **Auszahlungsverbot** ist nicht auf den Betrag des Stammkapitals beschränkt. Es greift erst recht ein, wenn das zur Deckung des Stammkapitals erforderliche Vermögen bereits aufgebraucht ist und das **Nettovermögen der GmbH durch die Zuwendung negativ** wird (bilanzielle Überschuldung bzw. nicht durch Eigenkapital gedeckter Fehlbetrag i.S.v. § 268 Abs. 3 HGB). Im Zustand der (bilanziellen) Überschuldung kann die Zu-

---

1016 Hier und zum Folgenden: Bitter/Heim § 4 Rn. 224.

1017 Hier und zum Folgenden: Bitter/Heim § 4 Rn. 227 ff.

wendung an den Gesellschafter nur noch aus Fremdmitteln auf Kosten der Gesellschaftsgläubiger erfolgen.[1018]

Beispiel 3: Wie Beispiel 1, nur beträgt die Zuwendung 100.000 €. In diesem Fall ist das Nettovermögen nach der Zuwendung in Höhe von 40.000 € negativ. Dann erfasst das Auszahlungsverbot nicht nur den Betrag des verlorenen Stammkapitals (50.000 €), sondern erst recht auch die weiteren 40.000 €, um die das Nettovermögen negativ ist. Der Gesellschafter hat also 90.000 € zu erstatten.

Nach § 30 GmbHG verbotene Leistungen sind der GmbH vom Gesellschafter zu erstatten. § 31 Abs. 1 GmbHG ordnet insoweit einen **verschuldensunabhängigen Erstattungsanspruch** an. Dieser Erstattungsanspruch ist unmittelbar mit seiner Entstehung und nicht etwa erst mit einem Gesellschafterbeschluss nach § 46 Nr. 2 GmbHG fällig.[1019] Er kann auch nicht erlassen werden (§ 31 Abs. 4 GmbHG) und verjährt in zehn Jahren ab der jeweiligen verbotswidrigen Leistung (§ 31 Abs. 5 S. 1 und 2 GmbHG); wird das Insolvenzverfahren über das Vermögen der Gesellschaft eröffnet, so tritt die Verjährung nicht vor Ablauf von sechs Monaten ab dem Zeitpunkt der Eröffnung ein (§ 31 Abs. 5 S. 3 i.V.m. § 19 Abs. 6 S. 2 GmbHG). **427**

War der **Empfänger** allerdings **in gutem Glauben**, so kann die Erstattung nur insoweit verlangt werden, als sie zur Befriedigung der Gesellschaftsgläubiger erforderlich ist (§ 31 Abs. 2 GmbHG). Der gute Glaube bezieht sich **auf die Unversehrtheit des Stammkapitals.**[1020] Der Empfänger darf im Zeitpunkt des Leistungsempfangs weder wissen noch grob fahrlässig verkennen (vgl. § 932 Abs. 2 BGB), dass die Auszahlung eine Unterbilanz herbeiführt oder vertieft. Hierfür trägt der Empfänger die Beweislast.

Ist die Erstattung von dem Empfänger nicht zu erlangen, so haften für den zu erstattenden Betrag, soweit er zur Befriedigung der Gesellschaftsgläubiger erforderlich ist, die übrigen Gesellschafter nach dem Verhältnis ihrer Geschäftsanteile; Beiträge, welche von einzelnen Gesellschaftern nicht zu erlangen sind, werden nach dem bezeichneten Verhältnis auf die übrigen Gesellschafter verteilt (§ 31 Abs. 3 GmbHG). Diese **Ausfallhaftung der übrigen Gesellschafter** ist auf den Betrag der Stammkapitalziffer begrenzt; sie erstreckt sich nicht auf den Betrag, um den das Nettovermögen durch eine verbotene Auszahlung negativ geworden ist (bilanzielle Überschuldung).[1021]

Im **Beispiel 3** muss nur der die Zuwendung erhaltende Gesellschafter 90.000 € erstatten. Die Ausfallhaftung aller weiteren Gesellschafter zusammen beschränkt sich auf das verlorene Stammkapital von 50.000 €.

Der Erstattungsanspruch gegen die Mitgesellschafter **verjährt** in fünf (statt zehn) Jahren ab der Zahlung (§ 31 Abs. 5 S. 1 GmbHG). Die Gesellschafter, die aus der Solidarhaftung nach § 31 Abs. 3 GmbHG in Anspruch genommen worden sind und Beträge erstattet haben, können von den Geschäftsführern, die ein Verschulden (es gilt der Sorgfaltsmaßstab des § 43 Abs. 1 GmbHG)[1022] an den Zahlungen trifft, **Ersatz des Haftbeitrags** verlangen (§ 31 Abs. 6 GmbHG). Mehrere schuldhaft handelnde Geschäftsführer haften **428**

1018 BGH NJW 1990, 1730, 1732.

1019 Lutter/Hommelhoff/Hommelhoff § 31 Rn. 11.

1020 Hier und zum Folgenden: Lutter/Hommelhoff/Hommelhoff § 31 Rn. 17.

1021 BGH NJW 2002, 1803, Ls. 1.

1022 Lutter/Hommelhoff/Hommelhoff § 31 Rn. 34.

dabei als Gesamtschuldner.[1023] Sie können ihrerseits den Erstattungsschuldner (§ 31 Abs. 1 GmbHG) in Regress nehmen. Nach Eintritt der Fälligkeit, aber vor Erfüllung des Solidaranspruchs, hat der Mitgesellschafter gegen die Geschäftsführer einen Freistellungsanspruch. Der Regressanspruch aus § 31 Abs. 6 GmbHG verjährt in fünf Jahren (§ 31 Abs. 6 S. 2 i.V.m. § 43 Abs. 4 GmbHG), beginnend mit der Zahlung der auf Solidarhaftung in Anspruch genommenen Mitgesellschafter.

429 Der Anwendungsbereich des Kapitalerhaltungsgebots ist bei der GmbH in drei **Ausnahmefällen** eingeschränkt. Das Auszahlungsverbot nach § 30 Abs. 1 S. 1 GmbHG gilt nicht für

- Leistungen bei Bestehen eines **Beherrschungs- oder Gewinnabführungsvertrages** i.S.v. § 291 AktG **(§ 30 Abs. 1 S. 2 Alt. 1 GmbHG)**;

  In diesen Fällen sind die GmbH, ihre Gläubiger und die außenstehenden Gesellschafter durch den **Anspruch auf Verlustausgleich** entsprechend § 302 AktG geschützt.[1024] Zu beachten ist, dass bereits solche Leistungen privilegiert sind, die *bei Bestehen* eines solchen Unternehmensvertrages erfolgen. Damit sind auch Leistungen vom Auszahlungsverbot des § 30 Abs. 1 S. 1 GmbHG entzogen, die an andere, mit dem herrschenden Unternehmen i.S.v. §§ 15 ff. AktG verbundene Konzerngesellschafter erfolgen.

  Beispiel: Die Tochtergesellschaft 1 (= beherrschtes Unternehmen) zahlt nicht an die Muttergesellschaft (= herrschendes Unternehmen), sondern auf deren Anweisung an die Tochtergesellschaft 2, also eine Schwestergesellschaft.

- Leistungen, die **durch einen vollwertigen Gegenleistungs- oder Rückgewähranspruch gegen den Gesellschafter gedeckt** sind **(§ 30 Abs. 1 S. 2 Alt. 2 GmbHG)**;

  In diesen Fällen ist das Vermögen der GmbH bilanziell betrachtet nicht reduziert, sondern es hat lediglich ein **Aktivtausch** (Bargeld gegen vollwertige Forderung) stattgefunden.[1025] Dies verdeutlicht, dass § 30 Abs. 1 GmbHG eine rein bilanzielle (vermögensmäßige) Ausschüttungssperre enthält.[1026] Ist der Rückzahlungsanspruch gegen den Gesellschafter im Zeitpunkt der Auszahlung an diesen nicht (voll) werthaltig, erfüllt dieser den Anspruch später aber dennoch, erlischt mit der Rückzahlung auch der Anspruch aus § 31 GmbHG (wechselseitige Erfüllung analog § 422 Abs. 1 S. 1 BGB).

- die **Rückgewähr eines Gesellschafterdarlehens** und Leistungen auf Forderungen aus Rechtshandlungen, die einem Gesellschafterdarlehen wirtschaftlich entsprechen **(§ 30 Abs. 1 S. 3 GmbHG)**.

  Durch diese Regelung soll in Fällen, in denen Gesellschafter ihre GmbH nicht durch Eigenkapital, sondern durch Gesellschafterdarlehen oder vergleichbare Mittelzuführungen finanzieren, vermieden werden, dass dieses **Fremdkapital in Eigenkapital umqualifiziert** wird, sodass eine Rückzahlung der Finanzierung eine Leistung *causa societatis* i.S.v. § 30 GmbHG wird und daher einen Erstattungsanspruch nach § 31 GmbHG auslöst, wenn sie aus dem gebundenen Gesellschaftsvermögen erfolgt. Für Gesellschafterdarlehen und gleichgestellte Leistungen gelten seit dem MoMiG[1027] nur noch die Vorgaben der §§ 39, 135 InsO.

1023 Hier und zum Folgenden: Lutter/Hommelhoff/Hommelhoff § 31 Rn. 34.

1024 Hier und zum Folgenden: Lutter/Hommelhoff/Hommelhoff § 30 Rn. 47.

1025 Bitter/Heim § 4 Rn. 242.

1026 Hier und zum Folgenden: Bitter/Heim § 4 Rn. 243.

1027 Gesetz zur Modernisierung des GmbH-Rechts und zur Bekämpfung von Missbräuchen (MoMiG) vom 23.10.2008, BGBl. I S. 2026.

2. Umfassende Vermögensbindung im Minderheitsinteresse

Über die Erhaltung des Stammkapitals nach Maßgabe des § 30 GmbHG hinaus besteht auch bei der GmbH eine umfassende Vermögensbindung, wenn **Minderheitsgesellschafter** vorhanden sind.[1028] Verschafft sich ein Gesellschafter durch eine Vermögensverlagerung zulasten seiner Mitgesellschafter einen Sondervorteil, löst dies verschiedene Rechtsfolgen aus: **430**

- einen verschuldensunabhängigen, aus dem Gesellschaftsvertrag abgeleiteten **Anspruch auf Rückgewähr** des Sondervorteils und
- einen **verschuldensabhängigen Schadensersatzanspruch** wegen Treuepflichtverletzung nach §§ 280, 241 Abs. 2 BGB.

Diesem Anspruch liegt die Wertung zugrunde, dass das Vermögen der GmbH aufgrund gemeinsamer Zweckbindung im Grundsatz allen Gesellschaftern in gleicher Weise zusteht und die Gesellschafter deshalb Anspruch auf **Gleichbehandlung** haben.

II. Haftung wegen existenzvernichtenden Eingriffs

Den Gesellschaftern ist es nicht gestattet, der GmbH durch **missbräuchliche Eingriffe in das Gesellschaftsvermögen** Mittel zu entziehen, die sie zur Befriedigung ihrer Verbindlichkeiten benötigt. Ein zur Haftung der Gesellschafter führendes missbräuchliches Verhalten liegt insbesondere vor, wenn Gesellschafter die GmbH durch Abzug aller Ressourcen „auf kaltem Wege", also ohne Durchführung eines ordentlichen Liquidationsverfahrens gemäß §§ 66 ff. GmbHG, liquidieren, etwa dadurch, dass die Vermögenswerte der GmbH auf eine neu gegründete GmbH übertragen werden (sog. GmbH-Stafette) oder risikoreiche Projekte auf eine unterkapitalisierte Tochter-GmbH ausgelagert werden.[1029] In diesen Fällen erfolgt eine **„einseitige Spekulation auf Kosten der Gläubiger"**, die verboten ist.[1030] **431**

Mittlerweile erblickt der BGH in solchen existenzvernichtenden Eingriffen der Gesellschafter in das Gesellschaftsvermögen eine besondere **Fallgruppe der vorsätzlichen sittenwidrigen Schädigung (§ 826 BGB)** der GmbH, die eine schadensersatzrechtliche **Innenhaftung der Gesellschafter gegenüber der Gesellschaft** auslösen.[1031]

1028 Hier und zum Folgenden: Bitter/Heim § 4 Rn. 249.

1029 Hier und zum Folgenden: Bitter/Heim § 4 Rn. 253.

1030 BGH NJW 1994, 446, 447; BGH NJW 2000, 1571, 1572.

1031 BGH NJW 2007, 2689, Ls. 2.

Der Anspruch der GmbH gegen den Gesellschafter aus § 826 BGB auf Ersatz des durch einen existenzvernichtenden Eingriff entstandenen Schadens besteht unter folgenden **Tatbestandsvoraussetzungen**:[1032]

Haftung wegen existenzvernichtenden Eingriffs nach § 826 BGB
1. Anspruchsgegner ist **Gesellschafter**
2. **Entziehung von Gesellschaftsvermögen** durch einen Eingriff von außen
3. Der Eingriff bewirkt, dass ■ die GmbH ihre Verbindlichkeiten nicht mehr bedienen kann **(Insolvenzverursachung)**, oder ■ eine bereits eingetretene Insolvenz verschärft wird **(Insolvenzvertiefung)**.
4. **Zumindest bedingt vorsätzliches** Handeln der Gesellschafter
5. Liegen die unter 1. bis 4. genannten Voraussetzungen vor, hat der Gesellschafter den der GmbH entstandenen **Schaden zu ersetzen** (§§ 249 ff. BGB).

432 Die **Rechtsfolgen** existenzvernichtender Eingriffe sind denen eines Verstoßes gegen die Kapitalerhaltungsvorschriften angeglichen; zwischen den Erstattungsansprüchen aus §§ 30, 31 GmbHG und Schadensersatzansprüchen aus § 826 BGB besteht, soweit sie sich überschneiden, Anspruchsgrundlagenkonkurrenz.[1033] Letztere führt aber nicht dazu, dass der Gesellschafter doppelt zahlen muss, weil ein Schaden (§ 826 BGB) nur insoweit bestehen kann, wie der Gesellschafter den erlangten Vermögensvorteil nicht schon nach §§ 30, 31 GmbHG zurückgeführt hat.[1034]

III. Erwerb eigener Geschäftsanteile (§ 33 GmbHG)

433 Ein **originärer Erwerb** eigener Geschäftsanteile durch die GmbH bei der Gründung oder bei der Kapitalerhöhung ist generell **ausgeschlossen**; die Übernahme ist unwirksam, eine Eintragung im Handelsregister darf nicht erfolgen.[1035]

Ein **derivativer Erwerb** eigener Geschäftsanteile durch die GmbH im Wege der Abtretung gemäß §§ 413, 398 BGB ist als Art der Einlagenrückgewähr[1036] im Hinblick auf die reale Kapitalaufbringung und -erhaltung ebenfalls problematisch. § 33 GmbHG lässt ihn deshalb **nur in engen Grenzen** zu:

434 Nach **§ 33 Abs. 1 GmbHG** kann die GmbH eigene **Geschäftsanteile, auf welche die Einlagen noch nicht vollständig geleistet sind**, nicht erwerben. Dies dient dem **Schutz der realen Kapitalaufbringung**; denn die GmbH kann sich selbst nichts schulden oder leisten, also auch nicht die restliche Einlage.[1037] Das Verbot des § 33 Abs. 1 GmbHG gilt ohne Ausnahme, also auch dann, wenn der Erwerb zur Abwendung eines

1032 Bitter/Heim § 4 Rn. 260.

1033 BGH NJW 2007, 2689, Ls. 3.

1034 Bitter/Heim § 4 Rn. 257.

1035 Lutter/Hommelhoff/Hommelhoff § 33 Rn. 1.

1036 Bitter/Heim § 4 Rn. 261.

1037 Lutter/Hommelhoff/Hommelhoff § 33 Rn. 1.

schweren Schadens für die Gesellschaft (vgl. § 71 Abs. 1 Nr. 1 AktG) erfolgen soll;[1038] es erstreckt sich grundsätzlich auf alle Formen des Erwerbs, auch auf den unentgeltlichen Erwerb, weil es allein auf das Erlöschen des Anspruchs auf Leistung der restlichen Einlage durch Konfusion ankommt.[1039] Ist auch nur ein geringer Teil der Einlage offen, so ist der Erwerb gemäß § 134 BGB insgesamt nichtig,[1040] d.h. beim rechtsgeschäftlichen Erwerb sowohl das Verpflichtungs- als auch das Verfügungsgeschäft.[1041] Der Gesellschafter bleibt Schuldner der Einlage und ist Rückgewährschuldner des durch die GmbH etwa gezahlten Kaufpreises (§ 812 Abs. 1 S. 1 Alt. 1 BGB). Für einen etwaigen Ausfall (wegen Entreicherung i.S.v. § 818 Abs. 3 BGB) haftet der Geschäftsführer nach § 43 GmbHG und – wenn gleichzeitig gegen § 33 Abs. 2 GmbHG verstoßen wurde – aus § 31 GmbHG. Die GmbH wird nicht Inhaberin des Geschäftsanteils; veräußert sie ihn dennoch weiter, kommt ein gutgläubiger Erwerb nach § 16 Abs. 3 GmbHG in Betracht.[1042]

Ausgenommen vom Erwerbsverbot des § 33 Abs. 1 GmbHG ist nur der Erwerb bei der **Kaduzierung**.[1043] Die Vorschriften der §§ 21 ff. GmbHG sind insoweit *leges speciales*.[1044]

Ist die **Einlage hingegen voll geleistet**, steht der Erwerb eigener Anteile bei der GmbH **435** nur unter der Bedingung, dass die Gesellschaft für den Erwerb weder ihr gesetzliches noch ihr statutarisch (also nach dem Gesellschaftsvertrag festgelegtes) gebundenes Vermögen einsetzen muss. Nach **§ 33 Abs. 2 GmbHG,** welcher der **Kapitalerhaltung** dient,[1045] darf die GmbH eigene Geschäftsanteile, auf welche die Einlage vollständig geleistet ist, erwerben, sofern sie im Zeitpunkt des Erwerbs eine Rücklage in Höhe der Aufwendungen für den Erwerb bilden könnte, **ohne das Stammkapital oder eine nach dem Gesellschaftsvertrag zu bildende Rücklage, die nicht zur Zahlung an die Gesellschafter verwandt werden darf, zu mindern** (§ 33 Abs. 2 S. 1 GmbHG).

Dieses Gebot ist bei allen **unentgeltlichen Erwerben** (Schenkung, Vermächtnis, Übertragungspflicht gemäß Satzung) per se erfüllt,[1046] weil die GmbH dann keine „Aufwendungen für den Erwerb" i.S.v. § 33 Abs. 2 S. 1 GmbHG hat.[1047] Bei jedem **entgeltlichen Erwerb** lautet hingegen die Kontrollfrage: Könnte die GmbH in Höhe der Gegenleistung auch eine Ausschüttung an die Gesellschafter tätigen (vgl. §§ 29, 30 GmbHG), verfügt sie insoweit über ausschüttungsfähige Rücklagen oder einen festgestellten, noch nicht verteilten Bilanzgewinn? Maßgebend für diese Feststellung ist die fortgeschriebene Ertragsbilanz nach §§ 264 ff. HGB.[1048] Ist dies zu verneinen, ist der (dingliche) Erwerb der Geschäftsanteile – im Gegensatz zu § 33 Abs. 1 GmbHG – dennoch wirksam; jedoch ist das schuldrechtliche Geschäft über einen verbotswidrigen Erwerb nichtig (§ 33 Abs. 2 S. 3 GmbHG).[1049]

1038 Lutter/Hommelhoff/Hommelhoff § 33 Rn. 8.

1039 Lutter/Hommelhoff/Hommelhoff § 33 Rn. 10.

1040 Hier und zum Folgenden: Lutter/Hommelhoff/Hommelhoff § 33 Rn. 11.

1041 BFH NZG 2015, 526, 527.

1042 S. hierzu Rn. 388.

1043 S. hierzu Rn. 415.

1044 MünchKomm-GmbHG/Löwisch § 33 Rn. 28; Lutter/Hommelhoff/Hommelhoff § 33 Rn. 10.

1045 Lutter/Hommelhoff/Hommelhoff § 33 Rn. 2.

1046 OLG Hamm GmbHR 1994, 179, 180.

1047 Hier und zum Folgenden: Lutter/Hommelhoff/Hommelhoff § 33 Rn. 15.

1048 BGH NJW 1997, 196, Ls. 2.

1049 Zum Folgenden: Lutter/Hommelhoff/Hommelhoff § 33 Rn. 23 f.

Fehlt es hingegen an ausreichend freiem Vermögen, so darf die GmbH nicht zahlen – dies wäre ein Verstoß gegen § 30 Abs. 1 S. 1 GmbHG – und muss das etwa bereits Gezahlte nach § 31 GmbHG **zurückfordern.**[1050] Zur Rückabtretung des Geschäftsanteils an den Gesellschafter ist die Gesellschaft nur **Zug um Zug** gegen Zahlung des Geleisteten verpflichtet (§ 273 BGB). Hat die GmbH den Geschäftsanteil weiter übertragen – wozu sie rechtlich in der Lage ist, da sie tatsächlich dessen Inhaberin geworden ist –, kann sie diesen nicht an den Gesellschafter zurückgewähren. Stattdessen hat sie gemäß § 818 Abs. 2 BGB Wertersatz zu leisten. Der Gesellschafter kann dem Anspruch der Gesellschaft auf Rückgewähr des Gezahlten jedoch nicht entgegenhalten, dass diese selbst den Geschäftsanteil nicht zurückübertragen kann. Die bereicherungsrechtliche Saldotheorie[1051] kommt insoweit nicht zur Anwendung. Denn diese würde voraussetzen, dass sich zwei (bereicherungsrechtliche) Ansprüche gegenüberstehen, derentwegen sich beide Seiten potenziell auf Entreicherung berufen können. § 31 GmbHG ist jedoch kein bereicherungsrechtlicher Anspruch und kennt dementsprechend auch keinen Einwand der Entreicherung. Ferner ist auch eine Aufrechnung seitens des Gesellschafters ausgeschlossen, da diese nach § 19 Abs. 2 S. 2 GmbHG grundsätzlich nur der Gesellschaft erlaubt ist.

Der Geschäftsführer, der das Gebot des § 33 Abs. 2 GmbHG missachtet, haftet der GmbH aus § 43 GmbHG für den Ausfall und den Gesellschaftern ggf. aus § 31 Abs. 6 GmbHG.[1052]

Der Erwerb eigener Anteile (§ 33 GmbHG) ist von der **Einziehung** (§ 34 GmbHG)[1053] zu unterscheiden: Während bei einem Erwerb i.S.v. § 33 GmbHG der Geschäftsanteil existent bleibt, geht er im Rahmen der Einziehung unter.[1054]

C. Kapitalerhöhung und Kapitalherabsetzung

436 Die **Kapitalerhöhung** hat den Zweck der GmbH frisches Kapital zur Verfügung zu stellen, um dadurch Investitionen zu ermöglichen.[1055] Eine **Kapitalherabsetzung** kann den Sinn haben, nicht benötigtes Eigenkapital an die Gesellschafter zurückzugewähren.

In Fällen, in denen die Gesellschafter der GmbH Kapital zuführen oder es von ihr zurückerhalten, spricht man von **effektiven Kapitalerhöhungen oder -herabsetzungen**, bei denen neue Einlagepflichten entstehen bzw. Vermögen ausgeschüttet wird. Kapitalmaßnahmen können indes auch stattfinden, ohne dass dem Gesellschaftsvermögen Mittel zufließen oder von ihm abfließen. So etwa bei Umwandlung von Rücklagen in Stammkapital oder bei der Anpassung des Stammkapitals an das durch Verluste verminderte Gesellschaftsvermögen **(nominelle Kapitalerhöhung oder -herabsetzung)**.

In allen Fällen liegt eine **Satzungsänderung** vor, bezüglich derer die Vorgaben der §§ 53, 54 GmbHG – notariell beurkundeter Gesellschafterbeschluss mit einer Mehrheit

1050 BGH NJW 1997, 2599, Ls.
1051 Dazu ausführlich AS-Skript Schuldrecht BT 3 (2024), Rn. 136 ff.
1052 S. hierzu Rn. 428.
1053 S. hierzu Rn. 389.
1054 Lutter/Hommelhoff/Hommelhoff § 33 Rn. 2.
1055 Zum Folgenden: Schäfer § 35 Rn. 56 ff.

von ¾ der abgegebenen Stimmen und Anmeldung zur Eintragung in das Handelsregister – zu beachten sind.[1056]

5. Abschnitt: Die Auflösung und Abwicklung der GmbH

Auch bei der GmbH ist zwischen der Auflösung, Abwicklung (Liquidation) und Vollbeendigung der Gesellschaft **zu unterscheiden**:[1057] 437

Die GmbH wird in den Fällen des § 60 GmbHG **aufgelöst**. Die GmbH bleibt als Rechtsträger und juristische Person bestehen. Es ändert sich aber ihr Zweck, der nicht mehr auf den Betrieb eines Unternehmens (werbende Gesellschaft), sondern nunmehr auf die Abwicklung der GmbH (Abwicklungsgesellschaft) gerichtet ist. Damit der Rechtsverkehr diese Änderung des Unternehmenszwecks erkennen kann, ist die Auflösung zur Eintragung ins Handelsregister anzumelden (§ 65 GmbHG) und ein klarstellender Zusatz zur Firma („in Liquidation" bzw. kurz „i.L.") zu verwenden. 438

Eine **Fortsetzung der Gesellschaft nach Auflösung** ist möglich. Gemeint ist damit eine Rückverwandlung der Abwicklungsgesellschaft in eine werbende Gesellschaft.[1058] Eine solche Fortsetzung (nach Auflösung und vor Beendigung) ist in § 60 GmbHG zwar nur für den Auflösungsfall nach § 60 Abs. 1 Nr. 4 GmbHG (Einstellung oder Aufhebung des Insolvenzverfahrens)[1059] ausdrücklich ausgesprochen, auf diesen aber nicht beschränkt.[1060] Für die Fortsetzung sind regelmäßig ein Beschluss der Gesellschafter und eine Beseitigung des Auflösungsgrundes erforderlich. Zu beachten sind die Grundsätze der wirtschaftlichen Neugründung.[1061]

Die **Abwicklung (Liquidation)** der GmbH richtet sich nach den §§ 66 ff. GmbHG. Sie dient dazu, das Vermögen der Gesellschaft zu Geld zu machen (zu liquidieren) und die Gläubiger der GmbH zu befriedigen. Erst wenn alle Gläubiger befriedigt sind, wird das verbleibende Vermögen unter den Gesellschaftern aufgeteilt (§ 72 GmbHG). Damit die Gläubiger genügend Zeit zur Anmeldung ihrer Forderungen haben, darf dies frühestens ein Jahr (sog. Sperrjahr) nach der Bekanntmachung des Aufrufs der Gläubiger (§ 65 Abs. 2 S. 1 GmbHG) erfolgen (§ 73 Abs. 1 GmbHG). Mit der Verteilung an die Gesellschafter endet die Abwicklung. Dies haben die Liquidatoren (§ 66 GmbHG) zur Eintragung ins Handelsregister anzumelden (§ 74 Abs. 1 S. 1 GmbHG). 439

Auf die Anmeldung hin ist die Gesellschaft zu löschen (§ 74 Abs. 1 S. 2 GmbHG). Eine **Vollbeendigung** der Gesellschaft als Rechtsträger und juristische Person setzt jedoch neben der Löschung im Handelsregister noch deren Vermögenslosigkeit voraus (sog. Lehre vom Doppeltatbestand).[1062] 440

1056 Lutter/Hommelhoff/Bayer § 55 Rn. 3 (zur Kapitalerhöhung); Lutter/Hommelhoff/Kleindiek § 58 Rn. 5 (zur Kapitalherabsetzung).

1057 Hier und zum Folgenden: Bitter/Heim § 4 Rn. 285 ff.; Grunewald § 13 Rn. 208 ff.

1058 Lutter/Hommelhoff/Kleindiek § 60 Rn. 28.

1059 Zur Fortsetzung einer insolvenzbedingt aufgelösten GmbH s. BGH RÜ 2015, 706.

1060 Hier und zum Folgenden: Lutter/Hommelhoff/Kleindiek § 60 Rn. 28.

1061 S. dazu Rn. 380.

1062 Baumbach/Hueck/Haas § 60 Rn. 6; vgl. auch § 394 FamFG: Löschung wegen Vermögenslosigkeit; die nach § 394 FamFG gelöschte GmbH ist grundsätzlich weder rechts- noch parteifähig (BGH RÜ 2015, 576).

6. Abschnitt: Die Unternehmergesellschaft (haftungsbeschränkt)

441 Durch das MoMiG[1063] wurde die Unternehmergesellschaft (haftungsbeschränkt) eingeführt **(§ 5a GmbHG).**[1064] Bei ihr handelt es sich im Grundsatz um eine **normale GmbH** und nicht um eine neue Rechtsform. Allerdings kann die UG mit einem **geringeren Stammkapital als 25.000 €** gegründet werden (§ 5a Abs. 1 S. 1 GmbHG). Theoretisch reicht bereits 1 €. Das Stammkapital muss aber mindestens den von der Gesellschaft ggf. zu übernehmenden Gründungsaufwand decken, weil eine bereits bei ihrer Gründung überschuldete Gesellschaft nicht eintragungsfähig ist.[1065]

Aufgrund dieser geringeren Kapitalausstattung der UG im Vergleich zur „echten" GmbH macht § 5a GmbHG **einige besondere Vorgaben**:

- Die **Firma** der Gesellschaft muss abweichend von § 4 GmbHG die Bezeichnung „Unternehmergesellschaft (haftungsbeschränkt)" oder „UG (haftungsbeschränkt)" enthalten (§ 5a Abs. 1 GmbHG);[1066]
- abweichend von § 7 Abs. 2 GmbHG darf die **Anmeldung** der Gesellschaft zum Handelsregister erst erfolgen, wenn das Stammkapital in voller Höhe eingezahlt ist; **Sacheinlagen sind ausgeschlossen** (§ 5a Abs. 2 GmbHG);
- es besteht die Verpflichtung, aus dem Jahresüberschuss kontinuierlich eine **gesetzliche Rücklage** zu bilden (§ 5a Abs. 3 S. 1 GmbHG);
- abweichend von § 49 Abs. 3 GmbHG muss die Gesellschafterversammlung bei **drohender Zahlungsunfähigkeit** (§ 18 InsO) unverzüglich einberufen werden (§ 5a Abs. 4 GmbHG).

Die vorstehenden Sonderregeln finden keine Anwendung mehr, wenn die Gesellschaft ihr **Stammkapital auf den Betrag des Mindeststammkapitals oder einen höheren Betrag erhöht** hat (§ 5a Abs. 5 GmbHG). Dies ist durch Umwandlung der gebildeten Rücklage in Stammkapital oder eine effektive Kapitalerhöhung[1067] möglich. Mit der Kapitalerhöhung **wird die UG zu einer in jeder Hinsicht regulären GmbH.**[1068] Gleichwohl darf die Gesellschaft ihre Firma nach § 5a Abs. 1 GmbHG beibehalten (§ 5a Abs. 5 GmbHG a.E.).

1063 Gesetz zur Modernisierung des GmbH-Rechts und zur Bekämpfung von Missbräuchen (MoMiG) vom 23.10.2008, BGBl. I S. 2026.

1064 Zum Folgenden: Bitter/Heim § 4 Rn. 295; Windbichler/Bachmann § 21 Rn. 44 ff.

1065 KG NJW 2015, 3175; Kindler § 14 Rn. 110.

1066 Zur Rechtsscheinhaftung des Handelnden analog § 179 BGB bei unrichtiger Firmierung der UG als „GmbH" s. BGH RÜ 2012, 628.

1067 S. hierzu Rn. 436.

1068 Bitter/Heim § 4 Rn. 296.

Die Gesellschaft mit beschränkter Haftung (GmbH)

Grundlagen

- Juristische Person (§ 13 Abs. 1 GmbHG), Einpersonengesellschaft möglich
- Kapitalgesellschaft (§§ 5 Abs. 1, 13 Abs. 2 GmbHG)
- Formkaufmann (§ 13 Abs. 3 GmbHG)

Entstehung

- Gründung in drei Schritten:
  - Gründungsentschluss: Vorgründungsgesellschaft
  - Beurkundung der Satzung: Vor-GmbH
  - Eintragung in das Handelsregister: „fertige" GmbH
- Umwandlung

Organisation

- Gesellschafter: „Eigentümer" der GmbH
- Gesellschafterversammlung (§§ 48 ff. GmbHG): Willensbildungsorgan der Gesellschafter
- Geschäftsführer (§§ 35 ff. GmbHG): Geschäftsführung und (organschaftliche) Vertretung der GmbHG; Weisungsbefugnis der Gesellschafterversammlung
- Aufsichtsrat (§ 52 GmbHG): i.d.R. fakultativ, nur ausnahmsweise obligatorisch (Mitbestimmung); Überwachung, Kontrolle und Beratung der Geschäftsführung

Finanzverfassung

- Für Verbindlichkeiten der GmbH haftet nur das Gesellschaftsvermögen (§ 13 Abs. 2 GmbHG).
- Haftungskonzentration auf Gesellschaftsvermögen ab Eintragung der GmbH (§ 11 Abs. 1 GmbHG).
- Grundsatz der realen Kapitalaufbringung: Einlagen müssen dem Gesellschaftsvermögen tatsächlich zugeführt werden.
  - Inferent darf nicht von seiner Einlagepflicht befreit werden (§ 19 Abs. 2 S. 1 GmbHG).
- Grundsatz der Kapitalerhaltung
  - Vermögensbindung (§§ 30, 31 GmbHG)
  - Verbot existenzvernichtender Eingriffe (§ 826 BGB)
  - Verbot des Erwerbs eigener Geschäftsanteile (§ 33 GmbHG)

Auflösung, Abwicklung und Vollbeendigung

- Auflösung (§§ 60 ff. GmbHG)
- Abwicklung (Liquidation, §§ 66 ff. GmbHG)
- Vollbeendigung: Löschung im Handelsregister und Vermögenslosigkeit (Lehre vom Doppeltatbestand)

Besonderheiten der Unternehmergesellschaft (haftungsbeschränkt)

- Keine eigene Gesellschaftsform, sondern GmbH mit Besonderheiten (§ 5a GmbHG)
- Geringeres Mindestkapital (ab 1 €)
- Dafür besondere Anforderungen hinsichtlich Firma, Rücklagenbildung, etc.

6. Teil: Die Aktiengesellschaft (AG)

1. Abschnitt: Grundlagen

A. Juristische Person

442 Die AG ist eine Gesellschaft mit eigener Rechtspersönlichkeit (§ 1 Abs. 1 S. 1 AktG). Sie ist eine Kapitalgesellschaft und ab ihrer Eintragung im Handelsregister (vgl. § 41 Abs. 1 S. 1 AktG) eine **juristische Person**.

Als juristische Person ist die AG selbst Trägerin von Rechten und Pflichten. Soweit es um Rechtsbeziehungen zu Dritten geht, ist nur die AG das Zuordnungssubjekt, nicht auch ihre Aktionäre **(Trennungsprinzip)**.[1069] Für die Verbindlichkeiten der Gesellschaft haftet den Gläubigern grundsätzlich[1070] nur das Gesellschaftsvermögen (§ 1 Abs. 1 S. 2 AktG) und nicht die Aktionäre persönlich mit ihrem Privatvermögen.

Als juristische Person hat die AG zahlreiche **Fähigkeiten**. Sie ist konto-, grundbuch-, beteiligungs- und besitzfähig.[1071] In prozessualer Hinsicht ist die AG sowohl aktiv als auch passiv parteifähig (§ 50 ZPO) und insolvenzfähig (§ 11 Abs. 1 S. 1 InsO). Sofern sie durch den Vorstand vertreten wird, ist sie auch prozessfähig (§§ 51, 52 ZPO).[1072]

B. Kapitalgesellschaft

I. Grundkapital

443 Die AG hat ein in Aktien zerlegtes Grundkapital (§ 1 Abs. 2 AktG), das auf einen Nennwert in Euro lauten und mindestens 50.000 € betragen muss (§§ 6, 7 AktG).

Beachte: *Wenn im Zusammenhang mit der AG von* ***Aktien*** *die Rede ist, können damit* ***drei unterschiedliche Bedeutungen*** *gemeint sein:*[1073]

- *die Mitgliedschaft des Aktionärs*
- *das verbriefte Wertpapier oder*
- *die Beteiligungsquote.*

Als Kapitalgesellschaft muss jede AG ein **zahlenmäßig in der Satzung angegebenes Grundkapital** haben (§§ 1 Abs. 2, 23 Abs. 3 Nr. 3 AktG). Darunter ist der bei der Gründung von den Aktionären aufzubringende Kapitalbetrag zu verstehen. Das Grundkapital ist in Aktien zerlegt und muss gemäß § 7 AktG mindestens **50.000 €** betragen **(Mindestnennbetrag)**.[1074] Es bietet einen Ausgleich für den in § 1 Abs. 1 S. 2 AktG angeordneten Haftungsausschluss und dient dem **Schutz der Gläubiger** und künftigen Aktionäre.[1075]

1069 BGH NJW 2004, 2017, 218; Henssler/Strohn/Lange, AktG, § 1 Rn. 5; Hüffer/Koch § 1 Rn. 4.

1070 Zu den Fallgruppen der sog. Durchgriffshaftung – bezogen auf die GmbH – s. Bitter ZInsO 2010, 1561, 1578 ff.

1071 Henssler/Strohn/Lange, AktG, § 1 Rn. 7; Hüffer/Koch § 1 Rn. 5 f.

1072 BGH NZG 2011, 26 Rn. 11 ff. – zur GmbH und dem Verlust der Prozessfähigkeit, wenn der einzige Geschäftsführer sein Amt niederlegt.

1073 Hier und zum Folgenden: Hüffer/Koch § 1 Rn. 13.

1074 Windbichler/Bachmann § 25 Rn. 3.

1075 Bitter/Heim § 3 Rn. 6; Hüffer/Koch § 1 Rn. 10.

Das Grundkapital ist allerdings nicht unbedingt identisch mit dem **Gesellschaftsvermögen**. Während sich der Wert des Gesellschaftsvermögens durch Gewinne und Verluste ständig ändert und es deswegen nicht als Gesamtgröße in die Satzung aufgenommen werden kann (vielmehr sind die **einzelnen ansatzfähigen Vermögensbestandteile zu bilanzieren**)[1076], ist das Grundkapital eine feste Rechengröße. **444**

Die von den Aktionären auf das Grundkapital eingezahlten Mittel werden nicht vom sonstigen Vermögen der AG separiert. Die AG kann diese Mittel im Rahmen des laufenden Geschäftsbetriebs verwenden. Dementsprechend können diese Mittel durch Verluste auch verloren gehen. Infolgedessen kann das Gesellschaftsvermögen unter den Betrag des Grundkapitals sinken oder sogar negativ werden. Es wäre also falsch zu glauben, den Gläubigern stünde – speziell in der Insolvenz der AG – stets eine effektive Befriedigungsmasse in Höhe des satzungsmäßigen Grundkapitals zur Verfügung.[1077] Das **Grundkapital ist nicht nur Haftungsfonds, sondern zugleich auch Betriebsvermögen** der AG. Dies führt zu einem Spannungsverhältnis zwischen den Zielsetzungen des Grundkapitals, das zum einen dem Schutz der Gläubiger dienen und zugleich für den Geschäftsbetrieb der AG eingesetzt werden soll. Dieses Spannungsverhältnis soll durch die Regeln der Kapitalaufbringung und -erhaltung aufgelöst werden.[1078]

Den Gläubigern der AG ist durch das Grundkapital nur gedient, wenn ein der Grundkapitalziffer entsprechendes Vermögen auch tatsächlich aufgebracht und der Gesellschaft zugeführt wird **(Prinzip der Kapitalaufbringung)**.[1079] Diesem Prinzip sind zahlreiche Vorschriften zuzuordnen: **445**

- §§ 2, 29 AktG (Verbot der Stufengründung),
- § 9 Abs. 1 AktG (Verbot der Unter-Pari-Emission),
- §§ 26, 27 AktG (Satzungspublizität von Sondervorteilen, Gründungsaufwand, Sacheinlagen und Sachübernahmen),
- §§ 32, 33, 34 AktG (Gründungsbericht und Gründungsprüfung),
- §§ 36 Abs. 2, 54 Abs. 3; § 36a AktG (Vorschriften zur Einlageleistung),
- § 38 Abs. 2 S. 2 AktG (gerichtliche Prüfung des Gründungshergangs),
- §§ 46 ff. AktG (Gründerhaftung),
- § 52 AktG (Nachgründungserfordernis).

Seine Schutzfunktion kann das Grundkapital nur dann erfüllen, wenn ein der Grundkapitalziffer entsprechendes Vermögen nicht nur tatsächlich aufgebracht, sondern auch erhalten bleibt **(Prinzip der Kapitalerhaltung)**.[1080] Da das Grundkapital zugleich auch Betriebsvermögen ist (s.o.), kann das Ziel der Kapitalerhaltung nur begrenzt in der Weise realisiert werden, dass kein Rückfluss an die Aktionäre erfolgt. **446**

1076 Hüffer/Koch § 1 Rn. 10.

1077 Bitter/Heim § 3 Rn. 6.

1078 Hüffer/Koch § 1 Rn. 10.

1079 Hier und zum Folgenden: Hüffer/Koch § 1 Rn. 11; näher zur Kapitalaufbringung unter Rn. 480 ff.

1080 Hier und zum Folgenden: Hüffer/Koch § 1 Rn. 12; näher zur Kapitalerhaltung unter Rn. 487 ff.

In diesem Umfang dienen der Kapitalerhaltung

- § 57 Abs. 1 und 2 AktG (Verbot der Einlagenrückgewähr),
- § 57 Abs. 3 AktG (Verbot, vor Auflösung der AG mehr Dividende auszuschütten, als es dem Bilanzgewinn entspricht) und
- §§ 71–71e AktG (grundsätzliches Verbot des derivativen[1081] Erwerbs eigener Aktien).

II. Zerlegung in Aktien

447 Das Grundkapital der AG ist in Aktien zerlegt (§ 1 Abs. 2 AktG). In § 1 Abs. 2 AktG ist mit „Aktie" die **Beteiligungsquote** gemeint; sie kann durch **Nennbetrags- oder Stückaktien** zum Ausdruck gebracht werden. Die wertpapiermäßige Verbriefung der Aktie ist in Gestalt einer **Inhaber- oder Namensaktie** möglich.

1. Nennbetrags- oder Stückaktien

448 Aktien sollen die **Beteiligungsquote** ihres Inhabers an der AG ausdrücken. Zu diesem Zweck können sie entweder als Nennbetrags- oder als Stückaktien begründet werden (§ 8 Abs. 1 AktG). Eine Kombination beider Aktienformen ist unzulässig („entweder … oder", vgl. auch § 23 Abs. 3 Nr. 4 AktG).[1082]

449 **Nennbetragsaktien** (in der Praxis selten) lauten auf einen bestimmten Betrag.[1083] Die Beteiligungshöhe ergibt sich also aus dem Verhältnis des Nennbetrags zum Grundkapital. Der Nennbetrag darf einen Euro nicht unterschreiten (§ 8 Abs. 2 S. 1 AktG). Für einen geringeren Betrag darf die Aktie nicht ausgegeben werden (§ 9 Abs. 1 AktG: Verbot der Unter-Pari-Emission; eine Über-Pari-Emission ist dagegen gemäß § 9 Abs. 2 AktG zulässig, sofern die Nennbeträge auf volle Euro lauten). Aktien über einen geringeren Nennbetrag als 1 € sind nichtig (§ 8 Abs. 2 S. 2 AktG).[1084] Das gilt auch bei Kapitalerhöhungen (§§ 182 ff. AktG).[1085] Die Summe der Nennbeträge aller Aktien entspricht der Grundkapitalziffer. Das Verhältnis des Nennbetrags zum Grundkapital bestimmt die Beteiligungsquote.

Beispiel: 50 € (Nennbetrag der Aktie) zu 50.000 € (Grundkapital) = 0,1 % (Beteiligungsquote).

450 **Stückaktien** lauten demgegenüber auf keinen Nennbetrag (§ 8 Abs. 3 S. 1 AktG). Hier ergibt sich die Beteiligungshöhe also aus der Zahl der Aktien (§ 8 Abs. 5 AktG). Bei ihnen handelt es sich um Anteile am Grundkapital, die durch seine Zerlegung (vgl. § 1 Abs. 2 AktG) entstehen und notwendig den gleichen Umfang haben (§ 8 Abs. 3 S. 2 AktG).[1086] Weil sie Anteile am Grundkapital sind, entfällt auf sie auch ein anteiliger Betrag, der – wie bei Nennbetragsaktien – einen Euro nicht unterschreiten darf (§ 8 Abs. 3 S. 3 AktG). Der Betrag am Grundkapital, den eine Stückaktie verkörpert („rechnerischer Nennbe-

---

1081 Für den originären Erwerb gilt das uneingeschränkte Erwerbsverbot des § 56 AktG (Hüffer/Koch § 71 Rn. 1).

1082 BT-Drs. 13/9573, S. 11; LG München AG 2015, 639, 640; Hüffer/Koch § 8 Rn. 4.

1083 Die Stückelung des Grundkapitals in Aktien verschiedenen Nennbetrags ist erlaubt (vgl. § 23 Abs. 3 Nr. 4 AktG).

1084 Vor Eintragung der AG bewirkt ein Verstoß der Satzung gegen § 8 Abs. 2 S. 1 AktG nicht nur die Nichtigkeit der Aktie (vgl. bereits § 41 Abs. 4 S. 2 AktG), sondern auch der Satzung einschließlich der Übernahmeerklärungen, sodass die AG nicht, auch nicht als Vor-AG, entsteht. Nach der Eintragung ist die AG hingegen wirksam; in diesem Fall bezieht sich die Nichtigkeitsfolge des § 8 Abs. 2 S. 2 AktG nur auf die Aktie als Wertpapier (Hüffer/Koch § 8 Rn. 7 ff.).

1085 Dazu unter Rn. 490.

1086 Hüffer/Koch § 8 Rn. 17.

trag"), ergibt sich aus dem **Verhältnis zwischen dem Grundkapital und der Zahl der Aktien** (§ 8 Abs. 4 AktG).

Beispiel: Bei 1.000 ausgegebenen Aktien repräsentiert jede Aktie einen prozentualen Anteil von 0,1 %.

Aktien sind **unteilbar** (§ 8 Abs. 5 AktG). Weder die Aktionäre noch die AG können eine Realteilung vornehmen, also eine Aktie in mehrere je für sich bestehende Mitgliedschaftsrechte aufspalten.[1087] Entsprechende Rechtsgeschäfte wären nichtig.[1088] Unzulässig und nichtig ist auch die Trennung der Verwaltungsrechte (z.B. Stimmrechte, Anfechtungsbefugnis) von der Mitgliedschaft. Ausgeschlossen ist ferner die Abspaltung des Rechts auf Gewinnteilnahme; abtretbar sind lediglich entstandene oder künftige Dividendenzahlungsansprüche. **451**

2. Namens- und Inhaberaktien

Aktien können die Mitgliedschaft an der AG wertmäßig verbriefen (Mitgliedschaftspapier). **452**

Ein Mitgliedschaftspapier ist nur eine denkbare Art eines Wertpapiers. Daneben gibt es noch forderungsrechtliche Wertpapiere (z.B. Inhaberschuldverschreibung, § 793 BGB) und sachenrechtliche Wertpapiere (z.B. Grundschuldbrief).[1089]

Die **Verbriefung** (= Ausstellung und Aushändigung der Aktienurkunde) ist aber keine Voraussetzung dafür, dass die Mitgliedschaft entsteht. Gesellschaft und Mitgliedschaft entstehen auch dann rechtlich fehlerfrei, wenn die Verbriefung weder vorgesehen noch tatsächlich erfolgt ist. In diesem Fall erfolgt die Übertragung der Mitgliedschaft durch Abtretung gemäß §§ 398, 413 BGB.[1090]

Beachte: *Ein gutgläubiger Erwerb ist im Falle einer Übertragung durch Abtretung nicht möglich.*[1091]

Werden Aktienurkunden ausgestellt und ausgehändigt („begeben"), ist die Mitgliedschaft untrennbar mit der Aktienurkunde verknüpft. Hieraus folgt dann, dass **Aktionär ist, wer Eigentümer der Urkunde ist** (und umgekehrt) und dass die Mitgliedschaft nur gegen Vorlage der Urkunde ausgeübt werden kann.[1092]

Der Aktionär hat einen aus der Mitgliedschaft resultierenden **Anspruch auf Verbriefung**. Dieser Anspruch kann jedoch durch die Satzung eingeschränkt oder ganz ausgeschlossen werden (vgl. § 10 Abs. 5 AktG). Stattdessen wird eine Sammelurkunde begeben, die sämtliche Aktien einer Gesellschaft oder jedenfalls einen Großteil davon verbrieft (§ 9a DepotG). In diesem Fall entsteht für jeden Aktionär Miteigentum nach Bruchteilen (§§ 741 ff., 1008 ff. BGB) an der Sammelurkunde (§§ 9a Abs. 2, 6 Abs. 1 S. 1 DepotG),[1093] wobei sich der jeweilige Bruchteil bei Nennbetragsaktien nach dem Nennbetrag und bei Stückaktien nach der Stückzahl bestimmt.[1094] Auch ohne entsprechende

1087 Seibt ZGR 2010, 795, 814 ff.

1088 Hier und zum Folgenden: Hüffer/Koch § 8 Rn. 26.

1089 Jacoby/v. Hinden Vor § 793 Rn. 1.

1090 Hüffer/Koch § 10 Rn. 2.

1091 BGH NJW 1993, 1983.

1092 Bitter/Heim § 3 Rn. 32.

1093 BGH NZG 2016, 187 Rn. 14.

1094 § 6 Abs. 1 S. 2 DepotG; Bitter/Heim § 3 Rn. 34.

Satzungsregelung hat die AG dann die Wahl, ob sie Namensaktien (§ 10 Abs. 1 AktG), Zwischenscheine (§ 10 Abs. 3 AktG) oder – nach Maßgabe des § 10 Abs. 2 S. 1 AktG – Inhaberaktien ausgeben will.

Zwischenscheine sind Wertpapiere, die Mitgliedschaftsrechte wie Aktien verbriefen, allerdings nur vorläufig bis zur Ausgabe der Aktienurkunden, weil diese vor voller Leistung des Ausgabebetrags nicht erfolgen darf (§ 10 Abs. 2 S. 1 AktG).[1095]

Als **Verbriefungsarten** kommen **Namens- und Inhaberaktien** in Betracht. Die Unterscheidung ist wichtig für die Frage, wie der berechtigte Aktionär durch die Aktie ausgewiesen wird. In beiden Fällen ist die Aktie ein Wertpapier.

Exkurs: Wertpapiere

453 Ein **Wertpapier** ist eine Urkunde, die ein subjektives Recht derart verbrieft, dass es nur mit Vorlage der Urkunde geltend gemacht werden kann.[1096] Nach der Art, den aus dem Papier Berechtigten zu bestimmen, wird zwischen Inhaberpapieren, Namenspapieren, Orderpapieren und (qualifizierten) Legitimationspapieren unterschieden.

Bei einem **Inhaberpapier** steht das in der Urkunde verbriefte Recht ihrem Besitzer zu. Dieser muss nicht namentlich bezeichnet werden. Ohne den Besitz der Urkunde kann das Recht nicht geltend gemacht werden. Die Übertragung des verbrieften Rechts erfolgt gleichsam mit der Übertragung des Papiers nach §§ 929 ff. BGB: *„Das Recht aus dem Papier folgt dem Recht am Papier."*

Beispiele für Inhaberpapiere sind die Inhaberschuldverschreibung (§ 793 BGB) und kleine Inhaberpapiere (§ 807 BGB: Inhaberkarten und -marken wie z.B. Eintrittskarten, Einzelfahrscheine und Geschenkgutscheine).

Bei einem **Namenspapier** (auch Rektapapier genannt) steht das verbriefte Recht nur der namentlich genannten Person zu. Die Übertragung dieses Papiers findet gemäß § 952 BGB durch Abtretung (§§ 398 ff. BGB) des in der Urkunde verbrieften Rechts statt: *„Das Recht am Papier folgt dem Recht aus dem Papier."*

Beispiele für Namenspapiere sind die in § 808 BGB geregelten qualifizierten Legitimationspapiere.

Bei einem **Orderpapier** wird einem namentlich genannten Berechtigten eine zu erbringende Leistung versprochen. Um die verbriefte Forderung zu übertragen, muss neben der Einigung und Übergabe des Papiers (§§ 929 ff. BGB) die Einigung über den Rechtsübergang auf dem Papier aufgezeichnet werden (Indossament). Der Begriffsbestandteil „Order" meint in diesem Kontext, dass jemand den Auftrag zur Übertragung erteilt. Zu unterscheiden sind **geborene** und **gekorene** Orderpapiere. Bei geborenen Orderpapieren ist die Eigenschaft als Orderpapier bereits gesetzlich vorgesehen. Bei gekorenen Orderpapieren wird dem Papier diese Eigenschaft erst durch Hinzufügung einer Orderklausel verliehen.

Beispiele für **geborene Orderpapiere** sind Scheck (Art. 14 ScheckG) und Wechsel (Art. 11 Abs. 1 WG); **Beispiele** für **gekorene Orderpapiere** sind die in § 363 HGB genannten kaufmännischen Orderpapiere (insbesondere Lade- und Lagerscheine, Konnossemente, etc.).

1095 Hüffer/Koch § 8 Rn. 28.

1096 Zum Folgenden: Jacoby/v. Hinden Vor § 793 Rn. 1 ff.

Bei einem qualifizierten **Legitimationspapier** handelt es sich um ein Wertpapier in Gestalt einer Urkunde, die ihren Aussteller (den Schuldner) berechtigt, an jeden Inhaber der Urkunde mit befreiender Wirkung zu leisten. Ohne Vorlage des qualifizierten Legitimationspapiers braucht der Schuldner nicht an den Gläubiger zu leisten. Der Inhaber der Urkunde ist aber nicht allein durch die Vorlage der Urkunde legitimiert, die verbriefte Leistung zu fordern (einseitige Legitimationswirkung). Die verbriefte Forderung wird durch Abtretung (§§ 398 ff. BGB) übertragen. Das Recht am Papier folgt dann gemäß § 952 BGB dem Recht aus dem Papier. Keine Wertpapiere sind demgegenüber einfache Legitimationspapiere, weil sie kein Recht verbriefen, sondern lediglich der Beweiserleichterung dienen.

Beispiel des qualifizierten Legitimationspapiers ist das Sparbuch (vgl. § 808 BGB), Beispiele für einfache Legitimationspapiere sind Garderobenmarken und Gepäckscheine.

Exkurs Ende

Namens- und Inhaberaktien sind Wertpapiere im weiteren Sinne. Die mitgliedschaftlichen Befugnisse können nur von dem ausgeübt werden, der Inhaber der Urkunde ist.[1097] Die **Namensaktie** ist als **geborenes Orderpapier** einzuordnen (§ 68 AktG),[1098] die **Inhaberaktie** ist analog §§ 793 ff. BGB als **Inhaberpapier** zu behandeln.[1099] **454**

§ 10 Abs. 1 S. 1 AktG sieht die **Namensaktie** als **Regelfall** vor. Inhaberaktien werden nach § 10 Abs. 1 S. 2 AktG nur bei Erfüllung weiterer Voraussetzungen zugelassen, nämlich wenn die AG börsennotiert oder der Anspruch auf Einzelverbriefung gemäß § 10 Abs. 5 AktG ausgeschlossen ist. Die **Wahl der Aktienform** kann nur und muss **durch die Satzung** erfolgen (§ 23 Abs. 3 Nr. 5 AktG). Bei einem Verstoß gegen § 10 Abs. 2 AktG entsteht gleichwohl eine gültig wertpapiermäßige Verbriefung; Vorstand und Aufsichtsrat können sich dann aber gemäß §§ 93 Abs. 3 Nr. 4, 116 AktG schadensersatzpflichtig machen.

3. Übertragung von Aktien

Die Mitgliedschaft in einer AG ist **frei veräußerlich und vererblich**. Die Aktienform hat dabei Auswirkungen auf die Übertragung von Aktien.[1100] **455**

Die in **Inhaberaktien** verkörperte Mitgliedschaft wird durch **Übereignung der Aktienurkunde gemäß §§ 929 ff. BGB** übertragen. Der Eigentümer der Urkunde ist Aktionär. Es gilt der für Inhaberpapiere geltende Grundsatz: „Das Recht aus dem Papier folgt dem Recht am Papier". Inhaberaktien können deshalb mit geringem Aufwand rechtssicher übertragen werden und sind dementsprechend besonders verkehrsfähig.

Bei **Namensaktien** erfolgt die Übertragung gemäß § 68 Abs. 1 AktG **durch schriftliche Übertragungserklärung auf der Aktienurkunde** („Indossament") **und Übereignung der Urkunde** gemäß §§ 929 ff. BGB. Ein gutgläubiger Erwerb ist – anders als bei der

1097 Hier und zum Folgenden: Hüffer/Koch § 10 Rn. 4.

1098 Vgl. etwa Hueck/Canaris, WertpapierR, § 2 Abs. III 2b S. 23; Than/Hannöver, in: v. Rosen/Seifert, Die Namensaktie, 2000, 279, 281.

1099 MünchKomm-AktG/Heider § 10 Rn. 37; Hüffer/Koch § 10 Rn. 4.

1100 Zum Folgenden: Bitter/Heim § 3 Rn. 43 ff.

Übertragung durch Abtretung (s. dazu oben) – gemäß (§ 68 Abs. 1 S. 2 AktG i.V.m. Art. 16 Abs. 2 WG möglich.

Ist gemäß § 9a DepotG eine **Sammelurkunde** über die Inhaber- oder Namensaktie ausgestellt, besteht Miteigentum nach Bruchteilen jedes einzelnen Aktionärs an der Sammelurkunde. Über seinen Miteigentumsanteil kann jeder Aktionär frei verfügen (§ 747 S. 1 BGB). Die Übertragung erfolgt nach §§ 929 ff. BGB oder durch formlose Abtretung der Mitgliedschaft gemäß §§ 398, 413 BGB.

C. Formkaufmann

456 Die AG gilt als **Handelsgesellschaft, auch wenn der Gegenstand des Unternehmens nicht im Betrieb eines Handelsgewerbes besteht** (§ 3 Abs. 1 AktG). Sie ist – wie auch die GmbH (§ 13 Abs. 3 GmbHG) und die Genossenschaft (§ 17 Abs. 2 GenG) – sog. Formkaufmann (§ 6 HGB), d.h., die Vorschriften des HGB für Kaufleute sind anwendbar, ohne dass die §§ 1 ff. HGB geprüft werden müssen.[1101]

D. Börsennotierung

457 **Manche Regeln** des AktG gelten nur für börsennotierte AG.[1102] Dies gilt etwa für die Frauenquote in der Unternehmensleitung und im Aufsichtsrat (§§ 76 Abs. 4, 96 Abs. 2 und 3, 111 Abs. 5 AktG) und die Verpflichtungen, die Struktur der Vergütung des Vorstands auf eine nachhaltige Unternehmensentwicklung auszurichten (§ 87 Abs. 1 S. 2 AktG) und eine Entsprechenserklärung zum Deutschen Corporate Governance Kodex (DCGK) abzugeben (§ 161 AktG). Für börsennotierte AG gelten zudem längere Verjährungsfristen – zehn statt fünf Jahre – für Schadensersatzansprüche gegen Vorstand und Aufsichtsrat bei pflichtwidrigem Verhalten (§§ 93 Abs. 6, 116 AktG). Außerdem haben nicht börsennotierte Gesellschaften in manchen Bereichen Gestaltungsspielräume, die der Gesetzgeber börsennotierten AG nicht zugesteht (z.B. §§ 130 Abs. 1 S. 3, 134 Abs. 1 S. 2 AktG).

Der Begriff der **Börsennotierung ist in § 3 Abs. 2 AktG definiert**. Danach sind solche Gesellschaften börsennotiert, deren Aktien zu einem Markt zugelassen sind, der von staatlich anerkannten Stellen geregelt und überwacht wird, regelmäßig stattfindet und für das Publikum mittelbar oder unmittelbar zugänglich ist. Entscheidendes Kriterium ist der **Handel im regulierten Markt** (§§ 32 ff. BörsG). Ein Handel an der deutschen Börse ist nicht erforderlich, es reicht eine vergleichbare Auslandsnotierung.[1103]

E. Gesellschaftsvertrag

458 Der Gesellschaftsvertrag der AG wird in § 2 AktG **als Satzung bezeichnet**. Der Mindestinhalt der Satzung ergibt sich aus § 23 Abs. 2 bis 4 AktG. Weitere Regelungen sind möglich. Die Satzung kann von den Vorschriften des AktG allerdings nur dann abweichen oder diese ergänzen, wenn es ausdrücklich zugelassen ist und das Gesetz keine abschließende Regelung vorsieht (§ 23 Abs. 5 AktG: **Grundsatz der Satzungsstrenge**).

1101 Dazu ausführlich AS-Skript Handelsrecht (2022), Rn. 25.

1102 Zum Folgenden: Bitter/Heim § 3 Rn. 10.

1103 BT-Drs. 13/9712, S. 12; Hüffer/Koch § 3 Rn. 6.

Dies ist ein grundlegender Unterschied zur weitgehenden Satzungsautonomie im GmbH-Recht (45 Abs. 2 GmbHG). Hintergrund dieser die Gestaltungsfreiheit der Aktionäre einschränkenden Regelung ist die Kapitalsammelfunktion der AG: Investoren sollen keine Zeit und Mühen (Kosten) in die Prüfung individueller Satzungsregelungen investieren müssen und darauf vertrauen dürfen, dass alle AG im Wesentlichen gleich organisiert sind.[1104]

Inhaltlich ist zwischen materiellen (korporativen) und formellen (nicht korporativen) Satzungsbestimmungen zu differenzieren:[1105] **Materielle Satzungsbestimmungen** sind Regelungen, die die Gesellschaft und ihre Beziehungen zu den Aktionären betreffen. Bei ihnen geht es um die Organisation der Gesellschaft sowie ihr Verhältnis zu allen gegenwärtigen und künftigen Mitgliedern. Alle übrigen Regelungen im Gesellschaftsvertrag sind **formelle Satzungsbestimmungen**. Bei ihnen handelt es sich um schuldrechtliche Abreden, die nur äußerlich mit den materiellen Satzungsbestimmungen verbunden sind. Dementsprechend sind formelle Satzungsbestimmungen nur für die Vertragsparteien – also die gegenwärtigen Aktionäre – bindend. Sie erlangen gegenüber neuen Aktionären grundsätzlich nur Wirkung, wenn diese sie gesondert akzeptieren.

Nur für die materiellen Satzungsbestimmungen gelten die **Regelungen über Satzungsänderungen (§§ 179 ff. AktG).** Formelle Satzungsbestimmungen sind – da sie hauptsächlich die Vertragsparteien selbst betreffen – nach den allgemeinen Grundsätzen der Rechtsgeschäftslehre **auszulegen** (§§ 133, 157 BGB);[1106] bei materiellen Satzungsbestimmungen kommt es hiervon abweichend – im Hinblick auf die Kapitalsammelfunktion der AG und wegen der besonderen Bedeutung für künftige Aktionäre und z.B. Gläubiger – von vornherein nur auf den objektiven Erklärungswert der Klausel an.[1107]

2. Abschnitt: Die Entstehung der AG

Eine AG entsteht durch Gründung oder durch Umwandlung. **459**

A. Entstehung durch Gründung

Das Gründungsverfahren gestaltet sich im Überblick wie folgt:[1108] **460**

(1) Die künftigen Aktionäre beschließen formlos oder durch schriftlichen Vertrag, eine AG zu gründen (Gründungsentschluss). Hierdurch entsteht eine **Vorgründungsgesellschaft**. Mit der Einigung auf einen Satzungsentwurf endet die Vorgründungsgesellschaft.

Wie bei der GmbH (s. dazu Rn. 360.) herrscht auch zwischen Vorgründungsgesellschaft und späterer Vor-AG bzw. „fertiger" AG keine Identität **(Diskontinuität)**.

(2) Anschließend findet der **Gründungsvorgang** statt. Dabei werden die Vorkehrungen getroffen, die für das Zustandekommen der Gesellschaft erforderlich sind. Der Gründungsvorgang beginnt mit der Feststellung der Satzung und der Übernahme

1104 Schäfer § 9 Rn. 14.

1105 Zum Folgenden: Bitter/Heim § 3 Rn. 17 ff.

1106 Dazu ausführlich AS-Skript BGB AT 1 (2023), Rn. 267 ff.

1107 MünchKomm-AktG/Pentz § 23 Rn. 49 ff. m.w.N.

1108 Zum Folgenden: Schäfer § 39 Rn. 2.

der Aktien (§§ 23, 29 AktG). Es entsteht eine **Vor-AG**, die eine rechtsfähige Gesellschaft eigener Art (sui generis) ist.

(3) Im **Eintragungsverfahren** prüft das Registergericht, ob die Voraussetzungen der Entstehung erfüllt sind und trägt schließlich die AG ins Handelsregister ein. Damit entsteht sie als juristische Person (§ 41 Abs. 1 S. 1 AktG). Hierdurch entsteht die AG als solche (§ 41 Abs. 1 S. 1 AktG). Die Eintragung wirkt also konstitutiv. Die **„fertige" AG** ist mit der Vor-AG identisch (gleicher Rechtsträger); es findet ein identitätswahrender Wechsel der Rechtsform statt.

Bei der Gründung der AG lassen sich demnach im Wesentlichen **drei Phasen** unterscheiden:

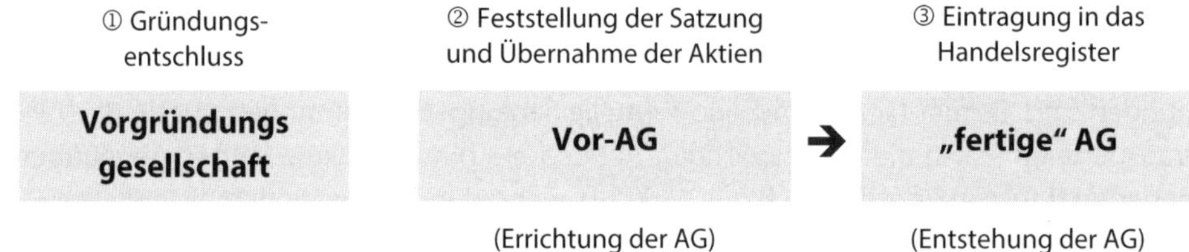

Bezüglich der **Haftung im Gründungsstadium** wird auf die diesbezüglichen Ausführungen zur GmbH verwiesen, die für die AG entsprechend gelten.[1109] Die Handelndenhaftung ergibt sich dabei aus § 41 Abs. 1 S. 2 AktG.

Auch in Bezug auf die **Aktivierung einer Vorrats- bzw. Mantel-AG** wird auf die diesbezüglichen Ausführungen zur GmbH verwiesen, die für die AG entsprechend gelten.[1110]

B. Entstehung durch Umwandlung

461 Eine AG kann nicht nur durch Neugründung, sondern als verschmelzungsfähiger Rechtsträger (§ 3 Abs. 1 Nr. 2 UmwG) auch durch Umwandlung nach dem UmwG entstehen. Zu denken ist insbesondere an den **Formwechsel** (§§ 190 ff. UmwG) einer anderen Gesellschaftsform in die Rechtsform einer AG.

Ebenfalls praktisch relevant ist die **Spaltung zur Neugründung** einer AG (§§ 123 ff., 135 ff. UmwG) und die **Ausgliederung** des von einem Einzelkaufmann betriebenen Unternehmens, dessen Firma im Handelsregister eingetragen ist, zur Neugründung einer AG (§§ 152, 158 ff. UmwG).

3. Abschnitt: Die Organisation der AG

462 In organisatorischer Hinsicht ist zwischen der Ebene der **Aktionäre als Gesellschafter** und der **AG als Gesellschaft** zu differenzieren. Auf der Ebene der AG sind deren Organe angesiedelt: Der Vorstand, der Aufsichtsrat und die Hauptversammlung. Während die Aktionäre in der Hauptversammlung ihren Willen zu grundsätzlichen Fragen bilden, besorgen Vorstand und Aufsichtsrat die Verwaltung der Gesellschaft.

1109 S. Rn. 356 ff.

1110 S. Rn. 380 ff.

Die Trennung der Verwaltung in Vorstand und Aufsichtsrat ist typisch für das dualistische System im deutschen Aktienrecht. Das US-amerikanische Aktienrecht sieht hingegen ein monistisches Leitungssystem mit nur einem einheitlichen Leitungsorgan, dem Board of Directors (= Verwaltungsrat), vor.[1111]

Die Organisation der AG:[1112]

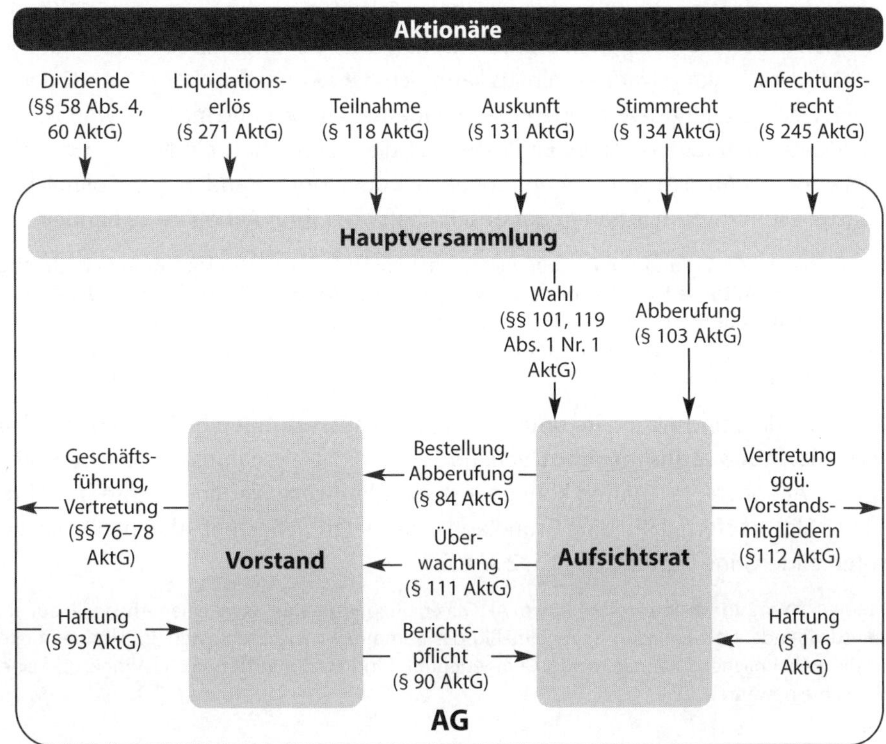

A. Aktionäre

Die Aktionäre sind die Gesellschafter **(„Eigentümer") der AG** und vergleichbar mit den Mitgliedern eines Vereins.[1113] **463**

Die **Rechte der Aktionäre** lassen sich in Verwaltungs- und Vermögensrechte unterteilen:[1114] **464**

Verwaltungsrechte	Vermögensrechte
■ Teilnahme an der Hauptversammlung (§ 118 AktG)	■ Teilhabe am Bilanzgewinn („Dividendenrecht", §§ 58 Abs. 4, 60 AktG)
■ Auskunft in der Hauptversammlung (§ 131 AktG)	■ Bezugsrecht bei Kapitalerhöhung (§ 186 AktG)
■ Stimmrecht (§ 134 AktG)	■ Teilnahme am Liquidationserlös (§ 271 AktG)
■ Anfechtungsrecht (§ 245 AktG)	

1111 Bitter/Heim § 3 Rn. 48.

1112 Vgl. Bitter/Heim § 3 Rn. 27.

1113 Bitter/Heim § 3 Rn. 28.

1114 Zum Folgenden: Bitter/Heim § 3 Rn. 35 ff.

465 Zu den **Pflichten der Aktionäre** zählt insbesondere die Pflicht zur Leistung der versprochenen Sach- oder Bareinlage (§ 54 AktG); diese Pflicht entsteht bei der Gründung durch die Übernahme der Aktien (§ 29 AktG) und bei der Kapitalerhöhung durch die Zeichnung (§ 185 AktG).[1115] Daneben bestehen Treuepflichten des Aktionärs. Er darf sein Stimmrecht in der Hauptversammlung nicht zur Erlangung eines Sondervorteils für sich oder einen Dritten zum Schaden der Gesellschaft oder der anderen Aktionäre ausüben (vgl. § 243 Abs. 2 AktG). Darüber hinaus kann sich der Aktionär nach § 117 AktG der AG und den weiteren Aktionären gegenüber schadensersatzpflichtig machen, wenn er *vorsätzlich* unter Benutzung seines Einflusses auf die Gesellschaft ein Mitglied des Vorstands oder des Aufsichtsrats, einen Prokuristen oder einen Handlungsbevollmächtigten dazu bestimmt, zum Schaden der Gesellschaft oder ihrer Aktionäre zu handeln.

Anders als bei der GmbH und den Personengesellschaften wird bei der AG **nicht für jede fahrlässige Schädigung der Mitgesellschafter gehaftet**, weil es eine umfassende Treuepflicht bei der AG nicht gibt. Die Haftung auf Schadensersatz bei negativer Einflussnahme ist im Grundsatz auf Vorsatz beschränkt. Es können jedoch begrenzte Treuepflichten der Aktionäre gegenüber der AG und den weiteren Aktionären bestehen.[1116]

466 Nach § 53a AktG sind Aktionäre unter gleichen Voraussetzungen gleich zu behandeln. Dieses **Gleichbehandlungsgebot** verlangt aber nicht ausnahmslos Gleichberechtigung der Aktionäre.[1117] Aktien können insbesondere verschiedene Rechte gewähren (§ 11 S. 1 AktG), sofern dafür eine Grundlage in der Satzung besteht. Aktien mit gleichen Rechten bilden eine Gattung (§ 11 S. 2 AktG).

Beispiel:[1118] **Vorzugsaktien** (vgl. §§ 139 ff. AktG) verleihen Vorrechte, etwa einen Anspruch auf eine Vorzugsdividende. Im Gegenzug ist regelmäßig das Stimmrecht ausgeschlossen. Im Übrigen gelten meist die gewöhnlichen Aktionärsrechte. Demgegenüber sind **Stammaktien** solche Aktien, die keinerlei Vorrechte gewähren.

B. Hauptversammlung

467 Die Aktionäre üben ihre „Rechte in den Angelegenheiten der Gesellschaft" – gemeint sind die Verwaltungsrechte – grundsätzlich in der Hauptversammlung aus (§ 118 Abs. 1 S. 1 AktG). Die Hauptversammlung – und nicht die Gesamtheit der Aktionäre – ist ein Organ der AG mit der Aufgabe interner Willensbildung in dem vom Gesetz festgelegten Zuständigkeitsbereich.[1119] Die Willensbildung der Aktionäre vollzieht sich durch das Organ Hauptversammlung; es handelt sich also um ein **Willensbildungsorgan**. Der in einem Beschluss der Hauptversammlung gebildete Wille ist kraft organschaftlicher Zurechnung zugleich ein Wille der Gesellschaft selbst.[1120]

I. Aufgaben der Aktionäre

468 Anders als bei der GmbH besteht in der AG **kein Subordinationsverhältnis** zwischen der Hauptversammlung (bei der GmbH: Gesellschaftsversammlung) und dem Vorstand

1115 Hier und zum Folgenden: Bitter/Heim § 3 Rn. 39 ff.

1116 BGH NJW 1995, 1739.

1117 Hier und zum Folgenden: Grunewald § 10 Rn. 46: Hüffer/Koch § 11 Rn. 2.

1118 Bitter/Heim § 3 Rn. 31.

1119 Hüffer/Koch § 118 Rn. 2.

1120 Hüffer/Koch § 118 Rn. 3.

(bei der GmbH: Geschäftsführer); es gilt vielmehr das Prinzip der **Teilung der Zuständigkeiten.**[1121] Die Hauptversammlung hat keine Allzuständigkeit. Sie beschließt nur in den im Gesetz und in der Satzung ausdrücklich bestimmten Fällen (§ 119 Abs. 1 AktG).

Bei den gesetzlich vorgesehenen Zuständigkeiten handelt es sich meist um sog. Grundlagengeschäfte: §§ 119 Abs. 1, 147, 179a Abs. 1, 293 Abs. 1 S. 1, 319, 327a AktG.

Da der Vorstand die Geschäfte eigenverantwortlich führt (§ 76 Abs. 1 AktG), entscheidet die Hauptversammlung grundsätzlich nicht über Geschäftsführungsmaßnahmen. Über Fragen der Geschäftsführung kann die Hauptversammlung nur entscheiden, wenn der Vorstand es verlangt (§ 119 Abs. 2 AktG).

II. Beschlussfassung durch die Aktionäre

Die Aktionäre fassen ihre Beschlüsse in der **Hauptversammlung**. Diese ist neben den durch das Gesetz oder die Satzung bestimmten Fällen[1122] immer dann **einzuberufen**, wenn das Wohl der Gesellschaft es fordert (§ 121 Abs. 1 AktG). Zuständig ist der Vorstand (§ 121 Abs. 2 S. 1 AktG) und ggf. auch der Aufsichtsrat (§ 111 Abs. 3 AktG). Die Einberufungsfrist beträgt mindestens dreißig Tage (§ 123 Abs. 1 S. 1 AktG). In der Regel hält eine AG nur eine Hauptversammlung pro Geschäftsjahr ab (ordentliche Hauptversammlung), die in den ersten acht Monaten des jeweiligen Geschäftsjahres stattzufinden hat (vgl. §§ 120 Abs. 1 S. 1, 175 Abs. 1 S. 2 AktG).[1123] 469

Der **Ablauf der Hauptversammlung** ist im Gesetz (insbesondere in den §§ 129, 130 AktG) nur lückenhaft geregelt.[1124] Er kann durch die Satzung und eine Geschäftsordnung, die sich die Hauptversammlung gibt, näher ausgestaltet werden. Besondere praktische Relevanz hat das Auskunftsrecht der Aktionäre gegenüber dem Vorstand, welches nur in der Hauptversammlung ausgeübt werden kann (§ 131 AktG).

Wie sich aus § 131 Abs. 4 AktG ergibt, ist eine Auskunftserteilung außerhalb der Hauptversammlung aber nicht unzulässig.[1125]

Die **Beschlüsse** der Hauptversammlung werden grundsätzlich mit der Mehrheit der abgegebenen Stimmen (einfache Mehrheit) gefasst, soweit nicht Gesetz oder Satzung eine größere Mehrheit oder weitere Erfordernisse bestimmen (§ 133 Abs. 1 AktG).

Bei Satzungsänderungen muss eine Mehrheit von ¾ des bei der Beschlussfassung vertretenen Grundkapitals erreicht werden (§ 179 Abs. 2 S. 1 AktG). In anderen Fällen ist eine qualifizierte Mehrheit der abgegebenen Stimmen vorausgesetzt (z.B. §§ 103 Abs. 1 S. 2, 111 Abs. 4 S. 4, 141 Abs. 3 S. 2 AktG: ¾ der abgegebenen Stimmen); die Mehrheit der abgegebenen Stimmen wird nicht nach Köpfen, sondern nach Kapitalbeträgen gemessen (vgl. § 134 Abs. 1 S. 1 AktG).

Grundsätzlich gewährt jede Aktie ein **Stimmrecht** (§ 12 Abs. 1 S. 1 AktG), sodass es prinzipiell keine Aktie ohne Stimmrecht und kein Stimmrecht ohne Aktie gibt.[1126] Eine Ausnahme bilden Vorzugsaktien. Diese können als Aktien ohne Stimmrecht ausgegeben werden (§§ 12 Abs. 1 S. 2, 139 ff. AktG). Mehrstimmrechte sind zulässig (§§ 12 S. 2, 135a

1121 Bitter/Heim § 3 Rn. 92.

1122 Vgl. etwa §§ 92, 122 Abs. 1 AktG.

1123 Bitter/Heim § 3 Rn. 107.

1124 Hier und zum Folgenden: Bitter/Heim § 3 Rn. 109.

1125 Bitter/Heim § 3 Rn. 112 Fn. 165.

1126 Hüffer/Koch § 12 Rn. 1.

AktG). In den Fällen des § 136 AktG ist das Stimmrecht ausgeschlossen. Stimmverbote bestehen danach namentlich bei

- der Entlastung eines Aktionärs,
- der Befreiung eines Aktionärs von einer Verbindlichkeit und
- der Verfolgung eines Anspruchs gegen den Aktionär.

Diese Stimmverbote beruhen – ebenso wie bei der Parallelvorschrift des § 47 Abs. 4 GmbHG – auf den grundlegenden Erwägungen, dass niemand Richter in eigener Sache sein darf und Insichgeschäfte verboten sind.[1127]

III. Fehlerhafte Beschlüsse

470 Beschlüsse können entweder hinsichtlich der Art und Weise des Zustandekommens **(Form- und Verfahrensfehler)** formell oder hinsichtlich der Aussage des Beschlusses **(Inhaltsfehler)** materiell fehlerhaft sein.[1128]

Hinsichtlich der **Rechtsfolgen** eines Fehlers lassen sich im Aktienrecht drei Konstellationen unterscheiden: unwirksame, nichtige und anfechtbare Beschlüsse. Ein Beschluss kann jedoch an mehreren Fehlern leiden und daher gleichzeitig unwirksam, nichtig und anfechtbar sein.

- **Unwirksam** sind Beschlüsse, zu deren Wirksamkeit es (noch) der Zustimmung eines Gesellschafters oder eines Dritten bedarf.

  Ein solches Zustimmungserfordernis wird etwa durch § 141 Abs. 1, Abs. 2 S. 1 AktG oder § 179 Abs. 3 S. 1 AktG statuiert.

  Nichtig sind Beschlüsse, die an einem so gravierenden Mangel leiden, dass sie von Anfang an keinerlei Rechtswirkung haben. Ein Nichtigkeitsgrund liegt nur vor, wenn einer der in den §§ 241, 250, 253, 256 AktG geregelten Tatbestände eingreift und keine Heilung gemäß § 242 AktG eintritt. Nichtigkeitsgründe können im Rahmen einer **Nichtigkeitsklage** eines Aktionärs, des Vorstands, eines Vorstandsmitglieds oder eines Aufsichtsratsmitglieds gegen die Gesellschaft mit Wirkung für und gegen jedermann (*inter omnes*) festgestellt werden (§ 249 AktG).Trotz dieser Wirkung ist die Nichtigkeitsklage nach ganz h.M. ein Sonderfall der Feststellungsklage (§ 256 ZPO) und keine Gestaltungsklage.[1129]

- Alle anderen formell oder materiell fehlerhaften Beschlüsse führen (nur) zur Anfechtbarkeit des Beschlusses (vgl. § 243 Abs. 1 AktG). **Anfechtbar** sind rechtswidrige Beschlüsse, die durch eine **Anfechtungsklage** (§ 246 AktG) beseitigt werden können, aber trotz des Fehlers vorerst wirksam sind. Die Anfechtungsklage ist durch eine nach § 245 AktG anfechtungsbefugte Partei innerhalb eines Monats nach der Beschlussfassung zu erheben und gegen die AG, vertreten durch Vorstand und Aufsichtsrat, zu richten (§ 246 Abs. 1 und 2 AktG). Ein rechtskräftiges, der Klage stattgebendes Urteil bewirkt die Nichtigkeit des fehlerhaften Beschlusses und gestaltet die Rechtslage

---

1127 Bitter/Heim § 3 Rn. 100.

1128 Hier und zum Folgenden: Bitter/Heim § 3 Rn. 116 ff.

1129 Hüffer/Koch § 249 Rn. 10 m.w.N.; a.A. (Gestaltungsklage) K. Schmidt AG 1977, 205, 207 f.

rückwirkend (*ex tunc*) auf den Zeitpunkt der Beschlussfassung um (vgl. §§ 248 Abs. 1 S. 1, 241 Nr. 5 AktG).

Die Anfechtungsklage ist eine Gestaltungsklage.[1130]

Begründet ist die Anfechtungsklage, wenn das Gesetz oder die Satzung verletzt sind (§ 243 Abs. 1 AktG). Dies gilt erst recht (auch) dann, wenn der Verstoß zugleich Nichtigkeitsgrund ist und daher auch im Wege der Nichtigkeitsklage hätte geltend gemacht werden können. Bei Verfahrensfehlern ist zusätzliche Voraussetzung für die Begründetheit der Anfechtungsklage, dass sie von Relevanz für das Mitgliedschaftsrecht sind; maßgebend ist insoweit ein dem Beschluss anhaftendes Legitimationsdefizit, das bei einer wertenden, am Schutzzweck der verletzten Norm orientierten Betrachtung die Rechtsfolge der Anfechtbarkeit gemäß § 243 Abs. 1 AktG rechtfertigt.[1131]

C. Vorstand

I. Grundlagen

Der Vorstand leitet die Gesellschaft „unter eigener Verantwortung" (§ 76 Abs. 1 AktG). **471**
Im Gegensatz zu den Geschäftsführern einer GmbH (vgl. §§ 37 Abs. 1, 45, 46 Nr. 6 GmbHG) unterliegt er keinem Weisungsrecht der Gesellschafter (Aktionäre). Er entscheidet vielmehr **selbstständig und unabhängig** über die **Leitung der AG** (§ 76 AktG) und die ihm obliegende **Geschäftsführung** (§ 77 AktG).

Der Vorstand **vertritt die AG** gerichtlich und außergerichtlich (§ 78 Abs. 1 S. 1 AktG). Besteht der Vorstand aus mehreren Personen, sind die Vorstandsmitglieder grundsätzlich nur gemeinsam zur Vertretung berechtigt (Gesamtvertretung, § 78 Abs. 2 S. 1 AktG). Die Satzung kann etwas anderes bestimmen (§ 78 Abs. 2 S. 1 AktG), beispielsweise, dass einzelne Vorstandsmitglieder allein oder in Gemeinschaft mit einem Prokuristen zur Vertretung der Gesellschaft befugt sind (§ 78 Abs. 3 S. 1 AktG). Im Außenverhältnis kann die Vertretungsbefugnis des Vorstands ihrem Umfang nach grundsätzlich nicht beschränkt werden (§ 82 Abs. 1 AktG). Beschränkungen oder gar ein Ausschluss der Vertretungsmacht bestehen nur in Fällen der Kollusion und des evidenten Missbrauchs der Vertretungsmacht.[1132] Ob der Vorstand seine Befugnisse im Innenverhältnis (vgl. § 82 Abs. 2 AktG) überschreitet, ist für die Wirksamkeit im Außenverhältnis unerheblich. Übertritt der Vorstand durch eine wirksame Handlung im Außenverhältnis (Vertretung) seine Befugnisse im Innenverhältnis (Geschäftsführung), liegt darin eine Pflichtverletzung, aus der Schadensersatzansprüche der Gesellschaft gemäß § 93 Abs. 2 AktG resultieren können.[1133]

Mitglied des Vorstands kann nur eine natürliche, unbeschränkt geschäftsfähige Person sein (§ 76 Abs. 3 S. 1 AktG), bei der keiner der in § 76 Abs. 3 S. 2 AktG genannten Ausschlusstatbestände einschlägig ist. Bei der Besetzung der Vorstandsposten und der zwei

1130 Hüffer/Koch § 246 Rn. 8.

1131 BGH NZG 2010, 943 Rn. 20.

1132 Dazu ausführlich AS-Skript BGB AT 1 (2023), Rn. 392 ff.

1133 Bitter/Heim § 3 Rn. 52.

darunter befindlichen Leitungsebenen gilt eine Frauenquote für AG, die börsennotiert sind oder der Unternehmensmitbestimmung unterliegen (§ 76 Abs. 4 AktG, sog. Flexiquote).[1134]

Vorstandsmitglieder werden vom Aufsichtsrat für die Dauer von höchstens fünf Jahren **bestellt** (§ 84 Abs. 1 S. 1 AktG). Eine wiederholte Bestellung oder Verlängerung der Amtszeit sind zulässig, können aber ebenfalls nur für maximal fünf Jahre erfolgen (§ 84 Abs. 1 S. 2 AktG). Werden mehrere Personen zu Vorstandsmitgliedern bestellt, kann der Aufsichtsrat ein Mitglied zum Vorsitzenden des Vorstands ernennen (§ 84 Abs. 2 AktG).

Von der Bestellung, durch die das Vorstandsmitglied zum Organ der AG ernannt wird, ist der **Anstellungsvertrag** zu trennen. Dieser wird durch den Aufsichtsrat im Namen der AG mit dem Vorstandsmitglied geschlossen (vgl. § 112 AktG). Es handelt sich regelmäßig um einen Dienstvertrag (§§ 611 ff. BGB), der eine Geschäftsbesorgung zum Gegenstand hat.[1135] Aus dem Anstellungsvertrag entstammt der Vergütungsanspruch des Vorstandsmitglieds. Bei der Ausgestaltung der Bezüge sind die Vorgaben des § 87 AktG zu beachten.

Der Aufsichtsrat kann die Bestellung von Vorstandsmitgliedern vor Ablauf der regulären Amtszeit nur aus wichtigem Grund widerrufen (§ 84 Abs. 4 S. 1 AktG). Ein solcher Grund ist namentlich eine grobe Pflichtverletzung, die Unfähigkeit zur ordnungsmäßigen Geschäftsführung oder der (nicht offenbar unsachliche) Vertrauensentzug durch die Hauptversammlung (§ 84 Abs. 4 S. 2 AktG). Durch eine solche **Abberufung** endet jedoch nur die Organstellung des Vorstandsmitglieds; die Ansprüche aus dem Anstellungsvertrag richten sich nach den allgemeinen Vorschriften (§ 84 Abs. 4 S. 5 AktG).

Obwohl gesetzlich nicht geregelt, können die Vorstandsmitglieder ihre Organstellung auch durch eine **Amtsniederlegung** selbst beenden.[1136] Amtsniederlegung ist die einseitige Erklärung des Vorstandsmitglieds, aus dem Organverhältnis ausscheiden zu wollen; diese Erklärung ist an die AG, vertreten durch den Aufsichtsrat (vgl. § 112 AktG) zu richten, wobei der Zugang bei einem Aufsichtsratsmitglied genügt.[1137] Eines wichtigen Grundes bedarf es nach zutreffender Auffassung nicht, weil ein Zwang zur Amtsführung wenig sinnvoll ist.[1138] Die Grenze bildet nur der Rechtsmissbrauch, etwa bei Amtsniederlegung zur Unzeit. Liegt ein wichtiger Grund zur Amtsniederlegung vor, endet mit dieser nicht zugleich der Anstellungsvertrag, da das Vorstandsmitglied in der Lage sein muss, sein Amt aus wichtigem Grund aufzugeben, ohne sich hierdurch selbst die Vertragsrechte abzuschneiden. Fehlt es an einem wichtigen Grund, kann die AG die Amtsniederlegung zum Anlass nehmen, den Anstellungsvertrag nach § 626 BGB außerordentlich zu kündigen.

1134 Entsprechendes gilt für den Aufsichtsrat (vgl. § 111 Abs. 5 AktG).

1135 Bitter/Heim § 3 Rn. 55.

1136 Bitter/Heim § 3 Rn. 56.

1137 Hüffer/Koch § 84 Rn. 44.

1138 Hier und zum Folgenden: Hüffer/Koch § 84 Rn. 45; Münch-Komm AktG/Spindler § 84 Rn. 160.

II. Haftung der Vorstandsmitglieder

Bei der Haftung der Vorstandsmitglieder ist zwischen der **Innenhaftung** gegenüber der AG und der **Außenhaftung** gegenüber Dritten (Gläubiger, Aktionäre, Unbeteiligte) zu unterscheiden:[1139] 472

1. Innenhaftung

Die Vorstandsmitglieder haben **bei ihrer Geschäftsführung die Sorgfalt eines ordentlichen und gewissenhaften Geschäftsleiters anzuwenden** (§ 93 Abs. 1 S. 1 AktG). Verletzen sie anhand dieses Maßstabs ihre Pflichten, sind sie **der Gesellschaft gegenüber** zum Ersatz des daraus entstehenden Schadens als Gesamtschuldner verpflichtet (§ 93 Abs. 2 S. 1 AktG). 473

Klausurhinweis: *§ 93 Abs. 2 S. 1 AktG geht – wie auch § 43 Abs. 2 GmbHG für die GmbH – als Spezialvorschrift einer Haftung des Vorstandes aus § 280 Abs. 1 BGB i.V.m. dem Anstellungsvertrag vor und verdrängt diese.*

§ 93 Abs. 3 AktG enthält eine nicht abschließende Aufzählung von Pflichtverletzungen, bei denen zudem eine Schädigung der AG vermutet wird.[1140] Bei unternehmerischen Entscheidungen liegt keine Pflichtverletzung vor, wenn das Vorstandsmitglied im Zeitpunkt der Entscheidung (Betrachtung *ex ante*) vernünftigerweise annehmen durfte, auf der Grundlage angemessener Informationen zum Wohle der Gesellschaft zu handeln (§ 93 Abs. 1 S. 2 AktG, sog. *Business Judgement Rule*).

Der Gesellschaft gegenüber tritt die Ersatzpflicht nicht ein, wenn die die Ersatzpflicht begründende Handlung des Vorstandsmitglieds auf einem **gesetzmäßigen Beschluss der Hauptversammlung** beruht (§ 93 Abs. 4 S. 1 AktG). Eine Billigung der Handlung durch den Aufsichtsrat begründet hingegen keinen Haftungsausschluss (§ 93 Abs. 4 S. 2 AktG).

Die **Durchsetzung** von Haftungsansprüchen gegen Vorstandsmitglieder obliegt grundsätzlich[1141] dem Aufsichtsrat (vgl. §§ 111, 112 AktG). Ist dieser nach eingehender Prüfung zu dem Ergebnis gelangt, dass die Ansprüche vermutlich bestehen und durchsetzbar sind, muss er diese verfolgen, wenn nicht ausnahmsweise gewichtige Gründe des Gesellschaftswohls dagegen sprechen.[1142] Die Gesellschaft kann grundsätzlich[1143] erst drei Jahre nach der Entstehung des Anspruchs und nur dann auf Ersatzansprüche verzichten oder sich über sie vergleichen, wenn die Hauptversammlung zustimmt und nicht eine Minderheit, deren Anteile zusammen 10 % des Grundkapitals erreichen, zur Niederschrift Widerspruch erhebt (§ 93 Abs. 4 S. 3 AktG).[1144] Ein Verstoß gegen diese Vorschrift führt zur Nichtigkeit, weil die Vertretungsbefugnis des Aufsichtsrats insoweit begrenzt ist.[1145]

1139 Bitter/Heim § 3 Rn. 60.

1140 Bitter/Heim § 3 Rn. 61; ähnlich BGH NZG 2011, 1271 Rn. 29: „keine schadensrechtliche Gesamtsaldierung" erforderlich.

1141 Ausnahmen: §§ 93 Abs. 5, 147 Abs. 2 S. 1 AktG.

1142 BGH NJW 1997, 1926, 1927 f.

1143 Ausnahme: § 93 Abs. 4 S. 4 AktG.

1144 Zur Frage der analogen Anwendbarkeit des § 93 Abs. 4 S. 3 AktG im Falle der Übernahme von Geldsanktionen für Delikte des Vorstands zulasten der Gesellschaft s. BGH RÜ 2015, 89.

1145 BGH RÜ 2015, 89 Rn. 32.

2. Außenhaftung

474 Eine Haftung der Vorstandsmitglieder **gegenüber Dritten** (wobei auch die Aktionäre Dritte i.d.S. sein können) kann sich aus **allgemeinen Haftungstatbeständen** (s. dazu im Folgenden) ergeben, wenngleich eine solche Außenhaftung nur selten besteht.[1146]

Eine Haftung **gegenüber Gläubigern der Gesellschaft** kommt zunächst in Gestalt einer vorvertraglichen Haftung in Betracht (§§ 280 Abs. 1, 311 Abs. 3, 241 Abs. 2 BGB).[1147] Auch eine deliktische Haftung (§§ 823 ff. BGB) ist denkbar. Allerdings ist § 93 AktG kein Schutzgesetz zugunsten der Gesellschaftsgläubiger.[1148] Etwas anderes gilt aber für § 15a InsO: Verstößt der Vorstand gegen seine Insolvenzantragspflicht, kann er gemäß § 823 Abs. 2 BGB i.V.m. § 15a InsO gegenüber den Gläubigern der AG haften (Insolvenzverschleppungshaftung).

Auch bei der Haftung **gegenüber den Aktionären** stehen deliktische Haftungstatbestände im Vordergrund, da eine (vor-)vertragliche Haftung in aller Regel mangels Schuldverhältnis oder mangels Vorliegen der Voraussetzungen des § 311 Abs. 3 BGB gegenüber den Aktionären nicht besteht.[1149] Allerdings ist § 93 AktG auch kein Schutzgesetz zugunsten der Aktionäre.[1150] Die Mitgliedschaft der Aktionäre wird aber als „sonstiges Recht" geschützt und kann zu persönlichen Ersatzansprüchen gegen die Vorstandsmitglieder gemäß § 823 Abs. 1 BGB führen. Dabei ist jedoch zu beachten, dass § 823 Abs. 1 BGB das Vermögen als solches nicht schützt und insoweit allenfalls ein Anspruch aus § 826 BGB in Betracht kommt. Weiterhin ist zu beachten, dass Aktionäre nur einen unmittelbar in ihrer Person entstandenen Schaden ersetzt verlangen können, nicht aber einen Schaden, der sie durch Schädigung der AG nur mittelbar trifft, weil ihre Aktien entwertet bzw. im Wert gemindert wurden (sog. Reflexschaden).[1151]

Gegenüber Unbeteiligten kann sich eine Haftung der Vorstandsmitglieder (nur) aus Deliktsrecht ergeben. Bei der Prüfung von Ansprüchen aus § 823 Abs. 2 BGB i.V.m. strafrechtlichen Schutzgesetzen (etwa § 266 StGB) ist dabei zu beachten, dass aus der Stellung als Vorstandsmitglied keine Garantenpflicht gegenüber außenstehenden Dritten folgt, eine Schädigung ihres Vermögens zu verhindern.[1152] Begeht ein Vorstandsmitglied eine unerlaubte Handlung in Ausführung seiner Aufgaben, führt dies analog § 31 BGB zugleich zu einer deliktischen Haftung der AG; das Vorstandsmitglied und die AG haften dann als Gesamtschuldner (§ 840 BGB).

D. Aufsichtsrat

I. Grundlagen

475 Der Aufsichtsrat ist ein **notwendiges Organ** der AG. Das ist in den §§ 95 ff. AktG vorausgesetzt.[1153] Er ist von der Leitung der Gesellschaft, die dem Vorstand zugewiesen ist

1146 Zum Folgenden: Bitter/Heim § 3 Rn. 69 ff.

1147 BGH NZG 2008, 661 Rn. 11 ff.

1148 BGH NJW 2012, 3439 Rn. 23: „Pflicht … nur der Gesellschaft gegenüber"; Schäfer § 41 Rn. 14.

1149 Bitter/Heim § 3 Rn. 71.

1150 BGH NJW 2012, 3439 Rn. 23.

1151 Bitter/Heim § 3 Rn. 72.

1152 BGH NJW 2012, 3439, Ls.

1153 Hüffer/Koch § 95 Rn. 1.

(§ 76 Abs. 1 AktG), ausgeschlossen; Maßnahmen der Geschäftsführung können dem Aufsichtsrat nicht übertragen werden (§ 111 Abs. 4 S. 1 AktG).

Die Satzung oder der Aufsichtsrat hat jedoch zu bestimmen, dass **bestimmte Arten von Geschäften nur mit seiner Zustimmung** vorgenommen werden dürfen (§ 111 Abs. 4 S. 2 AktG).

Dem Aufsichtsrat ist vielmehr eine **Überwachungsaufgabe** zugewiesen; er hat die Geschäftsführung des Vorstands zu überwachen (§ 111 Abs. 1 AktG). Die Hauptaufgabe des Vorstands besteht mithin in der **Kontrolle** und daneben auch der **Beratung**[1154] der Vorstandsmitglieder, für deren Bestellung und Abberufung der Aufsichtsrat zuständig ist (§ 84 AktG) und denen gegenüber er die AG vertritt (§ 112 AktG). Damit der Aufsichtsrat diese Aufgabe effektiv erfüllen kann, besteht eine Berichtspflicht des Vorstands (§ 90 AktG) und ein Einsichtsrecht des Aufsichtsrats (§ 111 Abs. 2 S. 1 AktG).

Der Aufsichtsrat besteht aus drei Mitgliedern, sofern die Satzung nicht eine bestimmte höhere Zahl festsetzt (§ 95 S. 1 und 2 AktG) und dabei die nach der Höhe des Grundkapitals gestaffelten Obergrenzen des § 95 S. 4 AktG beachtet. Bei der **Besetzung der Aufsichtsratsposten** gilt eine flexible, im Unternehmen selbst festzulegende Frauenquote für jede AG, die börsennotiert ist *oder* der Unternehmensmitbestimmung unterliegt (sog. Flexiquote des § 111 Abs. 5 AktG). Bei einer AG, die börsennotiert ist und der (quasi-) paritätischen Unternehmensmitbestimmung unterliegt, gilt eine starre Geschlechterquote von jeweils mindestens 30 % Frauen und Männern (§ 96 Abs. 2. und 3 AktG).[1155]

Exkurs: Unternehmensmitbestimmung

Als **Unternehmensmitbestimmung** bezeichnet man eine deutsche Besonderheit, nämlich die **Beteiligung von Arbeitnehmervertretern am Aufsichtsrat und Vorstand.**[1156] Sofern eine AG der Unternehmensmitbestimmung nach dem MitbestG unterliegt, bestehen insofern folgende Besonderheiten: 476

- Der Aufsichtsrat setzt sich aus Mitgliedern der Anteilseigner (Aktionäre) und solchen der Arbeitnehmer zusammen (vgl. § 96 AktG).
- Im Vorstand wirkt ein Arbeitnehmervertreter gleichberechtigt mit (Arbeitsdirektor, vgl. § 33 MitbestG).

Die Unternehmensmitbestimmung (= gesellschaftsrechtliche Mitbestimmung) ist von der **betrieblichen Mitbestimmung** (= arbeitsrechtliche Mitbestimmung) zu trennen; die betriebliche Mitbestimmung ist im Betriebsverfassungsgesetz (BetrVG) geregelt und betrifft die Zusammenarbeit zwischen Arbeitgebern und Arbeitnehmern im Betrieb, indem den Arbeitnehmervertretungen (den sog. Betriebsräten) verschiedene Informations-, Anhörungs-, Beratungs-, Veto- und Initiativrechte eingeräumt werden.

Exkurs Ende

Die Aufsichtsratsmitglieder können ihre Aufgaben nicht durch andere wahrnehmen lassen (§ 111 Abs. 6 AktG); sie sind zur **persönlichen Amtswahrnehmung** verpflichtet. 477

1154 Bitter/Heim § 3 Rn. 77.

1155 Bitter/Heim § 3 Rn. 80.

1156 Hier und zum Folgenden: Bitter/Heim § 3 Rn. 81 f.

Die **persönlichen Voraussetzungen** für Aufsichtsratsmitglieder sind in § 100 AktG geregelt: Mitglied des Aufsichtsrats kann nur eine natürliche, unbeschränkt geschäftsfähige Person sein (§ 100 Abs. 1 S. 1 AktG), für die keiner der in § 100 Abs. 2 AktG genannten Ausschlusstatbestände einschlägig ist. Zudem darf das Aufsichtsratsmitglied nicht zugleich Mitglied des Vorstands sein (§ 105 AktG).

Die Mitglieder des Aufsichtsrats werden **von der Hauptversammlung gewählt** (§§ 101 Abs. 1 S. 1, 119 Abs. 1 Nr. 1 AktG), soweit sie nicht nach Verfahren in einschlägigen Gesetzen über die Unternehmensmitbestimmung bestimmt werden oder die Satzung bestimmte Entsenderechte vorsieht (vgl. § 101 Abs. 2 AktG). Für die Wahl soll der derzeitige Aufsichtsrat einen Vorschlag unterbreiten (§ 124 Abs. 3 S. 1 AktG).

Die **Amtszeit** beträgt maximal vier Geschäftsjahre, wobei das Geschäftsjahr, in dem die Amtszeit beginnt, nicht mitgerechnet wird (§ 102 Abs. 1 AktG). Eine vorzeitige Abberufung ist mit einer Mehrheit von ¾ der abgegebenen Stimmen möglich; die Satzung kann eine andere Mehrheit und weitere Erfordernisse bestimmen (§ 103 Abs. 1 AktG). Liegt ein wichtiger Grund vor, ist auch eine gerichtliche Abberufung auf Antrag des Aufsichtsrats möglich (§ 103 Abs. 3 AktG).

Die §§ 107 ff. AktG enthalten (grobe) Vorgaben zur **inneren Ordnung** des Aufsichtsrats, die meist durch die Satzung der AG und/oder eine Geschäftsordnung für deren Aufsichtsrat ergänzt bzw. präzisiert werden.[1157] Der Aufsichtsrat hat nach näherer Bestimmung der Satzung aus seiner Mitte einen Vorsitzenden und mindestens einen Stellvertreter zu wählen (§ 107 Abs. 1 S. 1 AktG). In Sitzungen, über die eine Niederschrift anzufertigen ist (§ 107 Abs. 2 AktG), entscheidet der Aufsichtsrat durch ausdrücklichen Beschluss (§ 108 Abs. 1 AktG).[1158] § 108 AktG enthält in seinem Absatz 2 nur grobe Vorgaben zur Beschlussfähigkeit des Aufsichtsrats und überlässt die konkrete Ausgestaltung der Satzung. Zu Mehrheitserfordernissen schweigt sich § 108 AktG aus. Es genügt für die Beschlussfassung eine Mehrheit der abgegebenen Stimmen (einfache Mehrheit), wenn sich aus Gesetz oder Satzung keine abweichenden Mehrheiten ergeben.[1159]

Den Aufsichtsratsmitgliedern kann für ihre Tätigkeit eine **Vergütung** gewährt werden (§ 113 Abs. 1 S. 1 AktG).

II. Haftung der Aufsichtsratsmitglieder

478 Stellt der Aufsichtsrat fest, dass die AG insolvenzreif – zahlungsunfähig (§ 17 InsO) oder überschuldet (§ 19 InsO) – ist, hat er darauf hinzuwirken, dass der Vorstand rechtzeitig einen Insolvenzantrag stellt und keine Zahlungen mehr leistet, die mit der Sorgfalt eines ordentlichen und gewissenhaften Geschäftsleiters unvereinbar sind. Verstößt er hiergegen schuldhaft, kann er der Gesellschaft gegenüber zum Schadensersatz verpflichtet sein.

1157 Bitter/Heim § 3 Rn. 87.

1158 Münch-Komm AktG/Habersack § 108 Rn. 1.

1159 Hüffer/Koch § 108 Rn. 6 f.

4. Abschnitt: Die Finanzverfassung der AG

Für die Verbindlichkeiten der AG haftet den Gläubigern nur das Gesellschaftsvermögen (§ 1 Abs. 1 S. 2 AktG). Die Gläubiger der Gesellschaft können sich also grundsätzlich[1160] nicht an die Aktionäre halten.[1161] Diese Haftungsregelung folgt nicht schon zwingend aus der Rechtspersönlichkeit (§ 1 Abs. 1 S. 1 AktG) der AG; denn neben deren Haftung könnten – wie bei Personengesellschaften – akzessorische Verbindlichkeiten der Aktionäre (oder auch der Organmitglieder) bestehen. Auch die körperschaftliche Struktur der AG ist zwar auf eine Loslösung von Gesellschaftern ausgerichtet, aber – wie der nicht eingetragene Verein zeigt (§ 54 Abs. 1 S. 1 BGB) – nicht zwangsläufig mit einem Haftungsausschluss für die Gesellschafter verbunden. Sobald die rechtliche Loslösung der AG von ihren Gesellschaftern **mit der Eintragung** der Gesellschaft „als solcher" im Handelsregister endgültig vollzogen ist (§ 41 Abs. 1 S. 1 AktG), geht damit nach der gedanklichen Konzeption des Gesetzgebers eine **Haftungskonzentration auf das Gesellschaftsvermögen** einher. 479

Der **Mindestnennbetrag des Grundkapitals beträgt 50.000 €** (§ 7 AktG). Dieser Mindestbetrag darf nicht unterschritten werden, weder bei der Gründung noch nachträglich bei einer Kapitalherabsetzung, es sei denn, dass zugleich eine Barkapitalerhöhung beschlossen wird (§§ 228 Abs. 1, 229 Abs. 3 AktG).[1162]

Das Aktienrecht sieht für die **Aufbringung** des Grundkapitals bei der Gründung der Gesellschaft und dessen **Erhaltung** während ihrer laufenden Tätigkeit **strenge Regeln** vor, die das Recht der Personengesellschaften gar nicht und das Recht der GmbH zumindest nicht in dieser Schärfe kennen.[1163]

A. Kapitalaufbringung

Die Gründer der AG verpflichten sich im Rahmen der Feststellung der Satzung (§ 2 AktG) zur Übernahme der Aktien und begründen hierdurch eine körperschaftliche **Einlageverpflichtung**.[1164] Diese haben sie durch Einzahlung zu erfüllen, soweit in der Satzung keine Sacheinlagen (= jede andere Form der Einlage als eine Geldzahlung, vgl. § 27 Abs. 1 S. 1 AktG) festgesetzt sind (§ 54 Abs. 2 AktG). Die Gründer sollen sich dabei nicht nur formal zur Einlage verpflichten, sondern die versprochenen Werte der Gesellschaft auch tatsächlich (real) zuführen **(Grundsatz der realen Kapitalaufbringung)**. Dementsprechend dürfen die Inferenten nicht von ihrer Einlagepflicht befreit werden (§ 66 Abs. 1 S. 1 AktG). 480

I. Geldeinlagen

Ist eine Geldeinlage vereinbart, muss der vereinbarte und **vom Vorstand eingeforderte Betrag** – mindestens ein Viertel des geringsten Ausgabebetrags und bei Ausgabe der 481

1160 Zu den Fallgruppen der sog. Durchgriffshaftung – bezogen auf die GmbH – s. Bitter ZInsO 2010, 1561, 1578 ff.

1161 Zum Folgenden: Hüffer/Koch § 1 Rn. 8.

1162 Hüffer/Koch § 7 Rn. 5.

1163 Bitter/Heim § 3 Rn. 132.

1164 Hier und zum Folgenden: Bitter/Heim § 3 Rn. 134, 136.

Aktien für einen höheren Betrag als diesen der Mehrbetrag (Agio[1165]) in voller Höhe (§ 36a Abs. 1 AktG) – **vor der Anmeldung der AG zur Eintragung ins Handelsregister ordnungsgemäß und endgültig zur freien Verfügung des Vorstands** eingezahlt werden (§ 36 Abs. 2 AktG). Dies ist bei der Anmeldung der AG zum Handelsregister anzugeben und nachzuweisen (§ 37 Abs. 1 S. 2 AktG).[1166] Ordnungsgemäß ist die Einzahlung nur, wenn sie in gesetzlichen Zahlungsmitteln oder durch Gutschrift auf ein Konto der Gesellschaft oder des Vorstands zu seiner freien Verfügung erfolgt (§ 54 Abs. 3 AktG).

Die über die Mindesteinzahlung hinausgehende Einlage **(Resteinzahlung)** ist (erst) **nach der Anmeldung und Eintragung** der AG auf Aufforderung des Vorstands zu zahlen (§ 63 Abs. 1 S. 1 AktG). Wie sich aus dem Wortlaut und der Systematik ergibt, gelten die strengen Vorgaben der §§ 36 Abs. 2 S. 1, 37 Abs. 1 S. 2, 54 Abs. 3 AktG insoweit nicht mehr.[1167] Die Leistung muss aber nach wie vor eine Zahlung sein (§ 54 Abs. 2 AktG), die nur dann Erfüllungswirkung hat, wenn die geschuldeten Beträge ohne jede Bedingung, Einschränkung oder Verwendungsbindung gezahlt werden (Grundsatz der realen Kapitalaufbringung).

II. Sacheinlagen und Sachübernahmen (§ 27 Abs. 1 und 2 AktG)

482 Bei Sacheinlagen und Sachübernahmen (vgl. § 27 Abs. 1 S. 1 AktG) ist die **reale Kapitalaufbringung** besonders gefährdet, weil der **Wert einer Sache oftmals nur schwer zu bestimmen** ist.[1168] Deshalb können nur solche Vermögensgegenstände Sacheinlagen oder -übernahmen sein, deren wirtschaftlicher Wert feststellbar ist; Dienstleistungen und die Verpflichtung zu solchen zählen nicht dazu (§ 27 Abs. 2 AktG). Ist der Wert der Sache hingegen feststellbar, müssen die Sacheinlagen und -übernahmen in der Satzung festgeschrieben und genau dokumentiert sein (§ 27 Abs. 1 S. 1 AktG), im Gründungsbericht explizit erwähnt werden (§ 32 Abs. 2 AktG) und grundsätzlich[1169] zum Gegenstand der Untersuchung eines externen Prüfers gemacht werden (§ 33 Abs. 2 Nr. 4 AktG).

III. Verdeckte Sacheinlagen (§ 27 Abs. 3 AktG)

483 Die Geldeinlage eines Aktionärs kann bei wirtschaftlicher Betrachtung und aufgrund einer im Zusammenhang mit der Übernahme der Geldeinlage getroffenen Abrede vollständig oder teilweise als Sacheinlage zu bewerten sein. Das Gesetz definiert dies in § 27 Abs. 3 S. 1 AktG als **verdeckte Sacheinlage**. Erfasst sind Fälle, in denen die Satzung der AG eine Geldeinlagepflicht des Aktionärs vorsieht, auf die dieser zunächst auch Geld einzahlt; allerdings haben die Aktionäre verabredet, dass die AG mit dem eingezahlten Geld später Sachen oder Rechte des Inferenten erwirbt **(Austauschgeschäft)**.[1170]

1165 Werden Aktien zu einem höheren Betrag als dem Nennbetrag oder bei Stückaktien als anteiligem Betrag des Grundkapitals ausgegeben (vgl. § 9 Abs. 2 AktG), spricht man von einer Über-Pari-Emission. Die Differenz ist das Agio (Hüffer/Koch § 9 Rn. 8).

1166 Zum Folgenden: Bitter/Heim § 3 Rn. 147.

1167 Hier und zum Folgenden: Bitter/Heim § 3 Rn. 149.

1168 Hier und zum Folgenden: Bitter/Heim § 3 Rn. 138 ff.

1169 Ausnahme: § 33a AktG.

1170 Bitter/Heim § 3 Rn. 152.

Dieser Vorgang ist vor dem Hintergrund der grundsätzlichen Unterscheidung zwischen Bareinlagen einerseits und Sacheinlagen bzw. -übernahmen andererseits rechtlich deshalb problematisch, weil **wirtschaftlich eine Sacheinlage** erbracht wird, bei dieser aber die **besonderen Vorschriften** für Sacheinlagen bzw. -übernahmen – insbesondere die strenge Prüfung der Werthaltigkeit der Sache und die Differenzhaftung bei einer Überbewertung – **nicht eingehalten** werden.[1171]

Eine solche **Umgehung** der gesetzlichen Regeln über Sacheinlagen ist allerdings nur dann zu befürchten, wenn der mutmaßlich verdeckt eingelegte Gegenstand auch im Wege einer regulären Sacheinlage **hätte eingebracht werden können**, also eine sacheinlagefähige Leistung darstellt.[1172] Dienstleistungen bzw. die Verpflichtung zu solchen sind nicht sacheinlagefähig (§ 27 Abs. 2 Hs. 2 AktG) und deshalb kein tauglicher Gegenstand verdeckter Sacheinlagen.

Nach der **Legaldefinition des § 27 Abs. 3 S. 1 AktG** setzt eine verdeckte Sacheinlage tatbestandlich voraus, dass die Geldeinlage des Aktionärs bei wirtschaftlicher Betrachtung *und* aufgrund einer im Zusammenhang mit der Übernahme der Geldeinlage getroffenen Abrede vollständig oder teilweise als Sacheinlage zu bewerten ist. Das objektive wirtschaftliche Ergebnis muss also auch subjektiv gewollt sein. Eine solche (Vor-)Absprache wird nach der Rechtsprechung vermutet, wenn zwischen der Gründung und der damit verbundenen Leistung der Geldeinlage und dem Abschluss des Austauschgeschäfts, also dem Rückfluss der Geldeinlage im Rahmen der Abwicklung, ein enger zeitlicher und sachlicher Zusammenhang steht.[1173] Dies ist der Fall, wenn nicht mehr als sechs Monate zwischen den Vorgängen liegen.[1174]

Ist der Tatbestand der verdeckten Sacheinlage verwirklicht, wird der Aktionär nicht von seiner Einlageverpflichtung befreit (§ 27 Abs. 3 S. 1 AktG). Jedoch sind die Verträge über die Sacheinlage und die Rechtshandlungen zu ihrer Ausführung nicht unwirksam (§ 27 Abs. 3 S. 2 AktG). Auf die fortbestehende Geldeinlagepflicht des Aktionärs wird der Wert des verdeckt eingelegten Vermögensgegenstandes im Zeitpunkt der Anmeldung der Gesellschaft zur Eintragung in das Handelsregister oder im Zeitpunkt seiner Überlassung an die Gesellschaft, falls diese später erfolgt, angerechnet (§ 27 Abs. 3 S. 3 AktG: **Anrechnungslösung**). Die Gesellschaft behält also den verdeckt eingelegten Vermögensgegenstand und hat zudem einen Geldzahlungsanspruch gegen den Inferenten in Höhe der Differenz zwischen dem vereinbarten Geldeinlagebetrag und dem Wert des Vermögensgegenstandes; sonstige Ansprüche des Aktionärs und der AG begründet der Vorgang der verdeckten Sacheinlage nicht.[1175] Die Anrechnung erfolgt nicht vor Eintragung der Gesellschaft in das Handelsregister (§ 27 Abs. 3 S. 4 AktG). Damit ist zum Ausdruck gebracht, dass die Geldeinlagepflicht des Aktionärs auch in Höhe des Wertes des verdeckt eingelegten Vermögensgegenstandes bis zur Eintragung fortbesteht.

Aus diesem Grund ist es falsch, wenn die Gründer, der Vorstand und der Aufsichtsrat bei der Anmeldung erklären, der eingeforderte Betrag auf die Geldeinlage sei ordnungsgemäß eingezahlt und stehe

1171 Bitter/Heim § 3 Rn. 154.

1172 BGH NJW 2010, 1747 Rn. 15.

1173 BGH NJW 2006, 1736 Rn. 13 – zur Parallelvorschrift des § 19 Abs. 5 GmbHG.

1174 Bitter/Heim § 3 Rn. 160.

1175 Bitter/Heim § 3 Rn. 163.

zur freien Verfügung des Vorstands (vgl. § 37 Abs. 1 S. 1 AktG); sie machen sich **strafbar** (§ 399 Abs. 1 Nr. 1 AktG) und haften zivilrechtlich auf **Schadensersatz** (§§ 46, 48 AktG).[1176]

Die **Darlegungs- und Beweislast** für die Werthaltigkeit des Vermögensgegenstandes trägt der Aktionär (§ 27 Abs. 3 S. 5 AktG). Dies wirft für ihn namentlich dann Probleme auf, wenn zwischen der Leistung des verdeckt eingelegten Vermögensgegenstandes und Insolvenz der AG – in der Regel werden derartige Ansprüche erst dann durch den Insolvenzverwalter thematisiert – ein langer Zeitraum liegt und der Beweis des Wertes des Gegenstandes nur noch schwer zu führen ist.[1177]

Es bestehen also durchaus Unsicherheiten für die Aktionäre. Diesen können sie durch eine **Heilung der verdeckten Sacheinlage mit Wirkung ex nunc** begegnen, die wie folgt verläuft:[1178]

(1) Änderung der Satzung dahingehend, dass der betreffende Aktionär eine Sacheinlage erbracht hat;

(2) Bezeichnung des verdeckt eingelegten Vermögensgegenstandes als Einlagegegenstand und Bestimmung seines Wertes im Zeitpunkt der Satzungsänderung;

(3) Sachgründungsbericht und Gründungsprüfung analog §§ 32 Abs. 2 S. 1, 33 Abs. 2 Nr. 4, 34 Abs. 1 Nr. 2 AktG;

(4) Prüfung durch das Registergericht analog § 38 Abs. 1 AktG;

(5) Eintragung im Handelsregister gemäß § 181 Abs. 3 AktG und damit verbundener Eintritt der heilenden Wirkung.

IV. Hin- und Herzahlen (§ 27 Abs. 4 AktG)

484 Ist vor der Einlage eine Leistung an den Aktionär vereinbart worden, die **wirtschaftlich einer Rückzahlung der Einlage entspricht und die nicht als verdeckte Sacheinlage zu beurteilen** ist, so befreit dies den Aktionär von seiner Einlageverpflichtung nur dann, wenn die Leistung **durch einen vollwertigen Rückgewähranspruch gedeckt** ist, der jederzeit fällig ist oder durch fristlose Kündigung durch die Gesellschaft fällig werden kann (§ 27 Abs. 4 S. 1 AktG). Es geht also um Fälle, in denen der Aktionär oder eine ihm nahestehende Person[1179] bei wirtschaftlicher Betrachtung die in Geld erbrachte Einlage zurückerhält, etwa weil ihm die AG die geleistete Einlage im Wege eines Darlehens wieder zur Verfügung stellt, sodass – zumindest vorübergehend – nicht die AG, sondern der Aktionär auf die Mittel zugreifen kann.[1180] Ein solcher Vorgang ist in der Anmeldung nach § 37 AktG anzugeben (§ 27 Abs. 4 S. 2 AktG).

§ 27 Abs. 4 AktG lässt die **Erfüllungswirkung** der Geldeinlage nur eintreten,[1181] wenn

---

1176 Hier und zum Folgenden: Bitter/Heim § 3 Rn. 165.

1177 Bitter/Heim § 3 Rn. 167.

1178 Zum Folgenden: Bitter/Heim § 3 Rn. 168.

1179 Hüffer/Koch § 27 Rn. 47.

1180 Bitter/Heim § 3 Rn. 171.

1181 Zum Folgenden: Hüffer/Koch § 27 Rn. 48.

(1) die Geldeinlage gezahlt ist,

(2) aufgrund einer vor der Einzahlung getroffenen Abrede wirtschaftlich eine Rückzahlung der Einlage vorliegt,

(3) dieser Vorgang keine verdeckte Sacheinlage i.S.v. § 27 Abs. 3 S. 1 AktG darstellt,

(4) die AG aus dem Rückzahlungsvorgang einen einredefreien, vollwertigen und liquiden Rückgewähranspruch gegen den voraussichtlich erfüllungsbereiten Inferenten erlangt hat, und

(5) dieser Vorgang in der Anmeldung gemäß § 27 Abs. 4 S. 2 AktG offengelegt wurde.[1182]

Aus der negativen Formulierung des § 27 Abs. 4 S. 1 AktG folgt die **Darlegungs- und Beweislast** des Inferenten bzgl. der Vollwertigkeit und Liquidität;[1183] ansonsten gelten die allgemeinen Beweislastregeln.[1184] 485

Sind die Tatbestandsvoraussetzungen des § 27 Abs. 4 S. 1 AktG erfüllt, tritt unmittelbar mit der Einzahlung der Einlage durch den Inferenten an die AG die **Erfüllung der Einlageschuld** ein. Ohne diese Privilegierung ist die Hinzahlung des Aktionärs bei vereinbarter Rückgewähr durch die AG (Herzahlung) hingegen als Nichtleistung des Inferenten zu bewerten, weil der zunächst an die AG gezahlte Betrag nicht zur freien Verfügung des Vorstands (vgl. § 36 Abs. 2 AktG) steht.[1185] Nach der Rückgewähr kann die AG also erneut Zahlung der Geldeinlage fordern. Zahlt der Aktionär allerdings ein zweites Mal – Rückführung des Darlehens –, so ist die Zahlung auf die offene Einlageschuld zu verrechnen, sodass die AG keinen Anspruch auf eine dritte Zahlung hat.[1186]

V. Her- und Hinzahlen

Umgekehrter Fall mit ähnlichen Rechtsfolgen ist das Her- und Hinzahlen von Beträgen aus dem Gesellschaftsvermögen:[1187] Die AG zahlt unter Verstoß gegen § 57 Abs. 1 S. 1 AktG (also ohne Privilegierung gemäß § 57 Abs. 1 S. 3 Hs. 2 AktG) an den Aktionär und dieser anschließend an die AG zwecks angeblicher Erfüllung seiner Einlageschuld. Die Erfüllung der Einlageschuld scheitert hier am Rechtsgedanken des § 66 Abs. 1 S. 2 AktG; die Zahlung tilgt aber i.d.R. den Rückgewähranspruch aus § 62 Abs. 1 S. 1 AktG.[1188] 486

B. Kapitalerhaltung

Die Gläubiger der AG müssen davor geschützt werden, dass **das aufgebrachte Grundkapital wieder an die Aktionäre zurückfließt**. Zu diesem Zweck begrenzt das Gesetz die Möglichkeit von Ausschüttungen an Aktionäre und gestattet den Erwerb eigener 487

1182 Ob die in § 27 Abs. 4 S. 2 AktG vorgeschriebene Offenlegung in der Anmeldung Voraussetzung der ausnahmsweise eintretenden Befreiungswirkung ist, wird unterschiedlich beurteilt (bejahend: BGH NJW 2009, 2375 Rn. 16; verneinend: Altmeppen ZIP 2009, 1545, 1548).

1183 BGH NJW 2009, 3091 Rn. 25 – zu § 19 Abs. 5 GmbHG.

1184 Heckschen DStR 2009, 166, 173 f.; Hüffer/Koch § 27 Rn. 50.

1185 BGH NJW 2006, 509 Rn. 7.

1186 BGH NJW 2006, 509 Rn. 9.

1187 Zum Folgenden: Hüffer/Koch § 27 Rn. 51.

1188 BGH NJW 2009, 1418 Rn. 10 f. – zu §§ 30, 31 GmbHG.

Aktien nur in besonderen Fällen. Die Kapitalerhaltung bei der AG ist dabei weniger Komplex als bei der GmbH.

I. Grundsatz der strengen Kapitalbindung (§§ 57, 62 AktG)

488 Den Aktionären dürfen die Einlagen nicht zurückgewährt werden (§ 57 Abs. 1 S. 1 AktG). Insbesondere dürfen ihnen Zinsen auf Einlagen weder zugesagt noch ausgezahlt werden (§ 57 Abs. 2 AktG). Dieses Ausschüttungsverbot wirkt umfassend:[1189] Anders als im Recht der GmbH (vgl. § 30 Abs. 1 GmbHG) knüpft das Ausschüttungsverbot nicht an das zur Erhaltung des Grundkapitals erforderliche Gesellschaftsvermögen an. Das **Ausschüttungsverbot betrifft** vielmehr **das gesamte Vermögen der AG**.

Beachte: *Verpflichtet sich die AG entgegen § 57 Abs. 1 oder Abs. 2 AktG einem Aktionär gegenüber zur Rückgewähr von Einlagen oder zur Zahlung von Zinsen auf solche oder nimmt sie solche Zahlungen vor, sind weder das Verpflichtungs- noch das Verfügungsgeschäft nichtig. Zwar stellt § 57 AktG insofern ein Verbotsgesetz dar, ein Verstoß gegen diese gesetzlichen Regelungen löst aber die Rechtsfolgen des § 62 AktG und damit „ein anderes" i.S.v. § 134 BGB aus.*[1190]

Auch eine **Leistung an Aktionäre aus Aktiva, der freie Rücklagen gegenüberstehen**, stellt eine verbotene Einlagenrückgewähr dar, wenn sie nur mit Rücksicht auf die Mitgliedschaft von Aktionären bewirkt wird und keine Verteilung des Bilanzgewinns ist.[1191] Dementsprechend ist der Wortlaut des § 57 Abs. 1 S. 1 AktG insofern missverständlich, als er die Rückgewähr der „Einlagen" verbietet: Ob das Zurückgewährte eine **Einlage i.S.v. § 54 AktG ist, spielt keine Rolle**; es kommt überhaupt nicht auf den ursprünglichen Gegenstand der Einlagenleistung oder auf die Person des Leistenden an, sondern ausschließlich auf eine **wertmäßige Beeinträchtigung des Gesellschaftsvermögens**.[1192]

Vor der Auflösung der Gesellschaft[1193] darf **nur der Bilanzgewinn** der AG an die Aktionäre ausgeschüttet werden (§ 57 Abs. 3 AktG); jede andere Ausschüttung ist verboten. Weil ein etwaiges Agio[1194] nicht Teil des Bilanzgewinns ist, sondern in die Kapitalrücklage einzustellen ist (§ 272 Abs. 2 Nr. 1 HGB), nimmt auch dieses Aufgeld an der Kapitalbindung teil.[1195]

Das Gesetz ordnet einige **Ausnahmen** von dem in § 57 Abs. 1 S. 1, Abs. 3 AktG verankerten Verbot der Einlagenrückgewähr an:[1196] Es gilt nicht für die Zahlung des Erwerbspreises beim zulässigen Erwerb eigener Aktien (§ 57 Abs. 1 S. 2 AktG) und für Leistungen, die bei Bestehen eines Beherrschungs- oder Gewinnabführungsvertrags (§ 291 AktG) erfolgen oder durch einen vollwertigen Gegenleistungs- oder Rückgewähranspruch gegen den Aktionär gedeckt sind (§ 57 Abs. 1 S. 3 AktG). Ferner ist § 57 Abs. 1 S. 1 AktG nicht anzuwenden auf die Rückgewähr eines Aktionärsdarlehens und Leistungen auf Forderungen aus Rechtshandlungen, die einem Aktionärsdarlehen wirtschaftlich entsprechen (§ 57 Abs. 1 S. 4 AktG). Nicht als Verstoß gegen die strenge Kapitalbindung gelten weiterhin die Rückzahlung nach einer

---

1189 Zum Folgenden: Bitter/Heim § 3 Rn. 189.
1190 BGH NJW 2013, 1742 Rn. 14 ff.
1191 Hüffer/Koch § 57 Rn. 2.
1192 Bitter ZHR 168 (2004), 302, 308 ff.; Hüffer/Koch § 57 Rn. 2.
1193 S. hierzu Rn. 491 ff.
1194 Zum Begriff des Agios s. Rn. 481.
1195 Bitter/Heim § 3 Rn. 189.
1196 Bitter/Heim § 3 Rn. 190.

ordentlichen Kapitalherabsetzung (§ 222 Abs. 3 AktG) und die Einziehung von Aktien (§ 237 Abs. 2 AktG).

Verbotswidrige Ausschüttungen lösen einen verschuldensunabhängigen **Rückgewähranspruch der AG gegen den Aktionär** aus (§ 62 Abs. 1 S. 1 AktG), soweit die Beträge nicht gutgläubig als Gewinnanteile bezogen wurden (§ 62 Abs. 1 S. 2 AktG). § 62 Abs. 1 S. 1 AktG begründet einen spezifisch aktienrechtlichen Rückgewähranspruch, der als spezialgesetzliche Regelung das Bereicherungsrecht und dessen Privilegierungen (§§ 814, 817 S. 2, 818 Abs. 3 BGB) verdrängt.[1197] In keinem Fall kann sich der Aktionär auf Entreicherung berufen.[1198] Das Gesellschaftsvermögen ist grundsätzlich so herzustellen, wie es ohne die verbotswidrige Leistung bestanden hätte.[1199]

II. Erwerb eigener Aktien (§ 71 AktG)

Der (entgeltliche) Erwerb eigener Aktien durch die AG stellt wirtschaftlich eine Aus- 489
schüttung an die Aktionäre in Gestalt der Kaufpreiszahlung und damit im Grundsatz ebenfalls einen **Verstoß gegen das Ausschüttungsverbot des § 57 Abs. 1 S. 1 AktG** dar. Kommt es mit der Insolvenz der AG zum Ernstfall für die Gläubiger, sind die erworbenen eigenen Aktien – im Gegensatz zu sonstigen Beteiligungen – wertlos und taugen deshalb nicht zur Gläubigerbefriedigung.[1200] Der Erwerb eigener Aktien ist kein bloßer Aktiventausch (Geld gegen Wertpapiere). Aus diesem Grund verbietet § 71 AktG den Erwerb eigener Aktien, wenn nicht einer der dort abschließend aufgezählten Ausnahmetatbestände vorliegt. In den meisten dieser Fälle ist der Erwerb eigener Aktien gemäß § 71 Abs. 2 S. 2 AktG nur zulässig, wenn der Rückkauf aus dem ausschüttungsfähigen Vermögen der AG finanziert werden kann.

Ein Verstoß gegen § 71 Abs. 1 und 2 AktG macht den **(dinglichen) Erwerb eigener Aktien nicht unwirksam** (§ 71 Abs. 4 S. 1 AktG), führt **aber** zur **Nichtigkeit des Kausalgeschäfts** (§ 71 Abs. 4 S. 2 AktG) und **verpflichtet** die AG dazu, die Aktien binnen Jahresfrist **zu veräußern** (§ 71c Abs. 1 AktG).

Ferner verstößt die Kaufpreiszahlung gegen § 57 Abs. 1 S. 1 AktG, weil kein zulässiger Erwerb i.S.v. § 57 Abs. 1 S. 2 AktG vorliegt, sodass der **Aktionär zur Rückerstattung verpflichtet** ist (§ 62 Abs. 1 S. 1 AktG) und seinerseits aus Bereicherungsrecht die **Rückübertragung der Aktien verlangen** kann.[1201]

C. Kapitalerhöhung und Kapitalherabsetzung

Es kann aus unterschiedlichen Gründen das Bedürfnis entstehen, das Grundkapital zu 490
erhöhen oder – bis zur Untergrenze des § 7 AktG – herabzusetzen. Dies stellt eine **Satzungsänderung** dar und erfordert daher einen Beschluss der Hauptversammlung (§ 119 Abs. 1 Nr. 6 AktG), der neben einer Stimmenmehrheit nach § 133 Abs. 1 AktG teilweise einer qualifizierten Mehrheit von ¾ des bei der Beschlussfassung vertretenen

1197 Hüffer/Koch § 62 Rn. 2.

1198 Schäfer § 42 Rn. 15.

1199 BGH NJW 2013, 1742 Rn. 19.

1200 Hier und zum Folgenden: Bitter/Heim § 3 Rn. 194 f.

1201 Bitter/Heim § 3 Rn. 195.

Grundkapitals (vgl. § 182 Abs. 1 S. 1 AktG) bedarf. Das Gesetz unterscheidet jeweils grundlegend die Fälle der effektiven und der nominellen Kapitalerhöhung bzw. -herabsetzung.[1202]

5. Abschnitt: Die Auflösung und Abwicklung der AG

491 Im Rahmen der Beendigung einer AG sind **drei Schritte** zu unterscheiden:[1203]

492 Zunächst wird die AG zwingend in den Fällen des § 262 AktG **aufgelöst**. Die AG bleibt als Rechtsträger und juristische Person bestehen. Es ändert sich aber der **Gesellschaftszweck** von einer werbenden Gesellschaft zu einer „sterbenden" Abwicklungsgesellschaft. Damit der Rechtsverkehr diese Änderung des Unternehmenszwecks erkennen kann, ist die Auflösung zur Eintragung ins Handelsregister anzumelden (§ 263 AktG) und ein **klarstellender Zusatz zur Firma** („in Liquidation" bzw. kurz „i.L.") zu verwenden.

493 Den zweiten Schritt bildet die **Abwicklung (Liquidation)** der Gesellschaft. Sie dient dazu, das Vermögen der AG zu Geld zu machen (zu liquidieren) und die Gläubiger der AG zu befriedigen **(Gläubigerschutz)**. Erst wenn alle Gläubiger befriedigt sind, wird das verbleibende Vermögen unter den Aktionären aufgeteilt (§ 271 AktG). Damit die Gläubiger genügend Zeit zur Anmeldung ihrer Forderungen haben, darf dies frühestens ein Jahr (sog. Sperrjahr) nach der Bekanntmachung des Aufrufs der Gläubiger (§ 267 AktG) erfolgen (§ 272 Abs. 1 AktG). Mit der Verteilung an die Aktionäre endet die Abwicklung. Dies haben die Abwickler (§ 265 AktG) zur Eintragung ins Handelsregister anzumelden (§ 273 Abs. 1 S. 1 AktG).

494 Auf die Anmeldung der Abwickler hin ist die Gesellschaft **zu löschen** (§ 273 Abs. 1 S. 2 AktG). Eine **Vollbeendigung** der Gesellschaft als Rechtsträger und juristische Person setzt jedoch neben der Löschung im Handelsregister noch deren Vermögenslosigkeit voraus (sog. **Lehre vom Doppeltatbestand**).[1204]

6. Abschnitt: Die Kommanditgesellschaft auf Aktien

495 Die Kommanditgesellschaft auf Aktien (KGaA) ist eine **Mischform mit Elementen der AG und der KG**. Sie ist – wie die AG – juristische Person, unterscheidet sich von dieser jedoch dadurch, dass es neben den (Kommandit-)Aktionären mindestens einen persönlich haftenden Gesellschafter gibt, dessen Stellung der eines Komplementärs in einer KG ähnlich ist. Auf die KGaA finden die Vorschriften des ersten Buches des Aktiengesetzes Anwendung, soweit sich nicht aus den §§ 278 ff. AktG etwas anderes ergibt.[1205]

Es ist auch zulässig, dass der persönlich haftende Gesellschafter einer KGaA eine juristische Person (z.B. eine GmbH) sein kann. Die danach zulässige **GmbH & Co. KGaA** ist für viele Unternehmen eine interessante Alternative zur AG.

1202 S. hierzu bei der GmbH Rn. 436; ferner detailliert zur AG: Schäfer § 42 Rn. 23 ff.

1203 Zum Folgenden: Schäfer § 44 Rn. 1; Windbichler/Bachmann § 26 Rn. 32 ff.

1204 Münch Komm-AktG/J. Koch § 262 Rn. 89, 56 ff.; vgl. auch § 394 FamFG: Löschung wegen Vermögenslosigkeit.

1205 Ausführlicher dazu: Grunewald § 11 Rn. 1 ff.

Die Aktiengesellschaft (AG)

Grundlagen

- Juristische Person (§§ 1 Abs. 1 S. 1, 41 Abs. 1 S. 1 AktG), Einpersonengesellschaft möglich
- Kapitalgesellschaft: In Aktien zerlegtes Grundkapital (§ 1 Abs. 2 AktG)
- Formkaufmann (§ 3 Abs. 1 AktG)

Entstehung

- Gründung in drei Schritten:
  - Gründungsentschluss: Vorgründungsgesellschaft
  - Feststellung der Satzung und Übernahme der Aktien: Vor-AG
  - Eintragung in das Handelsregister: „fertige" AG
- Umwandlung

Organisation

- Aktionäre: „Eigentümer" der AG
- Hauptversammlung (§§ 118 ff. AktG): Willensbildungsorgan der Aktionäre
- Vorstand (§§ 76 ff. AktG): Leitung und Geschäftsführung sowie (organschaftliche) Vertretung der AG; frei von Weisungen der Aktionäre
- Aufsichtsrat (§§ 95 ff. AktG): notwendiges Organ der AG; Überwachung, Kontrolle und Beratung des Vorstands

Finanzverfassung

- Für Verbindlichkeiten der AG haftet nur das Gesellschaftsvermögen (§ 1 Abs. 1 S. 2 AktG).
- Haftungskonzentration auf Gesellschaftsvermögen ab Eintragung der AG (§ 41 Abs. 1 S. 1 AktG)
- Grundsatz der realen Kapitalaufbringung: Ein der Grundkapitalziffer entsprechendes Vermögen muss tatsächlich aufgebracht und der Gesellschaft zugeführt werden.
  - Inferent darf nicht von seiner Einlagepflicht befreit werden (§ 66 Abs. 1 S. 1 AktG).
- Grundsatz der Kapitalerhaltung: Ein der Grundkapitalziffer entsprechendes Vermögen muss nicht nur tatsächlich aufgebracht werden, sondern auch erhalten bleiben.
  - Grundsatz der strengen Kapitalbindung (§§ 57, 62 AktG)
  - Verbot des Erwerbs eigener Aktien (§ 71 AktG)

Auflösung und Abwicklung

- Auflösung (§§ 262, 263 AktG)
- Abwicklung (Liquidation, §§ 264 ff. AktG)
- Vollbeendigung: Löschung im Handelsregister und Vermögenslosigkeit (Lehre vom Doppeltatbestand)

Sonderfall: Kommanditgesellschaft auf Aktien (KGaA)

- Mischform aus AG und KG
  - Juristische Person, §§ 278 ff. AktG
  - (Kommandit-)Aktionäre
  - Daneben mindestens ein persönlich haftender Gesellschafter

7. Teil: Die stille Gesellschaft

1. Abschnitt: Grundlagen

496 Für die Beteiligung an einem Handelsgewerbe sieht der Gesetzgeber neben der KG auch die stille Gesellschaft vor, welche in den §§ 230 ff. HGB geregelt ist. Gemäß § 230 Abs. 1 HGB beteiligt sich der sog. **stille Gesellschafter** an dem Handelsgewerbe eines anderen mit einer **Vermögenseinlage**, die er in der Form leistet, dass sie in das Vermögen des Inhabers des Handelsgewerbes übergeht.

Der **zentrale Unterschied zur KG** ist dabei, dass der stille Gesellschafter gerade **kein Gesellschafter des Inhabers des Handelsgewerbes** wird und als solcher auch nicht nach außen in Erscheinung tritt.[1206] Lediglich der Inhaber des Handelsgeschäfts tritt im Außenverhältnis gegenüber Dritten (Kunden, Lieferanten, Arbeitnehmer etc.) auf, vgl. § 230 Abs. 2 HGB. Aufgrund der Tatsache, dass der stille Gesellschafter dem Rechtsverkehr grundsätzlich nicht bekannt ist, **unterscheidet sich die Haftung maßgeblich** von der des Kommanditisten.[1207]

Die Regelungen zur stillen Gesellschaft in den **§§ 230 ff. HGB** sind nicht abschließend; daneben kommen vielmehr noch die **§§ 705 ff. BGB** zur Anwendung.[1208] Im Gegensatz u.a. zur OHG in § 105 Abs. 3 HGB wird die Anwendung von §§ 705 ff. BGB zwar nicht ausdrücklich angeordnet. Die Anwendung folgt jedoch aus dem Umstand, dass die stille Gesellschaft eine besondere Form der (Innen-)GbR ist.[1209]

Die stille Gesellschaft ist **nicht rechtsfähig**[1210] und damit auch nicht parteifähig (§ 50 Abs. 1 ZPO) und prozessfähig.[1211] Als reine Innengesellschaft führt die stille Gesellschaft keine eigene Firma und sie ist auch nicht im Handelsregister eingetragen (und deshalb „still“).[1212]

2. Abschnitt: Voraussetzungen der stillen Gesellschaft

497 Eine stille Gesellschaft liegt nur vor, wenn folgende **Mindestvoraussetzungen** erfüllt sind:[1213]

Mindestanforderungen an eine stille Gesellschaft i.S.v. §§ 230 ff. HGB
1. Eine Partei ist **Kaufmann i.S.v. §§ 1 ff. HGB**
2. Die andere Partei ist **stiller Gesellschafter**
3. Abschluss eines **Gesellschaftsvertrages**
4. Kraft des Gesellschaftsvertrages: Beteiligung des stillen Gesellschafters am Unternehmen des anderen **mit einer Einlage**
5. **Beteiligung** des stillen Gesellschafters **am Unternehmensgewinn**

1206 Mock § 9 Rn. 480.
1207 S. dazu Rn. 238 ff.
1208 Mock § 9 Rn. 481.
1209 Zimmer/Bueren NZG 2011, 405, 406.
1210 Beuthien NZG 2011, 161, 165; Oetker/Wedemann § 230 Rn. 96.
1211 Oetker/Wedemann § 230 Rn. 96.
1212 Ensthaler/Fahse/Gesmann-Nuissl § 230 Rn. 4.
1213 Ensthaler/Fahse/Gesmann-Nuissl § 230 Rn. 8.

A. Kaufmann

Nach § 230 Abs. 1 HGB muss sich die stille Gesellschaft auf ein **Handelsgewerbe** beziehen, das ein anderer betreibt.[1214] Daher muss ein **Kaufmann** i.S.v. **§§ 1 ff. HGB** am Gesellschaftsvertrag beteiligt sein. In Betracht kommen Istkaufleute (§ 1 Abs. 1 HGB), eingetragene Kaufleute (§§ 2, 3 Abs. 2 HGB), Handelsgesellschaften gemäß § 6 Abs. 1 HGB (OHG, KG) und Formkaufleute gemäß § 6 Abs. 2 HGB (AG: § 3 AktG; KGaA: §§ 278, 3 AktG; GmbH: § 13 GmbHG; VVaG: § 16 VAG; Genossenschaft: § 42 Abs. 1 GenG) sowie Kaufleute kraft Eintragung (§ 5 HGB). 498

Beachte: *Ist der Geschäftsinhaber nicht Kaufmann, besteht eine Innengesellschaft in der Form einer stillen BGB-Gesellschaft.*[1215]

B. Stiller Gesellschafter

Stiller Gesellschafter kann **jede natürliche oder juristische Person** des Privatrechts oder des öffentlichen Rechts sein, darüber hinaus auch **nicht eingetragene Vereine und Genossenschaften sowie Körperschaften** des öffentlichen Rechts.[1216] Auch **rechtsfähige Personengesellschaften** (GbR, OHG, KG, PartG) können sich als stille Gesellschafter beteiligen.[1217] 499

Die **Gesellschafter einer Personen- und Kapitalgesellschaft** können zugleich als stille Gesellschafter an der Gesellschaft beteiligt sein (z.B. KG & Still, GmbH & Still), nicht aber der Unternehmensträger selbst (Einzelkaufmann, Handelsgesellschaft etc.), da **nur ein Dritter** stiller Gesellschafter sein kann. Auch einer stillen Gesellschaft als nichtrechtsfähiger Innengesellschaft ist die Möglichkeit einer stillen Teilhaberschaft versperrt.[1218]

C. Gesellschaftsvertrag

Es muss ein Gesellschaftsvertrag (§ 705 Abs. 1 BGB) zwischen dem Inhaber des Handelsgeschäfts und dem stillen Gesellschafter vorliegen. **Vertragspartner** des Stillen ist immer der **Kaufmann.**[1219] Handelt es sich bei dem Kaufmann um eine Gesellschaft, kommt die stille Gesellschaft mit dieser selbst und nicht mit deren Gesellschaftern zustande.[1220] Der Stille wird nicht Gesellschafter, sondern steht grundsätzlich in einem Schuldverhältnis zur Gesellschaft.[1221] Auch an einer Vor-Gesellschaft (z.B. Vor-AG,[1222] Vor-GmbH[1223]) ist eine stille Beteiligung möglich.[1224] 500

Eine **stille Beteiligung an einer stillen Gesellschaft** ist hingegen nicht möglich, weil diese als bloße Innengesellschaft nicht Unternehmensträger und damit auch nicht Vertragspartner sein kann.[1225]

1214 Hier und zum Folgenden: Ensthaler/Fahse/Gesmann-Nuissl § 230 Rn. 9 ff.
1215 MünchKomm-BGB/Schäfer § 705 Rn. 294.
1216 Hier und zum Folgenden: Ensthaler/Fahse/Gesmann-Nuissl § 230 Rn. 16.
1217 BGH NJW-RR 1989, 993, 994.
1218 Oetker/Wedemann § 230 Rn. 25.
1219 Hier und zum Folgenden: Ensthaler/Fahse/Gesmann-Nuissl § 230 Rn. 9.
1220 BGH NJW 1971, 375, 376.
1221 OLG Frankfurt a.M. NZG 2001, 270, 271.
1222 Zu dieser s. Rn. 460.
1223 Zu dieser s. Rn. 355.
1224 Oetker/Wedemann § 230 Rn. 18.
1225 MünchKomm-HGB/K. Schmidt § 230 Rn. 32.

Die §§ 230 ff. HGB gehen **im Grundsatz** von einer **Zweipersonengesellschaft** aus. Beteiligen sich mehrere Personen als stille Gesellschafter am Handelsgeschäft eines anderen, entstehen grundsätzlich mehrere stille Gesellschaften. Es sind aber auch **mehrgliedrige stille Gesellschaften**, insbesondere Publikumsgesellschaften, möglich.[1226]

Ein Gesellschaftsvertrag liegt nur vor, wenn die Parteien einen **gemeinsamen Zweck** festlegen. Hierfür bedarf es nicht nur eines gemeinsamen Ziels, sondern einer Verpflichtung zum koordinierten gemeinsamen Handeln und zur Förderung durch jeweilige Beiträge.[1227] Ausreichender gemeinsamer Zweck ist die Förderung des Handelsgewerbes durch Begründung einer Einlage. Soll lediglich ein ideeller Zweck gefördert werden, liegt demgegenüber eine GbR vor.[1228]

Das Merkmal der gemeinsamen Zweckverfolgung **unterscheidet die stille Gesellschaft von den partiarischen Rechtsverhältnissen.**[1229] Bei der Abgrenzung ist die Einigung unter Würdigung aller Umstände des Einzelfalles gemäß §§ 133, 157 BGB auszulegen. Maßgebliches Kriterium für die Abgrenzung sind die Beendigungsmöglichkeiten und -folgen. Während sich das partiarische Rechtsverhältnis nach den Kündigungsmöglichkeiten mit anschließender Rückgewähr aus dem allgemeinen Vertrags- und Schuldrecht richtet, kommt bei der stillen Gesellschaft nur die Kündigung mit anschließender Auseinandersetzung in Betracht. Weitere Indizien für eine (stille) Gesellschaft sind die Vereinbarung einer Verlustbeteiligung sowie die Einräumung von Kontroll- und Mitwirkungsrechten.[1230]

Der Gesellschaftsvertrag der stillen Gesellschaft ist **grundsätzlich formfrei** und kann auch durch schlüssiges Verhalten abgeschlossen werden, sofern ein nachweisbarer Vertragswille vorhanden ist.[1231] Sind jedoch **besondere Formbestimmungen aus Gründen außerhalb der §§ 230–236 HGB** zu beachten, muss auch der Gesellschaftsvertrag einer stillen Gesellschaft diese Formvoraussetzungen erfüllen.[1232] Dies ist insbesondere dann der Fall, wenn durch den stillen Gesellschafter ein Grundstück (§ 311b Abs. 1 BGB) oder ein GmbH-Geschäftsanteil (§ 15 Abs. 4 GmbHG) eingelegt werden soll. Bei einem Gesellschaftsvertrag, durch den die stille Beteiligung unentgeltlich versprochen wird, ist gemäß § 518 Abs. 1 S. 1 BGB eine notarielle Beurkundung des Schenkungsversprechens erforderlich.

Eine **Heilung des Formmangels** erfolgt nach § 311b Abs. 1 S. 2 BGB durch Auflassung und Eintragung des Geschäftsinhabers als Eigentümer des Grundstücks im Grundbuch, nach § 15 Abs. 4 S. 2 GmbHG durch formgerechte Abtretung des GmbH-Anteils bzw. nach § 518 Abs. 2 BGB durch Bewirken der Einlage.[1233] Die Einlage ist bewirkt, wenn der Dritte sie geleistet oder wenn der Geschäftsinhaber sie zunächst dem Stillen zugewendet hat, damit dieser sie daraufhin einbringen kann.[1234] Heilung tritt auch ein, wenn sich das Schenkungsversprechen auf eine bestehende stille Beteiligung bezieht und diese an den Beschenkten übertragen wird. Streitig ist die Heilung des Formmangels, wenn der Geschäftsinhaber dem stillen Gesellschafter die Einlage gewährt, indem er die Einlage auf dessen Einlagenkonto bucht. Der BGH hatte eine Heilung des unwirksamen Schenkungsversprechens gemäß § 518 Abs. 2 BGB zunächst abgelehnt, da weder durch Abschluss des Gesellschaftsvertrags noch durch buchmäßige, steuerliche oder sonstige Führung des Anteils des Stillen als dessen Vermögen ein Vollzug der Schen-

1226 BGH NZG 2017, 907.

1227 Hier und zum Folgenden: Ensthaler/Fahse/Gesmann-Nuissl § 230 Rn. 17.

1228 BGH NZG 1998, 25 (zu § 738 Abs. 1 S. 2 BGB).

1229 Zu diesen s. Rn. 7.

1230 Mock § 9 Rn. 483.

1231 BGH NJW 2006, 1268, Ls. 2 und Rn. 13 ff. (zur eheähnlichen Lebensgemeinschaft).

1232 Hier und zum Folgenden: Ensthaler/Fahse/Gesmann-Nuissl § 230 Rn. 19.

1233 Hier und zum Folgenden: Oetker/Wedemann § 230 Rn. 58 f.

1234 Herrmann ZHR 147 (1983), 329, 332.

kung eingetreten und lediglich eine schuldrechtliche Verpflichtung (aus dem Schenkungsvertrag) durch eine andere (aus dem Gesellschaftsvertrag) ersetzt worden sei,[1235] mittlerweile aber eine Heilung bei Einräumung von Mitwirkungsrechten im Falle einer atypischen Unterbeteiligung bejaht.[1236]

Bei Mängeln des Gesellschaftsvertrages finden die **Grundsätze der fehlerhaften Gesellschaft** nach h.M. auch auf stille Gesellschaften Anwendung.[1237] Danach kann eine bereits in Vollzug gesetzte stille Gesellschaft grundsätzlich nur durch außerordentliche Kündigung gemäß § 725 Abs. 2 BGB *ex nunc* aufgelöst und anschließend nach § 235 HGB auseinandergesetzt werden.[1238] 501

Dabei kann der stille Gesellschafter grundsätzlich nur Auszahlung des Auseinandersetzungsguthabens nach § 235 HGB und nicht Rückgewähr der Einlage verlangen; etwas anderes kann sich nur unter dem Gesichtspunkt eines auf den Ersatz des negativen Interesses gerichteten Schadensersatzanspruchs (z.B. aus §§ 280 Abs. 1, 311 Abs. 2 und 3, 241 Abs. 2 BGB) ergeben.[1239]

Bis dahin wird die Gesellschaft so behandelt, als sei der Gesellschaftsvertrag wirksam. Mithin treffen den Inhaber und den Stillen alle Rechte und Pflichten, die sich ergeben würden, wenn der Gesellschaftsvertrag wirksam wäre.[1240] Da die stille Gesellschaft eine Innengesellschaft ist, kommt es für den Vollzug auf die Wahrnehmung der Rechte bzw. die Erfüllung der Pflichten aus der stillen Gesellschaft im Innenverhältnis an.[1241] In Vollzug gesetzt ist die stille Gesellschaft jedenfalls mit dem (teilweisen) Leisten der Einlage,[1242] der Ausübung gesellschaftsvertraglicher Rechte durch den stillen Gesellschafter,[1243] oder durch die Auszahlung von Gewinnanteilen oder deren Gutschrift auf dem Einlagen- oder Privatkonto des stillen Gesellschafters.[1244]

Fall 14: Fehlerhafte stille Gesellschaft

Die S-AG beschäftigt sich mit dem Erwerb und der Verwaltung von Immobilien. Das erforderliche Kapital bringt sie auf, indem sie mit zahlreichen Kleinanlegern stille Gesellschaften gründet. Der G beteiligte sich als stiller Gesellschafter an der S-AG mit einer Einlage von 20.000 €. Der Anlagevermittler A, der im Auftrag der S-AG tätig wurde, unterließ es jedoch aus leichter Fahrlässigkeit, zuvor G darüber aufzuklären, dass je nach Geschäftslage die S-AG das Recht hat, die versprochenen Gewinnausschüttungen einseitig einzustellen. Auch das Risiko, dass er an etwaigen Verlusten beteiligt und verpflichtet sein werde, erforderlichenfalls sogar Nachschüsse in erheblichem Umfang zu leisten habe, wurde nicht erwähnt. Als G von diesen Gegebenheiten erfährt, verlangt er von der S-AG, die über hinreichendes Vermögen verfügt, um

1235 BGHZ 7, 174, 179; a.A. Blaurock NZG 2012, 521, 524; Oetker/Wedemann § 230 Rn. 59.

1236 BGH NZG 2012, 222 Rn. 22 ff.: Schenkung einer atypischen Unterbeteiligung ist mit Abschluss des Gesellschaftsvertrages i.S.v. §§ 2301, 518 Abs. 2 BGB vollzogen.

1237 BGH NZG 2005, 261, 262; BGH NZG 2005, 472, Ls. 1; a.A. Hey NZG 2004, 1097, 1098 f.; MünchKomm-BGB/Schäfer § 705 Rn. 371 differenzierend zwischen zwei- und mehrgliedrigen Gesellschaften. Bayer/Riedel NJW 2003, 2567, 2571 f.; nur für stille Gesellschaften mit verbandsmäßiger Struktur (insbesondere „Innen-KGs") bejahend: Schäfer GWR 2014, 25, 26 f.; MünchKomm-HGB/K. Schmidt § 230 Rn. 134; Oetker/Wedemann § 230 Rn. 65.

1238 Ensthaler/Fahse/Gesmann-Nuissl § 230 Rn. 32.

1239 BGH NZG 2005, 57, Ls. 1.

1240 Ensthaler/Fahse/Gesmann-Nuissl § 230 Rn. 32.

1241 Hier und zum Folgenden: Ensthaler/Fahse/Gesmann-Nuissl § 230 Rn. 30.

1242 BGH NJW 2005, 1784, 1785; BGH NJW-RR 2005, 627, 628.

1243 BGH NJW 2000, 3558, 3560.

1244 Oetker/Wedemann § 230 Rn. 68.

sowohl die (hypothetischen) Abfindungs- und Auseinandersetzungsansprüche aller stillen Gesellschafter als auch den Schadensersatzanspruch des G zu befriedigen, die Rückzahlung der Einlage. Zu Recht?

502 G könnte gegen die S-AG einen **Anspruch auf Rückzahlung der Einlage** wegen der Verletzung einer vorvertraglichen Aufklärungspflicht gemäß **§§ 280 Abs. 1, 311 Abs. 2 Nr. 1, 241 Abs. 2 BGB** haben.

I. Durch die **Aufnahme von Vertragsverhandlungen** über die Beteiligung an der S-AG zwischen G und A als Vertreter der S-AG ist gemäß § 311 Abs. 2 Nr. 1 BGB ein vorvertragliches Schuldverhältnis zustande gekommen.

II. Die S-AG müsste eine **Pflicht aus diesem vorvertraglichen Schuldverhältnis verletzt** haben. In Betracht kommt vorliegend die Verletzung einer **Aufklärungspflicht**.

Zwar besteht grundsätzlich **keine allgemeine Pflicht**, den jeweiligen Vertragspartner aufzuklären. Allerdings sind die dem Anleger zur Verfügung stehenden Informationsmöglichkeiten nur begrenzt. Die Anlagegesellschaft selbst hingegen wird in der Regel die erforderlichen Informationen haben. Daher wird nach ständiger Rechtsprechung des BGH gefordert, dass einem Anleger für seine Beitrittsentscheidung ein zutreffendes Bild über das Beteiligungsobjekt vermittelt werden muss. Er muss **über alle Umstände, die für seine Anlageentscheidung von wesentlicher Bedeutung sind oder sein können**, insbesondere über die mit der angebotenen Beteiligungsform verbundenen Nachteile und Risiken, **zutreffend, verständlich und vollständig aufgeklärt** werden.[1245] Vorliegend war G vor allem darüber aufzuklären, dass er an den Verlusten der S-AG beteiligt werde und eventuell auch die Gefahr besteht, dass er in hohem Maße zu Nachschüssen verpflichtet sein kann. Auch die einseitige Möglichkeit der S-AG, Ausschüttungen einzustellen, war für die Risikoabschätzung des G von wesentlicher Bedeutung.

Da der Anlagevermittler A diese Aspekte nicht erwähnt hat und sich die S-AG dessen Verhalten zurechnen lassen muss, liegt eine Pflichtverletzung der S-AG vor.

III. Da die S-AG den Anlagevermittler als **Erfüllungsgehilfen** eingeschaltet hat, muss sie sich ein diesem vorwerfbares Verschulden nach § 278 S. 1 Var. 2 BGB zurechnen lassen. Die S-AG kann sich also **nicht** i.S.v. § 280 Abs. 1 S. 2 BGB **exkulpieren**.

IV. G hat somit nach den §§ 249 ff. BGB einen Anspruch auf Ersatz solcher Schäden, die ihm aufgrund der Nichtaufklärung entstanden sind. Wäre er aufgeklärt worden, hätte er mit an Sicherheit grenzender Wahrscheinlichkeit seine Anlageentscheidung nicht (so) getroffen. Folglich ist er **so zu stellen, wie er stehen würde, wenn er den stillen Gesellschaftsvertrag nicht geschlossen und somit seine Einlage nicht geleistet** hätte. Der Anspruch auf Rückzahlung der Einlage ist damit gegeben.

V. Fraglich ist allerdings, ob dieses Ergebnis mit **den Grundsätzen zur fehlerhaften Gesellschaft** in Einklang gebracht werden kann. Hiernach sind grundsätzlich **Ansprüche, die auf Rückabwicklung gerichtet sind, ausgeschlossen**. Stattdessen wird dem stillen Gesellschafter ein Kündigungsrecht zugestanden, mit der Folge, dass mit Kündigungs-

1245 Vgl. statt vieler: BGH NJW 2005, 1784, 1787.

erklärung eine ex-nunc-Auflösung und eine Auseinandersetzung der stillen Beteiligung nach § 235 HGB erfolgen.[1246] Dann müssten allerdings die Grundsätze über die fehlerhafte Gesellschaft auch auf die hier vorliegende stille Gesellschaft anwendbar sein.

1. Teilweise wird eine Anwendung der Grundsätze über die fehlerhafte Gesellschaft auf eine stille Gesellschaft **generell abgelehnt**.[1247] Zur Begründung wird darauf verwiesen, dass die stille Gesellschaft kein Gesellschaftsvermögen bildet, ein solches aber zwingende Voraussetzung für die Anwendbarkeit der Regeln über die fehlerhafte Gesellschaft sei. Nach dieser Auffassung kann G die Rückzahlung der Einlage als Schadensersatzforderung verlangen.

2. Der **BGH wendet** die Grundsätze über die fehlerhafte Gesellschaft hingegen auch auf stille Gesellschaften **an**.[1248] **Allerdings** stehe die Anwendbarkeit dieser Grundsätze einem Anspruch auf **Rückgewähr der Einlage bei einer zweigliedrigen stillen Gesellschaft** nicht entgegen, wenn der Vertragspartner des stillen Gesellschafters verpflichtet ist, diesen im Wege des **Schadensersatzes** so zu stellen, als hätte er den Gesellschaftsvertrag nicht geschlossen und seine Einlage nicht geleistet.[1249] Der Anspruch des Gesellschafters auf Rückgewähr der Einlage richte sich gegen die stille Gesellschaft in ihrer **Doppeleigenschaft als Vertragspartner des Gesellschafters und als „Gesellschaft"**. Adressat des gesellschaftsrechtlichen Rückabwicklungsanspruchs sei der Inhaber des Handelsgewerbes i.S.d. § 230 HGB, mit dem allein der stille Gesellschaftsvertrag zustande gekommen und der zugleich im Wege des Schadensersatzes verpflichtet sei, etwaige Minderungen der gesellschaftsrechtlichen Einlage auszugleichen. Demjenigen, der sich aufgrund einer Verletzung einer Aufklärungspflicht schadensersatzpflichtig gemacht habe, dürfe es nicht zugutekommen, dass er gleichzeitig auch an dem mit dem geschädigten Anleger geschlossenen Gesellschaftsvertrag beteiligt sei.

Im vorliegenden Fall ist jedoch zu beachten, dass die S-AG **mit zahlreichen Anlegern** stille Gesellschaften gebildet hat **(mehrgliedrige stille Gesellschaft)** und als am Kapitalmarkt tätige **AG eine verbandsmäßige Struktur** aufweist. Bei stillen Gesellschaften mit verbandsmäßiger Struktur unterliegt der Schadensersatzanspruch Beschränkungen, denn ein über den Auseinandersetzungsanspruch hinausgehender Schadensersatzanspruch darf die **gleichmäßige Befriedigung** der Abfindungs- und Auseinandersetzungsansprüche der übrigen Gesellschafter nicht gefährden.[1250] Vor Beendigung der Auseinandersetzung besteht ein durchsetzbarer Schadensersatzanspruch in diesen Konstellationen daher nur, wenn und soweit im Zeitpunkt der Entscheidung über einen solchen Schadensersatzanspruch das Vermögen des Geschäftsinhabers zusätzlich zu dem Anspruch des betreffenden Anlegers auch die zu diesem Zeitpunkt bestehenden (hypothetischen) Abfindungs- und Auseinandersetzungsansprüche aller stillen Gesellschafter deckt.[1251]

1246 Armbrüster/Joos ZIP 2004, 189, 199.

1247 Hey NZG 2004, 1097, 1098 f.; MünchKomm-BGB/Schäfer § 705 Rn. 371; zweifelnd auch OLG Schleswig ZIP 2002, 1244, 1247.

1248 BGH NZG 2005, 261, 262; BGH NZG 2005, 472, Ls. 1.

1249 BGH NZG 2006, 57, Ls. 1.

1250 BGH NZG 2013, 1422 Rn. 16 ff.; BGH, Urt. v. 29.07.2014 – II ZR 170/13, BeckRS 2014, 16769 Rn. 9; Schäfer/Fallak, FS Kübler, 2015, 607, 610 f.; K. Schmidt ZIP 2014, 1457, 1462 f.

1251 BGH NZG 2013, 1422 Rn. 29 f. Zur näheren Ausformung mit diesen Leitlinien: Schäfer/Fallak, FS Kübler, 2015, 607, 611 ff.; K. Schmidt ZIP 2014, 1457, 1462 f.

Da die S-AG über ein **in diesem Sinne hinreichendes Vermögen** verfügt, kann G auch im Falle einer Anwendbarkeit der Grundsätze über die fehlerhafte Gesellschaft die Rückzahlung seiner Einlage verlangen. Einer Streitentscheidung bedarf es demnach nicht. Dem G steht gegen die S-AG ein Anspruch auf Rückzahlung seiner Einlage nach §§ 280 Abs. 1, 311 Abs. 2 Nr. 1, 241 Abs. 2 BGB zu.

D. Beteiligung mit einer Einlage

503 Die Einlage des stillen Gesellschafters ist gemäß § 230 Abs. 1 HGB so zu leisten, dass sie **in das Vermögen des Geschäftsinhabers** übergeht. Dies bedeutet regelmäßig eine Übereignung an den Geschäftsinhaber.[1252] Die Einlage ist regelmäßig auf eine Geldleistung gerichtet, kann aber auch in bestimmten Sachen oder sonstigen Vermögenswerten sowie noch zu erbringenden (nicht früheren) Dienstleistungen[1253] bestehen.

Soll die Einlage nach den Vorstellungen der Parteien nicht in das alleinige Vermögen des Inhabers übergehen, sondern vielmehr **gemeinschaftliches Vermögen** werden, liegt keine stille Gesellschaft, sondern eine GbR vor.[1254]

Fehlt es an einer abweichende Regelung im Gesellschaftsvertrag, ist die Einlage gemäß § 271 BGB sofort, also mit Abschluss des Gesellschaftsvertrages **fällig**.[1255] Der Anspruch auf die Einlage **verjährt** nach den §§ 195, 199 BGB.[1256] Zu denken ist an eine analoge Anwendung des § 54 Abs. 4 AktG im Falle einer „AG & Still" bzw. des § 19 Abs. 6 GmbHG im Falle einer „GmbH & Still".[1257]

Wenn der stille Gesellschafter seine **Einlage erbracht** hat, kann er grundsätzlich nicht zu weiteren Zahlungen an den Inhaber verpflichtet werden.[1258] Der stille Gesellschafter nimmt nämlich an dem Verlust nur bis zum Betrage seiner eingezahlten oder rückständigen Einlage teil (§ 232 Abs. 2 S. 1 HGB). Dies gilt aber nur, soweit im Gesellschaftsvertrag für das Innenverhältnis nicht ausdrücklich oder konkludent eine **Nachschusspflicht** des stillen Gesellschafters vereinbart ist.[1259] Ist die stille Gesellschaft als Publikumsgesellschaft organisiert, müssen etwaige Nachschusspflichten aus dem Gesellschaftsvertrag eindeutig hervorgehen und der Höhe nach zumindest objektiv bestimmbar sein.[1260]

E. Gewinnbeteiligung

504 Der stille Gesellschafter muss **zwingend** an dem Gewinn des Handelsgewerbes beteiligt werden (§ 231 Abs. 2 Hs. 2 HGB). Andernfalls liegt keine stille Gesellschaft vor.[1261]

1252 Ensthaler/Fahse/Gesmann-Nuissl § 230 Rn. 35.
1253 Ensthaler/Fahse/Gesmann-Nuissl § 230 Rn. 37.
1254 OLG Hamm NJW-RR 1994, 1382, 1183.
1255 Ensthaler/Fahse/Gesmann-Nuissl § 230 Rn. 36.
1256 BGH NZG 2010, 823 Rn. 9.
1257 Berninger DStR 2010, 2359, 2362 f.; K. Schmidt NZG 2009, 361, 363; a.A. BGH NZG 2010, 823 Rn. 9.
1258 Hier und zum Folgenden: Ensthaler/Fahse/Gesmann-Nuissl § 230 Rn. 39.
1259 OLG Schleswig DStR 2009, 2329.
1260 BGH NZG 2007, 382, Ls. 1.
1261 BFH DStR 2002, 123, 124; Ensthaler/Fahse/Gesmann-Nuissl § 230 Rn. 41; Windbichler/Bachmann § 18 Rn. 3.

3. Abschnitt: Rechte und Pflichten des Geschäftsinhabers

Die Rechte und Pflichten des Geschäftsinhabers ergeben sich aus dem Gesellschaftsvertrag und den gesetzlichen Regelungen, soweit diese nicht abbedungen sind.[1262] Zu den Rechten eines Personengesellschafters gehören im **Allgemeinen Teilnahme-, Informations- und Vermögensrechte sowie Lösungs- und Klagerechte**; seine Pflichten setzen sich aus der **Beitrags- und der Treuepflicht** zusammen.[1263] 505

Die Beitragspflicht des Geschäftsinhabers besteht im **Betrieb des Handelsgewerbes.**[1264] Er ist dem Stillen gegenüber verpflichtet, im gemeinsamen Interesse und auf gemeinsame Rechnung tätig zu werden.[1265]

Dabei hat der Inhaber das Recht und die Pflicht zur **Geschäftsführung** (§ 715 BGB), die ihm bei einer typischen Gesellschaft allein zusteht. Da es sich hierbei um eine gesellschafterliche Beitragspflicht des Inhabers handelt, erhält er hierfür keine Vergütung, sofern im Gesellschaftsvertrag nichts anderes vorgesehen ist.[1266] Aufwendungen sind gewinnmindernd bei der Abrechnung der stillen Gesellschaft nach § 232 HGB zu berücksichtigen;[1267] ein selbstständiger Anspruch gemäß §§ 716, 670 BGB besteht nicht.[1268] Im Rahmen der Geschäftsführung steht ihm ein **weiter Handlungsspielraum** zu: Er kann nicht nur alle gewöhnlichen, sondern auch alle außergewöhnlichen Geschäfte vornehmen, die zum Betrieb des Handelsgewerbes gehören.[1269] Allerdings ist die Geschäftsführung auf die Fortführung des Geschäftsbetriebs zur gemeinsamen Zweckverfolgung beschränkt.[1270] Insbesondere ist der Geschäftsinhaber dazu verpflichtet, sowohl die Einlage des Stillen bestimmungsgemäß, also nur zur Förderung des Handelsgewerbes und nicht für gesellschaftsfremde Zwecke, zu verwenden als auch dem Unternehmen nicht bestimmungswidrig Vermögen zu entziehen.[1271] Ferner ist der Inhaber ohne Zustimmung des stillen Teilhabers nicht berechtigt, die wesentlichen Grundlagen des Handelsgewerbes zu verändern.

Zu solchen **Grundlagengeschäften** können die Änderung des Gegenstandes des Unternehmens, die Verpachtung, die Veräußerung des Unternehmens oder gar die Einstellung des Geschäftsbetriebes zählen.[1272]

Eine **Verletzung von Geschäftsführungsbefugnissen** berührt allerdings **nur das Innenverhältnis** zwischen dem Inhaber und dem stillen Gesellschafter, im Außenverhältnis bleibt das Rechtsgeschäft wirksam. Der Stille erhält lediglich einen Schadensersatzanspruch oder ggf. ein Recht zur außerordentlichen Kündigung (§ 234 HGB).[1273]

1262 Ensthaler/Fahse/Gesmann-Nuissl § 230 Rn. 42.

1263 Oetker/Wedemann § 230 Rn. 71.

1264 Hier und zum Folgenden: Oetker/Wedemann § 230 Rn. 71.

1265 BFH DStR 2002, 123, 124; Ensthaler/Fahse/Gesmann-Nuissl § 230 Rn. 42.

1266 Ensthaler/Fahse/Gesmann-Nuissl § 230 Rn. 51; Oetker/Wedemann § 230 Rn. 81.

1267 K. Schmidt JuS 2003, 228, 231.

1268 Oetker/Wedemann § 230 Rn. 81; a.A. Ensthaler/Fahse/Gesmann-Nuissl § 230 Rn. 51.

1269 Ensthaler/Fahse/Gesmann-Nuissl § 230 Rn. 44.

1270 Hier und zum Folgenden: Ensthaler/Fahse/Gesmann-Nuissl § 230 Rn. 45.

1271 BFH DStR 2002, 123, 124.

1272 BGH BB 1980, 958, 959; BGH NJW 1988, 413, 414.

1273 BGH NJW 1988, 413, 414; MünchKomm-HGB/K. Schmidt § 230 Rn. 179; Oetker/Wedemann § 230 Rn. 79.

Aus der **Treuepflicht** ergibt sich bei der stillen Gesellschaft insbesondere die Pflicht des Inhabers, das Gesellschaftsverhältnis mit dem Stillen geheim zu halten.[1274] Das in den §§ 117 ff. HGB geregelte Wettbewerbsverbot findet bei der typischen stillen Beteiligung keine Anwendung.[1275]

Der Geschäftsinhaber ist dem stillen Gesellschafter schließlich **rechenschaftspflichtig**.

Teilnahme- und Informationsrechte spielen für den Geschäftsinhaber aufgrund seines Rechts zur Geschäftsführung keine Rolle. Das Gleiche gilt für die **Vermögensrechte**, da bei der stillen Gesellschaft kein Gesamthandsvermögen gebildet wird.[1276]

4. Abschnitt: Rechte und Pflichten des stillen Gesellschafters

506 Die Rechte des typischen stillen Gesellschafters setzen sich aus den **Informationsrechten** (entsprechend Kommanditisten, §§ 233, 166 HGB) und den **Vermögensrechten**, nämlich dem Anspruch auf den Gewinnanteil gemäß § 232 Abs. 1 HGB und dem Anspruch auf das Auseinandersetzungsguthaben nach § 235 HGB zusammen. Zudem hat der stille Gesellschafter ein **Lösungsrecht** in Gestalt der Kündigungsrechte nach § 132 HGB Gläubiger (§ 234 Abs. 1 HGB). Seinem Gläubiger steht ein solches unter den Voraussetzungen des § 133 HGB zu.

Die Pflichten des stillen Gesellschafters bestehen im Wesentlichen im Leisten seiner **Einlage** und in der (bei einer typischen stillen Gesellschaft nur schwach ausgeprägten) **Treuepflicht**. Anders als bei anderen Gesellschaften lässt sich aus dieser i.d.R. kein Wettbewerbsverbot des Stillen ableiten.[1277] Eine Verlustbeteiligung hat er nur zu tragen, sofern dies vereinbart ist. Eine Nachschusspflicht besteht grundsätzlich nicht.[1278]

5. Abschnitt: Verfügung über Gesellschafterrecht

507 Die stille Beteiligung, d.h. die **Mitgliedschaft**, kann nur **mit Zustimmung des Geschäftsinhabers durch Abtretung** gemäß §§ 413, 398 BGB übertragen werden. Bei einer solchen Übertragung wird kein neuer Gesellschaftsvertrag geschlossen, sondern die Mitgliedschaft geht auf den Erwerber unter Wahrung der Identität der bestehenden stillen Gesellschaft über, ohne dass § 399 BGB entgegensteht.[1279] Die stille Beteiligung lässt sich auch verpfänden (§§ 1273, 1274 Abs. 1 BGB).[1280] An ihr lässt sich auch ein Nießbrauch bestellen (§§ 1068, 1069 Abs. 1 BGB), soweit die Mitgliedschaft übertragbar ist (§ 1069 Abs. 2 BGB).[1281]

Einzelne Gesellschafterrechte sind nach Maßgabe des (allerdings gesellschaftsvertraglich abdingbaren)[1282] § 711a BGB grundsätzlich **nicht übertragbar**. Abweichendes gilt für Ansprüche aus der Gewinnbeteiligung sowie Ansprüche auf das künftige Ausei-

1274 Ensthaler/Fahse/Gesmann-Nuissl § 230 Rn. 49; Oetker/Wedemann § 230 Rn. 83.

1275 Ensthaler/Fahse/Gesmann-Nuissl § 230 Rn. 49.

1276 Oetker/Wedemann § 230 Rn. 71; Windbichler/Bachmann § 18 Rn. 2.

1277 Oetker/Wedemann § 230 Rn. 94.

1278 Ensthaler/Fahse/Gesmann-Nuissl § 230 Rn. 55.

1279 Oetker/Wedemann § 230 Rn. 99.

1280 Oetker/Wedemann § 230 Rn. 103.

1281 Oetker/Wedemann § 230 Rn. 102.

1282 Ensthaler/Fahse/Gesmann-Nuissl § 230 Rn. 60.

nandersetzungsguthaben, die ohne Weiteres abtretbar sind (§ 711a S. 2 BGB). Die übertragbaren Rechte lassen sich verpfänden (§§ 1273, 1274 Abs. 1 BGB), die unübertragbaren nicht (§ 1274 Abs. 2 BGB).[1283]

6. Abschnitt: Das Außenverhältnis zu Dritten

Die stille Gesellschaft ist **als Innengesellschaft nicht rechts-, partei- und prozessfähig.**[1284] Im **Außenverhältnis** gegenüber Dritten handelt der Geschäftsinhaber. Er ist Träger des Unternehmens. Deshalb wird aus den in dem Betrieb geschlossenen Geschäften **allein der Inhaber berechtigt und verpflichtet** (§ 230 Abs. 2 HGB). 508

Die **Haftung im Außenverhältnis** trifft, sofern nicht im Einzelfall mit dem jeweiligen Dritten etwas anderes vereinbart ist,[1285] **nur den Inhaber**, nicht den stillen Gesellschafter.[1286] Dies gilt auch bei der atypischen stillen Gesellschaft und selbst dann, wenn der Stille den Geschäftsbetrieb wirtschaftlich beherrscht und als eigentlicher Geschäftsherr anzusehen ist.[1287] Gläubiger des Inhabers können sich also nur an diesen wenden, nicht an den stillen Gesellschafter.

Die Gläubiger können jedoch Ansprüche des Geschäftsinhabers gegen den stillen Gesellschafter pfänden und sich zur Einziehung überweisen lassen.[1288]

7. Abschnitt: Die Beendigung der stillen Gesellschaft

Die Beendigung der stillen Gesellschaft erfolgt durch ihre **Auflösung** nach §§ 234, 132 f. HGB. 509

§ 234 Abs. 1 HGB enthält Regelungen zur **Auflösung** der stillen Gesellschaft **durch Kündigung** und verweist hierfür auf §§ 132 f. HGB.

Durch den **Tod des stillen Gesellschafters** wird die Gesellschaft, wie im Fall der übrigen Personengesellschaften nicht aufgelöst **(§ 234 Abs. 2 HGB)**. Es erfolgt allerdings keine Sondererbfolge; die stille Beteiligung wird vielmehr als Teil des Nachlasses vom Erben oder der Erbengemeinschaft fortgeführt.[1289]

Die stille Gesellschaft ist nicht rechtsfähig und hat kein eigenes (Gesamthands-)Vermögen. Sie ist deshalb auch nicht insolvenzfähig.[1290] Durch die **Insolvenz** des Geschäftsinhabers wird die stille Gesellschaft gemäß § 729 Abs. 1 Nr. 2 HGB zwingend (also unabdingbar) aufgelöst.[1291] Das Gleiche gilt für die Insolvenz des stillen Gesellschafters.[1292]

1283 Oetker/Wedemann § 230 Rn. 103.
1284 Hier und zum Folgenden: Oetker/Wedemann § 230 Rn. 96.
1285 Blaurock NZG 2010, 974, 974 f. mit den Beispielen Bürgschaft und Schuldbeitritt.
1286 Hier und zum Folgenden: Oetker/Wedemann § 230 Rn. 97.
1287 BGH NZG 2010, 823 Rn. 10.
1288 Ensthaler/Fahse/Gesmann-Nuissl § 230 Rn. 5.
1289 MünchKomm-HGB/K. Schmidt § 234 Rn. 56; Oetker/Wedemann § 234 Rn. 39.
1290 Oetker/Wedemann § 234 Rn. 26.
1291 BAG ZIP 2009, 1533, 1538.
1292 K. Schmidt KTS 1977, 1, 8; Ensthaler/Fahse/Gesmann-Nuissl § 234 Rn. 6; Oetker/Wedemann § 234 Rn. 26.

Bei einer stillen Gesellschaft bedarf es anders als bei der (Außen-GbR) keiner Abwicklung.[1293] Ihre **Auflösung zieht zugleich die Vollbeendigung nach sich.**[1294] Da bei einer bloßen Innengesellschaft kein gesamthänderisch gebundenes Gesellschaftsvermögen vorhanden ist, kommt eine Liquidation wie bei einer (teil)rechtsfähigen Personen(handels)gesellschaft nicht in Betracht. Insbesondere hat die stille Gesellschaft keine Verbindlichkeiten, die im Rahmen einer Liquidationsphase vorrangig zu erfüllen sein könnten. Die Abwicklung einer stillen Gesellschaft ähnelt nur insoweit der Liquidation einer rechtsfähigen Personen(handels)gesellschaft, als der stille Gesellschafter nach der Auflösung lediglich noch einen schuldrechtlichen Anspruch gegen den Inhaber des Handelsgeschäfts auf Auszahlung seines Abfindungsguthabens hat, bei dem die Einzelansprüche der Gesellschafter aus dem stillen Gesellschaftsverhältnis unselbstständige Rechnungsposten der nach § 235 Abs. 1 HGB vorzunehmenden Auseinandersetzungsrechnung sind und daher grundsätzlich nicht mehr selbstständig geltend gemacht werden können.

Einzelansprüche können allerdings ausnahmsweise separat geltend gemacht werden, wenn dadurch das Ergebnis der Auseinandersetzung (teilweise) in zulässiger Weise vorweggenommen wird und insbesondere die Gefahr von Hin- und Herzahlungen nicht besteht.[1295]

Der Anspruch auf Zahlung eines Auseinandersetzungsguthabens des stillen Gesellschafters entsteht ebenso wie der Verlustausgleichsanspruch mit der Beendigung der stillen Gesellschaft und kann nach seiner Fälligkeit geltend gemacht bzw. mit einer Klage durchgesetzt werden (§ 271 BGB).[1296] Wird eine stille Gesellschaft aufgelöst, sind die stillen Gesellschafter zur Rückzahlung der ihnen zugeflossenen gewinnunabhängigen Ausschüttungen an den Geschäftsinhaber verpflichtet, wenn dieser Rückzahlungsanspruch im Gesellschaftsvertrag geregelt ist.[1297]

Mit der Auflösung der stillen Gesellschaft **enden die Mitgliedschaft und alle damit verbundenen Rechte und Pflichten**. Der stille Teilhaber partizipiert noch an den Gewinnen aus schwebenden Geschäften (§ 235 Abs. 2 und 3 HGB), nicht aber an künftigen Gewinnen.[1298] Die Abwicklung der schwebenden Geschäfte erfolgt außerhalb der auf den Auflösungszeitpunkt zu erstellenden Auseinandersetzungsrechnung, wie sich aus § 235 Abs. 2 und 3 HGB ergibt.[1299]

Nach Beendigung der stillen Gesellschaft hat der stille Gesellschafter eine **rückständige Einlage im Allgemeinen nur bis zur Höhe seines Verlustanteils zu erbringen** (§§ 232 Abs. 2, 236 Abs. 2 HGB).[1300] Anderes gilt jedoch dann, wenn die vom stillen Gesellschafter übernommene Einlage nach den getroffenen Vereinbarungen Eigenkapitalcharakter für den Geschäftsinhaber hat und deshalb auch bei Auflösung der stillen Gesellschaft

---

1293 Oetker/Wedemann § 234 Rn. 2.

1294 Hier und zum Folgenden: BGH NZG 2016, 422 Rn. 9.

1295 BGH NZG 2015, 674, Ls.

1296 BGH NZG 2017, 339 Rn. 14.

1297 BGH NZG 2016, 1380, Ls.

1298 Oetker/Wedemann § 234 Rn. 2.

1299 BGH NZG 2016, 422 Rn. 10.

1300 Hier und zum Folgenden: BGH NZG 2017, 907 Rn. 10.

erbracht werden muss, soweit sie für die Befriedigung der Gläubiger des Geschäftsinhabers benötigt wird. In diesem Fall ist die Einlage auch bei Beendigung der stillen Gesellschaft noch in vollem Umfang zu entrichten, weil sie als Teil der Eigenkapitalgrundlage des Geschäftsinhabers dessen Gläubigern als Haftungsmasse zur Verfügung stehen muss.

8. Abschnitt: Die atypische stille Gesellschaft

Nach §§ 231, 232 HGB nimmt der Stille als reiner Kapitalgeber im Zweifel am Gewinn **510**
und Verlust des Handelsgeschäfts teil (typische stille Gesellschaft).[1301] Das stille Gesellschaftsverhältnis kann aber nach § 311 Abs. 1 BGB **vom gesetzlichen Leitbild der §§ 230 ff. HGB abweichend** auch in der Weise ausgestaltet werden, dass dem stillen Teilhaber **weitergehende Rechte und Pflichten** eingeräumt werden. Dann spricht man von einer atypischen stillen Gesellschaft.

Dem stillen Teilhaber können **beispielsweise** über die Informationsrechte der §§ 233, 166 HGB hinausgehende Informations- und Mitspracherechte (z.B. Widerspruchsrechte, Zustimmungsvorbehalte) eingeräumt werden. Er kann auch an der Geschäftsführung beteiligt werden. Weiterhin kann vereinbart werden, dass das gesamte (auch das vor der Einlage des Stillen vorhandene) Geschäftsvermögen obligatorisch – nicht dinglich! – als gemeinsames Vermögen von Inhaber und Stillem behandelt wird. In diesem Fall ist der Stille bei der Auseinandersetzung so zu stellen, als wäre er am ganzen Geschäftsvermögen gesamthänderisch beteiligt gewesen.

1301 Hier und zum Folgenden: Ensthaler/Fahse/Gesmann-Nuissl § 230 Rn. 2, 62.

8. Teil: Die Partnerschaftsgesellschaft (PartG)

511 Die **Angehörigen freier Berufe** üben **kein Gewerbe** i.S.d. HGB aus. Die Gründung einer OHG oder KG zum Zweck der gemeinsamen Berufsausübung scheiterte vor dem MoPeG eben an diesem Umstand. Auch nach der mit der Neufassung von § 107 Abs. 1 HGB grundsätzlich verbundenen Möglichkeit der Gründung einer OHG und KG wird diese häufig aus berufsständischen Gründen ausscheiden. Aufgrund der überregionalen Verbreitung vieler freier Berufe bestand ein zunehmend stärkeres **Kooperationsbedürfnis**, was zunächst mit den geltenden Gesellschaftsformen nicht zu verwirklichen war. Diese **Lücke an Kooperationsformen** für die gemeinsame Ausübung freier Berufe (z.B. große Kanzleien) hatte der Gesetzgeber bereits im Jahr 1995 mit der Einführung der Partnerschaftsgesellschaft geschlossen.[1302]

Inzwischen nutzen Angehörige freier Berufe, nicht zuletzt Rechtsanwälte, allerdings auch die Gesellschaftsform der GmbH zur Kooperation, um insbesondere von der dort bestehenden Möglichkeit einer umfassenden Haftungsbeschränkung Gebrauch zu machen.

Aus der Umschreibung in § 1 Abs. 1 PartGG geht hervor, dass die Partnerschaftsgesellschaft (PartG) eine **Personengesellschaft** ist, in der sich Angehörige freier Berufe zur Ausübung ihrer freien Berufe zusammenschließen. Die PartG übt kein Handelsgewerbe aus (§ 1 Abs. 1 S. 2 PartGG). **Gesellschafter** einer PartG **können nur natürliche Personen sein**.

§ 1 Abs. 1 S. 3 PartG spricht von „Angehörigen". Im Übrigen werden die Gesellschafter der PartG im PartGG als „Partner" bezeichnet.

Auf die PartG finden, soweit im PartGG nichts anderes bestimmt ist, die **Vorschriften zur GbR** (§§ 705 ff. BGB) Anwendung (§ 1 Abs. 4 PartGG). Auf die Haftung für Verbindlichkeiten der Partnerschaft finden die GbR-Regelungen gemäß § 8 Abs. 1 PartGG entsprechende Anwendung (§§ 721a, 721b BGB).

512 Die Partnerschaft entsteht mit dem Abschluss des Gesellschaftsvertrages. Das Gesetz nennt ihn **Partnerschaftsvertrag**. Sie ist im Umfang der §§ 4 Abs. 2–4, 5 Abs. 1 PartGG bei dem zuständigen Amtsgericht zur Eintragung in das Partnerschaftsregister anzumelden. Mit der Eintragung in das Partnerschaftsregister entsteht die PartG im Verhältnis zu Dritten (§ 7 Abs. 1 PartGG); zuvor ist die Partnerschaft eine GbR. Die Eintragung wirkt folglich konstitutiv.[1303]

513 Dem **Rechtsverhältnis der Partner untereinander** widmet sich § 6 PartGG. Die Partner erbringen ihre beruflichen Leistungen unter Beachtung des für sie geltenden Berufsrechts (§ 6 Abs. 1 PartGG). Einzelne Partner können im Partnerschaftsvertrag nur von der Führung der sonstigen Geschäfte ausgeschlossen werden (§ 6 Abs. 2 PartGG). Damit ist gemeint, dass die Partner nur insoweit von der Geschäftsführung ausgeschlossen werden dürfen, wie nicht ihre eigenen freiberuflichen Leistungen betroffen sind.[1304] Im Übrigen richtet sich das Rechtsverhältnis der Partner nach dem Partnerschaftsvertrag (§ 6 Abs. 3 S. 1 PartGG). Soweit dieser keine Bestimmungen enthält, sind die §§ 116 Abs. 1

1302 Koch § 25 Rn. 1.
1303 Koch § 25 Rn. 11, 14.
1304 Grunewald § 5 Rn. 8.

und 2 S. 1, 117–119 HGB aus dem Recht der OHG entsprechend anzuwenden (§ 6 Abs. 3 S. 2 HGB).

Auf das **Außenverhältnis der Partnerschaft zu Dritten** findet § 124 HGB mit Ausnahme des Abs. 3 entsprechende Anwendung (§ 7 Abs. 2 PartGG). Die Vertretung der Partnerschaft entspricht damit im Wesentlichen der der OHG; es besteht grundsätzlich Einzelvertretungsmacht jedes Partners. Sie ist teilrechtsfähige Personengesellschaft, § 1 Abs. 4 PartGG i.V.m. § 705 Abs. 2 Hs. 1 BGB **514**

Für die Verbindlichkeiten der Partnerschaft **haften** den Gläubigern neben dem Vermögen der rechtsfähigen PartG die Partner als Gesamtschuldner (§ 8 Abs. 1 PartGG). Die §§ 721a, 721b BGB sind entsprechend anzuwenden (§ 8 Abs. 1 S. 2 PartGG). Im Grundsatz entspricht die Haftungsverfassung der PartG damit derjenigen der GbR und der OHG.[1305] Das PartGG enthält jedoch hiervon abweichende Modifikationen. Nach § 8 Abs. 2 PartGG haften die Partner nur dann für berufliche Fehler, wenn sie selbst mit der Bearbeitung eines Auftrags der PartG befasst waren („Handelndenhaftung"[1306]); dabei ist eine „Befassung" zu verneinen, wenn der Partner nur Bearbeitungsbeträge von untergeordneter Bedeutung geleistet hat.

Nach § 8 Abs. 3 PartGG besteht die Möglichkeit, die Haftung der Partner für Ansprüche aus Schäden wegen fehlerhafter Berufsausübung auf einen bestimmten **Höchstbetrag** zu beschränken, wenn durch Gesetz zugleich eine Pflicht zum Abschluss einer Berufshaftpflichtversicherung der Partner oder der Partnerschaft begründet wird. § 8 Abs. 4 S. 1 PartGG ermöglicht zudem eine **Beschränkung der Haftung** für Verbindlichkeiten der PartG aus Schäden wegen fehlerhafter Berufsausübung auf die Gesellschaft, wenn die Partnerschaft eine zu diesem Zweck durch Gesetz vorgegebene Berufshaftpflichtversicherung unterhält. Der Name der PartG muss dann den Zusatz **„mit beschränkter Haftung" oder „mbH"** oder eine andere allgemein verständliche Abkürzung dieser Bezeichnung enthalten (§ 8 Abs. 4 S. 3 Hs. 1 PartGG). Die gesamtschuldnerische Haftung der Partner für sonstige, nicht auf beruflichen Fehlern beruhende Verbindlichkeiten der PartG (Büromiete, Arbeitsverhältnisse etc.) bleibt jedoch bestehen.

Für den Fall des **Ausscheidens eines Partners** gilt grundsätzlich das OHG-Recht (§ 9 Abs. 1 PartGG i.V.m. §§ 130–142 HGB). Es bestehen nur wenige Abweichungen: Der Partner scheidet gemäß § 9 Abs. 3 PartGG auch dann aus der PartG aus, wenn er die für die Ausübung seines freien Berufs erforderliche Zulassung verliert. Die Beteiligung an der Partnerschaft ist grundsätzlich nicht vererblich; im Partnerschaftsvertrag kann sie jedoch an einen Dritten vererblich gestellt werden, wenn dieser einen freien Beruf i.S.d. PartGG ausübt (§ 9 Abs. 4 S. 2 PartGG). § 131 HGB ist dann nur insoweit anzuwenden, als der Erbe der Beteiligung befugt ist, seinen Austritt aus der Gesellschaft zu erklären (§ 9 Abs. 4 S. 3 PartGG). Die Nachhaftung des Ausscheidenden richtet sich nach den §§ 137, 151 HGB (§ 10 Abs. 2 PartGG). **515**

Die **Auflösung und Liquidation der Partnerschaft** erfolgen nach dem Recht der OHG (§§ 9 Abs. 1, 10 Abs. 1 PartGG). Insoweit kann auf die dortigen Ausführungen verwiesen werden.[1307] **516**

1305 Vgl. Rn. 61 ff. für die GbR und Rn. 157 ff. für die OHG.

1306 MünchKomm-BGB/Schäfer § 8 PartGG Rn. 1, 15 ff.

1307 Vgl. Rn. 223 ff.

9. Teil: Die Grundzüge des Umwandlungsrechts

517 Gelegentlich kann es vorkommen, dass die **bei Gründung einer Gesellschaft gewählte Rechtsform** nach einiger Zeit nicht mehr zu den Bedürfnissen der Gesellschafter passt. Aus unterschiedlichsten Gründen kann es sinnvoll erscheinen, das Unternehmen neu auszurichten und beispielsweise die **Rechtsform zu ändern** und/oder sich **mit anderen Unternehmen zusammenzuschließen**. Dies ermöglicht das Umwandlungsrecht. Es regelt die **Reorganisation und Umstrukturierung von Unternehmen.**[1308] Umwandlungen sind definiert als Vorgänge, bei denen sich die Vermögenszuordnung und/oder die Rechtsform des Vermögensträgers ändern. Hierzu zählen zunächst die im Umwandlungsgesetz (UmwG) aufgeführten Vorgänge. Es existieren jedoch auch außerhalb des UmwG weitere rechtliche Möglichkeiten, Umwandlungen herbeizuführen.

1. Abschnitt: Umwandlungen nach dem UmwG

A. Umwandlungsarten nach dem UmwG

518 Das UmwG erfasst nur diejenigen Umwandlungsvorgänge, die dort enumerativ aufgeführt sind (vgl. § 1 Abs. 2 UmwG: **numerus clausus** der Umwandlungsvorgänge nach dem UmwG). Nach § 1 Abs. 1 UmwG können Rechtsträger mit Sitz im Inland umgewandelt werden durch

- Verschmelzung (Zusammenlegung mehrerer Rechtsträger, §§ 2–122 UmwG);
- Spaltung (Aufteilung eines Rechtsträgers, §§ 123–173 UmwG);
- Vermögensübertragung (§§ 174–189 UmwG);
- Formwechsel (Änderung der Rechtsform eines Rechtsträgers, §§ 190–304 UmwG).

An jeder dieser Umwandlungsarten dürfen Rechtsträger nur in bestimmten Kombinationen als Ausgangs- und Zielrechtsträger beteiligt sein (vgl. §§ 3, 124, 175, 191 UmwG).

I. Verschmelzung

519 Bei der Verschmelzung werden mehrere Rechtsträger zusammengelegt. Es handelt sich um eine **übertragende Umwandlung**, bei der alle erfassten Vermögensgegenstände des oder der übertragenden Rechtsträger (Ausgangsrechtsträger) im Zeitpunkt der Eintragung der Umwandlung im Wege der **Gesamtrechtsnachfolge** (Universalsukzession) auf den übernehmenden Rechtsträger (Zielrechtsträger) übergehen (§ 20 Abs. 1 Nr. 1 UmwG).

Im Unterschied zur Spaltung geht das gesamte Vermögen der Ausgangsrechtsträger auf den Zielrechtsträger über („totale Gesamtrechtsnachfolge“). Aus diesem Grund findet **keine Abwicklung der Ausgangsrechtsträger** statt; sie werden vielmehr im Zuge der Umwandlung ohne Weiteres aufgelöst.

Die Gegenleistung für die Vermögensübertragung besteht bei der Verschmelzung darin, dass den Anteilsinhabern der Ausgangsrechtsträger Anteile oder Mitgliedschaften am Zielrechtsträger gewährt werden. Das **Umtauschverhältnis** (der „Preis“) orientiert sich dabei an den jeweiligen Unternehmenswerten und ist grundsätzlich zwischen den Parteien frei verhandelbar.

1308 Hier und zum Folgenden: Hofmann/Riethmüller JA 2009, 481 ff.

Um die Gegenleistung an die Anteilsinhaber der Ausgangsrechtsträger erbringen zu können, muss der Zielrechtsträger **ggf. eine Kapitalerhöhung** unter Ausschluss des Bezugsrechts durchführen (vgl. §§ 66–69 UmwG, 182 ff. AktG, 55 ff. GmbHG).

Eine Verschmelzung kann in **zwei Formen** erfolgen:

Bei der **Verschmelzung zur Aufnahme** (§ 2 Nr. 1 UmwG) existiert der Zielrechtsträger bereits.

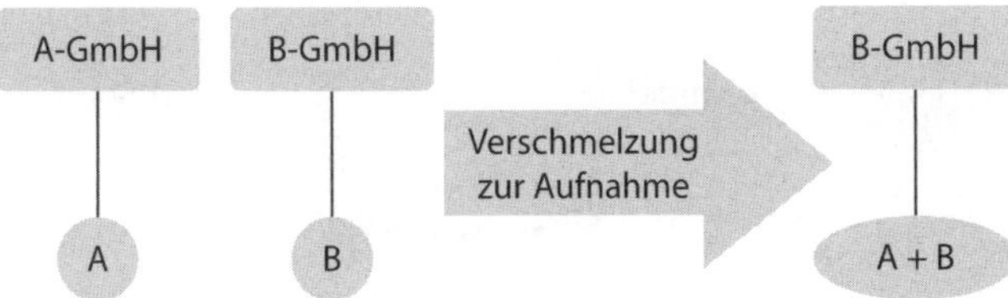

Die Gesellschafter der A-GmbH werden im Gegenzug an der B-GmbH beteiligt.

Bei der **Verschmelzung zur Neugründung** (§ 2 Nr. 2 UmwG) wird der Zielrechtsträger im Zuge der Umwandlung neu gegründet.

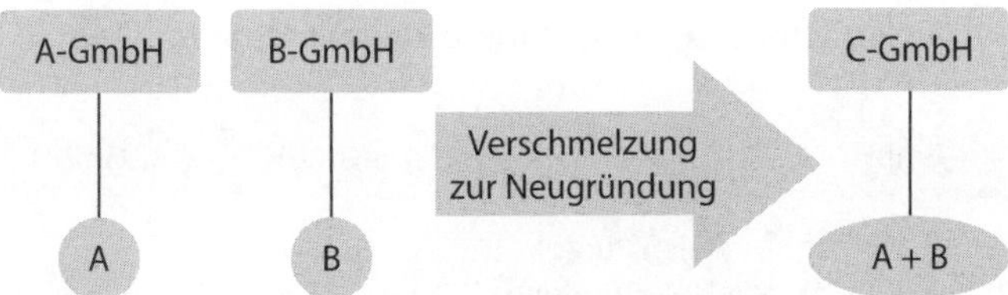

Die Gesellschafter der A-GmbH und der B-GmbH werden im Gegenzug an der neu gegründeten C-GmbH beteiligt.

II. Spaltung

Bei der Spaltung wird das Vermögen des Ausgangsrechtsträgers oder Teile davon auf **520** den oder die Zielrechtsträger übertragen. Ebenso wie die Verschmelzung ist auch die Spaltung eine **übertragende Umwandlung**.

Der Vermögensübergang erfolgt im Wege der **partiellen Gesamtrechtsnachfolge**: Nicht das gesamte Vermögen des Ausgangsrechtsträgers wird übertragen, sondern nur ein Teil, der hinreichend genau bestimmt sein muss (vgl. § 126 Abs. 1 Nr. 9 UmwG).

Die **Gegenleistung** für die Vermögensübertragung besteht auch bei der Spaltung darin, dass den Anteilsinhabern der Ausgangsrechtsträger oder dem Ausgangsrechtsträger selbst Anteile oder Mitgliedschaften am Zielrechtsträger gewährt werden.

Es gibt **drei Unterarten** der Spaltung, die wiederum jeweils zur Aufnahme und zur Neugründung durchgeführt werden können:

1. Aufspaltung

521 Bei der Aufspaltung (§ 123 Abs. 1 UmwG) wird **das gesamte Vermögen des Ausgangsrechtsträgers auf mehrere Zielrechtsträger** aufgeteilt und der **Ausgangsrechtsträger ohne Abwicklung aufgelöst**.

522 Bei der **Aufspaltung zur Aufnahme** geht das Vermögen des Ausgangsrechtsträgers zu Teilen auf verschiedene bereits existierende Zielrechtsträger über.

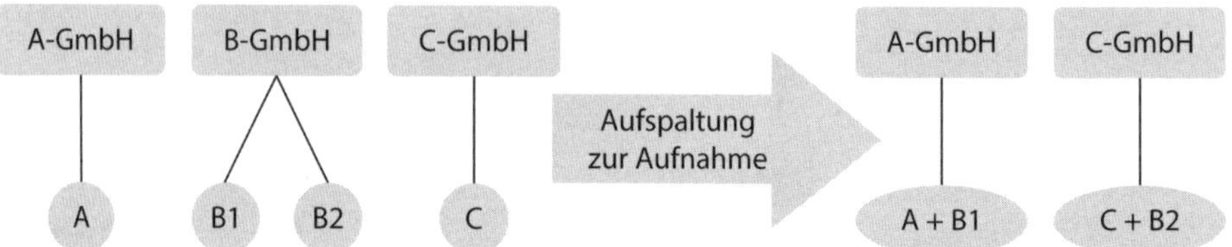

Die Gesellschafter der B-GmbH werden im Gegenzug sowohl an der A-GmbH als auch an der C-GmbH beteiligt.

523 Bei der **Aufspaltung zur Neugründung** geht das Vermögen des Ausgangsrechtsträgers zu Teilen auf verschiedene neu gegründete Zielrechtsträger über.

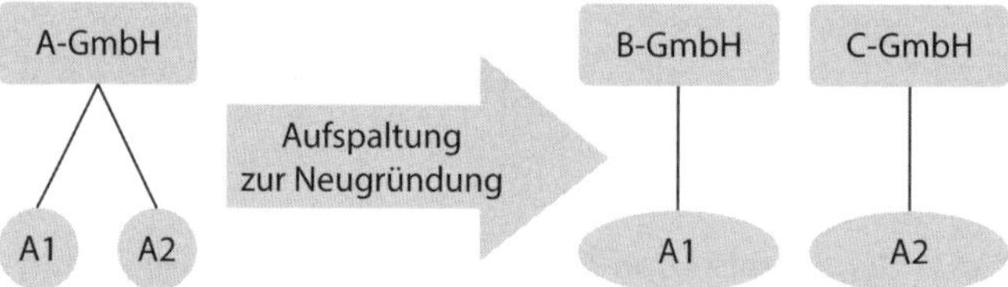

Die Gesellschafter der A-GmbH werden im Gegenzug sowohl an der B-GmbH als auch an der C-GmbH beteiligt.

2. Abspaltung

524 Bei der Abspaltung (§ 123 Abs. 2 UmwG) bleibt der Ausgangsrechtsträger in seiner Existenz bestehen. Es werden lediglich **Teile seines Vermögens auf einen oder mehrere Zielrechtsträger übertragen**. Die Gegenleistung besteht darin, dass Anteile oder Mitgliedschaften am Zielrechtsträger an die Anteilseigner des Ausgangsrechtsträgers gewährt werden.

525 Bei der **Abspaltung zur Aufnahme** geht ein Teil des Vermögens des Ausgangsrechtsträgers auf den bereits existierenden Zielrechtsträger über.

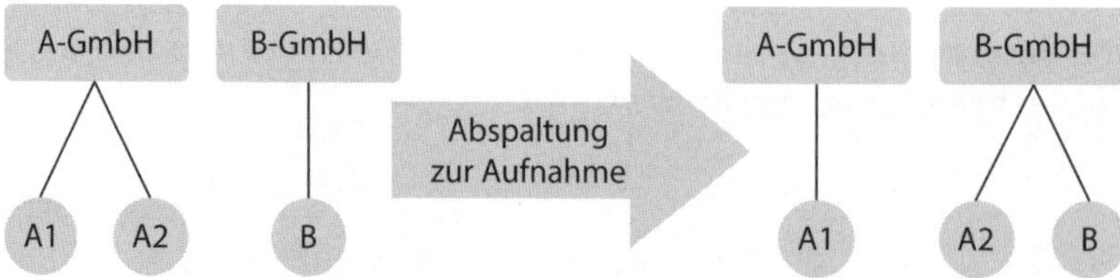

Die Gesellschafter der A-GmbH werden im Gegenzug an der B-GmbH beteiligt.

Bei der **Abspaltung zur Neugründung** geht ein Teil des Vermögens des Ausgangsrechtsträgers auf einen neu gegründeten Zielrechtsträger über. 526

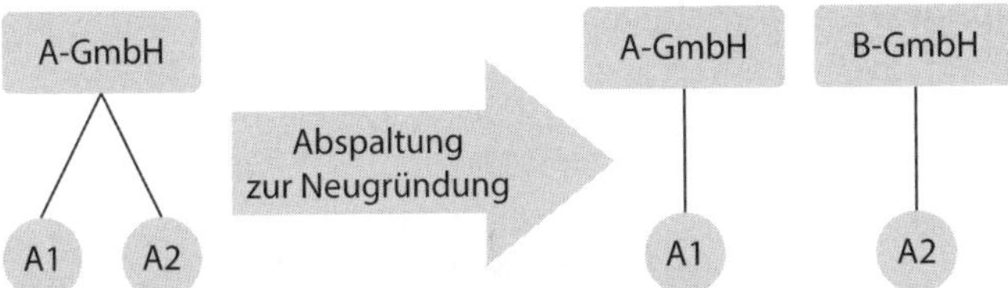

Die Gesellschafter der A-GmbH werden im Gegenzug an der B-GmbH beteiligt.

3. Ausgliederung

Bei der Ausgliederung (§ 123 Abs. 3 UmwG) bleibt der **Ausgangsrechtsträger in seiner Existenz bestehen.** Es werden lediglich Teile seines Vermögens auf einen oder mehrere Zielrechtsträger übertragen. Der **Ausgangsrechtsträger erhält hierfür selbst die Anteile am Zielrechtsträger**. 527

Bei der **Ausgliederung zur Aufnahme** geht ein Teil des Vermögens des Ausgangsrechtsträgers auf den bereits existierenden Zielrechtsträger über. 528

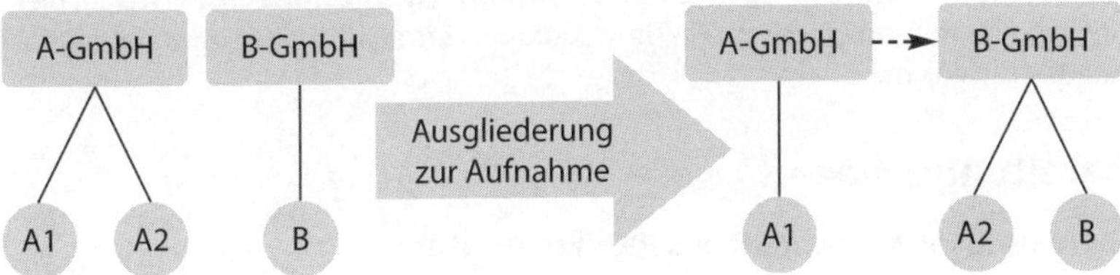

Die A-GmbH erhält im Gegenzug Anteile an der B-GmbH.

Bei der **Ausgliederung zur Neugründung** geht ein Teil des Vermögens des Ausgangsrechtsträgers auf einen neu gegründeten Zielrechtsträger über. 529

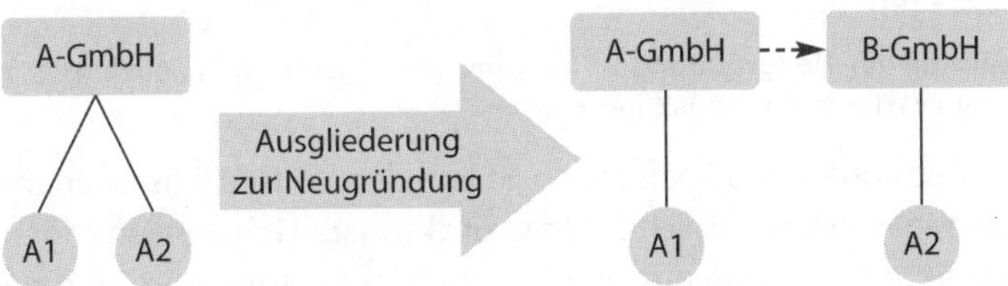

III. Vermögensübertragung

Vermögensübertragungen gemäß §§ 174 ff. UmwG stellen der Sache nach **keine eigenständige Umwandlungsart** dar. Es handelt sich vielmehr um Verschmelzungen und Spaltungen bestimmter Arten von Rechtsträgern (juristische Personen des öffentlichen Rechts und Versicherer), denen für die Vermögensübertragung im Ganzen keine Anteile oder Mitgliedschaften am Zielrechtsträger, sondern nur **anderweitige Gegenleistungen** gewährt werden dürfen (vgl. § 174 Abs. 1 UmwG). Eine Vermögensübertragung zur Neugründung ist ebenfalls nicht möglich. 530

IV. Formwechsel

531 Beim Formwechsel (§§ 190 ff. UmwG) handelt es sich um die **einzige nicht übertragende Umwandlungsart**. Der Rechtsträger bleibt erhalten. Er wechselt lediglich sein **„Rechtskleid"**.

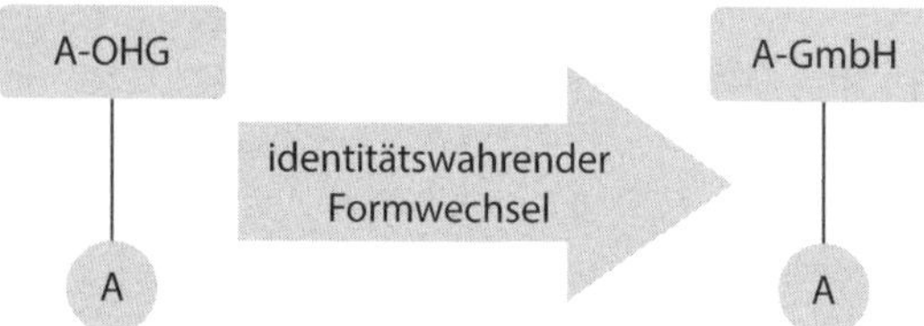

Der Rechtsträger bleibt erhalten, eine Vermögensübertragung findet nicht statt. Es wird unter Wahrung der Identität die Gesellschaftsform gewechselt.

B. Das Verfahren nach dem UmwG

532 Bei allen Umwandlungsarten lässt sich das Umwandlungsverfahren in **drei Phasen** unterteilen: Die Vorbereitungsphase, die Beschlussfassung und den Vollzug.

Bei den **übertragenden Umwandlungsarten** der Verschmelzung und Spaltung ist das Umwandlungsverfahren weitgehend identisch ausgestaltet. Das **Verfahren des Formwechsels** weicht hiervon insbesondere in der Vorbereitungsphase ab: Ein Umwandlungsvertrag und eine Umwandlungsprüfung gibt es hier grundsätzlich nicht.

I. Vorbereitungsphase

533 Die Vorbereitungsphase besteht aus **vier Elementen**:

- Bei Verschmelzungen und Spaltungen muss zunächst ein **Umwandlungsvertrag** zwischen den an der Umwandlung beteiligten Rechtsträgern geschlossen und notariell beurkundet werden (§§ 4, 5, 36 Abs. 1, 126 UmwG). Dieser Vertrag legt die Konditionen der Umwandlung im Verhältnis zwischen den an der Umwandlung beteiligten Rechtsträgern fest.

  Bei der **Spaltung zur Neugründung** ist der Umwandlungsvertrag mangels Vertragspartners gemäß § 136 UmwG durch einen Spaltungsplan ersetzt.

- Bei Verschmelzungen und Spaltungen ist von den Vertretungsorganen der beteiligten Rechtsträger ein schriftlicher **Umwandlungsbericht** anzufertigen. Dieser soll den Umwandlungsvorgang aufzeigen und erklären. Außerdem sind bei Verschmelzungen, Aufspaltungen und Abspaltungen das Umtauschverhältnis der Anteile und ein etwaiges Abfindungsgebot (§§ 29 ff. UmwG) rechtlich und wirtschaftlich darzulegen. All dies dient der Information der Anteilseigner.

- Der Umwandlungsvorgang muss durch unabhängige Sachverständige (Verschmelzungs- bzw. Spaltungsprüfer) darauf geprüft werden, ob das Umtauschverhältnis der Anteile angemessen ist (§§ 9–12 UmwG). Eine **Umwandlungsprüfung** ist allerdings nicht in allen Verschmelzungs- und Spaltungsfällen vorzunehmen. Bei der Ausgliederung ist sie entbehrlich (§ 125 S. 2 UmwG); im Übrigen findet sie für die an der Verschmelzung, Aufspaltung oder Abspaltung beteiligten Rechtsträger nur statt, soweit dies rechtsformspezifisch in den besonderen Vorschriften des zweiten bzw. dritten Buches des UmwG vorgesehen ist.

- In der Vorbereitungsphase bestehen **Informationsrechte der Anteilsinhaber**, insbesondere Auskunfts- und Einsichtsrechte (vgl. etwa §§ 49 Abs. 2 und 3 UmwG). Umwandlungsverträge und -berichte sind regelmäßig in den Geschäftsräumen der betreffenden Gesellschaft auszulegen. Die Verletzung von Informationsrechten kann zur Angreifbarkeit des Umwandlungsbeschlusses führen.

II. Beschlussfassung

Der Umwandlungsvertrag wird nur wirksam und damit bindend, wenn die Anteilsinhaber der beteiligten Rechtsträger ihm durch einen **notariell zu beurkundenden Beschluss** zustimmen. Dieser Beschluss kann nur **in einer Versammlung der Anteilsinhaber** gefasst werden (§§ 13 Abs. 1 und 3, 36 Abs. 1 UmwG). Die Mehrheitserfordernisse sind rechtsformabhängig (§§ 50 Abs. 1, 65 Abs. 1, 73, 84, 96, 103 UmwG). 534

Ein **Schutz überstimmter Anteilsinhaber** kommt im Barabfindungsangebot zum Ausdruck (§§ 29 ff., 36 Abs. 1, 125, 135 Abs. 1 UmwG). Ein Recht auf Abfindung hat jeder betroffene Anteilsinhaber, der gegen den Umwandlungsbeschluss des übertragenden Rechtsträgers Widerspruch zur Niederschrift erklärt oder an einem solchen Widerspruch unverschuldet gehindert ist. Dem Minderheitenschutz dient ferner die Möglichkeit der Klage gegen die Wirksamkeit des Umwandlungsbeschlusses gemäß §§ 14 Abs. 1, 36 Abs. 1, 125, 135 Abs. 1 UmwG. Eine solche Klage kann allerdings nicht darauf gestützt werden, dass das Umtauschverhältnis der Anteile zu niedrig bemessen ist oder dass die Mitgliedschaft bei dem übernehmenden Rechtsträger kein ausreichender Gegenwert für die Anteile bzw. Mitgliedschaft an dem übertragenden Rechtsträger ist (vgl. § 14 Abs. 2 UmwG); in diesen Fällen kann (nur) in einem besonderen Spruchverfahren nach dem Spruchverfahrensgesetz (SpruchG) ein Ausgleich durch bare Zuzahlung gefordert werden (§ 15 Abs. 1 UmwG).

III. Vollzugsphase

Sind die vorgenannten Verfahrensschritte durchlaufen, können die zuständigen Vertretungsorgane der beteiligten Rechtsträger in einem Registerverfahren die erforderliche **Anmeldung zur Registereintragung** vornehmen (§§ 16, 129 UmwG). Hierfür bedarf es grundsätzlich einer sog. **Negativerklärung**, mit der die Vertretungsorgane dem Registergericht versichern, dass eine Klage gegen die Wirksamkeit des Umwandlungsbeschlusses nicht, nicht fristgerecht oder nicht erfolgreich erhoben worden ist. Ohne eine solche Erklärung trägt der Registerrichter die Umwandlung nur dann ein, wenn alle klageberechtigten Anteilsinhaber durch notariell beurkundete Erklärung auf eine Klage verzichten. 535

Einer Negativerklärung der Vertretungsorgane steht ein Unbedenklichkeitsbeschluss des Prozessgerichts gleich (§§ 16 Abs. 3, 36 Abs. 1, 125, 135 Abs. 1 UmwG).

IV. Wirkungen der Eintragung

Die Umwandlung wird mit ihrer **Eintragung** wirksam, und zwar bei der Verschmelzung mit der Eintragung in das Register am Sitz des übernehmenden Rechtsträgers und bei der Spaltung mit der Eintragung in das Register am Sitz des übertragenden Rechtsträgers (§§ 20 Abs. 1, 131 Abs. 1 UmwG). 536

Der **Vermögensübergang** vollzieht sich im Zeitpunkt der Eintragung: Bei der Verschmelzung gehen die Aktiva und Passiva des übertragenden Rechtsträgers im Wege der totalen Gesamtrechtsnachfolge, bei der Spaltung entsprechend der im Umwandlungsvertrag bzw. Spaltungsplan vorgesehenen Verteilung im Wege der partiellen Gesamtrechtsnachfolge auf den übernehmenden Rechtsträger über.

Verbindlichkeiten des übertragenden Rechtsträgers gehen durch eine Umwandlung also nicht verloren. Bei einer Sanierungsverschmelzung, bei der der aufnehmende für die Verpflichtungen des sanierungsbedürftigen aufgenommenen Rechtsträgers mit aufkommen muss, oder beim Formwechsel können sich aber Nachteile für die Gläubiger durch Veränderungen in den Haftungsbedingungen ergeben. Diesen Risiken wird zum **Schutz der Altgläubiger** dadurch begegnet, dass Gläubiger ggf. Ansprüche auf Sicherheitsleistung gemäß § 22 UmwG erhalten.

Ein **Schutz der Neugläubiger**, deren Forderungen erst nach der Umwandung entstehen, wird dadurch erzielt, dass bei einer Verschmelzung oder Spaltung zur Neugründung das für den neu gegründeten Rechtsträger jeweils geltende Gründungsrecht anzuwenden ist (§§ 36 Abs. 2, 135 Abs. 2 UmwG).

2. Abschnitt: Umwandlungen außerhalb des UmwG

537 Es gibt auch **außerhalb des UmwG** Möglichkeiten, Umwandlungen herbeizuführen.

A. Gesetzliche Umwandlungstatbestände außerhalb des UmwG

538 Gesetzliche Umwandlungen außerhalb des UmwG sind möglich (§§ 1 Abs. 2, 190 Abs. 2 UmwG).

Der häufigste Fall ist der **Formwechsel von GbR, OHG und KG untereinander**. Eine kleingewerbliche GbR, die nicht im Handelsregister eingetragen und deswegen nicht schon nach § 10 Abs. 1 HGB OHG oder KG (Kannkaufmann) ist, wandelt sich unter Wahrung ihrer Identität in eine OHG oder KG um, sobald sie die Voraussetzungen eines vollkaufmännischen Handelsgewerbes erfüllt – also sobald nach Art oder Umfang ein in kaufmännischer Weise eingerichteter Geschäftsbetrieb erforderlich ist (vgl. § 1 Abs. 2 HGB). Fallen diese Voraussetzungen weg, wandelt sich die OHG bzw. KG (wieder) in eine GbR. Diese gesetzliche Umwandlung erfolgt unabhängig vom Willen der Gesellschafter und ohne Publizitätsakt.

Diese gesetzliche Umwandung ist Ausdruck des **gesellschaftsrechtlichen Typenzwangs.**[1309]

In gleicher Weise wandelt sich eine **KG in eine OHG** um, wenn sämtliche Kommanditisten ausscheiden und mindestens zwei Komplementäre in der Gesellschaft verbleiben oder durch eine Änderung des Gesellschaftsvertrages die Haftungsbeschränkung aufgehoben wird. Umgekehrt wandelt sich eine OHG in eine KG um, wenn eine Haftungsbeschränkung für einzelne Gesellschafter eingeführt wird oder mindestens ein Kommanditist neu in die Gesellschaft eintritt.

1309 S. hierzu Rn. 4 ff.

Ein gesetzlich geregelter Sonderfall der Umwandlung einer OHG in eine KG ist die **Fortsetzung der Gesellschaft mit den Erben eines Gesellschafters**, wenn diesen die **Kommanditistenstellung eingeräumt** wird (§ 131 Abs. 1 HGB).

Ein weiterer gesetzlicher Umwandlungstatbestand greift ein beim **Wegfall des vorletzten Gesellschafters einer Personengesellschaft**, soweit dieser nicht zur Liquidation führt. Da es im deutschen Recht eine Personengesellschaft mit nur einem Gesellschafter nicht gibt, erlischt die Gesellschaft und ihr Vermögen geht auf den letztverbleibenden Gesellschafter im Wege der Gesamtrechtsnachfolge über.

Ein wichtiger Sonderfall ist die **Verschmelzung einer GmbH & Co. KG auf ihre Komplementär-GmbH**. Sobald der letzte Kommanditist ausscheidet, geht das Vermögen der KG kraft Gesetzes auf die als letzte Gesellschafterin der KG verbleibende GmbH über.

B. Umwandlungen mit den Mitteln des allgemeinen Gesellschafts- und Sachenrechts

Neben den gesetzlich ausdrücklich geregelten Umwandlungsvorgängen sind auch sol- **539**
che Umwandlungen zulässig, die sich mit den allgemeinen Mitteln des Gesellschafts- und Sachenrechts im Wege von **Einzelrechtsübertragungen** vollziehen. Das UmwG entfaltet insoweit keine Sperrwirkung, da es nach § 1 Abs. 2 UmwG nur dann einer ausdrücklichen gesetzlichen Regelung bedarf, wenn es um eine Umwandlung i.S.d. § 1 Abs. 1 UmwG (Verschmelzung, Spaltung, Vermögensübertragung, Vormwechsel) geht. Nach allgemeinen Regeln können auch sämtliche Vermögensgegenstände eines Rechtsträgers einzeln auf einen anderen Rechtsträger übertragen werden. Dabei ist allerdings der **sachenrechtliche Bestimmtheitsgrundsatz**[1310] zu beachten, weil im Gegensatz zu den Umwandlungsfällen nach dem UmwG keine Gesamtrechtsnachfolge stattfindet. Zudem lassen sich die Verbindlichkeiten und Dauerschuldverhältnisse des übertragenden Rechtsträgers dann nur mit Zustimmung des jeweiligen Gläubigers bzw. Vertragspartners übertragen (§§ 414, 415 BGB).

An dieser Stelle wird die **Vereinfachungsfunktion des gesetzlichen Umwandlungsrechts** deutlich. Bei übertragenden Umwandlungen nach dem UmwG erfolgt der Vermögensübergang im Wege der Gesamtrechtsnachfolge; alle erfassten Vermögensgegenstände gehen – ohne Einzelrechtsübertragungen – im Zeitpunkt der Eintragung der Umwandlung in das Register ohne Weiteres auf den Zielrechtsträger über. Beim Formwechsel (= nicht übertragende Umwandlung nach dem UmwG) findet die Umwandlung unter Wahrung der Identität des Rechtsträgers statt, sodass es auch hier keiner Einzelrechtsübertragungen bedarf.

C. Grenzüberschreitende Umwandlungen

Umwandlungen sind auch unter Beteiligung von **Rechtsträgern unterschiedlicher** **540**
Rechtsordnungen möglich. Zu diesen grenzüberschreitenden Umwandlungen zählen etwa die Gründung einer Societas Europaea (SE, auch „Europäische Aktiengesellschaft" genannt) durch Verschmelzung von mindestens zwei in verschiedenen europäischen Staaten ansässigen Kapitalgesellschaften (vgl. Art. 2 Abs. 1, 17–31 SE-VO[1311] und §§ 5–1 SEAG[1312]). Auch die Gründung einer Europäischen Genossenschaft (Societas Coopera-

1310 Dazu ausführlich AS-Skript Sachenrecht 1 (2023), Rn. 10.

1311 VO (EG) Nr. 2157/2001 v. 08.10.2001 über das Statut der Europäischen Gesellschaft, ABl. Nr. L 294 v. 10.11.2001, S. 1 ff.

1312 Deutsches SE-Ausführungsgesetz (SEAG) v. 22.12.2004, BGBl. 2004, S. 3675 ff.

tiva Europaea, SCE) kann durch grenzüberschreitende Verschmelzung erfolgen (Art. 2 Abs. 1, 19–34 SCE-VO,[1313] §§ 5–9 SCEAG[1314]). Die §§ 305 ff. UmwG ermöglichen – in Umsetzung einer europäischen Richtlinie[1315] – die Verschmelzung von Kapitalgesellschaften aus verschiedenen Mitgliedstaaten. Die Niederlassungsfreiheit[1316] ermöglicht auch grenzüberschreitende Spaltungen und Formwechsel.[1317]

1313 VO (EG) Nr. 1435/2003 v. 22.07.2003 über das Statut der Europäischen Genossenschaft (SCE), ABl. Nr. L 207 v. 18.08.2003, S. 1–24.

1314 Deutsches SCE-Ausführungsgesetz (SCEAG) v. 14.08.2006, BGBl. I 2006, S. 1911 ff.

1315 RL 2005/56/EG des Europäischen Parlaments und des Rates v. 26.10.2005, ABl. Nr. L 310 v. 25.11.2005, S. 1 ff.; vgl. dazu Oechsler NZG 2006, 161 ff.

1316 S. hierzu EuGH ZIP 2005, 2311.

1317 EuGH ZIP 2009, 24.

Stichwortverzeichnis

Die Zahlen verweisen auf die Randnummern.